公安院校创新应用型
精品规划系列教材

# 道路交通管理学

## Science of Road Traffic Management

主　编　惠生武

撰稿人（以撰写章节先后为序）

惠生武　马云岱　包文星　马爱国　张璐璐
谢成云　李莉娟　王亚龙　赵文成　邵等弟

WUHAN UNIVERSITY PRESS
武汉大学出版社

图书在版编目(CIP)数据

道路交通管理学/惠生武主编. —武汉:武汉大学出版社,2018.2(2022.12重印)
公安院校创新应用型精品规划系列教材
ISBN 978-7-307-18760-3

Ⅰ.道… Ⅱ.惠… Ⅲ.公路运输—交通运输管理—高等学校—教材 Ⅳ.U491

中国版本图书馆 CIP 数据核字(2018)第 030252 号

责任编辑:田红恩　　　责任校对:李孟潇　　　版式设计:马　佳

出版发行:**武汉大学出版社**　(430072　武昌　珞珈山)
（电子邮箱:cbs22@whu.edu.cn　网址:www.wdp.com.cn）
印刷:武汉图物印刷有限公司
开本:787×1092　1/16　印张:16.5　字数:422 千字　插页:2
版次:2018 年 2 月第 1 版　　2022 年 12 月第 3 次印刷
ISBN 978-7-307-18760-3　　定价:53.00 元

版权所有,不得翻印;凡购买我社的图书,如有质量问题,请与当地图书销售部门联系调换。

**惠生武** 男，陕西延安人，昆仑学者，青海民族大学特聘教授，西北政法大学反恐法学院三级教授。社会兼职：中国警察法学研究会常务理事，陕西省法学会常务理事，陕西省警察法学研究会会长。长期从事行政法学、警察法学、治安学、交通管理的教学与研究，出版专著、教材20多部，发表专业论文60多篇，在公共安全管理、警察法学研究领域有一定的造诣。主张警察法具有独立部门法地位，提出警务关系理论、警察权理论是警察法学的基本理论和学科主线，认为公共安全、社会安全秩序是治安管理的目的，也是治安学研究的出发点。

# 公安院校创新应用型精品规划系列教材编委会名单

顾　　　问（排名不分先后）
　　　　　　齐文远（中南财经政法大学党委副书记，教授，博导）
　　　　　　莫洪宪（武汉大学法学院教授，博导）
　　　　　　曹诗权（中国人民公安大学校长，教授，博导）
编委会主任　董邦俊（中南财经政法大学教授，博导）
副　主　任　徐武生（中国人民公安大学法学院教授，博导）
　　　　　　王均平（中南财经政法大学教授，博导）
成　　　员　夏　勇（中南财经政法大学刑事司法学院院长，教授，博导）
　　　　　　杨宗辉（中南财经政法大学法律硕士教育中心主任，教授，博导）
　　　　　　惠生武（西北政法大学公安学院教授）
　　　　　　王彩元（湖南警察学院治安系主任，教授）
　　　　　　康　杰（中国刑事警察学院基础教研部副主任，教授）
　　　　　　石向群（南京森林警察学院治安系主任，教授）
　　　　　　张建良（湖北警官学院治安系主任，教授）
　　　　　　金　诚（浙江警官学院教务处处长，教授）
　　　　　　王精忠（山东警察学院干部培训部主任，教授）
　　　　　　鞠旭远（山东警察学院法律系主任，教授）
　　　　　　杨瑞清（江西警察学院治安系主任，教授）
　　　　　　王运生（铁道警察学院法律系主任，教授）
　　　　　　黄　诚（重庆警察学院法律系主任，教授）
　　　　　　金光明（四川警察学院法律系主任，教授）
　　　　　　梁晶蕊（甘肃警官职业学院法律系主任，教授）
　　　　　　邢曼媛（山西警察学院法律系主任，教授）
　　　　　　王立波（黑龙江公安警官职业学院法律系主任，副教授）
　　　　　　董学军（黑龙江公安警官职业学院治安系主任，副教授）
　　　　　　章春明（云南警官学院治安学院院长，教授）
　　　　　　邱福军（重庆警察学院科研处处长，副教授）
　　　　　　宋　丹（贵州警察学院治安教研室主任，副教授）
　　　　　　黄　斌（内蒙古警察职业学院监管系主任，副教授）
　　　　　　张胜前（湖北警官学院治安系副主任，教授）
　　　　　　李　骥（甘肃警察职业学院教务处处长，副教授）
　　　　　　邹卫农（四川警察学院治安系副主任，教授）

## 公安院校创新应用型精品规划系列教材编委会名单

  章昌志（中南财经政法大学刑事司法学院，副教授）
  刘振华（湖南警察学院治安系副主任，教授）
  秦　飞（上海公安学院监管〔法警〕教研室副主任）
  邓国良（江西警察学院教授）
  曹慧丽（江西警察学院教授）
  贾建平（河南警察学院副教授）
  黄　石（湖北警官学院副教授）

**秘 书 长**　田红恩（武汉大学出版社）

# 前　言

　　进入21世纪以来，仅仅十几年的时间，我国经济社会得到令世人瞩目的快速发展，人们的衣、食、住、行发生了巨大的变化，百姓的生活质量得到大幅度的提升，生活状态得到了极大的改善。在道路交通方面，与十多年前人们行路方式相比，可谓是发生了翻天覆地的改变。一方面，出行的道路快速增长，各种等级的道路布满城乡大地，路网纵横交错，农村实现了村村通公路，城市道路建设日新月异，内地的每个县基本上都通了高速公路，我国已是目前世界公路里程最长，特别是高等级公路长度名列第一的国家；另一方面，各种车辆的增长速度非常快，特别是机动车的产量和拥有量，均列世界首位，成为名副其实的汽车大国，小轿车进入普通家庭，成为百姓最基本的交通工具。近年来，在城乡各地又出现了共享单车、共享汽车等新型交通方式，给道路交通注入了新的活力，不断满足着人们出行便捷化、多样化的需求。

　　虽然在古代步马出行时期，就修筑了方便车马通行的道路，也形成有行路的规矩，有了早期的交通活动和交通管理。但是，早期的道路交通与现代意义的道路交通及其管理，不可同日而语。众所周知，汽车的诞生至今，仅仅一百多年的时间，随着汽车工业的发展，极大带动和促进了道路交通的迅速发展，机动车的增长与交通基础设施的建设相辅相成，成为现代社会进步和经济快速发展的重要标志。当然，有了车辆就需要有道路，有了道路就需要有行路的规矩，需要对道路交通进行管理。因此现代意义的道路交通，作为一种社会现象，是在汽车等机动车诞生后开始被人们所认识的，在道路交通实践中，人们逐步加深了对交通意识、交通行为和交通规范的理解，道路交通管理体制、规范、方法、措施也相伴而生、逐渐完备成熟，成为现代社会一项重要的安全管理活动。

　　我们以为，道路交通管理是现代社会公共安全的重要内容，是任何时期都不可忽视的一类公共安全管理。道路交通管理必须围绕着安全、秩序的总目标，体现公共安全管理的基本价值取向。道路交通管理的目的，就是要保障社会公共活动的安全，实现道路交通的畅通有序，这也是交通管理部门的职责所在。为此，国家对于道路交通必须进行多层次规划，制定完善道路交通法律法规；组织建立专门的交通管理机构，负责道路交通的专门化管理；依法执行道路交通规范，有效调节道路交通中各种要素之间的关系；交通参与者应当遵守道路交通规范，既享有交通活动的权利，又要遵守交通活动的义务。只有这样，才能确保老百姓行路的安全，实现道路交通的安全、规范、有序、畅通，从而形成全社会所期望的和谐相处的道路交通活动关系，成为维系公共安全和社会秩序的重要保障。交通管理部门在道路交通管理中，应当坚持法治理念，依法进行交通管理，遵循严格执法原则，树立规范管理的意识；应当遵循道路交通的科学活动规律，以科学精神管理交通，将传统的交通管理方式与现代科学技术相融合，提高道路交通管理的效率和水平；应当坚持公开透明的原则，依靠群众，支持和组织群众参与交通管理，树立服务群众的意识，取得交通参与者的支持配合，实现交通管理的社会化。

# 前言

道路交通管理学是我国公安学科体系中的一门传统学科，是集管理学、法学、交通科学、道路交通实践为一体的专业知识体系，以道路交通管理规律、道路交通管理法、道路交通活动实践和道路交通科学技术等为主要研究内容，是道路交通管理实践的理论总结，反映道路交通现象和交通活动规律的专门学科。本书根据最近几年我国道路交通管理的新情况，以道路交通活动的逻辑顺序和道路交通法的内容为主要轴线，倡导新的交通理念，坚持理论联系实际，在学习、借鉴、总结的基础上，本着传承道路交通管理的知识经验与不断创新发展的科学态度，努力探索我国道路交通管理的基础理论、基本规律、基本实践，着力构建符合我国道路交通实际和交通管理特色的学科体系，反映道路交通管理学科的理论研究成果和最新内容，力求道路交通管理知识结构的完整性、逻辑性和实用性。本书不仅是公安学科各主要专业教学的适用教材，也是普通百姓树立道路交通意识，遵守道路交通法律法规，规范道路交通行为的知识读本。

本书由青海民族大学法学院治安学教研室、西北政法大学警察法学科的教师和部分警察法学专业研究生参加编写，在大家积极参与、共同努力、精诚配合下完成的；由昆仑学者、青海民族大学特聘教授、西北政法大学惠生武教授任主编，负责全书结构和内容的统筹设计，拟定编写大纲和统稿、修改定稿；参加编写的人员有：青海民族大学法学院治安学教研室李莉娟、张璐璐、王亚龙、邵等弟、赵文成、谢成云，西北政法大学公安学院马爱国、马云岱、包文星等。本书各章内容的撰写分工如下：

第一章：惠生武

第二章：惠生武

第三章：惠生武　马云岱

第四章：包文星

第五章：惠生武

第六章：惠生武

第七章：马爱国

第八章：张璐璐　谢成云

第九章：李莉娟

第十章：王亚龙

第十一章：惠生武　赵文成

第十二章：邵等弟

本书在编写和出版过程中，得到青海民族大学、西北政法大学、武汉大学出版社的有关部门和领导的热情关怀和大力支持，得到田红恩编辑的鼎力帮助，在此向他们表示诚挚的谢意。编写过程中，我们参考了国内道路交通管理学的有关教材、著作和资料，对此表示衷心的感谢！道路交通管理学科研究和教材的编写，如同畅游在内容极其丰富、永无止境的知识海洋中，这是一项专业性、实践性、应用性很强，需要不断学习探索、深入研究总结、努力开拓创新，为此我们将继续前行；尽管我们付出了很大的努力，但知识水平和研究能力有限，书中的不足、疏漏和错误之处在所难免，敬请读者批评指正，以便再版时修正。

惠生武

2017 年 8 月

# 目 录

## 第一章 道路交通管理概述 ... 1
- 第一节 道路交通管理的概念 ... 1
- 第二节 道路交通管理的对象和任务 ... 7
- 第三节 道路交通管理的指导思想和原则 ... 9
- 第四节 道路交通管理主体 ... 11

## 第二章 道路交通法 ... 15
- 第一节 道路交通法概述 ... 15
- 第二节 道路交通法的基本原则 ... 18
- 第三节 道路交通法的体系 ... 21
- 第四节 我国道路交通法的历史发展 ... 24

## 第三章 车辆与驾驶员管理 ... 27
- 第一节 车辆与驾驶员管理概述 ... 27
- 第二节 机动车管理 ... 31
- 第三节 机动车驾驶员管理 ... 38

## 第四章 道路条件与交通设施 ... 45
- 第一节 道路基本通行条件 ... 45
- 第二节 道路交通安全设施 ... 50
- 第三节 道路交通管理设施 ... 52

## 第五章 道路交通调查 ... 62
- 第一节 道路交通调查概述 ... 62
- 第二节 道路与交通设施调查 ... 63
- 第三节 车辆调查 ... 66
- 第四节 交通流特性调查 ... 68
- 第五节 交通事故调查 ... 73
- 第六节 交通公害调查 ... 75

## 第六章 交通管理措施 ... 79
- 第一节 交通管理措施概述 ... 79
- 第二节 交通组织措施 ... 81

第三节　交通控制措施 …………………………………… 87
　　第四节　平面交叉路口管理措施 ………………………… 90

## 第七章　道路交通勤务
　　第一节　道路交通勤务概述 ……………………………… 94
　　第二节　常态化交通勤务 ………………………………… 99
　　第三节　特殊交通勤务 …………………………………… 104
　　第四节　道路治安管理处置 ……………………………… 112

## 第八章　交通秩序管理
　　第一节　交通秩序管理概述 ……………………………… 116
　　第二节　机动车行驶秩序管理 …………………………… 118
　　第三节　非机动车行驶秩序管理 ………………………… 129
　　第四节　行人和乘车人交通秩序管理 …………………… 131

## 第九章　高速公路交通管理
　　第一节　高速公路概述 …………………………………… 133
　　第二节　高速公路基本设施 ……………………………… 138
　　第三节　高速公路运行管理 ……………………………… 141
　　第四节　高速公路行驶秩序管理 ………………………… 145
　　第五节　高速公路紧急救援 ……………………………… 149

## 第十章　道路交通事故预防
　　第一节　道路交通事故概述 ……………………………… 154
　　第二节　交通事故原因分析 ……………………………… 158
　　第三节　交通事故预防对策 ……………………………… 161

## 第十一章　交通事故处理
　　第一节　交通事故现场保护 ……………………………… 166
　　第二节　协商处理与简易程序 …………………………… 169
　　第三节　交通事故调查 …………………………………… 172
　　第四节　交通事故检验鉴定 ……………………………… 180
　　第五节　交通事故责任认定 ……………………………… 191
　　第六节　交通事故损害赔偿 ……………………………… 198
　　第七节　损害赔偿调解 …………………………………… 205

## 第十二章　交通违法行为查处
　　第一节　交通违法行为概述 ……………………………… 208
　　第二节　交通违法行为查处原则 ………………………… 212
　　第三节　交通管理强制措施 ……………………………… 214

第四节　交通违法行为的处罚 …………………………………………… 217

　　第五节　交通违法行为的查处程序 ………………………………………… 219

**附录一　中华人民共和国道路交通安全法** …………………………………… 225

**附录二　中华人民共和国道路交通安全法实施条例** ………………………… 240

**主要参考书目** …………………………………………………………………… 254

# 第一章　道路交通管理概述

## 第一节　道路交通管理的概念

### 一、道路交通的概念

#### （一）道路的含义

所谓道路，是指为了满足人们生产、生活的需要，供车辆和行人往来通行，以及其他交通工具活动所使用的地域空间的总称。道路泛指特定的空间地域，涉及的范围很广，各种类型、各种用途、各种结构的道路，诸如城市道路、农村道路、公路、单位内部专用道路等。《中华人民共和国道路交通安全法》对"道路"的规定性解释为："公路、城市道路和虽然在单位管辖范围但允许社会机动车通行的地方，包括广场、公共停车场等用于公众通行的场所。"道路交通管理学研究的道路，主要是指由道路交通主管机关依法负责管理的道路，包括城市道路、各种等级的公路、城市中的街巷胡同里弄、公共广场和公共停车场等，以及凡是由市政工程部门或公路建设部门设置了路名、路标等标志的道路。[1] 在我国，道路通常是按照建设标准、行车速度要求的不同，以及道路建设单位隶属关系的不同，一般划分为城市道路和公路两大类。

道路与经济和社会发展的关系十分密切，与人民的日常生活息息相关。经济建设需要良好的交通环境，道路对促进经济发展和社会进步有着非常重要的作用；衣、食、住、行中的行路对于现代社会来说，显得越来越重要；道路是人们联系、交往、沟通的重要途径，是社会经济发展的前提条件和必备的保障。改革开放以来，特别是本世纪以来，我国经济得到快速发展，人民生活水平不断提高，其中的一条重要经验，就是全国城乡道路条件的极大改善，有力地促进了经济和社会的发展。常言道：要致富，先修路，有了道路才能够沟通人流、物流，加强城乡之间的联系，促进不同地域之间的交往，发展生产，繁荣经济，方便人民生活。

#### （二）交通的含义

所谓交通，是指各种运输、传递、转移活动的总称。广义的交通是指人们借助某种运载工具或传递手段，运用某种转移方式，以达到或实现人员、物资或信息的空间位置移动变化的社会活动过程。[2] 广义交通的概念，包括了运输转移和信息传递等活动。狭义的交通是指人员与物资的运输、转移活动。通常所说的交通，主要是指狭义的交通。

目前，交通运载工具或传递手段主要有：车辆、船舶、飞行器、管道、线路等。交通运

---

[1] 惠生武：《公安交通管理学》，中国政法大学出版社2006年版，第1页。
[2] 马三瑞主编：《公安道路交通管理》，中国人民公安大学出版社2000年版，第1页。

载的方式主要有：公路运输、铁路运输、水上运输、航空运输、管道输送、线路传递等，还有城市地铁、轻轨、索道等运输方式，形成了地上、地下、水上和空中等多种类型的交通运输方式。随着经济社会的发展，人们对交通运输工具和运输传递方式的要求越来越高，高速铁路、高速公路发展很快，交通活动的实现方式凸显了快速、方便、安全，交通运载工具和交通运载方式体现为，速度较快，方便易行，安全可靠；并且应当符合现代社会发展所要求的高效益、低公害，既利于人们的生产、生活，又利于保护生态环境。

（三）道路交通的含义

所谓道路交通，是指人们使用道路交通工具，通过道路实现人或物的空间位移的社会活动过程。因为道路交通是人们有目的的社会活动，以道路为基本条件，以交通工具为载体，从而完成人员或物体的空间位移。目前，在航空、水运、铁路和道路等各种交通运输活动中，道路交通运输的形式最为广泛，道路交通运输的路径和密度最大，道路运输工具的数量和输送的质量最多，在整个交通运输总量中所占的比重最大。还应当看到，道路交通又是沟通其他交通运输方式的重要形式，因为航空、铁路、水运等其他交通运载方式，都需要道路交通加以连接、贯穿和中转，从而才能实现其他交通运输方式的最终目的。可见，道路交通在整个交通运输系统中，占有不可替代重要地位，是交通运输体系中不可或缺的组成部分。

## 二、道路交通的特性

（一）道路交通的性质

道路交通是人类社会发展过程中的一种必然的客观社会现象，道路交通活动中的各种交通要素之间，存在着客观的有机联系和发展规律；人在道路交通活动中具有决定性作用，现代交通科学技术得到广泛的应用。所以说，道路交通具有客观性、关联性、能动性、科学技术性。

1. 客观性与关联性。道路交通的客观性是指，道路交通是在人们社会生活中不可缺少的一种客观要求，并且是随着社会进步和经济发展而不断发展的客观社会现象，是现实的、客观的。道路交通的关联性是指，道路交通由人、车、路以及交通环境等基本要素组成的一个系统，即由交通参与者、交通工具、交通活动空间以及与交通活动有关的动态、静态的物质干扰所构成的一个有机的道路交通活动体系；在这个道路交通系统中，各个交通要素相互之间存在着内在的、密切的联系，整个道路交通系统的各个要素之间具有关联性。

2. 能动性与科技性。道路交通的能动性是指，在道路交通活动中，人是其中最具决定意义的因素；道路交通活动中的人所表现出的基本特性，就是交通参与者包括驾驶人和其他参与人，在交通活动过程中，在受到自身生理、心理因素的制约以及外部条件的影响，发挥主观能动性，正确判断和处理交通活动中的各种情况，避免发生差错，及时消除危险，采取有效措施，确保道路交通安全和畅通。道路交通的科学技术性是指，道路交通的运载工具车辆等运输方式，其基本特性的科学性、技术的先进性，机动车必须具备良好的安全性能、动力性能、制动性能、通过性能等技术状况，科学技术的优异性能是道路交通活动的重要保障；此外，交通工具的整体机动性、操作稳定性、燃油经济性、舒适可靠性，以及最低限度的废气、噪声、辐射、污染等性能指标的特性；此外，道路的基本技术特性包括技术等级、几何特征、网状结构、城市道路系统等，① 均属道路交通科学技术性的内容。

---

① 李啸、胡大鹤：《公安交通管理体系研究》，载《山东警察学院学报》2005 年第 1 期。

(二) 道路交通的基本特征

我国道路交通的基本特征，必须以我国城乡道路交通发展的历史背景和现实状况来综合考察。长期以来，由于城乡经济发展的不平衡，城乡道路交通建设和发展也存在着较大的差异，在道路交通的管理上，存在着城市道路管理与公路管理的区别。因此，道路交通的综合特征，必须兼顾城乡的实际情况和道路交通发展的不同阶段。目前，随着城市化进程的加快，城市区域范围迅速扩展，城市人口比重不断加大，特别是21世纪以来，随着我国经济的快速发展，人们生活质量大幅提升，机动车已进入普通老百姓家庭，驾车成为人们的基本出行方式；我国的机动车辆数量和交通流量的迅速增长，已位居世界首位；当前的交通设施和道路建设，与迅速增长的机动车相比，道路的容量与交通流量的比例严重失调，特别是城市道路的交通压力急剧增大，大中城市高峰时段的车辆拥堵现象越来越严重。虽然，国家对道路建设的投入巨大，道路通行条件得到明显改善，但道路交通的现状相对于经济和社会发展来说，仍然比较滞后。需要指出，虽经多年的宣传教育，人们的现代交通意识得到很大提高，但现代交通发展提出更高的要求，无论是交通参与者，还是交通管理者，现代道路交通的意识和管理水平都需要不断提高。

1. 混合交通。20世纪，我国道路交通的基本特征是混合交通，具体表现为人车混行，车流混杂。所谓人车混行，是指有相当部分的道路存在着人行与车行界限不清，或者人行道的人流饱和进入车行道，或者行人不遵守交通规则随意进入车行道等情形，造成人车并行，人车互相干扰。所谓车流混杂，是指有些道路由于等级不高，或者路幅过窄，或者管理不善等原因，造成机动车与非机动车无法分离，不同类型的车流或不同车速的车流在同一路段上行驶，致使车辆相互牵制，车速被迫降低，导致交通阻滞。这种混合交通现象，使得道路交通管理的难度加大，给交通安全构成威胁，存在交通安全隐患，容易造成交通事故，在一定程度上制约着经济和社会的发展。混合交通导致交通行车不畅，引发交通阻塞，耗费时间，加大了交通成本和费用，严重影响道路的通行能力；而且，混合交通还会增加耗能，易造成环境污染。

2. 多样交通。进入20世纪以来，我国道路交通的基本特征是多样化交通，具体表现为道路多元化，车辆多类型，交通活动的单一与混合共存。所谓道路多元化，是指我国道路现状呈多元化，多等级，城乡道路网已经形成，既有高等级公路和平原道路，也有山区高原公路和乡村道路；既有高质量多车道的宽幅公路，也有行车艰难路幅狭窄的村道沙土路；车辆在行驶中，既要适应良好的道路条件，也要面对较差的行车环境；由于多样化的道路条件，致使道路交通安全形势和交通事故问题也呈多样化。对此，道路交通管理要因地制宜，根据不同交通情况，制定相应对策，采取不同措施。所谓车辆多类型，是指我国目前不仅机动车的数量位居世界第一，而且机动车的类型也呈现多种多样的情形，各类汽车、摩托车、专用车辆形式各异，五花八门，参差不齐；既有高质量性能优异的，也有低质量性能较差的；各种进口车辆与国产车辆在道路上并驾齐驱，而且近年来国产机动车大幅度增长，性能也在不断提升；因各类机动车性能不同，状况不一，行驶过程差异很大，导致管理难度大。所谓交通活动单一与混合共存，是指道路交通管理中，既有实行统一管理的、严格限速仅供汽车通行的高等级公路，又有充斥着不同类型车辆、行人，人车混合共同行驶的普通公路；既有建设标准高、安全系数高、通行速度快的专用道路，又有人车混杂、存在安全隐患、易发交通事故的混合道路。

目前多样交通的现象，与原来的混合交通相比较，可以说是一个阶段性的进步，表明原来混合交通的情况有所改善，但是并未完全摆脱混合交通情形和习惯。因为，从客观上看，虽然道路交通条件发生了巨大变化，车辆、道路状况得到极大改善，但城乡道路条件仍存在差异，一些地方的道路交通仍较落后，需要不断建设和发展；从主观上讲，这些年来，人们的交通意识明显提高，交通安全、文明行车的观念深入人心，且交通管理部门的能力和水平不断提升，但交通活动中的违法行为仍有发生，一些不安全、不文明的交通现象依然存在，人们的交通安全意识以及交通管理的能力还须加强。

**（三）道路交通特性形成的原因分析**

由于混合交通长期影响着道路交通安全和畅通，近年来呈现出的多样交通情形，对交通安全和交通管理带来一定的影响。从混合交通到多样交通的变化，是经济社会发展的必然，也是道路交通管理阶段性的进步。形成混合交通、多样交通的原因主要有以下几个方面：

1. 我国经济社会的快速发展。经济社会的发展，促进了机动车辆的迅速增长，由此带来了道路交通的不适应和交通管理的压力。进入21世纪以来，我国经济社会发展迅速，经济总量目前已列世界第二，在我国产业结构中，机动车产业发展很快，车辆的数量增长迅猛，汽车消费已成为人们生活消费的一大热点，一些大城市的机动车保有量迅速递增，达数百万辆；中小城市和农村的汽车增长更快，私家车在机动车总量中比例不断加大，家庭汽车已相当普及。

2. 车辆类型多、性能各异、状况复杂，交通管理难度加大。目前，道路上行驶的车辆种类极为复杂，既有各种性能的机动车，包括占主流的大小型客货汽车以及大量的摩托车、农用车和拖拉机；还有数量庞大的非机动车，包括各种自行车、人力车、畜力车。因而呈现出不同性能、差异很大的各种车辆混行同一道路，机动车、非机动车与行人在同一路面上混合行驶的状况。总的来看，我国道路交通工具的总体构成不尽协调合理，安全性能较差，交通管理难度大。

3. 道路交通供需矛盾突出，道路条件需要进一步改善。在机动车数量猛增的情况下，不仅道路呈现饱和状态，车辆行驶缓慢，高峰时段十分拥堵；而且许多大城市停车位严重不足，特别是城市中心区停车困难。现有道路资源开发利用率不高，管理水平偏低，科技含量较差。近几年，我国道路状况得到了明显的改观，无论是城市道路，还是各种等级的公路，建设里程每年都在迅速增长；特别是高等级公路的发展很快，人们明显感觉到道路多了、宽了，出行方便了。但多年存在的路网稀疏不平衡，城市路网结构不合理，快速路和干道较少；公路质量低，路况通行条件较差等状况，还没有得到彻底改变；道路交通仍然不能满足迅速增长的车辆和交通流的需要。一些公路线型设计存在着缺陷，形成急弯、连续的弯路、陡坡或连续长坡、宽路窄桥，而且缺少标志、标线和安全防护措施等现象仍然存在，因道路维修、自然灾害及其他突发事件等引发的交通堵塞时有发生。

4. 道路交通设施不够完善，交通管理科技含量不足，交通管理手段相对落后。目前，我国道路交通安全设施在有些方面还不够先进，特别是中小城市道路和大部分低等级公路的设施投入不足，技术含量低，科技控制管理手段落后；一些道路的安全设施不够完善，利用现代科学技术进行管理控制交通的能力需要提高。此外，交通管理部门和交通警察的整体管理水平有待提高，技术控制管理手段需要加强；道路交通管理尚未完全形成有关部门参与的、全社会联动的整体合力。

5. 交通参与者的现代交通意识需要提升，公民支持、参与交通管理的能力和观念需要加强。相当部分的交通参与者的交通意识还不能适应现代交通发展的需要，一些机动车驾驶人和行人遵守交通法规的观念淡漠,交通违法行为时有发生,有的甚至是有意违章,形成交通隐患,导致使交通事故;近年来,因非机动车引发的交通事故曾上升趋势,在整个交通事故中比重加大。据报道,我国人员死亡的机动车与非机动车或行人交通事故中,大部分是因行人或非机动车违法而造成的。① 因此,提高国民的整体交通法律意识、交通安全意识和交通文明意识,非常必要。

### 三、道路交通管理的概念

#### (一)道路交通管理的含义

道路交通管理是指,依法履行道路交通管理职责的公安机关,为了保障道路交通的安全与畅通,协调人、车、路在交通活动中的相互关系,根据道路交通管理法律规范,运用现代管理手段和科学管理方法,对道路、车辆和所有交通参与者进行的组织、指挥、疏导、控制、处理等活动。

根据我国道路交通法律、法规的规定,公安机关负有道路交通管理法定职责;具体来说,我国道路交通管理的主体是公安交通管理部门。所以说,道路交通管理是公安交通管理部门统一进行的组织协调、指挥疏导、监督控制,依法处置各种交通行为的活动。交通管理部门通过综合协调道路交通系统中人、车、路和交通环境等各种交通要素之间的关系,从而达到提高车辆通行速度,增强道路通行能力,降低交通事故,保障交通安全和畅通的目的。

应当指出的是,道路交通活动体现在交通管理关系上是一种社会关系和自然关系的统一。具体来说,也就是各交通参与者相互之间的权利义务关系,即交通活动中管理主体与管理对象、交通参与者相互之间的社会关系;其中,既有人与人、人与其他交通要素之间的社会关系,也有其他交通要素相互之间发生和存在的时间、空间等自然关系。这些关系可以概括为社会关系与自然关系的统一,这两类关系在道路交通活动中始终存在着、交织着;而道路交通管理的任务就是不断调整和处理这两类关系,从而体现了道路交通管理所具有的社会属性和自然属性。②

#### (二)道路交通管理的特点

我国道路交通管理主要有以下几个特点:

1. 道路交通管理的主体是特定的。在我国,对城乡道路交通活动实施管理的法定机关是公安机关,道路交通管理是公安机关履行法定职责和依法行使职权的一项重要专门活动。其他国家机关、社会组织和公民个人,不具有道路交通管理的职责,不享有道路交通管理职权,不能从事道路交通管理活动。

2. 道路交通管理的性质是公共安全管理。道路交通管理是专门机关进行的公共安全管理活动,以保障安全、维护秩序为目标的活动,属于国家警察公共安全管理的组成部分。实施道路交通管理的目的,就是为国家经济建设和人民生活营造良好的交通环境,保障交通安全与畅通;为实现交通运输的正常、有序、安全、高效,促进经济社会的进步和发展。维护交通秩序从一定意义上说,是维护社会公共安全和治安秩序的一个重要方面,创造良好的交通秩序,也是创造良好的社会治安秩序的组成部分。③ 因此,交通管理部门实施的道路交通

---

① 丁立民主编:《道路交通管理》,警官教育出版社1999年版,第3页。
② 丁立民主编:《道路交通管理》,警官教育出版社1999年版,第3页。
③ 惠生武主编:《治安管理学总论》,中国政法大学出版社2002年版,第142页。

管理，维护交通秩序的行为，是与公共安全和社会治安有着必然的联系；保障交通安全和道路畅通，与促进交通运输效益，保障经济社会的发展密切相关。

3. 道路交通管理内容的多样化、综合性。道路交通管理涉及社会生活许多方面，与国家经济建设和人民生活紧密相连，涉及区域的规划与建设、人口发展、机动车产业、车辆的控制、交通组织和运输安全、环境保护等诸多方面，①既有整体性全局性的综合问题，又有局部性特殊性的具体问题。所以说，道路交通管理直接影响着经济建设和人民生活，影响到社会的安全与稳定。道路交通管理坚持以人、车、路以及交通环境为管理对象，结合相关因素，依靠全社会的力量实行综合治理，才能取得实效；交通管理部门要与各有关部门通力合作，推进道路交通管理的现代化、社会化。

4. 道路交通管理是科学技术的全面应用。现代道路交通管理的科技含量越来越高，技术性越来越强，科技手段的运用十分广泛。近年来，我国的道路交通管理，从混合交通、平面交叉道路的实际情况出发，大量采用先进的管理措施和科学技术手段，合理的使用人、财、物，最大限度地发挥了道路交通的功能。在交通流的组织、交通控制、交通设施的设置与管理、交通事故的预防和处理、车辆安全管理等多方面，大量运用了科学技术方法和先进的管理手段，取得了明显成效；特别是随着快速交通工具的发展，大力推行现代通讯技术、计算机技术在车辆控制、交通监测、交通信息以及交通事故的分析处理与统计储存等多方面的应用，效果十分明显，极大地提高了交通管理的效率和质量。由此可见，道路交通管理水平和管理效果的优劣，直接依赖于交通管理科学研究的深度和科技成果的应用。

### (三) 道路交通管理与社会经济发展

道路交通是联系社会生产、流通、分配和消费等各个环节的重要渠道，交通是国民经济建设的"先行官"。交通运输是生产过程在流通领域的继续，是一切生产过程中不可缺少的组成部分，也是各种经济社会形态发展过程的重要条件。道路交通运输对于工农业生产的高速发展，对于促进生产力的合理分布，对于传播文化和科学技术知识，对于提高人民生活等方面，提供重要保障并发挥着重大作用。

我国的道路交通是随着社会经济的发展而发展，随着改革开放和经济建设的深入而发展，在促进人、财、物的流通速度、流通范围方面，不断提高和扩展。道路交通管理与社会经济发展的关系极为密切。道路交通管理的目的就是保证道路安全畅通，使交通运输发挥其作用。如果道路交通管理得不好，出现道路堵塞，交通瘫痪，必然会造成许多社会活动无法进行，经济建设就会受到影响。

当今社会发展过程中，交通秩序是社会秩序和社会文明的一个重要方面，交通的有序与否，反映了社会管理水平和精神文明的程度。如果交通秩序混乱，交通事故频发，不仅给国家和人民生命财产带来损失，而且也会使人民群众缺乏安全感，影响社会安定，妨碍社会经济的发展。交通运输是社会经济发展的一个重要标志，随着市场经济的深入发展，交通运输将更加繁忙，交通流量会日益增大。在建立和发展社会主义市场经济的过程中，需要有一个良好的交通安全环境；管理好道路交通，保障道路畅通，秩序井然，就可以有效地促进经济的发展；同时，管理好道路交通，可以降低交通事故，减少人员伤亡和财产损失，也是对社会发展和增加经济效益的贡献。

---

① 杨钧主编：《公安交通管理教程》，中国人民公安大学出版社1997年版，第2页。

## 第二节 道路交通管理的对象和任务

### 一、道路交通管理的对象

道路交通管理的对象是指交通管理的客体是什么，交通管理主体与谁形成管理关系？道路交通管理的对象就是人、车、路以及交通环境。① 具体来看，凡是在道路上进行的、与交通活动有关的人员，包括各种车辆的驾驶人、乘车人、行人，凡是进行交通活动的各种车辆，包括机动车、非机动车，凡是提供车辆、行人通行的地域空间和交通活动有关的设施，凡是与道路交通活动有关的各种环境因素等，都可以成为道路交通管理的对象。可见，人、车辆、道路以及交通环境是道路交通活动最基本的要素，这些要素在道路交通系统中既能够独立存在，又各自发挥着不同的作用；同时，各种要素之间又在道路交通系统中密切联系、相互依赖、相互作用、互为条件，发挥着整体的最佳效能。

（一）交通参与者

交通参与者是指参与道路交通活动的人员、组织。对于交通参与者的管理，协调他们与车辆、道路在交通活动中的关系，是道路交通管理中大量和复杂的工作内容。交通参与者包括：各种车辆的驾驶人、乘车人、行人以及与道路交通活动有关的单位或个人；车辆驾驶人是道路交通活动的重要参与者，对驾驶人员的管理，是为了保证其符合驾驶条件，遵守交通管理法规，按照规定驾车行驶。对乘车人的管理，是为了保证其在乘车过程中，遵守乘车规定，不得妨碍和干扰车辆和其他交通参与人的正常活动。对行人的管理，是为了保证其安全行路，在道路交通活动中，不妨碍他人和车辆的正常通行。除此以外，与道路交通活动有关的单位或个人主要包括：各种车辆的所有或使用单位、车辆的所有人或使用人，以及其他与道路交通活动有关的单位和个人。需要指出的是，人是道路交通活动的主体，道路交通是为人而服务的，交通活动必须以人为本；而且，道路交通活动是人有目的的活动，受到人的控制、支配，实现着人的意志。

（二）车辆

车辆是道路交通活动的重要因素，是道路交通管理的重点。车辆即交通工具，使用交通工具是人类进行交通活动、实现道路交通目的的重要手段。对车辆的管理包括对机动车管理和非机动车的管理两个方面；车辆管理的重点是，确保车辆的技术性能的完好，使其符合国家规定的车辆运行标准。在车辆体系中，机动车具有机动性强、速度快、负载量大的特性，对于方便人们的生活、促进社会经济发展有着十分重要的作用；我国建立了一套完整的车辆管理体系，实行机动车登记制度、检验制度、安全控制制度等多项管理制度，使机动车保持良好的机械性能和技术性能，确保机动车的安全行驶、减少公害、节约能源，以适应社会发展和经济建设的需要。

（三）道路

道路是交通活动的条件和基础，交通管理的道路，包括城市道路和公路以及公共广场、停车场等供车辆、行人通行的地方。实行道路管理的目的在于，保证道路的合理利用，提高道路的使用率，确保车辆和行人在道路上安全通行。道路是车辆通行的基本条件，道路的等

---

① 丁立民主编：《道路交通管理》，警官教育出版社1999年版，第4页。

级、结构、路网分布、城市道路系统等，作为道路交通基础设施，其性能的优劣决定着车辆行驶的状况。

### （四）交通环境

交通环境包括自然环境和社会环境两个方面。交通环境中的自然环境，是指对交通活动有影响的、客观存在的自然现象，诸如季节、气候、地形、地貌、建筑物等客观物质因素；道路交通管理中，应当遵循自然法则，顺应客观规律，及时调整交通管理的内容和方法。交通环境中的社会环境，是指那些因人为原因而形成的、影响道路交通活动的一些现象；在这些现象中，一方面是具体的社会环境，即由于人为的因素，而形成的道路交通参与者之间的人际环境，包括影响驾驶员操作的安全环境，影响驾驶员的心理、生理等因素，如交通设施的形状、设置，道路周边广告的图形、设置等；另一方面是抽象的社会环境，即有关交通活动的方针政策、方法措施、科学技术、质量标准等，如控制交通噪声、减少废气污染的政策和技术标准，环境保护的政策，以人为本的理念，和谐社会的理念等，对于道路交通管理都会产生一定的影响。

## 二、道路交通管理的任务

### （一）基本任务

道路交通管理的基本任务是维护道路交通秩序，保障交通安全与畅通，[①] 服务于社会发展和经济建设。

1. 确保交通安全。道路交通管理应当确保人们在道路交通活动中的人身和财产的安全；作为道路交通管理的主体，依法采取各种有效的安全措施，坚持以人为本，最大限度地避免和减少因交通活动而导致的人身伤害和财产损失。

2. 保障畅通有序。保障道路畅通，就是保障人、物能够迅速、顺利、便捷地实现在道路上的空间位置转移；道路交通管理的主体通过优化交通运行方案，最大限度地减少交通参与者在道路交通活动中所遇到的障碍和占用的时间。通过组织、指挥、疏导和监督交通参与者，严格遵守道路交通法规，保证在交通活动处于一种有序的状态。

交通安全与畅通是相互联系、不可分割的统一体，安全是畅通的条件，畅通是安全的保证。维护良好的交通秩序，是实现安全畅通的条件和基础，反之，安全畅通又能促进构建良好的交通秩序。现代道路交通特别注重高效、低耗、环保，因此，要求道路交通管理主体依法实施管理，应用现代科学技术和先进的管理方法，合理规划交通网络，有效的组织交通流，保障道路交通活动有序进行，从而实现安全、畅通的目标。这样可以使得交通参与者在交通活动中，尽可能地加快流通速度，提高效益，减少时间和物质消耗，降低污染和公害，最大限度地减少因交通活动而产生的人身伤害和物质损失。

### （二）具体任务

道路交通管理的主体即交通管理部门，在道路交通管理中的具体任务是：

1. 开展交通安全教育。交通安全宣传教育是交通管理部门向群众普及交通安全知识和进行交通法制宣传，使广大群众提高交通安全意识，自觉遵守交通法律规范，维护道路交通秩序。交通安全教育要有针对性，对车辆驾驶员、交通违法人员以及其他交通参与者，进行专门教育、重点教育，从而增强其交通安全意识，提高遵守交通安全法律、法规的自觉性。

---

① 丁立民主编：《道路交通管理》，警官教育出版社 1999 年版，第 4 页。

2. 对车辆与驾驶员的管理。交通管理部门在办理车辆登记、核发牌证、进行车辆检验时，对驾驶员进行考试、考核和安全管理过程中；依法严格落实车辆牌照制度和驾驶员执照制度。这项管理是交通管理部门的重要法定职责和任务，在道路交通管理中具有重要意义。

3. 对道路交通设施的管理。道路交通设施包括交通标志、交通标线、交通信号灯、交通隔离设施，以及其他交通服务设施。交通管理部门要依照规范，对交通设施进行合理设置并科学地加以管理，这是交通管理中的一项常态化重要工作。

4. 指挥交通活动、维护交通秩序。交通管理部门及其交通警察，为了实现交通安全、畅通，提高道路交通运输效益，促进经济与社会发展的目的，依法对交通参与者的行为、对道路上的人流、车流实施指挥、疏导、控制等管理活动；对妨碍道路交通活动的现象或行为，采取限制或管控措施；对违反道路交通安全的行为人，进行教育和采取必要的处置措施等。

5. 预防和处理道路交通事故。道路交通事故在各类安全事故中，无论是事故的总量，还是人员伤亡的数量，均排名首位；预防遏制交通事故的发生，依法及时处理交通事故，直接关系到国家、集体和个人的利益，关系到人民群众生命财产安全。交通管理部门和交通警察，在事故预防和处理道路交通事故中，负有不可替代的职责，是道路交通管理大量的、经常性的工作。

道路交通管理部门应当严格执行道路交通法，做到依法管理，按照法定权限实施管理；同时，要科学的进行道路交通指挥和控制，运用科技方法和现代技术手段，做到有效管理；大力开展道路交通安全教育，提高交通参与者的交通观念和安全意识；根据道路交通的实际情况，精心组织实施交通勤务和交通警卫；及时处理交通事故和查纠交通违法行为，维护道路交通秩序。目前，交通管理部门对城乡道路普遍实行电子拍照和视频监控，采用电子化、智能化手段，进行全天候、全方位有效视频监控，实施动态交通管理，设置流动电子警察和电子摄像系统，开展明查暗访，不断提高交通管理的科技含量和技术水平；及时处置发生在道路上的各类案件，保障人民生命财产安全。

## 第三节　道路交通管理的指导思想和原则

### 一、道路交通管理的指导思想

我国道路交通管理应当坚持什么样的指导思想，早在 1989 年召开的第一次全国公安交通管理工作会议上，在总结交通管理工作实践经验的基础上，结合交通管理工作的任务，提出了道路交通管理的指导思想是：预防事故，缓解阻塞，综合治理，安全畅通。① 也称为交通管理的指导方针。实践证明，这一指导思想的确立，为道路交通管理明确管理目标，统一认识，理清思路，采取有效管理措施，起到了非常好的作用。时至今日，对于当前道路交通管理仍然具有非常重要的现实指导意义。

道路交通是直接为经济建设和人民生活服务的，预防事故，缓解阻塞是交通管理部门的职责和任务，假若交通事故多，道路拥堵不畅，势必会影响经济建设和社会发展，影响人民生活和社会安定。据统计，目前我国是世界上交通死亡率最高的国家，每年因交通事故死亡

---

① 丁立民主编：《道路交通管理》，警官教育出版社 1999 年版，第 5 页。

人数接近十万人，受伤多达数十万，交通事故严重危及人民群众的生命财产安全。为此，道路交通管理部门，要坚持问题导向，以预防事故为重点，认真分析研究发生交通事故的原因和规律，采取有效措施加以防范和改进。

近年来，道路交通阻塞的状况，愈来愈严重，从而导致交通运输造成的损失更是无法计算；改变交通拥堵的现状，减少阻塞和道路通行时间，及时疏导交通，加快拥堵道路的行车速度，有效解决拥堵非常重要。要以减少交通阻塞为中心，认真分析交通阻塞的原因、规律和特点，积极采取有效措施，提前疏导、分流交通，逐步改善交通拥堵的状况。

综合治理是治理道路交通乱象的根本途径。道路交通管理是一项复杂的社会系统工程，影响道路交通的因素十分复杂，涉及许多方面，如道路的规划布局和建设改造，路面施工和交通事故，交通信号设置不当和道路上出现特殊情形，道路安全警戒和车流量的激增变化等，以及交通信息畅通有效与否，驾驶人员的训练和管理能力高低与否，车辆性能和驾驶员习惯模式、动作反应、判断车速车距能力适当与否，交通管理体制和应急疏导能力等情况。因此，做好道路交通管理，仅靠交管部门是不够的，需要在政府的统一领导下，动员社会各方面和有关部门进行综合治理，才是搞好交通管理的基本保证。

安全畅通是道路交通管理的出发点和目的，也是人民群众对交通管理的基本要求。安全与畅通是相互联系的统一体，安全促进畅通，畅通保证安全。现代交通的特征就是高效率，低消耗，低公害，要求在交通活动中，尽可能地加快流通速度，减少时间消耗，降低费用和成本，最大限度地减少因交通活动而产生的人员伤亡和经济损失。交通管理就是要创造一个安全畅通的交通环境，充分发挥道路运输效能，取得好的经济效益和社会效益。

## 二、道路交通管理的基本原则

道路交通管理的基本原则，是指道路交通管理部门在实施交通管理过程中，遵循的具有普遍指导作用的基本准则。基本原则贯穿于道路交通管理的全过程，对交通管理部门的交通管理活动具有现实的、普遍的指导意义。除了交通管理的基本原则以外，在道路交通管理的不同阶段和各个过程中，还有一些适用于这些过程或阶段的具体原则，如交通分离的原则、各行其道的原则、通行靠右的原则，以及交通事故处理中的路权原则等。

### （一）便民服务的原则

实施道路交通管理的目的，是为了经济建设和服务人民生活，维护社会安定，促进社会经济发展。创造良好的道路交通秩序，不仅是搞好交通运输的前提条件，也是社会安定的重要保障。在道路交通管理中，应当坚持以人为本的思想，把人性关怀落实到交通执法和交通管理中，明确交通管理的根本目的在于为民服务，一切交通管理行为都要从服务于经济建设和人民生活出发，无论在制定交通管理的政策和法律，还是采取交通管理措施时，都必须坚持这个原则。交通管理部门为了落实执法为民的思想，在交通管理的业务中，推出了多项人民群众普遍关心的、涉及群众根本利益的便民利民措施，如考照、检车、换证、验证、残疾人驾车、车牌选号等方面，① 做到提供高效、便捷的服务，体现了爱民之心，深受老百姓的欢迎。

### （二）依法管理的原则

交通管理部门应当坚持依法严格管理交通的原则，把道路交通管理活动全部纳入法治的

---

① 参见《公安部公布17项交管便民措施》，新华网2003年8月7日。

轨道。我国《道路交通安全法》以及一系列道路交通管理的法律、法规，反映了人民群众的意愿，代表了广大人民群众的根本利益，是交通管理部门实施管理的依据和准则。依法管理交通，就是体现人民群众的利益和愿望，也是法治国家的基本要求。只有用道路交通管理法来规范交通参与者的交通行为，依法调整交通活动中的各种关系，才能形成人民群众所希望的良好交通秩序。

**（三）科学管理的原则**

从我国道路交通的实际情况出发，公安交通管理部门应当遵循道路交通的客观规律，运用现代交通管理知识，采用先进科学的管理措施，应用科技手段、方法以及专业仪器设备，合理地使用人、财、物，最大限度地发挥道路交通的效能。现代交通需要科学管理，只有将先进的管理理论和技术装备用于道路交通管理，才能提高管理效率，实现有效控制，适应经济和社会发展的需要。

**（四）群众参与的原则**

交通管理机关是道路交通管理的主体，在充分发挥其职能作用和集中统一有效管理的同时，要广泛动员和吸收人民群众参与道路交通管理活动，坚持依靠群众，实行专门机关和群众相结合，建立有群众参加的交通安全组织，实行目标管理，落实有关单位的交通安全责任制，使交通安全成为全社会的共同任务。而且，随着道路交通运输的迅速发展，交通管理部门的任务越来越繁重，交通警察的工作难度日益加大，交通管理的业务和内容更加细化，交通事故和案件逐年递增，交通管理对象增多特别是驾驶员队伍日益庞大，交通警察的工作压力与日俱增，如果交通管理部门离开人民群众的支持，缺乏群众的参与和帮助，就无法有效完成道路交通管理的任务。

## 第四节　道路交通管理主体

### 一、道路交通管理主体概述

**（一）道路交通管理主体的概念**

所谓道路交通管理主体，是指在道路交通活动中，依法负有交通管理职责，履行交通管理职能，行使道路交通管理职权的专门机关。认识和明确道路交通管理主体，就是对道路交通管理专门机关的资格和法律地位的确认，使得交通参与者明确什么机关、机构享有法律赋予的交通管理资格和权能。根据我国《道路交通安全法》以及其他道路交通管理的法律、法规规定，全国城乡道路交通由公安机关统一负责管理；在公安机关中设置交通管理部门，具体负责和实施道路交通管理的职责，统一管理全国的道路交通工作。可见，公安机关是道路交通管理的主体，公安机关中设置的交通管理部门，则是实施道路交通管理的具体管理机关和责任主体。对道路交通管理主体，可从以下几方面理解：

1. 道路交通管理主体是负有道路交通管理职责的机关。根据道路交通管理法的规定，公安机关的交通管理部门是道路交通管理的主管机关，履行着法律赋予的交通管理职能，是交通管理的直接主体。从道路交通管理法所确定的社会关系来看，虽然交通管理部门在一定情况下，可以作为交通活动的参与者和交通关系的当事人；但其重要的地位在于，它是道路交通管理的主导者，以交通管理主体的身份，组织、指挥、协调和参与道路交通活动的。

2. 道路交通管理主体是行使道路交通管理职权的机关。道路交通活动与人们的生活密切相关,在遵守一定行为规范的前提下,有组织的社会活动。为了保证交通活动的有序进行,法律赋予特定的机关代表国家行使交通管理的职权,从法律上明确了专门机关在道路交通管理中的地位,使其成为交通活动的惟一组织者、指挥者。我国《人民警察法》、《道路交通安全法》等法律,明确赋予公安机关的交通警察部门享有道路交通管理职权,并设定了行使交通管理职权的具体内容,要求交通管理组织依法定程序行使交通管理职权。

3. 道路交通管理主体是具有独立法律地位的机关。道路交通管理主体应当具有法律上的权利能力和行为能力,能够以自己的名义享有权利和承担义务,具有法定的主体资格和地位。根据我国道路交通管理法的规定,县级以上的公安机关的交通管理部门具有独立的交通管理主体法律地位和交通管理主体资格,能够以自己的名义独立行使交通管理职权,并承担因自己的交通管理行为而产生的后果,以及承担相应的法律责任。我国道路交通管理机关,代表国家独立行使管理道路交通的权力,因而也能够独立享有诉讼权利,或成为有关交通管理行为的诉讼被告,是形式上的法律责任主体。

(二) 道路交通管理主体的地位

道路交通管理组织由于所处的层级地位的不同,管辖的地域范围不同,因而在隶属指导关系、交通管理的职责内容、交通管理的权限范围大小、交通管理的行为效力等方面有所不同,各自层次交通管理机关的管理目标、具体任务有所差别。因此,明确道路交通管理组织的法律地位与资格权能,对于保证各级交通管理机关确定其管理目标和任务,并在其职责和权限范围内,正确、有效地行使交通管理职权,防止越权和滥用权力非常有必要。

1. 交通管理主体在公安机关中的地位。我国公安机关是各级人民政府的职能部门,是国家行政机关体系中的组成部分,在国家行政组织中占有重要地位。依照法律规定,县以上各级公安机关具有独立的行政主体资格和法律地位,其所属的职能部门或派出机构经法律授权也可成为行政主体,从而以自己的名义独立对外行使职权,享有行政主体资格,公安机关的交通管理部门就属于这种情形。公安机关交警部门作为各级公安机关的职能部门和组成部分,依法成为独立的道路交通管理主体,行使道路交通管理职权;但是,交通管理部门仍然是公安机关体系中的组成部分,是公安机关设置的专门组织,与所在公安机关是从属关系,依法接受所在公安机关的领导和指挥。

2. 交通管理主体在实施交通管理中的地位。交警部门在实施交通管理中的地位是其权利义务的综合体现。从形式上看,交通管理组织在交通管理中处于管理者的地位,以自己的名义独立行使交通管理职权,并承担形式上的责任;从实质上讲,交通管理组织代表国家进行管理,其行为的后果和责任归属于国家,是一种国家责任。在道路交通管理中,交通管理机关依法进行交通组织管理、指挥疏导、监督控制,为交通参与者提供各项服务,对交通违法行为给予制裁和处罚;道路交通参与者享有参与交通活动的权利,也有服从和协助交通管理的义务。

3. 交通管理主体的交通警察的法律地位。在道路交通管理中,具体执行交通勤务、实施交通管理行为的是交通警察,即交通管理机关的行为,是由交通警察个体的行为来实现的。但是,交通警察并非交通管理组织,他们是交通管理组织的代表,必须以交通管理组织的名义,即以交通管理机关的名义进行交通管理活动的,而不能以交通警察个人的名义来实施交通管理行为。当然,交通警察职务行为的效力和后果,均归属于他所在的交通管理机关。其他机关、组织和公民个人不具有交通管理的职能,他们只能够作为道路交通活动的参与者,作为交通管理的对象,或者成为交通管理关系的一方当事人,而不能作为交通管理的组织。

交通警察是道路交通管理的具体实践者、实施者，是交通管理目标实现的直接执行者。《道路交通安全法》对交通管理机关的内部管理和人员管理作了专门规定，要求交通管理机关接受来自外部的监督，加强内部管理，促进和提高交通管理的能力和水平，正确有效的行使交通管理职权，保证交通管理目标的实现。

## 二、道路交通管理的组织机构

### （一）道路交通管理的机构设置

实施道路交通管理，首先要建立交通管理组织，有相应的组织体系和机构设置。目前，我国公安机关交通管理组织是一个多层次的综合结构体系，由中央和地方的公安机关的交通管理部门组成，在公安部设有交通管理局，地方设有各级公安机关的交通管理部门，形成多层次的交通管理组织体系。公安部交通管理局统管全国道路交通管理工作，地方各省、自治区、直辖市公安机关设交通警察总队，省辖市或地区公安机关设交通警察支队，县级公安机关设交通警察大队。目前，我国道路交通管理的组织体系是：公安部交通管理局、省级公安机关交通管理局（交警总队）、市级公安机关交通管理部门（交警支队）和县级公安机关交通管理部门（交警大队）四级，实行统一领导或指导、上下节制的管理体制。各级道路交通管理部门为处理各类交通管理业务，在其内部分别设置了车辆管理、交通事故处理、交通秩序管理、机动勤务、科研、法制、宣传等业务部门。

当前，实施道路交通管理的基层组织是交通警察大队，根据道路交通管理法赋予的职权，交通警察大队具有直接实施交通管理行为的主体资格，依法以自己的名义，按照地域管辖范围，实施道路交通管理的具体行为。这种以交通警察大队作为基层执法管理的组织形式，从行政管辖区域的实际出发，管理的范围一般不宜过大，便于迅速处理道路交通问题。此外，基层交通警察大队具有一定的执法管理能力，而且机构精干，协调统一，决策简捷，指挥直接、迅速，具有快速反应和整体作战的优势，能够有效地发挥道路交通管理的职能作用。

实施道路交通管理需要有一支高素质的交通警察队伍，他们是完成交通管理任务，实现交通管理目标，对道路交通管理对象进行具体管理的实施者。交通警察是以交通管理部门的名义、代表所在的交通管理部门履行职能，交通警察的交通管理行为是公安机关的警察行为，并非个人行为。因此，交通警察应当具备良好的素质，才能保证完成其肩负的重任。交通警察的素质包括，具有较高的政治思想觉悟，具有履行管理职能完成各项任务的能力，还应具备良好的心理素质和身体条件。

### （二）道路交通管理体制

各级道路交通管理部门是各级公安机关的职能部门和组成部分，在公安机关的领导和监督下，独立地行使道路交通管理职权。交通管理部门实行统一管理、分级指挥、条块结合、以块为主的管理体制。当前，全国城乡道路交通由公安机关交通管理部门负责统一管理，建立统一的道路交通管理组织，适用统一的道路交通管理法律规范，遵循统一的道路交通行为规则；实行上级对下级的逐级领导、指挥和监督，建立道路交通管理一盘棋的管理系统，接受所在公安机关的领导和上级交管部门的业务指导，各级交通管理部门按照行政区划进行区域性道路交通管理，有着明确职责和权限范围。

建立精简、高效的组织机构和完善的交通管理组织管理体制，是做好道路交通管理的组织保障，也是实现道路交通管理目标的基本前提。道路交通管理部门隶属于公安机关，从属于国家行政管理体系；交通管理部门依法设置并承担道路交通管理的职责，行使道路交通管理职权，其组织机构和职权的行使必须受到法律规范的约束；作为公安机关所属的业务职能部门，在机构设置上要适应现行公安管理体制的需要，合理设置相应机构、职位，实行责、权、利的统一，保证道路交通管理的整体性和高效率。

### 三、道路交通管理组织的职能

道路交通管理是国家公共安全管理的组成部分，属公安机关的一项重要管理业务。从一定意义上说，公共安全管理、警察执法、服务社会等，是道路交通管理机关的基本职能；但作为具体的公共安全管理的职能部门，都有其具体的业务工作职能，道路交通管理机关的业务职能主要是：

1. 对道路交通安全管理发展进行规划，对道路交通现状进行合理分析与综合评价，预测和规划道路交通的发展趋势，制定实施交通流组织方案；

2. 进行道路交通安全宣传教育，提高群众的交通安全意识，创造良好的交通安全社会氛围，加强对车辆和驾驶人的交通安全教育管理，加强对其他交通参与者的安全教育；

3. 实施道路网络路段管理、道路设施管理，不断完善道路网络与交通设施，满足道路交通的发展需求，重视道路交通组织与交通渠化，引导和控制交通流；

4. 具体实施交通秩序管理，包括行车管理、停车管理、车速管理，及时处理交通违法行为，加强道路交通的指挥、疏导、控制，实施交通流的时间、空间分离，充分利用道路资源，提高道路通行能力，积极开发应用现代化交通指挥、控制系统，广泛采用科技方法管理交通；

5. 实施交通警卫以及特殊勤务管理，做好交通安全警卫，处理好交通警卫活动中的各种关系，加强道路交通勤务改革，提高交通勤务的效率和质量；

6. 进行道路治安管理，处置发生在道路上的治安事件、治安案件，创造良好的道路治安环境，保证人民群众的出行安全；

7. 负责处理交通事故，进行交通事故现场勘察、证据收集、责任认定，以及对交通事故进行统计和防范预测等。

# 第二章 道路交通法

## 第一节 道路交通法概述

### 一、道路交通法的概念

**（一）道路交通法的含义**

所谓道路交通法，是指国家机关制定的，道路交通管理部门负责实施的，旨在保障道路交通安全畅通、维护交通秩序、促进道路交通事业发展的，有关道路交通管理的法律、法规、规章的总称。道路交通法确定道路交通的管理主体是公安机关，明确由公安机关交通管理部门具体实施交通管理，负责道路交通的组织、指挥、管制活动，并依权限制裁道路交通违法行为、处理交通事故。道路交通法调整着道路交通管理组织与交通参与者之间的交通活动关系，规范着道路交通参与者在行车、走路、使用道路和进行交通活动中的行为。

道路交通法是有权立法的机关，包括中央国家机关和地方国家机关，以法定权限制定的有关道路交通管理的法律规范体系。我国中央立法机关包括：最高国家权力机关即全国人民代表大会及其常务委员会，最高国家行政机关即国务院以及国务院所属部门。根据宪法、立法法和组织法的规定，国家最高权力机关制定法律，国务院制定行政法规，国务院所属部门制定规章。依法具有地方立法权的机关是：省级地方国家权力机关即省级人民代表大会，省级国家行政机关即省级人民政府，设区的市的人民代表大会，以及设区市的人民政府；地方权力机关制定地方性法规，地方政府制定政府规章。因此，我国道路交通法包括由中央立法机关制定的法律、行政法规和部门规章，地方立法机关制定的地方性规范和地方政府规章。

道路交通法旨在保障道路交通安全畅通，维护交通秩序，由公安机关交通管理部门负责实施的，凡是与道路交通活动有关的一系列法律、法规、规章，均属道路交通法的范畴。[①] 就是说，我国道路交通法是一个由中央到地方制定的、不同层次法律规范所组成的法律体系，即是由众多有关道路交通的法律、法规和规章所构成的法律规范体系。由于道路交通的立法主体的法律性质、层级地位的不同，既有中央又有地方，既有权力机关又有行政机关，既有法律、行政法规和部门规章，又有地方性法规和政府规章；因此，不同机关制定的道路交通法律规范的适用范围不同，不同法律规范的层级效力也是不同的。

**（二）道路交通法的特征**

1. 多元性。多元性表现为，道路交通法制定主体的多元性，由不同层级的国家权力机关、国家行政机关制定的道路交通的法律、法规、规章，不同法律性质、不同法律地位的立

---

① 惠生武著：《警察法论纲》，中国政法大学出版社 2000 年版，第 29 页。

法主体依照法定程序制定的法律规范呈现多元性;① 道路交通法的表现形式具有多元性,各种有关道路交通的法律、法规、规章构成了多维立体的一套法律体系;道路交通法内容的多元性,道路交通涉及事务繁多,内容非常广泛,交通管理主体、交通管理职权、管理行为措施,以及各种交通要素、交通活动、交通行为等,都需要道路交通法加以规范,因此,道路交通法的数量众多、形式多样。

2. 专门性。道路交通法是针对道路交通活动和交通管理制定的,由专门机关即交通管理部门负责实施的,在道路交通活动这个特定领域适用的,针对道路交通的专门要素参以及调整交通活动关系和规范交通行为;规范的内容是有关道路交通的专门事项,包括道路安全保障,车辆安全性能,交通活动通行原则,驾驶员和车辆管理,交通违法行为的处罚和事故处理等,具有很强的专业性和技术性。道路交通法由专门机关负责实施,其承担着独特的道路交通管理的责任、义务,享有道路交通管理的专门职权,而其他机关、组织和公民个人则不具有这些职权和责任。交通管理部门要履行道路交通管理的职责,实现交通管理的职能,必须依据道路交通法实施管理。

3. 规范性。道路交通法是道路交通活动的行为规范,也是交通管理的依据;交通活动作为社会活动,就是有关交通活动中的人与人、人与社会之间的关系;交通活动要做到安全、畅通、正当、有序,哪些事情能做,哪些事情不能做,哪些行为是正当的,哪些行为违背公序良俗;对此必须要有活动规范和行为准则,使得人们在进行交通活动时,行为依规范,活动按准则,依照道路交通法参与交通活动,根据道路交通法处置交通违法行为。

4. 适应性。道路交通法必须符合道路交通的规律,符合现代道路交通发展的实际需要。道路交通法应当随着道路交通的发展而不断充实其内容,变更和修改那些不适应经济和社会发展的、过时的规则;交通发展和交通需求是随着经济和社会的发展,不断调整变化的,永远不会停留在一个水平上,因此要根据道路交通的发展和实际需要,不断增加和完善交通管理新的内容,特别是随着车辆、道路和交通科学技术的发展,道路交通法也要不断适应新情况、新问题,不断充实调整、丰富完善新的内容。②

(三) 道路交通法的适用范围

道路交通法的适用范围,包括地域范围、适用对象和对人的适用效力。我国是单一制国家,法律制度的统一性的重要特征,始终贯穿于国家的立法、司法和执法过程;应当指出,我国道路交通法是统一的,虽然实行多元立法,地方具有道路交通的立法权,但前提是在中央立法的范围内,制定地方性法规和政府规章,而且主要是执行性、补充性的,不得与中央立法或上位法相抵触。因此道路交通法从立法内容来看,主要是由中央立法,以中央立法制定的道路交通法律、行政法规和部门规章为主,施行全国统一的交通行为规范。从而才能保证国家道路交通法治的统一,道路交通活动规范的统一,以及道路交通管理和交通执法标准的统一。

1. 地域范围。我国道路交通法的地域范围是中华人民共和国境内,由中央国家机关制定的道路交通的法律、行政法规和部门规章,在全国范围内适用,具有普遍效力;由地方省级、市级国家机关制定的代理交通管理的地方性法规、地方政府规章,只能在本省、市的地方行政区域内适用,在本省、市的范围内具有效力。

---

① 惠生武著:《公安交通管理学》,中国政法大学出版社2006年版,第21页。
② 杨钧主编:《公安交通管理教程》,中国人民公安大学出版社1997年版,第39页。

2. 适用对象。道路交通法的适用对象，包括道路、车辆、交通参与人和交通环境。道路包括法律规范的一切道路；车辆包括机动车、非机动车等所有车辆；交通参与人包括驾驶人、行人、乘车人以及与交通活动有关的单位和个人；交通环境包括与交通活动有关的自然环境和社会环境等。

3. 对人的适用效力。道路交通法对所有交通活动的参加人都具有规范性和拘束力，包括道路交通的管理主体，即交通管理部门，适用于交通活动的参与人，包括自然人、法人组织。

## 二、道路交通法的地位和作用

### （一）道路交通管理法的地位

道路交通法首先归属于公共安全管理法，也是警察法的组成部分，自然属于我国法律体系中的组成部分。从部门法的分类来看，道路交通法属于警察公共安全管理法的一部分，是公共安全管理法的一个分支，与治安管理法、消防监督法、出入境管理法、网络安全法、应急管理法等，共同构成警察公共安全管理的法律体系。[①] 当然道路交通法属于警察法的范畴，在警察法体系中位于第三层次。

我国的警察法是宪法之下的一个法律部门，用以调整警务关系、规范警察组织和警察权的法，是有关各种警察法律规范的总称。警察法体系从内容来看，可以分为两大部分：一部分是警察公共安全管理法，用以调整公共安全领域的社会关系，规范警察公共安全管理权；另一部分是警察刑事执行法，调整警察在刑事执法领域的社会关系，规范警察在履行刑事诉讼中的执行职能，进行刑事调查、刑事侦查和执行刑罚等刑事执行活动的法律规范总称。

道路交通法作为警察法的一个分支，是警察法体系中有关公共安全管理法的一部分，也是我国法律体系中不可或缺的组成部分。可以想象，如果没有道路交通法，道路交通活动就没有规范，缺少交通活动的准则和范式，那么群众对道路交通活动的意愿就得不到体现，交通参与者的行为和交通活动得不到规范，道路交通活动关系不能得到调整，专门机关无依据实施道路交通管理，因而安全、畅通的交通秩序也就无法建立，社会交通活动就会处于一种混乱无序的状态。所以说，必须制定完善道路交通法，建立形成一套完整的交通法体系，明确其在我国法律体系中不可或缺的重要地位。

### （二）道路交通法的作用

1. 规范作用。道路交通法首先是为了规范交通行为，交通行为既包括交通管理主体的行为，即交通管理部门的管理行为，也包括所有交通参与者的行为，即人们在交通活动中的各种行为；交通管理法设定和提供了交通活动的行为规则与行为模式，告诉人们在交通活动中应当怎样做，不能怎样做，必须怎样做；使得交通参与者懂得哪些行为是合法的，哪些行为是违法的。通过法律规范人们的行为，将交通参与者的不自觉自由的交通活动，变成符合法律规范的交通行为，遵守道路交通管理法逐步成为人们参与交通活动的自觉行为。

2. 保护作用。道路交通法在保护社会公共利益和人民生命财产安全方面，具有重要作用。维护交通秩序，维护交通参与者在交通活动中的合法权益，是交通管理部门的法定职责，为了履行交通管理的职责，法律赋予交通管理部门相应的职权，因此道路交通法既是交通管理部门维护社会公共利益和群众合法权益的依据，是行使法定职权的依据，也是交通参

---

① 惠生武著：《警察法论纲》，中国政法大学出版社 2000 年版，第 13 页。

与者用于保护自身合法权益的依据。交通参与者应当树立交通法律意识，明确法定的权利和义务，运用道路交通法来维护自己的合法权益。

3. 协调作用。道路交通法在调整交通活动关系方面，调整交通参与者的关系，协调整合不同车辆的通行秩序，解决各种交通体之间发生的冲突和矛盾，从而保障道路交通安全畅通，发挥着重要作用。道路交通由诸多交通参与者以及各种车辆、道路等要素所构成的系统工程，有许多制约和影响道路交通的因素；不同的交通参与人、不同车辆在道路上如何通行需要遵循规则，遵守共同的交通活动规范，否则，就会出现交通混乱。道路交通法为交通参与者认识、判断、衡量交通行为的合法性，提供了标准和范式，为协调交通参与者的行为提供了依据。

4. 强制作用。道路交通法既有法的基本属性，即强制性、普遍性和约束力，将所有交通参与者的交通行为纳入法治轨道，以国家强制力保证交通管理法实施。每一个交通参与者应当遵守道路交通法，依法参与交通活动，这样就可以保持良好的交通秩序，共创安全、畅通的交通环境；否则，就会导致交通混乱，发生交通事故，造成交通损失。因此对于无视道路交通法的行为，必须依法采取措施，强制其履行交通法设定的义务，纠正其交通违法行为。

5. 惩处作用。道路交通法规定了对违法行为的制裁、惩戒，依法惩处道路交通参与者的交通违法行为，追究其法律责任，使其承担相应的法律后果。在道路交通活动中，任何人违反道路交通法，都要受到相应的责任追究，接受法律的惩处。

## 第二节　道路交通法的基本原则

### 一、道路交通法制定目的

随着改革开放的深入发展，特别是进入 21 世纪以来，我国的道路交通事业发展很快，加快道路交通法制建设，完善道路交通法律规范，是广大人民群众的根本利益所在。构建和完善我国道路交通法律体系，制定多种形式、多种层次、不同效力等级的道路交通法律、法规、规章，正是为适应人民群众参与道路交通活动，规范道路交通行为，管理道路交通活动的要求，反映了人民群众的利益和愿望。道路交通管理就是交通管理部门的交通执法活动，交通执法是履行服务社会和群众的基本职能，协调处理交通活动中人、车、路等各种交通要素之间的关系，以达到提高效率、降低事故、安全畅通的目的。因此道路交通活动和交通管理实践需要，是制定道路交通法的客观要求和实践根据。

近年来，随着经济与社会的发展，机动车保有量迅速增长，机动车驾驶员数量激增；虽然道路及配套基础设施建设发展迅速，但受制诸多因素，远远跟不上交通形势的发展需求。目前我国的交通现状是：机动车辆猛增与道路及其配套设施建设相对滞后的矛盾突出；道路特别是城市道路"行车难"、"停车难"、"管理难"的问题突出；交通参与者的交通安全意识亟需提高，遵守道路交通法规自觉性亟需加强；交通拥堵已成为当前城市管理中的热点、难点问题。大力缓解交通拥堵，创建和谐畅通的道路交通秩序和交通环境，已成为道路交通管理的重要任务。

2003 年 10 月 28 日第十届全国人大常委会第五次会议通过的《中华人民共和国道路交通安全法》，有关立法目的在第 1 条中作出了明确规定："为了维护道路交通秩序，预防和减少交通事故,保护人身安全,保护公民、法人和其他组织的财产安全及其他合法权益,提高通行效率。"由此可见,我国道路交通法的制定目的主要有以下方面:

### (一) 维护道路交通秩序

道路交通秩序是道路交通活动规则体系,交通秩序是交通社会活动各种要素之间相互关系的基本形式,交通秩序也是客观存在的交通参与者之间形成的社会关系的规则形式,具有规范性,通过道路交通法来调整交通参与者在交通活动中的关系,规范交通活动行为,实现有条不紊的道路交通活动秩序。畅通就是一种有序的状态,保障人、物能够顺利、便捷的实现在道路上空间位置的转移;良好的交通秩序是安全畅通的基础,安全畅通又能促进良好交通秩序的实现。

### (二) 预防减少交通事故

道路交通活动是一个动态运动过程,道路交通要素中的车辆、交通参与者、交通环境等都处在变动中,道路交通系统内部、外部的各种因素也在不断变化过程中,一旦不当就会发生交通事故;因此预防减少交通事故,需要制定道路交通法,依法规范交通参与者的行为,从而减少交通事故,把不利于交通安全畅通的因素,在动态变化中加以规制,逐步改变和转向合理的交通行为。

### (三) 保护人身财产安全

安全就是没有危险,不受威胁,不发生事故;确保道路交通活动中人身和财产的安全,客观上是外界的道路交通现实主体,没有危险;主观上是交通参与者的安全的心理状态。保护人身和财产安全是交通管理的重要目的,安全是交通活动的前提、条件。

### (四) 提高道路通行效率

从道路交通的实际情况出发,遵循客观规律,运用现代交通管理知识,采用科学的管理措施和方法,合理使用人、财、物,以提高交通管理的整体效能,实行有效控制,最大限度地发挥道路交通的效能。道路交通法的目的在于,提高道路交通的通行效率,规范优化交通组织,改善交通设施,发挥道路的整体效能。

## 二、道路交通法的基本原则

道路交通法所确立的基本原则,应当是贯穿于该法律实施全过程的基本准则。这些原则不仅要在法律中明确加以规定,更重要的是应当使其上升为一种法律精神和执法的理念,成为所有交通参与者的行为准则,特别是要作为道路交通管理主体的行为规范。

### (一) 依法管理的原则

依法管理的原则是一项警察公共安全执法的普遍原则,道路交通管理部门是公共安全管理的重要职能部门,履行社会安全管理的职能,承担着管理道路交通的职责;所从事的交通管理活动是一项公共安全执法活动,依法管理必然是道路交通管理的一项基本原则。交通管理部门应当严格按照法律、法规的规定,对道路交通实施管理。我国《道路交通安全法》明确规定了依法管理的原则,要求道路交通管理部门在实施交通管理时要有法律依据,处理交通违法行为、查处交通事故要严格依法;道路交通管理部门行使的交通管理职权必须由法律设定,在法定权限范围内,按照法定程序行使职权、履行交通管理职责。

### (二) 方便群众的原则

道路交通活动是人民群众参与的社会活动,交通执法要坚持以人为本,方便人民群众是道路交通法的特点,也是一项基本原则。交通执法应当坚持以人民群众的利益为根本,把

"以人为本"、为民服务的思想贯穿始终，这是道路交通管理的出发点。交通管理部门是为人民服务的国家机关，设置的初衷和基本工作任务，都是为了满足人民群众的意愿和需求，必须从人民群众的利益出发来管理交通。当前，人民群众的生活与道路交通活动密切相关，出行离不开道路交通，并且对利用现代交通方式提高生活质量期望越来越高，希望能够在交通活动中得到便利，因此道路交通管理应当坚持以人为本、方便群众的原则，尽力满足群众的交通需要。

### （三）规范有序的原则

有序就是要求交通参与者在交通活动中，严格遵循交通法的规定，来规范人们的交通行为，保障交通活动处于一种有条不紊的状态。保障道路交通的畅通，就是要使得人流、物流能够迅速、顺利、有序地实现在道路上的空间位置转移，通过选择各种优化的运行方案，最大限度地减少交通运行所占用的时间。在道路交通管理中，对于一些没有依据随意设置限速，甚至是出于不正当的目的或利益而设置的道路限速，不但缺失人性关怀，难以取得群众的心悦诚服，违背了规范有序的原则。

### （四）安全畅通的原则

保障道路交通安全，就是保障人民群众在道路交通活动中的人身和财产的安全，尊重人的生命，凸现生命的尊严，要使所有交通参与者的交通活动都要在确保安全的条件下通行；交通管理部门要采取各种有效防范措施，最大限度地减少因交通活动而导致的人身伤亡和物质损失。根据道路交通法对道路的通行合理限速，既能保证道路安全，又不妨碍道路畅通，符合安全畅通的原则。

## 三、道路交通法的社会意义

道路交通法是以保障道路交通安全为根本出发点，确立了依法实施道路交通管理，服务群众、方便群众的基本原则，应当始终贯穿了"以人为本"为民服务的思想，体现人性化和人本主义精神。我国道路交通法的社会意义主要有以下表现：

### （一）体现为民服务的理念

道路交通法应当体现为民服务、以人为本的观念，在人、车的交通关系中，强调交通参与者、特别是行人的安全是第一位的，体现保护弱者权益法律精神，道路交通法在交通活动的强弱关系中，注重对于弱势群体的保护。道路交通法重视保护人的生命，凸现生命权利的尊严，规定在道路上发生交通事故，造成人身伤亡的，车辆驾驶人应当立即抢救受伤人员；机动车行经人行横道时，应当减速行驶，礼让行人；机动车通过没有交通信号的交叉路口时，应当减速慢行，并让行人优先通行等，体现了以人为本的理念。交通管理部门在交通管理的各项业务活动中，坚持方便群众、服务群众的原则。

### （二）提高公民的交通意识

公民的交通意识，包括交通法律意识、交通安全意识和交通文明意识。当前公民参与道路交通活动越来越普遍，需要熟悉道路交通法的规定，提高交通安全意识，提升全社会的交通文明观念。然而人们的整体交通意识参差不齐，交通意识还不够高，少数人的交通意识甚至比较差，这与快速发展的道路交通事业不相协调，因此亟需提高全社会的交通意识。制定道路交通法，一定意义上是提高公民交通意识的良好契机；因为道路交通法内容就是公民交通意识中最重要的部分，特别是有关交通法律意识、交通安全意识的内容，只要认真学习交通法基本规定和精神，就可提高公民的交通意识。因此要大力宣传普及道路交通法，动员群众积极参与维护交通秩序的活动，做到人人遵守道路交通法。

**（三）规范交通管理行为**

道路交通法的制定和交通法律法规体系的形成，一方面对于规范人们的交通活动、引导人们的交通行为，使得人们安全有序地参与道路交通活动，具有重要的范式作用；另一方面，对于交通管理部门来说，道路交通法是管理交通的法律依据和行为准则，可以增强交通管理部门的执法能力，提高交通执法的效能，保障正确履行交通管理职责；根据道路交通管理的实际，不断完善道路交通法，弥补存在的缺陷和不足，适应交通执法的需要。道路交通法确立了具体管理的目标和要求，提供了切实可行的法律依据，明确规定了交通管理部门应该做什么、如何做，使道路交通管理实现常态化、规范化、法治化。

## 第三节 道路交通法的体系

### 一、道路交通法体系概念

我国的道路交通法是一个法律体系，由有关道路交通的法律、法规和规章等法律规范所构成的整体。道路交通法律规范的内容丰富，形式多样，数量繁多，分别规范着道路交通管理主体及其管理职权，调整着道路交通活动关系及其交通参与者的行为，规定着道路交通管理对象的内容。道路交通法体系主要由交通安全管理基本法、交通管理组织法、交通参与者的交通责任法、车辆管理法、交通条件与设施管理法、交通违法行为处罚法、交通安全保障与救济法等分类、法规、规章组成。

我国道路交通法律体系中的基本法是《中华人民共和国道路交通安全法》，该法于2003年10月28日第十届全国人民代表大会常务委员会第五次会议通过，于2004年5月1日起施行，内容分为8章共124条，分别为：总则，车辆和驾驶人，道路通行条件，道路通行规定，交通事故处理，执法监督，法律责任以及附则。这是一部有关道路交通管理层级效力最高的法律，是我国道路交通管理的基本法、主干法。

该法制定之前，我国道路交通管理的法律规范，是以国务院1988年制定的《道路交通管理条例》为主干，以公安部制定的有关交通设施管理、机动车管理、驾驶员管理、调整交通行为规范等部门规章为主要内容，以地方性交通管理法规、地方政府交通管理规章为补充的交通法体系。长期以来，在道路交通法律体系中，缺少最高国家权力机关制定的、系统完整的道路交通管理的基本法，致使我国道路交通法体系长期处于缺少主干法，效力层次不高、法律体系不完善的状况；这与我国道路交通快速发展的实际需要不相适应，不能满足道路交通管理的需求。可以说这部道路交通基本法的制定，彻底改变了以前道路交通立法落后的实际情况，使得道路交通立法步入正轨。

### 二、道路交通法的主要内容

**（一）道路交通基本法**

我国道路交通基本法是《中华人民共和国道路交通安全法》，该法是国家最高权力机关根据宪法制定的法律，主要确立我国道路交通管理和交通活动的性质、任务、基本原则，规定了道路交通安全管理的立法目的、立法原则、适用对象和范围，确立了各级政府对于保障道路交通安全的责任，明确了道路交通安全管理的主体及其职责，以及其他社会主体在道路交通安全管理中的权利和义务;分别规定了车辆和驾驶人、道路通行条件、道路通行规定、交通事故处理、执法监督和法律责任的内容。该法在道路交通法体系中的效力等级最高,是道路交通活动的基本法律依据,对于其他交通管理的法规、规章发挥统帅引领作用。

**(二)车辆与驾驶人管理法**

1. 机动车管理。根据机动车管理的法律、法规、规章的规定,国家对机动车实行登记制度,机动车经道路交通管理部门登记后,方可上道路行驶。机动车登记分为注册登记、变更登记、转移登记、抵押登记和注销登记;法律规定了各种登记的适用条件、程序、期限等情况。机动车实行安全检验制度,根据车辆的用途、载客载货数量、使用年限等不同情况,定期进行安全技术检验;对机动车安全技术检验实行社会化。国家实行机动车强制报废制度,根据机动车的安全技术状况和不同用途,规定不同的报废标准。

2. 非机动车管理。根据非机动车管理的规定,非机动车依法应进行当登记,经道路交通管理部门登记后,方可上道路行驶。登记的非机动车种类,由省级人民政府根据当地实际情况规定;非机动车的各种装置,应当符合非机动车安全技术标准,目前数量庞大的电动车被纳入非机动车管理范围。

3. 机动车驾驶人的管理。根据机动车驾驶的管理规定,驾驶机动车应当依法取得机动车驾驶证。申请机动车驾驶证,应当符合驾驶许可条件,经考试合格后,由道路交通管理部门发给相应等级类别的机动车驾驶证。机动车的驾驶培训实行社会化;道路交通管理部门对机动车驾驶人的道路交通安全违法行为,除了给予行政处罚外,实行道路交通安全违法行为累积记分制度。

**(三)道路条件与交通设施管理法**

道路交通法规定,全国实行统一的道路交通信号,交通信号包括交通信号灯、交通标志、交通标线和交通警察的指挥。交通信号的设置应当符合道路交通安全、畅通的要求和国家标准,根据通行需要,及时增设、调换、更新;道路、停车场和道路配套设施的规划、设计、建设,应当符合安全、畅通的要求;道路交叉路口和行人横过道路较为集中的路段,应当设置人行横道、过街天桥或地下通道;城市主要道路的人行道,应当按照规划设置盲道;对已经投入使用的道路存在交通安全严重隐患的,应当及时处理;公共建筑、商业街区、居住区等,应当配建停车场;道路施工作业,应当设置安全警示标志,采取防护措施;在危险路段,应当设置警告标志和安全防护措施。

**(四)道路通行规定与交通活动管理法**

1. 一般通行规定。道路交通实行车辆右侧通行;根据道路条件和通行需要,划分不同车道,实行分道通行;车辆、行人应当按照交通信号通行;遇有警察现场指挥时,按照指挥通行;在没有交通信号的道路上,应当在确保安全、畅通的原则下通行;交通管理部门根据道路和交通流量的具体情况,可以对车辆、行人采取疏导、限制通行、禁止通行等措施;遇有严重影响交通安全的情形,可以实行交通管制。

2. 机动车通行规定。机动车上道路行驶,不得超过限速标志标明的最高时速;在没有限速标志的路段,应当保持安全速度;同道行驶的机动车,后车应当与前车保持足以采取紧急制动措施的安全距离。机动车通过交叉路口,应当按照交通信号通过;没有交通信号时,应当减速慢行,并让行人和优先通行的车辆先行。机动车遇有前方车辆停车排队等候或缓慢行驶时,不得借道超车或占用对面车道,不得穿插等候的车辆。机动车行经人行横道时,应当减速行驶;遇行人正在通过人行横道时,应当停车让行;机动车行经没有交通信号的道路时，遇行人横过道路，应当避让。机动车载物，应当符合核定的质量，严禁超载；机动车载人不得超过核定的人数，客运机动车不得违反规定载货；禁止货运机动车载客。机动车在道路上发生故障，应当立即开启危险报警闪光灯，移至不妨碍交通的地方；并在来车方向设置警告标志。警车、消防车、救护车、工程救险车执行紧急任务时，在确保安全的前提下，不受行驶路线、方向、速度和信号灯的限制，其他车辆和行人应当让行；非执行任务时，不享有道路优先通行权。

3. 非机动车通行规定。非机动车应当在非机动车道内行驶；没有非机动车道的道路上，应当靠右侧行驶。残疾人机动轮椅车、电动自行车在非机动车道内行驶时，最高时速不得超过15公里。

4. 行人和乘车人通行规定。行人应当在人行道内行走，没有人行道的靠路边行走。行人通过路口或横过道路，应当走人行横道或过街设施；通过有交通信号灯的人行横道，应当按照指示通行；通过没有交通信号灯、人行横道的路口，以及没有过街设施的路段横过道路，应当在确认安全后通过。

5. 高速公路特别规定。行人、非机动车和设计最高时速低于70公里的机动车，不得进入高速公路；高速公路限速标志标明最高时速不得超过120公里，最低时速不得低于60公里。机动车驶入、驶离高速公路应当遵守相关规定，机动车在高速公路上行驶应当遵守相关规定。

### （五）交通违法与交通事故处理

道路交通违法是指交通参与者实施了违反道路交通法的行为。交通违法行为依法应当受到追究，应当承担相应的法律后果。对于实施了违反道路交通法的违法行为，由交通管理部门予以及时纠正，并依据违法事实和相关法律规定给予处罚。我国《道路交通安全法》规定的处罚种类包括：警告、罚款、暂扣或者吊销机动车驾驶证、拘留；其中暂扣或吊销机动车驾驶证是这部法律所独有的。道路交通法规定的强制措施种类包括：扣留非机动车和机动车、强制约束醉酒人、拖移车辆、强制拆除警报器标志灯具、强制报废车辆、强制排除妨碍道路安全视距的植物广告牌管线等。

道路上发生交通事故，应当立即停车，保护现场；造成人身伤亡的，应立即抢救受伤人员，并迅速报警；未造成人身伤亡，当事人对事实成因无争议的，可即行撤离现场，恢复交通，自行协商处理损害赔偿事宜；仅造成轻微财产损失，并且基本事实清楚的，当事人应当先撤离现场，再进行协商处理。交通管理部门接到交通事故报警后，应当立即赶赴现场，先组织抢救伤员，并采取措施，尽快恢复交通。交通警察应当对交通事故现场进行勘验、检查，收集证据；应当根据交通事故现场勘验、检查、调查情况和有关的检验、鉴定结论，及时制作交通事故认定书，作为处理交通事故的证据。医疗机构对交通事故中的受伤人员应当及时抢救，不得因抢救费用未及时支付而拖延救治。

### （六）道路交通执法监督

交通执法监督是指对于交通管理部门及其交通警察的道路交通管理活动实施的监督。公安机关应当加强对交通警察的管理，提高交通警察的综合素质和交通管理水平；应当对交通警察进行法制和交通管理业务培训、考核。交通管理部门及其交通警察应当依据法定的职权和程序，简化办事手续，做到公正、严格、文明、高效；应当接受国家监察机关、公安机关警务督察部门和上级交通管理机关的监督；公开办事制度、办事程序，建立警风、警纪监督员制度，建立执法质量考核评议、执法责任制和执法过错追究制度，防止和纠正道路交通执法中的错误或者不当行为。

## 第四节　我国道路交通法的历史发展

### 一、我国古代的道路交通规范

道路伴随着人类活动而产生，又促进着人类社会的发展，是历史进步的标志。人类的道路交通历史，大致经历了步行时代、马车时代和汽车时代几个阶段；在步行时代，人们走路是按照长期自然形成的习惯，没有交通规则。到了马车时代，以前的交通习惯不能完全适应人们行路的需要，因而便产生了成文的交通规则。

我国古代历来重视道路交通管理，夏禹时代就设有"车正"一职专管车马；周朝的道路分"路、道、涂（途）、畛、径"五级；车制一轨至九轨；行旅按"男子由右、女子由左、车由中央"，规范有序。秦统一中国后，修筑驰道，实行车同轨；《除吏律》规定："御人"（即驾驶员）技术四次不过关，撤销驾驶资格，罚四年徭役并处"一盾"罚金。到了汉代，道路交通管理更重法制，不仅法律条文明确具体，而且执法极严，即使皇亲国戚、达官权贵，违犯法规也照章惩罚；史料记载：汉馆陶公主因违反行车规定，所乘车马"尽劾没入官"；丞相孔光的属官犯禁"行驰道中央"被拘留。唐代"贞观之治"，政清民和，社会安定，百业兴旺；全国交通运输坚持法治，秩序井然，道路治安情况极为良好，公使、差役、商旅等"远道数千里反不持寸刃"。明、清时期交通管理都设有专门机构和官职，制定了相应法规和准则；明代设兵部车驾清吏司，各府州县设驿丞；清代各县道设"道员"主管驿政；相继出台《驿站分段运输原则》、《车马协济章程》等规定；对于违反交通管理法规的大案要案，皇帝亲自批阅，亲自处理，公正执法，不留情面。

历代在加强交通道路管理立法，强化执法力度的同时，还重视交通道路管理的文明宣传，教育百姓文明行车，礼让待人。《仪制令》是我国古代道路文明管理的一个规则，始创于唐代，盛行于宋代；宋太宗下令京都开封及全国各州，必须在城内的各交通要道口悬挂木牌，写上《仪制令》，以此作为交通规则，要求百姓执行。南宋后《仪制令》由各州扩大到各县，又由悬挂木牌逐渐发展到刻立石碑。现陕西略阳灵崖寺保存一块《仪制令》，高60厘米，宽40厘米，正中上段写有《仪制令》，下段则并排四行小字："贱避贵，少避长，轻避重，去避来。"除"贱避贵"带有浓厚的封建等级色彩外，其余三条都接近于现代的交通规则。

### 二、我国近代的道路交通法规

到了近代，1913年北洋政府宣布裁撤全部驿站。我国近代交通工具的演变，最集中最领先的是在上海，就是近代交通工具的变迁。上海开埠前后，盛行的交通工具就是独轮车和轿子，这两种交通工具也是中国传统式的，为中国所独有。随着上海租界外国侨民的增多，式样洋派的西式马车应运而生，有双轮四轮者，有一马双马者，其式随意构造，宜晴宜雨。人力车应是舶来品，又称东洋车，为求醒目，车身漆成黄色，故又名黄包车；在20世纪20至30年代，数量达到五六万辆之多。当时，上海马路上，是各种交通工具最为混杂的年代，各式各样的车辆——汽车、电车、马车、自行车、人力车、独轮车、手推车以及成千上万的行人，新与旧、快与慢，并驾齐驱，蔚为大观。在交通管理方面，1909年上海发放了8471

辆人力车的牌照。脚踏三轮车的流行，是抗战爆发以后，日寇占领上海后，在经济上进行控制，垄断汽油的配给，用于其军事目的，致使大量汽车不能行驶，才促使了三轮车的兴起。

交通工具中的汽车，据说是大约在1901年时，一位匈牙利人带了两辆汽车登陆上海，从那时起，中国才有了汽车。汽车样式奇异，速度飞快，路人为之惊讶不已，1902年工部局决定给第一辆汽车颁发牌照，遂按马车规格征税。中国传统的交通运输工具是舟楫、马车和步行，近代以来交通工具的发展，对人们的社会生活产生了重大影响，不仅加快了人们生活的节奏，也大大提高了人们的生活质量。随着汽车的引入，在一些大城市开始出现了有关汽车行驶管理的规定；但旧中国最早的交通法规是1934年12月颁布的《陆上交通管理规则》，① 当时实行左侧通行制，汽车靠左行驶，直到抗战胜利后，1946年1月1日前国民党政府交通部，根据当时国内的美制汽车数量已经超过了英制汽车，为免除改装的耗时费用，便于安全，确定由原来的左侧通行改为右侧通行。由当时的国民政府军委会提议，行政院立法通过了"靠右走"的规定，行政院按照军委会的意见出台了《改进市区及公路交通管理办法》，其中规定："车辆一概靠右行驶，转弯时除交通警察特准外，一律靠右边顺转。人畜力车应绝对紧靠右边。"

### 三、中华人民共和国的道路交通法

中华人民共和国成立以后，国家重视道路交通管理工作，根据交通事业的发展，制定了相应的交通管理法规、规章，以保障经济发展和人民生命财产安全。1950年3月20日政务院公布了《汽车管理暂行办法》及实施细则；1951年5月13日公安部颁布了《城市陆上交通管理暂行规则》，初步形成了我国道路交通法的基本内容和体系。在此基础上，经国务院批准，公安部于1955年8月19日颁布了《城市交通规则》，这是一部专业性的交通管理法规，规定了"驾驶车辆，赶、骑牲畜，都必须在道路的右侧行进"，以法律的形式再次明确规定了靠右通行的规矩。交通部于1960年颁布了《机动车管理办法》和《公路交通规则》。到了1972年，为了克服因多头管理和法规的不统一带来的问题，公安部和交通部联合制定了《城市和公路交通管理规则》，对过去的交通法规进行了整合、修改和补充，使之趋于合理，便于遵守和执行。

1980年代，为适应改革开放和道路交通事业的发展，1986年10月，国务院决定改革道路交通管理体制，道路交通由过去的多部门管理，改为由公安机关统一管理；为适应交通体制改革和统一管理的需要，国务院于1988年3月9日颁布了《中华人民共和国道路交通管理条例》，标志着我国道路交通法的建设进入了一个新的时期。这部由国务院制定的交通管理行政法规，是在总结建国以来我国道路交通管理实践经验的基础上，适应经济建设和改革开放的需要制定的；确定了交通管理的原则和指导思想，规定了交通管理工作的目标和任务，使我国道路交通法的各项规定更加具体、明确，道路交通法的体系趋于合理。1990年代，全国人大制定了《公路法》；国务院制定了《交通事故处理办法》；公安部制定了一系列道路交通管理的部门规章，其中包括《高速公路管理办法》、《道路交通事故处理程序规定》、《交通违章处理程序规定》、《机动车驾驶证管理办法》、《机动车驾驶员考试办法》、《机动车驾驶员交通违章记分办法》等；交通部也制定了《道路运输车辆维护管理规定》等规章。此外，一些地方的立法机关和地方人民政府也相继制定了一大批有关地方道路交通管

---

① 杨钧主编：《公安交通管理教程》，中国人民公安大学出版社1997年版，第42页。

理的地方性法规和地方政府规章。

进入21世纪以来，我国道路交通基础设施发展很快，各种等级的道路建设日新月异，特别是高速公路建设里程在短短的20多年，一举成为世界首位。原有的道路交通法律规范已无法适应新时期国家经济建设和社会发展的需要，亟需制定高层级的、适合新时期道路交通发展实际情况和特点的法律。2003年10月28日十届全国人大常委会第五次会议通过了《中华人民共和国道路交通安全法》，自2004年5月1日起施行。这部法律是我国道路交通法制建设的一个重要里程碑，是我国道路交通事业全面走向法治时代的崭新开端；该法不仅提高了立法的层级和效力，而且使其内容更加完善，更加符合道路交通管理实际。为了保证这部法律的实施，国务院制定了《中华人民共和国道路交通安全法实施条例》，公安部配套出台了《机动车登记规定》、《机动车驾驶证申领和使用规定》、《道路交通安全违法行为处理程序规定》、《交通事故处理程序规定》等一批道路交通管理的部门规章。与此同时，各地方也陆续出台了有关道路交通管理的地方性法规、政府规章，我国的道路交通法体系已经基本形成。

# 第三章　车辆与驾驶员管理

## 第一节　车辆与驾驶员管理概述

### 一、车辆与驾驶员管理的意义

近年来，随着科学技术的发展，机动车几乎成为家家必备的交通工具，但车辆和驾驶员的增多，由此引发的交通问题日益严重，对于社会安全也造成了很大影响。车辆与驾驶员管理，是指道路交通管理部门，依照道路交通管理法和有关政策，对车辆与驾驶员进行检验、考核、审查、登记、核发牌证，对车辆制造、维修、保养等相关行业进行安全认证、监督检查以及对驾驶员进行资格审核、安全管理教育的专门活动。

作为道路交通管理中的主要对象，车辆与驾驶员的管理是保障道路交通安全的重要内容。做好车辆和驾驶员的管理，对于维护社会和交通的安全、提高运输效率、减少运输成本，减少环境污染以及能源消耗，有效地预防和控制有关车辆的犯罪，意义重大。

#### (一) 防范交通事故、保证交通安全

科学技术随着时间推移不断取得进步，促进了机动车行业的发展，车辆和驾驶员数量的逐渐增多，出现的因车辆、驾驶员的原因导致的交通事故越来越常见，已经成为突出的社会问题，影响了社会稳定，给社会、家庭、个人的人身和财产造成严重损害。因此加强对车辆生产、销售的质量的监督管理，对机动车牌进行严格审核与确认，对车辆的实行年检，淘汰超过使用年限的、有质量问题影响行驶安全的车辆，严格进行驾驶员的教育、管理等，在一定程度上，能够预防和减少交通事故的发生，有利于保证交通安全和社会稳定。

#### (二) 提高运输效率、降低运输成本

通过对车辆的安全认证、检验、监督，推广节能方法，降低能源消耗，提高交通运输效益。通过对驾驶员的教育管理，提高交通法律意识和交通安全意识，减少因驾驶员的交通违法行为而致使车辆摩擦、延误浪费时间与精力，导致交通事故或财产损失，造成交通运输成本的增加。实行有效的车辆和驾驶员管理，可以减少交通违法行为，预防交通事故的发生，减少交通堵塞，提高运输效率，降低运输成本。

#### (三) 改善环境污染、节约能源资源

对车辆的安全认证、检验、监督，对驾驶员的教育管理，可以有效地遏制、限制机动车在交通运行过程中产生的噪声、废气，减少因交通活动对环境造成的污染；降低因车辆使用产生的废气、有毒有害物质以及噪音；通过对车辆的年检、维修、能源使用的改善，减少能源消耗，及时报废高耗能车辆，推动新能源车辆，有效降低因车辆导致的污染和能源浪费。提高驾驶员驾驶技能、节约意识、环保意识。

### (四) 掌握车辆动态、查处涉车犯罪

机动车的大量增多，使得车辆也与犯罪产生了密切的联系。目前非法出售、改装、购买、使用、运送机动车的案件，生产不合格、存在安全隐患车辆的案件，盗窃机动车和利用机动车作为违法犯罪的工具的案件，以及交通肇事后逃离等案件，呈不断增加的趋势。因此通过加强车辆及驾驶员的管理，可以有效地防范和查缉涉及机动车以及驾驶员的违法犯罪案件，可以有效杜绝以非法渠道生产、维修、流通非法车辆或问题车辆的情况。同时，根据计算机管理系统有关车辆信息，及时落实车辆的责任人，查处以车辆作为违法犯罪工具的案件，及时追查交通肇事后逃逸的违法行为人。

## 二、车辆与驾驶员管理的原则

### (一) 统一管理原则

根据道路交通法的规定，我国机动车号牌、行驶证和驾驶员驾驶证实行全国统一，全国通用。车辆的技术标准和驾驶员资格条件要求以及对车辆和驾驶员的管理措施，全国是统一的；车辆管理实行全国联网的计算机登记系统，数据库标准和登记软件全国统一。各地道路交通管理部门在车辆和驾驶员的管理中，应当统一步调，互相配合，保证全国一盘棋。由于机动车辆具有极大的流动性，道路四通八达，发展很快，为了能够全面有效地进行车辆和驾驶员的管理，所有的车辆和驾驶员都要遵守国家制定的道路交通法，有关的法律法规以及相应的条件、标准应当全国统一，这样能够保证道路交通管理的一致性，管理目标方向不会发生偏离，使得车辆与驾驶员管理取得预期的效果。如果各个地方的车辆与驾驶员的管理各搞一套，自行其是，就会造成混乱，增加交通管理的难度。

### (二) 属地管理原则

属地管理是指车辆和驾驶员由其落户地、户籍所在地的交通管理部门负责管理；这种管理模式符合我国地域辽阔、各地情况各异的实际，有利于对车辆和驾驶员实行有效的控制管理和交通安全教育。我国幅员辽阔、地域广袤，各个地方自然环境条件的差别很大，在实行属地统一管理的基础上，各地可以结合本地的具体情况，根据全国性车辆和驾驶员管理的法律、法规和技术标准，制定具体的实施办法和细则，开展更加有效地管理。① 因此在不违反全国统一的道路交通法和一系列标准的基础上，根据所在地的具体情况，制定具体的工作细则和其他规定，同时在具体细节上可有所变通。这样可以使车辆和驾驶员的管理更符合实际，减少了群众不必要的负担，为群众出行提供便利，这样人民群众更容易接受和支持。

### (三) 公开公正原则

交通管理部门在办理车辆登记和驾驶员管理过程中，应当遵循公开、公正的原则，将有关管理的事项、条件、依据、程序、期限以及收费标准、需要提交的材料、申请表示范本等予以公示，在互联网上建立主页和信息发布制度，及时发布有关管理信息。车辆和驾驶员管理应当公正公开，所依据的法律、法规、规章和有关制度和标准，都应当让社会公众知晓，对特定的交通管理对象作出具体的管理行为时，应当向其出示所依据的有关法律法规，处理的结果也应当向公众予以公布，并说明依法救济的渠道；在处理交通事故和对车辆检查和驾驶员资格考核时，应当坚持同样的规定和标准，同样对待，从而保证车辆和驾驶员管理的公正性。

---

① 丁立民主编：《道路交通管理》，警官教育出版社 1999 年版，第 227 页。

### （四）规范服务原则

道路交通管理的根本宗旨就是为人民服务，车辆和驾驶员的管理直接关系着人民群众的切身利益，必须树立为民服务的思想，做到方便群众，文明服务，一切管理活动都应当以人民群众的利益为重。在车辆和驾驶员管理过程中，做到依法办事，规范服务，方便群众查阅有关信息和规定，建立信息反馈和受理群众批评、建议、投诉的渠道，接受群众的监督。遵守有关处理业务的服务规范，保持严谨、认真的态度，防止权力的滥用，确保群众的利益不受侵害。对车辆和驾驶员管理的部门进行监督，完善有效的监督措施，人民群众能够参与监督过程。

### （五）遏制非法原则

交通管理部门在车辆和驾驶员的管理中，要保护公共利益和人民群众的合法权益，对合法的车辆生产、使用、修理、交易给予保护；同时要遏止非法活动，对车辆走私、违法组装、无牌无证、违章行驶、非法交易等行为，依法给予制裁打击，严厉惩治违法行为。严格管理与监督，保证车辆的生产、销售及流通渠道合法化、标准化；保证道路上行驶的车辆符合安全标准与法律规范，及时查处超过年限或者不符合安全标准、没有牌照的车辆，坚决制止违反《道路交通安全法》的驾驶行为。对非法驾驶、无资格无证驾车以及酒驾等违法行为予以惩治，及时处理交通违法行为。

## 三、车辆与驾驶员管理的基本制度

### （一）车辆与驾驶员管理制度的内容

1. 车辆牌照制度。车辆牌照制度是交通管理部门，通过实行车辆牌照核发和管理，控制车辆技术安全状态和车辆的增长速度，从而达到保持车辆保有量与道路的增长相适应，创造安全行车条件，促使道路交通协调、有序、健康发展的一项基本制度。这是为便于车辆管理而建立的制度，具体内容包括对车辆进行检验、核发牌证，监督车辆的制造、保养、维修，管理车辆的技术档案，以及统计、分析车辆的有关资料等。

车辆牌照制度是通过对车辆牌照的发放和管理，授予各个车辆单独的标识，保证车辆的基本信息完整无误，确认上路车辆的基本情况，以及车辆的所有人。可以有效地控制车辆的增长速度，降低了不合格车辆的使用数量，使车辆行驶安全有了保证。交通管理部门在车辆管理工作中，需要不断完善车辆牌照制度，将对各种车辆的管理，特别是对于机动车的管理，纳入牌照管理的范围，才可能对其实行有效的监控，确保管理目标的实现。

2. 驾驶执照制度。驾驶执照制度是交通管理部门对具备申领资格条件的公民，核发驾驶机动车资格凭证，并实施监督、考核、安全教育等项管理活动，保证驾驶员的身体、驾驶技能、安全意识、交通法律观念等条件，符合从事车辆驾驶的要求，从而确保创造安全行车的一项基本制度。驾驶执照制度的具体内容，是通过对于合格的驾驶人员颁发驾驶执照，以及对驾驶执照实行年检、记分等管理措施，来保证驾驶人员符合驾驶标准，不断提高驾驶人员的基本素质，提高驾驶技能，降低因驾驶人员的原因而发生交通事故的可能性，为保证车辆安全行驶创造条件。

为车辆驾驶员建立的管理制度，是交通管理部门代表国家赋予公民的某种权利能力，许可公民从事驾驶活动的准入制度；也是公民取得驾驶资格的基本制度。由于驾驶员是道路交通活动的主体，是最重要的要素，是道路交通活动的能动者；对于车辆的驾驶、操纵、控制，驾驶员的行为至关重要，必须加强对驾驶员的有效管理。驾驶执照制度的内容包括：驾驶员资格的审定,驾驶员的考核,对驾驶员进行安全教育,建立驾驶员技术档案,统计分析驾驶员的有关资料等。

车辆牌照制度和驾驶员执照制度,是车辆与驾驶员管理的两个基本制度。① 这两项制度在道路交通管理中是首要的、基础性的、必不可少的,否则,道路交通管理活动则无从谈起,无法进行。只有在这两项制度的基础上,才能够建立其他管理制度,才有可能实现对道路交通活动全过程的管理。当今世界各国在车辆与驾驶员管理方面,无一例外的都实行着这两项基本制度。长期以来,这两项基本制度通过制定法律的形式将其规定下来,成为道路交通活动必须遵守的行为规范;随着道路交通事业的发展,这两项制度的内容也将不断得以调整、充实和完善,使其适应经济和社会发展的需要,适应车辆和交通事业发展的需要。

(二) 车辆与驾驶员管理制度的特点

1. 统一性。我国的车辆与驾驶员管理制度依法实行统一管理,根据《道路交通安全法》和有关法规、规章的规定,车辆牌照制度、驾驶执照制度实行全国统一管理,将其完全纳入道路交通管理制度体系;所有机动车辆必须悬挂和持有由当地交通管理部门颁发的、全国统一的号牌和行车证,驾驶员持有由当地交通管理部门颁发的、全国统一的驾驶执照;行车证、驾驶证的效力在全国范围内通用、有效。

2. 规范性。我国的车辆和驾驶员管理制度,依照道路交通管理法建立,其内容和管理方法、措施,依法设定、依法实施,严格实行规范化的管理。鉴于各地具体情况存在的差异,各地方主管部门制定的一些车辆管理政策也有一定的约束力,如对于财政拨款单位购买车辆实行的控制审批制度,某些地方出台的限制或禁止某些种类、档次车辆的挂牌照规定,一些地方为缓解道路压力而控制机动车增长速度,限时限额发放一定数量的车辆牌照等。

3. 技术性。车辆和驾驶员管理在道路交通管理中属于专业性、技术性较强的业务,由于车辆管理的技术要求高,加之新技术的发展应用变化快;要求从事车辆和驾驶员管理的警察人员,应当具备必要的车辆管理专业理论知识和业务技能,懂得车辆的构造、性能、设计、实验、检验、测试等知识和工作原理,了解一些主要检验、测试、实验设备的功能、使用和维修,掌握驾驶技术考核的方法和标准。如研究驾驶员的驾驶习惯、驾驶心理,冲动驾驶对发生交通事故、形成交通拥堵所起的作用,以及如何运用新技术帮助驾驶员提高技能等。② 随着道路交通事业的发展,新产品、新技术的不断出现,车辆管理部门及其人员应当不断提高业务能力和技术水平,适应社会发展的需求,胜任车辆管理工作的要求。

4. 群众性。车辆和驾驶员管理是一项社会实践性很强的基础工作,也是与人民群众切身利益密切相关的工作。交通管理部门对车辆和驾驶员的管理,目的是为了保证车辆和驾驶员处于一种安全行车的良好状态,围绕这个目标,交通管理部门应当深入管理一线,改变传统的工作管理模式,实现由管理者到服务者转变,树立为民服务的意识,使整个交通管理始终围绕方便群众、服务于民的宗旨进行;在管理程序上做到简化手续,进一步提高办事效率。

---

① 杨钧主编:《公安交通管理教程》,中国人民公安大学出版社1997年版,第179页。
② 参见《伦敦如何疏导交通拥堵》,载《参考消息》2005年6月25日,第7版。

## 第二节　机动车管理

### 一、机动车的分类

**（一）按照机动车号牌管理进行分类**

机动车辆依据号牌的颜色不同，可以分为以下几类：

1. 蓝色底号牌，白色字体。挂有这种号牌的车辆为普通小型车，这种号牌的车辆也包括专门由政府机关使用以及政法部门使用的警车以外的其他公用车辆。牌照式样为（某A·12345）排在最前面的某是各省、自治区、直辖市的简称，接着是所在城市的字母代号，比如A表示省会城市，最后是不同组合的各个数字或字母。

2. 黄色底号牌，黑色字体。这种号牌代表的车辆一般是大型车辆、摩托车、驾校教练车的牌照，式样基本与蓝牌相同，但是教练车、大型集装箱货车的式样稍有不同，主要是加有特别的标识，分别是（某A·1234学）和（某A·1234挂）。号牌的外形和蓝色号牌基本没有区别，如涉外领事馆的车辆牌照样式为（某O·1234领），其中的领字是红字。

3. 白色底号牌。一般的白色车辆号牌是用于政法部门公务用车，如公、检、法、国安和司法行政部门的专用警车，武警部队的车辆和解放军的军用车辆，使用的车辆号牌都是白色的。白色车牌照的样式分别是：公安警车的牌照样式为（某A·1234警），其他的字都是黑色，只有警字是红色，每个号牌上只有4个数字，和一般的牌照意思相同；法院警务车辆的牌照式样是（某·AA123警），排在第二位的"A"的意思是法院，检察院的牌照上字母则是"B"，"C"和"D"字母分别代表着国安和司法行政部门。

武警部队车辆的号牌较为复杂，因为职能不同，武装警察的各个警种的各种车辆号牌也有所不同，武警内卫部队的车辆号牌有5位数字，式样为（WJ01 12345），其中"WJ"代表的是武警，后面的数字则代表着武警总部和各个所在行政区域。除了武警内卫部队，武警其他部队的车辆号牌与内卫部队的号牌式样相似，但只有4位数字，并在数字前加了一个字母表示警种。挂白色车辆号牌的还有解放军的车辆，号牌由代表军委各部门、各军种、各战区的字母和5位数字标号组成，式样为（某A-12345）等。

4. 绿色底号牌。这种号牌用于绿色环保能源为动力的新能源机动车，机动车的主要能源供给是蓄电池。另外还包括光伏板、风力等能源装置，新能源机动车是未来节能环保绿色低碳的发展方向。

**（二）按照机动车类型管理进行分类①**

根据机动车管理规定，机动车按类型可以分为以下6类：

1. 汽车类，包括大型汽车、小型汽车和特种汽车三种。
2. 拖拉机类，包括大型拖拉机、小型拖拉机和手扶拖拉机三种，不含履带式拖拉机。
3. 摩托车类，包括两轮摩托车、三轮摩托车和轻便摩托车三种。
4. 电车类，包括无轨电车、有轨电车和电瓶车三种。
5. 专用机械类，指装有胶轮可以自行行驶、设计时速在20公里以内的机械车辆，包括叉车、铲车、挖掘机、装载机等。

---

① 杨钧主编：《公安交通管理教程》，中国人民公安大学出版社1997年版，第182页。

6. 挂车类，包括全挂车和半挂车两种。

**（三）按照机动车安全检验标准进行分类**[①]

根据公安部制定的《城市机动车安全检验暂行标准》的规定，对机动车有以下分类：

1. 大型汽车，总质量 4500 千克以上，或总长度 6 米以上，或乘员在 20 人以上的汽车。

2. 小型汽车，总质量 4500 千克以下，或总长度 6 米以下，或乘员不足 20 人的汽车。

3. 专用汽车，配备有专门设备，且有专项用途的汽车；包括汽车吊车、洒水扫地汽车等。

4. 特种汽车，有特殊紧急用途的专门车辆，包括消防车、救护车、工程救险车、警备车辆等。

5. 电车，以电动机驱动，设有集电杆，分为在轨道上行驶的有轨电车和装有轮胎式车轮的无轨电车两种类型。

6. 电动车，以电动机驱动，以电瓶为动力电源的轮胎式车辆。

7. 摩托车，分为三轮摩托车、两轮摩托车和轻便摩托车三种；三轮摩托车和两轮摩托车的最高设计时速均大于 50 公里，或发动机气缸总排量大于 50 立方厘米；轻便摩托车的最高设计时速小于 50 公里，或发动机汽缸总排量小于 50 立方厘米。

8. 拖拉机，分为大型方向盘式拖拉机、小型方向盘式拖拉机和手扶拖拉机三种；大型和小型方向盘式拖拉机是以发动机功率在 20 马力以上或以下来区分的；手扶拖拉机则是用手把操纵转向的轮式拖拉机。

9. 轮式自行专用机械，有着特殊结构和专门功能，可以在道路上自行行驶，设计时速小于 50 公里的轮式工程机械，比如挖掘机、铲车、叉车等。

10. 挂车，挂车是指本身无动力，依靠其他车辆牵引的车辆，分为全挂车和半挂车两种；全挂车是独立承载，依靠其他车辆牵引；半挂车是与主车共同承载，依靠主车牵引行驶。

**（四）按照驾驶人准驾车型进行分类**

根据公安部制定的《机动车驾驶证申领和使用规定》第 8 条及附件 1 规定，机动车驾驶人准予驾驶的车型顺序依次分为：

1. 大型客车，大型载客汽车，成员 20 人以上；准驾车型代号 A1。

2. 牵引车，包括重型、中型全挂、半挂汽车；准驾车型代号 A2。

3. 城市公交车，核载 10 人以上的城市公共汽车；准驾车型代号 A3。

4. 中型客车，中型载客汽车，包括核载 10 人以上、19 人以下的城市公共汽车；准驾车型代号 B1。

5. 大型货车，包括重型、中型载货汽车以及大、重、中型专项作业车；准驾车型代号 B2。

6. 小型汽车，包括小型、微型载客汽车以及轻型、微型载货汽车，轻、小微型专项作业车；准驾车型代号 C1。

7. 小型自动挡汽车，小型、微型自动挡载客汽车以及轻型微型自动挡载货汽车；准驾车型代号 C2。

8. 低速载货汽车，原四轮农用运输车；准驾车型代号 C3。

---

[①] 丁立民主编：《道路交通管理》，警官教育出版社 1999 年版，第 232 页。

9. 三轮汽车，原三轮农用运输车；准驾车型代号 C4。

10. 普通三轮摩托车，发动机排量大于 50 毫升，或者最大设计时速大于 50 公里的三轮摩托车；准驾车型代号 D。

11. 普通两轮摩托车，发动机排量大于 50 毫升，或者最大设计时速大于 50 公里的两轮摩托车；准驾车型代号 E。

12. 轻便摩托车，发动机排量小于 50 毫升，最大设计时速小于 50 公里的摩托车；准驾车型代号 F。

13. 轮式自行机械车，准驾车型代号 M。

14. 无轨电车，准驾车型代号 N。

15. 有轨电车，准驾车型代号 P。

## 二、机动车的号牌与行驶证

### （一）机动车号牌

机动车号牌是机动车的法定外在表现形式和享有合法行驶权的标志。机动车取得号牌后，就使得其所有权得到了法律上的确认，并获得了在道路上运行的法律许可，具有了道路通行权。机动车号牌由交通管理机构的车辆管理部门核发，并实施监管，在指定的单位印刷和制造，其他任何单位和个人不得仿制和伪造；机动车号牌反映车辆的归属，实行一车一个牌号，严禁挪用、套号和涂改。

根据机动车的分类，机动车号牌可以分为：大型汽车号牌、小型汽车号牌、挂车号牌、摩托车号牌、轻便摩托车号牌以及拖拉机（包括专用机械、电瓶车）号牌 6 种。特种汽车、专用汽车和牵引车等，按照同类型货运汽车底盘核发相应形式的号牌；公安专用车辆核发专用号牌。此外，根据机动车的使用性质，机动车号牌可以分为：正式号牌、临时号牌、试车号牌、教练号牌、补牌证 5 种；根据机动车的所属关系和管辖性质，机动车号牌可以分为：军车号牌、警车号牌、民用车辆号牌、使领馆车辆号牌等。

道路交通管理部门按照地域管辖的原则，在法定管辖范围内，通过核发号牌，对机动车进行有效的管理；目前，由省级公安机关的交通管理部门按照规定负责管理、核发机动车号牌，实行以地市行政区域的不同而使用不同的代号，各地市发牌机关代号由省级公安机关交通管理部门统一分配，并报公安部备案。驾驶机动车上道路行驶应当按照规定悬挂机动车号牌，并保持号牌清晰、完整，不得故意遮挡、污损。任何单位和个人不得收缴、扣留机动车号牌。

### （二）机动车行驶证

机动车行驶证即机动车的行车凭证，它与机动车号牌同时发放，二者的作用基本相同，亦是机动车取得在道路上合法行驶权的一种有效凭证。机动车行驶证的内容记载和反映了机动车的厂牌、车型、编号、核定载质量、载客数量、所属关系、主管部门和发证机关、检验记录、异动登记以及注意事项等。机动车行驶证中记载了车辆的归属和车辆的使用状况，这对于加强车辆有效管理，掌握车辆分布，保障行车安全，减少交通事故，维护交通秩序有着重要作用。

机动车行驶证的编号与该车辆的号牌编号相同，挂车号牌为单独增发的号牌，故拖带挂车的机动车应当携带该车和挂车两个行驶证。行驶证必须由发证机关签章方能生效。根据规定，凡在道路上行驶的机动车，必须随车携带行驶证，以便接受交警部门的查验。机动车行驶证是机动车合法取得道路行驶的法律证明，其效力为全国范围内，车辆在行驶时必须携带的证件之一，能够有效证明机动车辆的归属和当前车辆的状况。机动车行驶证分为证夹、主页和副页，主页由正面的已经签注的证芯和背面的机动车相片组成，副页就只有已经签注的证芯。

**（三）机动车号牌和行驶证的核发**

1. 正式号牌和行驶证的核发。核发的范围是在该交通管理部门管辖区域内的单位和个人拥有的机动车辆，车辆所有人均可申领正式号牌和行驶证。申领机动车号牌和行驶证时，应当提交的证明和凭证有：机动车所有人的身份证明，机动车的来历证明，机动车整车出厂合格证明或进口凭证，车辆的完税证明或减税证明，强制保险凭证，法律、法规规定应当提交的其他证明、凭证。填写《机动车登记表》，根据有关规定办理不同车种的车辆保险、营业执照、运输许可证等手续；交通管理部门认真审查有关证明、凭证，审核《机动车登记表》的内容，对车辆进行注册登记，将车型类别、厂牌、型号、号牌号、发动机及底盘号、车主姓名、地址、联系方式、相关技术资料等登记并输入微机储存，以便统计和管理；经登记审查，符合规定条件的，按车辆类别和顺序，发给机动车登记证书、牌号和行驶证。

2. 临时号牌的核发。临时号牌是带有时间性和区域性限制使用的机动车号牌，其发放范围和条件是：车辆从购置地驶回所有人居住地，需在购买地车管部门申领临时号牌，或由销售单位代发；车辆转籍过程中，正式号牌已收缴，驶往新籍所在地，需申领临时号牌；持有国外、境外牌照的车辆，经我国政府许可，进入我国境内短期行驶的；由于特殊原因不能申领正式号牌，需临时行驶的；外地车辆因号牌遗失，且有原发证机关证明的。办理临时号牌时，申领人必须持有单位证明、车辆来历凭证和其他有关证明材料，经审查登记，符合申领条件的，按编号顺序，发给规定准行区域和有效时间的临时号牌，超过规定的时间和区域即为失效；临时号牌不发行驶证。

3. 试车号牌的核发。试车号牌的发放范围仅限于车辆管理机关管辖区域内的车辆制造厂、改装厂以及车辆大修厂，作为检验测定车辆性能质量时使用。申领试车号牌需凭单位书面申请，经车辆管理部门审查后，根据试车数量，发给试车号牌和行驶证。试车号牌必须按规定悬挂，不准运输货物及载客；在规定的时间和路段上，由正式驾驶员进行试车；如不再使用，应及时收回。

4. 教练车牌照的核发。教练车牌照只发给车辆管理机关管辖区域内的驾驶培训单位，以供专门的教练车使用。申领牌照的单位应当符合培训单位的条件，经交通运管部门的审查批准；教练车经技术检验符合性能要求，发给教练牌照以及行车执照。教练车号牌如不再使用，应及时收回。

5. 号牌和行驶证的补发。机动车号牌、行驶证丢失或毁损，机动车所有人申请补发的，应当向交通管理部门提交有关证明和申请材料；交通管理部门经与机动车登记档案核实后，在收到申请之日起15日内补发。补发的号牌和行驶证与原号码相同；车辆在外地丢失号牌和行驶证的，可凭原发证机关证明，向当地车辆管理部门申请办理临时号牌，待返回本地后再申请补发。

### 三、机动车登记

机动车登记是交通管理部门对机动车的所有权状况、技术性能状况、车辆分布状况、异动变更状况等所实行的记录手续。国家对机动车实行登记制度，机动车经公安机关交通管理部门登记后，方可上道路行驶。机动车登记的目的在于：车辆管理部门可以及时掌握车辆的技术状况和分布状况，便于查找车主和了解车辆的动态，不仅为机动车产业的发展和进行机动车管理提供依据，而且为保护人民群众的合法权益，维护公共安全提供重要保障。

机动车登记是一项涉及公共安全和人民群众利益的十分重要的工作，不仅有较强的技术性要求，而且具有很强的社会意义。因此交通管理部门需要认真细致地履行机动车登记的法定职责，遵循公开、公正、便民的原则，严格按照机动车登记的程序和规定的手续做好这项工作。根据《道路交通安全法实施条例》以及《机动车登记规定》，机动车登记分为注册登记、变更登记、转移登记、抵押登记和注销登记。

### （一）注册登记

注册登记是对于初次申领号牌、行驶证的以及办理机动车登记证书，在车辆管理部门进行注册、建立车辆档案和储存有关信息的登记活动。根据规定凡初次申领机动车号牌、行驶证的，应当向机动车所有人住所地的公安机关交通管理部门申请注册登记。申请机动车注册登记，应当交验机动车，并提交以下证明凭证：

1. 机动车所有人身份证明；
2. 购车发票等机动车来历证明；
3. 机动车整车出厂合格证明或者进口机动车进口凭证；
4. 车辆购置税完税证明或者免税凭证；
5. 机动车第三者责任强制保险凭证；
6. 法律、行政法规规定应当在机动车注册登记时提交的其他证明、凭证。

不属于国家机动车产品主管部门规定免于安全技术检验的车型的，还应当提供机动车安全技术检验合格证明。交通管理部门应当自受理申请之日起5个工作日内完成机动车登记审查工作，对符合以上规定条件的，应当发放机动车登记证书、号牌和行驶证；对不符合规定条件的，应当向申请人说明不予登记的理由。有以下情形之一的，不予办理注册登记：

1. 机动车所有人提交的证明、凭证无效的；
2. 机动车来历凭证涂改的，或者机动车来历凭证记载的机动车所有人与身份证明不符的；
3. 机动车所有人提交的证明、凭证与机动车不符的；
4. 机动车未经国家机动车产品主管部门许可生产、销售或者未经国家进口机动车主管部门许可进口的；
5. 机动车的有关技术数据与国家机动车产品主管部门公告的数据不符的；
6. 机动车达到国家规定的强制报废标准的；
7. 机动车属于被盗抢的；
8. 其他不符合法律、行政法规规定的情形。

### （二）变更登记

变更登记是对已注册登记的机动车，在所有权人不变的前提下，申请改变机动车车身颜色、更换车身或车架的等情形，即因登记内容的变化，而进行的登记。申请机动车变更登记应当填写申请表，提交法定的证明、凭证。机动车变更登记有以下情形：

1. 改变机动车车身颜色的；
2. 更换发动机的；
3. 更换车身或者车架的；

4. 因质量有问题，制造厂更换整车的；
5. 营运机动车改为非营运机动车或者非营运机动车改为营运机动车的；
6. 机动车所有人的住所地迁出或者迁入公安交通管理部门管辖区域的。

申请机动车变更登记，申请人应当提交所有人身份证明、机动车登记证书、机动车行驶证，还应当交验机动车，有的还需提交机动车安全技术检验证明。

### （三）转移登记

转移登记是对已注册登记的机动车所有权发生转移的，而进行的登记。申请机动车转移登记，当事人应当向登记机动车的交通管理部门交验机动车，并提交以下证明凭证：

1. 当事人的身份证明；
2. 机动车所有权转移的证明、凭证；
3. 机动车登记证书；
4. 机动车行驶证。

新的机动车所有人住所地在车辆管理部门辖区的，收回原行驶证，重新核发行驶证。需要改变机动车登记编号的，收回原号牌、行驶证，确定新的机动车登记编号，重新核发号牌、行驶证和检验合格标志。对于不符合办理机动车注册登记条件的，不予办理转移登记；有以下情形之一的，亦不能办理机动车转移登记：

1. 机动车与该车的档案记载内容不一致的；
2. 机动车未被海关解除监管的；
3. 机动车在抵押期间的；
4. 机动车被司法机关、行政执法部门依法查封、扣押的；
5. 机动车涉及未处理完毕的道路交通安全违法行为或交通事故的。

转移登记是转出登记与转入登记的结合，在车辆管理部门已经依法注册登记的机动车辆，因为机动车所有权人的变更，进行的转移登记。若机动车从原所有人的辖区迁出，应注销车辆原有的牌证，然后将车辆档案转入新的所有人所在的车辆管理部门，并办理登记手续和申领新的车辆牌证。

### （四）抵押登记

抵押登记是将机动车作为抵押物进行抵押，当事人向登记该机动车的交通管理部门申请抵押登记的活动。申请抵押登记由机动车所有人（抵押人）和抵押权人共同申请，填写登记表，并提供以下证明、凭证：

1. 抵押人和抵押权人的身份证明；
2. 机动车登记证书；
3. 抵押人和抵押权人依法订立的主合同和抵押合同。

车辆管理部门应当在受理之日起1日内，在机动车登记证书上记载抵押登记内容。申请注销抵押的，亦由抵押人和抵押权人共同申请，提交双方的身份证明和机动车登记证书；车辆管理部门在登记证书上记载注销抵押内容和注销抵押的日期。抵押登记是随着将机动车作为抵押物，进而形成双方的抵押行为而产生的；车辆管理部门，在所有人将机动车设定抵押时，依据有关法律规定，对被抵押机动车进行的登记备案。

### （五）注销登记

注销登记是对已注册登记的机动车，已达到国家规定强制报废标准的，或者因特殊情况灭失的，机动车所有人向回收企业交售机动车时，应当填写注销登记表，提交机动车登记证书、号牌和行驶证。机动车回收企业应当确认机动车并解体，向所有人出具回收证明。

1. 机动车强制报废。国家实行机动车强制报废制度，根据机动车的安全技术状况和不同用途，规定不同的报废标准。对于机动车达到国家规定的强制报废标准的，交通管理部门应当在报废期满的 2 个月前通知机动车所有人办理注销登记。机动车所有人应当在报废期满前，将机动车交售给机动车回收企业，由机动车回收企业将报废的机动车登记证书、号牌、行驶证交交通管理部门注销。应当报废的机动车必须及时办理注销登记，机动车所有人逾期不办理注销登记的，交通管理部门应当公告该机动车的登记证书、号牌、行驶证作废。达到报废标准的机动车不得上道路行驶；报废的大客车、货车及其他营运车辆，应当在公安机关交通管理部门的监督下解体。

2. 机动车灭失。由于特殊原因而导致机动车灭失的，机动车所有人应当申请注销登记；需向交通管理部门提交机动车的灭失证明、本人身份证明，并交回机动车登记证书、号牌和行驶证。对因机动车灭失无法交回号牌、行驶证的，车辆管理部门应当公告作废。

办理上述机动车登记的，申请人提交的证明、凭证齐全、有效，交通管理部门应当当场办理登记手续。对于已被司法机关以及行政执法部门依法查封、扣押的机动车，交通管理部门不予办理机动车登记。机动车登记证书丢失或者毁损，机动车所有人申请补发的，应当向交通管理部门提交本人身份证明和申请材料；交通管理部门经与机动车登记档案核实后，在受到申请之日起 15 日内补发。

### 四、机动车安全技术检验

#### （一）安全技术检验的内容

根据《道路交通安全法》及其实施条例的规定，机动车应当按照车辆用途、载客载货数量、使用年限等不同情况，定期进行安全技术检验。对机动车安全技术检验实行社会化，由机动车安全技术检验机构实施，该机构应当按照国家机动车安全技术检验标准对机动车进行检验，并对检验结果承担法律责任。

根据国家有关技术检验标准的要求，对机动车进行安全技术检验，主要包括安全行驶和减少公害污染两方面的内容。

1. 安全行驶。为了确保机动车安全行驶，安全技术检验的内容，一是检验机动车的主要结构部件和装备，如整车、发动机、转向系、制动系、照明和信号装置、电气设备、行驶系、传动系、车身、安全防护装置以及特种车的附加要求等；二是检验机动车的使用性能，如制动性能、转向操纵性能、动力性能和启动性能等。

2. 污染排放。为了保护环境，减少机动车对环境造成的污染，技术检验的内容主要是控制机动车产生的噪声污染，减少机动车排放废气等污染物的浓度。

#### （二）安全技术检验的期限

机动车应当从注册登记之日起，按照以下期限进行安全技术检验：

1. 营运载客汽车 5 年以内，每年检验 1 次；超过 5 年的，每 6 个月检验 1 次；

2. 载货汽车和大型、中型非营运载客汽车 10 年以内，每年检验 1 次；超过 10 年的，每 6 个月检验 1 次；

3. 小型、微型非营运载客汽车 6 年以内免检，超过 6 年的，每年检验 1 次；超过 15 年的，每 6 个月检验 1 次；

4. 摩托车 4 年以内免检；超过 4 年的，每年检验 1 次；

5. 拖拉机和其他机动车每年检验1次。

营运机动车在规定检验期限内经安全技术检验合格的,不再重复进行安全技术检验。

为了切实保障交通参与者的人身权、财产权,国家实行机动车第三者强制保险制度。已注册登记的机动车进行安全技术检验时,机动车行驶证记载的登记内容与该机动车的有关情况不符,或者未按照规定提供机动车第三者责任强制保险凭证的,不予通过检验。

### (三) 安全监督管理的其他规定

任何单位或者个人不得实施以下违反安全管理的行为:

1. 拼装机动车或者擅自改变机动车已登记的结构、构造或者特征;
2. 改变机动车型号、发动机号、车架号或者车辆识别代号;
3. 伪造、变造或者使用伪造、变造的机动车登记证书、号牌、行驶证、检验合格标志、保险标志;
4. 使用其他机动车的登记证书、号牌、行驶证、检验合格标志、保险标志。

## 第三节　机动车驾驶员管理

### 一、驾驶员管理的意义

当前机动车已经进入老百姓的生活,驾驶机动车已成为普通百姓的生活技能,伴随着机动车的快速增长,具有机动车驾驶资格的人也越来越多。由于机动车是由人来控制、掌握和驾驶操纵的,驾驶员在使用交通工具、保障交通安全方面,是最重要的、决定性的因素,因此加强机动车驾驶员的管理是十分必要。交通管理部门通过有效的管理措施,教育驾驶员树立良好的职业道德和交通意识,自觉遵守道路交通安全法,不断提高驾驶员的驾驶技能,提升驾驶员的综合素质和能力,从而保证道路交通活动的规范、有序,保证人民生命财产的安全,促进社会的进步和发展。对于驾驶员管理的意义在于:

#### (一) 提高驾驶员的交通意识和综合素养

随着我国经济的发展和人民生活水平的提高,机动车的数量呈现出迅速增长的势头,机动车驾驶员队伍也在迅速扩大,特别是新驾驶员所占的比例越来越大;然而新驾驶员的技术熟练程度和应对道路交通中特殊情况的经验则相对不足,他们的交通法律意识、交通安全意识、交通综合素养需要提高,在驾驶过程中准确、及时地作出判断,做好文明礼让,正确驾驶,需要学习相关知识,积累丰富实践经验,才能提高技能和素养。当前机动车驾驶已不再是一种职业,而成为人们普遍掌握的一种生活技能,面对道路交通活动中普遍存在的安全隐患、拥堵问题等实际情况,必须加强对驾驶员队伍的管理,不断完善各种管理制度,提高驾驶员的交通安全意识和综合素养。

#### (二) 提高驾驶员的技术水平和处置能力

随着机动车的增长和驾驶员数量的不断扩大,道路交通活动中的交通事故数量也在不断增长,据不完全统计,我国的道路交通事故数量是全球第一,道路交通事故无论是数量还是死亡人数,均占到国内各种安全事故总量的2/3以上,而发生的交通事故中,机动车驾驶员负主要责任以上的占70%左右;[①] 一些驾驶员不遵守交通规则、开斗气车、超速行驶、酒

---

① 丁立民主编:《道路交通管理》,警官教育出版社1999年版,第239页。

驾、路怒症等,都容易造成交通事故。这说明在影响交通安全的诸多因素中,驾驶员是最主要因素。必须加强对驾驶员的严格管理,提高驾驶员的技术水平和应对处置道路交通中各种突发情况的能力,驾驶过程中,准确、及时地作出正确的判断,及时采取有效措施,就会避免造成交通事故,最大限度地降低交通事故的发生率,减少人身伤亡数量,降低人身和财产损失。

### (三) 提高交通管理部门的工作效率和管理能力

加强驾驶员的管理,可以促进道路交通活动的安全、畅通,保证交通管理目标的实现。驾驶员的管理是一项内容较为广泛的综合性工作,具有较强的社会性、群众性和政策性,对业务水平、组织能力、协调能力均有较高的要求;交通管理部门通过对驾驶员的登记管理和档案管理,掌握驾驶员的静态分布和动态活动情况,可以提供驾驶员的信息资料,为制定道路交通安全管理的规划和政策提供依据,为有关部门的公共安全管理提供有价值的数据和资料。

### (四) 提高执法部门信息应用和处置违法的能力

驾驶员管理要求将驾驶员有关信息记录到交通管理部门的信息系统中,便于交通管理部门掌握驾驶员的相关信息和动态,便于及时了解驾驶员的活动情况,同时也为执法机关开展案件调查,提供了必要的信息资料,一旦发生涉及车辆的违法犯罪案件,可在第一时间掌握与车辆、驾驶员有关的活动情况,利于查明案件事实,提高办案的效率,及时有效地打击违法犯罪活动。在一定程度上,可以起到震慑违法犯罪分子,预防涉及机动车相关案件的发生,发挥安全防范的作用。

## 二、驾驶员的分类

机动车驾驶员是指符合《道路交通安全法》以及相关法规、规章规定的驾驶许可条件,经交通管理部门审核,依法取得机动车驾驶证,准予驾驶机动车的人员。机动车驾驶员是按照驾驶经历、准驾车型等标准进行分类的。

### (一) 按照驾驶经历进行分类

根据机动车驾驶的经历,可以分为学习驾驶员、实习驾驶员和正式驾驶员三种。机动车的驾驶培训实行社会化,由交通主管部门对驾驶培训学校、驾驶员培训班实行资格管理;符合驾驶许可条件的人,学习机动车驾驶应当先学习道路交通安全法律、法规和相关知识,考试合格后,再学习机动车驾驶技能;在道路上学习机动车驾驶技能应当使用教练车,按照公安交通管理部门指定的路线、时间,在教练随车指导下进行;学员在学习驾驶中有道路交通安全违法行为或造成交通事故的,由教练员承担责任。

交通管理部门对申请机动车驾驶证的人进行考试,考试合格的,在 5 日内核发机动车驾驶证;对考试不合格的,书面说明理由。机动车驾驶证的有效期为 6 年。机动车驾驶人初次申领机动车驾驶证后的 12 个月为实习期;在实习期内驾驶机动车的,应当在车身后部粘贴或悬挂统一式样的实习标志。实习期内不得驾驶公共汽车、营运客车或执行任务的特种车辆以及载有危险物品的机动车辆。实习期满符合条件的,为正式驾驶员,只能驾驶准驾车型。

### (二) 按照准驾车型进行分类

根据准驾车型的不同,可以分为 15 个类别。准驾车型是指,机动车驾驶员持有的驾驶证中规定的可以驾驶机动车的范围,包括经过考试获得的准驾车型和按照规定无须经过考试就可以驾驶的车型。根据《机动车驾驶证申领和使用规定》第 8 条以及附件 1 的说明,机动车驾驶人准予驾驶的车型顺序依次分为：大型客车、牵引车、城市公交车、中型客车、大型货车、小型汽车、小型自动挡汽车、低速载货汽车、三轮汽车、普通三轮摩托车、普通二轮摩托车、轻便摩托车、轮式自行机械车、无轨电车和有轨电车。

表 3-1　　　　　　　　　　　　　准驾车型及代号

| 准驾车型 | 代号 | 准驾的车辆 | 准予驾驶的其他准驾车型 |
| --- | --- | --- | --- |
| 大型客车 | A1 | 大型载客汽车 | A3、B1、B2、C1、C2、C3、C4、M |
| 牵引车 | A2 | 重型、中型全挂、半挂汽车 | B1、B2、C1、C2、C3、C4、M |
| 城市公交车 | A3 | 核载10人以上的城市公共汽车 | C1、C2、C3、C4 |
| 中型客车 | B1 | 中型载客汽车（含核载10人以上、19人以下的城市公共汽车） | C1、C2、C3、C4、M |
| 大型货车 | B2 | 重型、中型载货汽车，大、重、中型专项作业车 | C1、C2、C3、C4、M |
| 小型汽车 | C1 | 小、微型载客汽车，轻、微型载货汽车，轻、小、微型专项作业车 | C2、C3、C4 |
| 小型自动挡汽车 | C2 | 小型、微型自动挡载客汽车以及轻型、微型自动挡载货汽车 | |
| 低速载货汽车 | C3 | 低速载货汽车（原四轮农用运输车） | C4 |
| 三轮汽车 | C4 | 三轮汽车（原三轮农用运输车） | |
| 普通三轮摩托车 | D | 发动机排量大于50ml或最大设计时速大于50km的三轮摩托车 | E、F |
| 普通二轮摩托车 | E | 发动机排量大于50ml或最大设计时速大于50km的二轮摩托车 | F |
| 轻便摩托车 | F | 发动机排量小于50ml，最大设计时速小于等于50km的摩托车 | |
| 轮式自行机械车 | M | 轮式自行机械车 | |
| 无轨电车 | N | 无轨电车 | |
| 有轨电车 | P | 有轨电车 | |

## 三、驾驶证的管理

机动车驾驶证记载着驾驶人的信息资料和公安机关车辆管理部门签注的内容；机动车驾驶证的有效期分为 6 年、10 年和长期三种。

### （一）申请机动车驾驶证的基本条件

1. 年龄条件。根据机动车驾驶技术的特殊要求，综合统计分析人们在不同年龄阶段的身体素质、反应能力的状况，我国《机动车驾驶证申领和使用规定》对于申领不同车种驾驶证的人，作了最高和最低年龄的限制性规定。申请小型汽车、小型自动挡汽车、轻便摩托车准驾车型的，在 18 周岁以上，70 周岁以下；申请低速载货汽车、三轮汽车、普通三轮摩托车、普通二轮摩托车或轮式自行机械车准驾车型的,在18周岁以上,60周岁以下;申请城市公交车、中型客车、大型货车、无轨电车或有轨电车准驾车型的,在21周岁以上,50周岁以下;申请牵引车准驾车型的,在24周岁以上,50周岁以下;申请大型客车准驾车型的,在26周岁以上,50周岁以下。

2. 身体条件。驾驶机动车应当具备良好的身体素质,《机动车驾驶证申领和使用规定》中对身体条件的要求包括:身高、视力、辨色力、听力、上肢和下肢等功能。申请大型客车、牵引车、城市公交车、大型货车、无轨电车准驾车型的,身高为155厘米以上,申请中型客车准驾车型的,身高为150厘米以上;两眼裸视力或矫正视力达到对数视力表5.0以上,申请其他准驾车型的,达到4.9以上。要求辨色力无红绿色盲,听力两耳分别距音叉50厘米能辨别声源方向,上肢中的双手拇指健全、肢体和手指运动功能正常,下肢运动功能正常,躯干、颈部无运动功能障碍。

除了上述身体条件的要求外,不得申请机动车驾驶证的还有:患有器质性心脏病、癫痫病、美尼尔氏症、眩晕症、癔病、震颤麻痹、精神病、痴呆以及影响肢体活动的神经系统疾病等妨碍安全驾驶机动车的疾病或生理缺陷的。对于吸食、注射毒品,长期服用依赖性精神药品成瘾尚未戒除的人,也不得申请机动车驾驶证。

3. 其他限制规定。不得申请机动车驾驶证的其他情形有:吊销机动车驾驶证未满二年的;造成交通事故后逃逸被吊销机动车驾驶证的;驾驶许可依法被撤消未满三年的;法律、行政法规规定的其他情形。

**(二) 申请机动车准驾车型的条件**

1. 初次申领机动车驾驶证。初次申领机动车驾驶证的,可以申请准驾车型为除了大型客车A1、牵引车A2以外的所有车型;在暂住地初次申领机动车驾驶证的,可以申请准驾车型为小型汽车、小型自动挡汽车、低速载货汽车、三轮汽车的驾驶证。

2. 申请增加机动车准驾车型。已持有机动车驾驶证,在申请前最近的连续记分周期内没有满分记录,还应当符合以下规定:

(1) 申请增加中型客车准驾车型。已取得小型汽车C1或者C2、C3、C4准驾车型资格三年以上,两个记分周期内没有满分记录;或者取得驾驶城市公交车、大型货车准驾车型资格一年以上,一个记分周期内没有满分记录。

(2) 申请增加牵引车准驾车型。已取得驾驶中型客车或大型货车准驾车型资格三年以上,两个记分周期内没有满分记录;或者取得驾驶大型客车准驾车型资格一年以上,一个记分周期内没有满分记录。

(3) 申请增加大型客车准驾车型。已取得驾驶中型客车或者大型货车准驾车型资格五年以上,三个记分周期内没有满分记录;或者取得驾驶牵引车准驾车型资格两年以上,一个记分周期内没有满分记录。

申请增加大型客车、牵引车、中型客车准驾车型的,不得有在造成人员死亡的交通事故中承担全部责任或主要责任的记录。

在暂住地可以申请增加的准驾车型为:小型汽车、小型自动挡汽车、低速载货汽车、三轮汽车。

持有军队、武装警察部队机动车驾驶证,或者持有境外机动车驾驶证,符合规定条件的,可以申请对应准驾车型的机动车驾驶证。

### (三) 申领机动车驾驶证的程序

1. 提出申请。申领机动车驾驶证的人，按照下列规定向公安车辆管理部门提出申请：

在户籍地居住的，应当向户籍地提出申请；在暂住地居住的，可以在暂住地提出申请；现役军人应当在居住地提出申请；境外人员应当在居留地提出申请；申请增加准驾车型的，应当在所持机动车驾驶证核发地提出申请。

2. 提交证明。初次申请机动车驾驶证，应当填写《机动车驾驶证申请表》，并提交申请人的身份证明和县以上医疗机构出具的有关身体状况的证明；申请增加准驾车型的，还应当提交所持机动车驾驶证。公安车辆管理部门对于符合机动车驾驶证申请条件的，应当受理，并在申请人预约考试后30日内安排考试。

3. 考试。考试科目分为道路交通安全法律、法规和相关知识考试（科目一），场地驾驶技能考试（科目二），道路驾驶技能考试（科目三）。考试顺序依次进行，前一科目合格后，方准参加后一科目的考试。每个科目考试一次，可以补考一次；补考仍不合格的，本科目考试终止。申请人可以重新申请考试，但技能科目的考试日期应当在20日以后预约。

4. 发证。初次申请机动车驾驶证或者申请增加准驾车型的，申请人考试科目全部合格后，车辆管理部门核发机动车驾驶证；申请准驾车型的，应当收回原机动车驾驶证。

### (四) 机动车驾驶证的换证、补证和注销

1. 换证。机动车驾驶证的有效期为6年，机动车驾驶人应当于机动车驾驶证有效期满前90日内，向驾驶证核发地车辆管理部门申请换证。申请时应当提交驾驶人的身份证明，机动车驾驶证和县以上医疗机构的体检证明。根据《道路交通安全法实施条例》的规定，机动车驾驶人在6年有效期内，每个记分周期均未达到12分的，换发10年有效期的机动车驾驶证；在10年有效期内，每个记分周期均未达到12分的，换发长期有效的机动车驾驶证。

除了对到期的驾驶证进行换证外，机动车驾驶证的换证情形还有：驾驶人户籍迁出原车辆管理部门管辖区的，向迁入地申请换证；驾驶人在核发地车辆管理部门辖区以外居住的，向居住地申请换证；年龄达到60岁，持有大型货车以上准驾车型驾驶证，应当换领准驾车型为小型车驾驶证；年龄达到70岁，持有准驾车型为普通摩托车驾驶证，应当换领准驾车型为轻便摩托车的驾驶证。对于在车辆管理部门管辖区域内，机动车驾驶证记载的驾驶人信息情况发生变化的以及机动车驾驶证损毁无法辨认的，驾驶人应当在30日内到驾驶证核发地车辆管理部门申请换证。

换发机动车驾驶证时，交通管理部门应当对机动车驾驶证进行审验。

2. 补证。对于机动车驾驶证丢失、损毁的，机动车驾驶人应当向驾驶证核发地的车辆管理部门提交本人身份证明和申请材料申请补发；车辆管理部门经与机动车驾驶证档案核实后，在收到申请之日起3日内补发。

3. 注销。机动车驾驶人具有以下情形之一的，车辆管理部门应当注销其机动车驾驶证：

(1) 死亡的；

(2) 身体条件不适合驾驶机动车的；

(3) 本人提出注销申请的；

(4) 丧失民事行为能力，监护人提出注销申请的；

(5) 超过机动车驾驶证有效期1年以上未换证的；

(6) 年龄在60岁以上或者持有大型客车、牵引车、城市公共汽车、中型客车、大型货

车、无轨电车、有轨电车准驾车型，在一个记分周期结束后，1年内未提交身体条件证明的；

（7）年龄在60岁以上，所持机动车驾驶证只具有无轨电车或有轨电车准驾车型，或者年龄在70岁以上，所持机动车驾驶证只具有低速载货车、三轮汽车、轮式自行机械车准驾车型的；

（8）机动车驾驶证依法被吊销或者驾驶许可依法被撤销的。

### 四、驾驶员累积记分制度

**（一）累积记分制度的概念和意义**

我国《道路交通安全法》规定，交通管理部门对机动车驾驶人违反道路交通安全法律、法规的行为，除依法给予行政处罚外，实行累积记分制度。对累积记分达到规定分值的机动车驾驶人，扣留机动车驾驶证，进行交通安全教育，重新考试。可见，驾驶员累积记分制度是对驾驶员因交通违法，给予的警戒、教育，通过对交通违法行为进行累积记分，提出警示告诫，防范交通违法行为的继续，对违法行为人具有警示、教育和预防作用。

这项制度作为对驾驶员加强管理的有效措施，自2000年3月实行以来，在增强交通安全法律意识，警示教育交通违法行为人，规范驾驶员的交通行为，预防和减少交通违法行为，降低交通事故的发生等，起到了非常明显的作用。

累积记分制度实行的是以年度为周期，根据交通违法行为进行累积记分。每个记分周期为一年即12个月，满分为12分，从机动车驾驶证的初次领取之日起开始计算。分值的多少，是依据驾驶员的道路交通安全违法行为的严重程度确定，一次记分的分值分别为：12分、6分、3分、2分、1分五种。累积记分制度的适用对象是机动车驾驶人，其他道路交通参与者的交通违法行为不属于此范围；因此这项制度具有适用对象的专门性、特定性。在对机动车驾驶人的交通安全违法行为，实施处罚同时进行记分，即处罚与记分同时执行；驾驶员交通安全违法行为的程度越严重，应受到的处罚越严厉，累积记分值也就越高。如果机动车驾驶人一次有两个以上的交通违法行为，累积记分应当分别计算，累加分值。

机动车驾驶人在一个记分周期即一年内，所累积记分的分值达到12分的，应当在15日内到机动车驾驶证核发地或者违法行为地，接受交通管理部门组织的，为期7日的道路交通安全法律、法规学习，并进行相关知识的教育；通过学习和接受教育后，车辆管理部门应当在20日内对其进行科目一的考试。机动车驾驶人在一个记分周期内，如果两次以上达到12分的，车辆管理部门还应当在科目一考试合格后10日内，对其进行科目三的考试。

**（二）交通安全违法行为记分分值标准**

1. 一次记12分的交通安全违法行为有：醉酒后驾驶机动车的；驾驶证被暂扣期间驾驶机动车的；造成交通事故后逃逸，尚不构成犯罪的；违反交通管制的规定强行通行，不听劝阻的；使用他人驾驶证驾驶机动车的；驾驶与准驾车型不符的机动车的；超过三个月不缴纳罚款或连续两次逾期不缴纳罚款的；驾驶营运客车（不包含公共汽车）、校车载人超过核定人数20%以上的；驾驶机动车行驶超过规定时速50%以上的；机动车未悬挂机动车号牌的，或者故意遮挡、污损、不按规定安装机动车号牌的；使用伪造、变造的机动车号牌、行驶证、驾驶证、校车标牌的；驾驶营运客车在高速公路车道内停车的等。

2. 一次记6分的交通安全违法行为有：饮酒后驾驶机动车的；公路营运客车载人超过核定人数20%以上或者违反规定载货的；货车载物超过核定载质量30%以上或者违反规定

载客的；机动车超过规定时速20%以上未达到50%的；在高速公路上不按规定停车的；在高速公路上倒车、逆行、穿越中央分隔带调头的；高速公路上试车和学习驾驶机动车的。

3. 一次记3分的交通安全违法行为有：违反道路交通信号灯的；不按规定超车的；不按规定让行的；逆向行驶的；下陡坡时熄火或空挡滑行的；未悬挂机动车号牌的；故意遮挡、污损机动车号牌的；不按规定使用灯光和设置警告标志的；违反规定牵引挂车；以及在高速公路上驾车低于规定最低车速的，骑、轧分道线行驶的，违反规定拖拽故障车、肇事车的，货车车厢载人的；高速公路上行驶低于规定最低时速；驾驶禁止驶入高速公路的机动车驶入高速公路的；在高速公路或者城市快速路上不按规定车道行驶的；驾车行经人行横道，不按规定减速、停车、避让行人的；违反禁令标志、禁止标线指示的；驾车违反规定牵引挂车的；在道路上车辆发生故障、事故停车后，不按规定使用灯光和设置警告标志等。

4. 一次记2分的交通安全违法行为有：连续驾驶机动车超过4小时未停车休息或休息时间少于20分钟的；违反禁令标志、警告标志、禁止标线、警告标线指示的；客车载人超过核定人数未达20%的；货车载物超过核定质量未达30%的；有拨打、接听手持电话、观看电视等妨碍安全驾驶的行为的；行经交叉路口不按规定行车或者停车的；不按规定与前车保持必要的安全距离的；在高速公路或者城市快速路上行驶时，不系安全带的；不按规定牵引故障车的等。

5. 一次记1分的交通安全违法行为有：不按规定使用灯光的；未按规定系安全带的；不按规定会车、倒车的；未随车携带行驶证、机动车驾驶证的；其他违反机动车载物规定的等。

# 第四章 道路条件与交通设施

## 第一节 道路基本通行条件

### 一、道路的类型

**（一）城市道路**

按照道路在城市的位置、作用、功能，以及沿道路建筑物的服务功能，可以将城市中的道路大致划分为快速路、主干路、次干路和支路四类：①

1. 快速路。城市快速路是指那些用中央分隔带将上下行的车辆分开，以保障长距离行驶车辆能够快速行驶的道路；其建设标准高于城市其他道路，机动车道双向为四车道以上，设计时速为60至80公里。快速路与高速路、与快速路、与主干路相交时，采用立体交叉形式；快速路与次干路相交时，可以采用平面交叉形式，但要实行严格的交通管制。快速路的沿线不允许设置吸引人流、车流的大型公共建筑出入口，在经过行人特别集中的地方，应当设有人行天桥或地下通道。

2. 主干路。主干路是城市道路的骨架，它是连接城市各个主要部分的交通干道；主干路采用分道的形式，在其路段上的机动车、非机动车和行人采取分流通行，避免混合交通。主干路除了与快速路相交时采用立体交叉外，它与主干路、次干路或支路相交时，以信号灯控制为主，特殊情况也有立体交叉。主干路的机动车道双向为四车道以上，设计最高时速为50至60公里；道路沿线两侧不宜修建过多的行人和车辆出入口。

3. 次干路。次干路是城市的一般交通道路，配合主干路组成城市的道路网，兼有服务的功能。次干路机动车道双向为二至四条，设计最高时速为40至50公里；它承担分散主干路交通负荷以及区域性交通运输的功能；一般均有公共交通线路，有公交车通过。次干路两侧通常为工作区以及生活居住区，设有较多的出入口，沿线有各类公共建筑。

4. 支路。支路是城市各个区域内部的连接道路，也是城市中各个功能小区内主要道路的联络线，用于解决城市各区域内的局部交通，为群众的工作与生活服务。支路可以通行机动车，但车道较窄，设计最高时速不能超过40公里。例如自行车专用道、有轨电车专用道、商业步行街、货运道路等专用道路。②

**（二）公路**

公路是用于汽车行驶的、城市以外的道路；它将城市与城市、城市与乡村连接起来，是沟通城乡的纽带。我国的公路根据其交通状况、使用性质、设计建设标准以及主要功能，划

---

① 杨钧主编：《公安交通管理教程》，中国人民公安大学出版社1997年版，第64页。
② 李江主编：《现代道路交通管理》，人民交通出版社2000年版，第19页。

分为五个技术等级，即高速公路、一级公路、二级公路、三级公路和四级公路。此外，按照公路的重要性和公路管理的特点，可以将公路划分为国家干线公路（简称国道）、省级干线公路（省道）、县级公路（县道）、乡级公路（乡道）以及专用公路。国道是指具有全国性政治、经济意义的主要干线公路，包括重要的国际公路，国防公路，联结首都与各省、自治区首府和直辖市的公路，联结各大经济中心、港站枢纽、商品生产基地和战略要地的公路。省道是指具有全省（自治区、直辖市）政治、经济意义，联结省内中心城市和主要经济区的公路，以及不属于国道的省际间的重要公路。县道是指具有全县（旗、县级市）政治、经济意义，联结县城和县内主要乡（镇）、主要商品生产和集散地的公路，以及不属于国道、省道的县际间的公路。乡道是指主要为乡（镇）内部经济、文化、行政服务的公路，以及不属于县道以上公路的乡与乡之间及乡与外部联络的公路。专用公路是指专供或者主要供厂矿、林区、油田、农场、旅游区、军事要地等与外部联络的公路。[①] 目前，我国有公路国道70多条，全长十几万公里；国道的编号规律是，凡是从北京辐射全国的国道，均以"1"字开头；从北向南的国道，均以"2"字开头；从东向西的国道，均以"3"字开头。在国道中又选定十多条连接各省会城市和主要出境口岸以及重要经济开发区的国道，作为国道主干线。根据城市道路技术标准修建的城市道路，为了生产的需要在工矿、林区、港口等修建的内部生产道路，以及旅游区内部修建的旅游道路等，不属于公路的范围。我国的公路有很多要经过一些小城镇，这些穿过小城镇的公路路段，仍然属于公路的范围。

表4-1　　　　住建部《城市规划定额指标暂行规定》（2011）

| 项目级别 | 设计车速（km/h） | 单向机动车道数（条） | 机动车道宽度（m） | 道路总宽（m） | 分隔带设置 |
| --- | --- | --- | --- | --- | --- |
| 一级 | 60~100 | >=4 | 3.5~3.75 | 40~70 | （必须设） |
| 二级 | 40~60 | >=4 | 3.25~3.5 | 30~60 | （应设） |
| 三级 | 30~50 | 2~4 | 3.25~3.5 | 20~40 | （可设） |
| 四级 | 20~40 | 2 | 3.25~3.5 | 16~30 | （不设） |

1. 高速公路。高速公路是按照高速公路工程技术标准修建的，设置完善的安全、管理、服务设施，专供机动车高速行驶的公路。它具有行驶速度高，通行能力大的特点。高速公路的线形好，设计标准高，有着较完善的设施，全封闭、全立交，双向四车道以上，计算行车时速为80至120公里；四车道的高速公路一般能适应的年平均昼夜汽车交通量为25000辆以上，六车道高速公路为45000辆以上，八车道高速公路为80000辆以上。高速公路不允许出现混合交通，对进入高速公路的车辆与车速有严格的限制，实行控制出入，相交道路全部采用立体交叉形式。[②]

2. 一级公路。一级公路为双向四车道以上，实行车辆分道行驶，设有中间隔离带，部分控制车辆出入，与高速路、与一级路相交实行立体交叉，与其他道路部分实现立体交叉的干线公路。一级公路计算行车速度平原为100公里/时，山岭为60公里/时；能适应年平均昼夜汽车交通量5000至25000辆。

---

① 参见《中华人民共和国公路管理条例实施细则》，2009年5月27日起施行。
② 陈维亚主编：《现代交通运输概论》，中国铁道出版社2012年版，第57页。

3. 二级公路。二级公路一般为运输量较为繁重的主要干线公路，或者城郊公路；它的计算行车速度平原为 80 公里/时，山岭为 40 公里/时；能适应年平均昼夜汽车交通量为 2000 至 5000 辆。

4. 三级公路。三级公路为一般干线公路，计算行车速度平原为 60 公里/时，山岭为 30 公里/时；能适应年平均昼夜汽车交通量 2000 辆以下。

5. 四级公路。四级公路为支线公路，计算行车平均速度为 40 公里以下，能适应年平均昼夜汽车交通量为 200 辆。

### （三）特殊道路

1. 地下道路。建造在地下的道路，是城市道路的一部分。比如在南京，内环地下道路已经投入使用；上海的外滩道路也全部转为地下使用，地面上禁止通车。早在 2004—2005 年，北京就为解决交通问题规划了"四纵两横"的地下道路网。[1] 利用地下空间资源是改善城市交通状况、提升城市环境的重要途径。用地下道路替代传统的高架道路，为城市提供了一种新的交通模式，同时在城市中心区发展地下快速路系统是解决古城保护、城市更新等方面的重要途径；城市交通地下化，可以内涵式地扩充城市空间容量，释放更多的地面空间用于绿化、适度开发及增加不同区域的城市生活联系，降低了道路对城市的割裂，实现了土地的多重使用。

2. 高架路。用高出地面 6 米以上（净高架桥梁结构高度）的系列桥梁组成的城市空间道路。与地下道路相比，造价则比地下道路便宜。两者都可担负客、货运输任务，此外还能与地面道路衔接，而且，高架道路视野开阔、环境优美、行车舒适、空气清新。比如一些立交桥就属于高架路，也是城市道路的一种。高架路可以减少平面交叉路口，提高了道路通行效率，节约人们的出行时间。

## 二、路网

路网即道路网络；它是由纵横交错、四通八达，各种交通干线、支线所组成的道路网络。路网按照区域可以划分为全国路网、大区域路网、分省路网、局部区域路网、市县路网等；按照道路的功能可以划分为干线网（干道网）、支线网；按照道路类型可以划分为城市道路网、公路网等。

### （一）城市道路网

城市道路网主要有以下形式：

1. 方格网状式。方格网状式道路系统，又称棋盘式道路系统，是最常见的道路系统结构形式。这种路网的几何图形多为规则的长方形，每隔一定的距离设置接近于平行的干道；干道之间的间隔通常为 1000 米左右，并在干道之间再布置一些支路或其他道路，这样就将市区分割成大小不一的多个街区。方格网状式的道路系统适用于地势平坦的中小城市或大城市的局部地区。我国古代大城市多采用这种道路系统结构形式，有严格的轴线对称的方格网状式道路系统；现代也有一些城市是这种形式的道路系统。它的优点是整体布局整齐美观，有利于建筑布局和方向识别，组织交通比较便利；缺点是对角线方向交通不方便，道路的非直线系数较大（1.27~1.4）。因此，现代城市交通一般不单独采用方格网状式的道路系统，而是在此基础上，增加一些对角线方向的干道，形成方格对角线道路系统。但是，由于对角

---

[1] 彭立敏主编：《地下建筑规划与设计》，中南大学出版社 2013 年版，第 62 页。

线干道形成的三角形街坊和畸形交叉路口，增加了城市建筑布置的难度和交通组织的复杂性。因此，现代城市采用方格对角线式道路系统比较少。①

2. 环形放射式。环形放射式道路系统一般是由城市的老城中心区逐渐向外发展，并向四周引出放射形干道的放射式道路系统演变而来的路网形式。放射式道路系统，虽然有利于城市中心对外联系与交往，以及城市中心人流、物流的交通集散；但是，造成城市各区域之间的联系与交往不便。因此，在发展城市放射式道路系统过程中，应当增加多条环绕城市中心的环状道路，形成环形放射式道路系统。这种道路系统有利于城市中心与各局部区域、与郊区以及城市外围相互之间的交通联系，它的交通疏导能力强，道路交通的非直线系数较小（1.1~1.2），可以实现对城市中心地区交通量的有效控制。为了分散中心区域的交通流量，可以规划设置两个或两个以上的中心区，或者分中心区；也可以部分放射形干道连接与城市的外围环形干道上。有些城市将环形干道和放射形干道建设成高等级快速干道，可以极大提高整个路网的交通疏导能力。环形放射式道路系统的缺点是，对于道路交通的组织不如方格网状式道路系统灵活，街区道口形状不规则，对城市的地形有一定的要求，狭长地形的城市无法设置这种道路系统。这种道路系统比较适合于大城市和特大城市，我国有些大城市也是典型的环形放射式道路系统。

3. 混合式。混合式道路系统也称为综合式道路系统。它是指把方格式和环形放射式两种类型的道路系统有机结合起来，运用于同一个道路系统中。混合式道路系统在规划、设计、建设组织管理等方面，合理吸收方格网状和环形放射这两种道路系统的优点，更好地发挥道路系统的整体作用。现代城市大多采用混合式道路系统，它既可以保留原有城市的方格网状式道路系统，又规划建设一些环形干道和放射形干道，减少城市中心区域的交通压力，提高交通疏导能力。

4. 自由式。自由式道路系统是一种不规则的道路系统结构形式，它与前三种道路系统的结构不同。这种道路系统通常是结合地形地貌的特点来布局道路，系统内的道路多呈不规则几何形状。一些起伏较大的山丘城市，为了减少道路的纵向坡度，在道路选线时，通常围绕山丘或沿河岸来布置路线，形成自由式的道路系统。这种道路系统的优点主要是能够充分利用自然地形布局道路，节约道路建设投资；但道路的非直线系数大，形成的不规则街坊多，道路布局疏密不均，交通流受限，通行不方便，而且交通安全性能较差，不利于交通安全管理。

**（二）公路网**

公路网是在全国或一个地区，根据交通运输的需要，由各种不同等级的公路组成的一个四通八达的网状道路体系。全国的公路网分为干道网和地方道路网。干道网内有国道和省级干道、市级干道；地方道路网包括县道和乡镇道路。

## 三、道路线形

道路线形是指道路路线的纵、横、平、直、弯、曲的形状。

**（一）弯道（平曲线）**

道路由于受自然条件、建筑物以及其他因素的影响，会形成弯道。机动车在弯道行驶时，会出现离心运动现象，即会产生离心力；如果机动车行驶速度较快，且弯道半径较小，

---

① 谢志强主编：《城市交通问题与空间布局》，中国言实出版社2000年版，第276页。

就可能发生横向翻车或滑移。因此，为保证行车安全，在不同等级的道路上规定了相应的弯道最小半径，也就是平曲线半径。城市道路和公路最小平曲线半径见下表：①

表 4-2　　　　　　　　　城市道路平曲线最小半径值表

| 计算行车速度（公里/时） | 80 | 60 | 50 | 40 |
|---|---|---|---|---|
| 不设超高最小半径（米） | 1000 | 600 | 400 | 300 |
| 设超高最小半径（米） | 250 | 150 | 100 | 70 |

表 4-3　　　　　　　　　各级公路最小平曲线半径值表

| 公路等级 | 高速公路 | | 一级公路 | | 二级公路 | |
|---|---|---|---|---|---|---|
| 地形 | 平原 | 山岭 | 平原 | 山岭 | 平原 | 山岭 |
| 极限最小半径（米） | 650 | 250 | 400 | 125 | 250 | 60 |
| 一般最小半径（米） | 1000 | 400 | 700 | 200 | 400 | 100 |
| 不设超高最小半径（米） | 5500 | 2500 | 4000 | 1500 | 2500 | 600 |

**（二）坡道（纵坡）**

道路纵坡的陡缓程度，关系到交通运输安全与经济运行成本的高低。机动车的爬坡能力，是限定纵坡坡度的一个重要因素；各种机动车构造性能和功率大小不同，它们的爬坡能力不一样，一般情况下，纵坡坡度的大小对于载重车辆的影响比小车明显得多；机动车在陡坡上行驶，必然导致车速降低。如果陡坡比较长，机动车爬坡时机件磨损增大，可能会出现水箱沸腾、汽阻，导致行车缓慢无力，甚至发动机熄火；还可能出现机动车轮胎与陡坡道路表面的摩擦力不够，导致车轮空转打滑，甚至向后滑溜的危险情况，驾驶员难以控制，容易发生交通事故。机动车沿长陡坡向下行驶时，如果长时间减速、制动，会造成制动器发热或者烧坏，从而导致刹车失效造成交通事故。因此，对于纵坡坡度以及纵坡长度必须加以限制和改造。

道路纵断面上的坡度线，是由许多折线组成，机动车在折线处行驶时，遇到凸形折转处时，驾驶员的视线会受到限制，不能满足行车视距的要求；而且由于行车方向突然发生改变，会产生失重和离心力现象，使乘车人员感到不适；如果速度和离心平衡控制不好，容易造成机动车因扭力过大或弹簧超载而导致车毁事故。因此，为了保证道路路线平顺，行车平稳，必须在道路纵向转弯处设置平滑的竖曲线，将相邻的直线坡段衔接起来。

**四、道路横断面**

道路横断面是指，沿道路宽度方向，垂直于道路中心线的断面。城市道路横断面的组成包括道路建筑红线范围以内的各种人工结构物，如机动车道、非机动车道、人行道、分隔带、绿化带等。公路横断面一般包括行车道、路肩、边沟、护坡、挡墙等部分。横断面的设计以及各项设施，诸如排水设施、管线的布置等，应当满足交通的需要，保证交通运输的畅

---

① 杨钧主编：《公安交通管理教程》，中国人民大学出版社 1997 年版，第 70 页。

通与安全。横断面可以分为混合式、分向式、分车式和分车分向式等形式。①

（一）道路建筑红线

道路建筑红线是地图上划出的规划道路建设用地范围的界限。建筑用地或其他用地不能超越界限，图上常以红色线条表示，故称道路红线。②

（二）车道宽度

一般情况下，机动车车道较宽，发生交通事故的概率就会降低；机动车双向车道的路面宽度如果大于6米，发生的交通事故率要比5.5米宽的路面低得多。目前，我国道路建设标准规定大型车道为3.75米，小型车道为3.5米；公交车停靠站或路口渠化车道的宽度可以分别为3米至3.2米。车道宽度要适当，不宜过宽，如果宽度大于4.5米，有些车辆则会试图利用富余的道路宽度超车，这样反而会增加交通事故。此外，道路应当施划车道线，这样可以规范行车秩序，保证交通安全；划有车道标线的道路，车辆各行其道，交通事故率明显下降。

（三）路肩

路肩是道路路面两边的边沿地带；它的主要作用是保护路面，以及作为行驶车辆的侧向余宽；此外，它还可以临时停放发生故障的车辆。在我国目前混合交通的情况下，公路路肩还可供行人、非机动车通行使用。一般情况下，道路的路肩宽，则相对比较安全；按照公路建设技术标准规定，平原和山岭的高速公路路肩分别不小于2.5米和1.75米，一级公路路肩分别不小于2.25米和1米，二、三级公路路肩不小于0.75米，四级公路路肩不小于0.5米。路肩的结构对行车安全极为重要，一般宜采用硬质路肩，比较坚固，这样可以保证安全；如果路肩土质松软，一旦车辆驶入，则会下陷，容易造成事故损失。

（四）分车带

分车带是道路行车道上纵向分隔不同类型、不同车速或不同行驶方向车辆的设施。分车带根据其在横断面上的不同位置与功能，分为中间分车带和两侧分车带；分车带由分隔带及路缘带组成，常用混凝土路缘石围砌，也可用混凝土隔离墩或铁栅栏，也有在路面划出白色或黄色标线，以此来分隔行驶车辆。分车带对于解决机动车与机动车以及机动车与非机动车的分离，提高道路通行能力，保证交通安全有着非常重要的作用。但是，分车带如果设置不科学，也会导致交通事故的发生，诸如分车带没有设置路缘，三块板式的道路隔离带断口太多等。

## 第二节 道路交通安全设施

### 一、隔离设施

隔离设施是交通管理部门在道路上设置的一种分隔交通流、保证车辆和行人安全、畅通的交通设施。隔离设施的特点是，它以物理性能强制分隔道路和车道，从而达到限制交通流的目的。隔离设施主要有：护栏、隔离墩、绿化隔离带和水泥体等。③

---

① 惠生武主编：《公安交通管理学》，中国政法大学出版社2006年版，第60页。
② 袁西安主编：《道路交通安全法教程》，中国人民公安大学出版社2005年版，第114页。
③ 丁立民主编：《道路交通管理》，警官教育出版社1999年版，第180页。

## （一）护栏

设置护栏是为了车辆、行人的安全，防止车辆驶出路外或者驶入对相车道，减轻碰撞后果，可以诱导驾驶员的视线，提高注意力，限制行人横穿道路，保障安全。护栏一般设置在道路路肩的外侧、分隔带、人行道等处；按其防护作用的不同，可以分为路旁护栏、分隔带护栏、行人护栏等；按其结构的不同，可以分为刚性、柔性和刚柔性等种类。护栏的高度、强度角度等，要有相应的制造标准，比如高度要适当，太低的护栏容易翻越，不能起到保护的作用。

## （二）隔离墩

隔离墩一般采用混凝土制作或金属制作，表面涂有颜色或贴有反光膜、镶嵌视线诱导器，以提高驾驶员的视认距离，保证行车安全和行人安全。隔离墩在城市道路中普遍采用，在城市主干路、快速路的中心线上设置隔离墩，可以分隔相对机动车，减少相对机动车辆的碰撞；在机动车道与非机动车道之间设置隔离墩，可以减少因相互交织而引起的非机动车对机动车的干扰。隔离墩的高度为0.5米至1米，隔离墩的间距为3米至5米，中间用环链或钢管连接，是一种简便实用易行、安装移动方便的安全设施。

## （三）绿化隔离带

绿化隔离带是在对向机动车道之间或者同向机动车道与非机动车道之间设置的，留有一定宽度的空间内种植绿色植物，用来分隔车辆行驶的一种安全设施。在城市道路和公路干线上，采用绿化隔离带做中心隔离带，不仅保证了安全，又能起到美化道路环境的作用。绿化隔离带需要占用一定道路宽度，种植的绿色植物需要控制生长的高度、密度，否则会影响驾驶员的视线，造成交通事故。

## （四）水泥体

水泥体是由混凝土浇筑而成的交通分隔设施，一般用于中心隔离，有时设置于机动车道与非机动车道之间，起到分隔交通的作用；它具有安全性较强，机动车不易受到对向来车干扰的优点。水泥体的宽度一般为0.3米至1米，高度为0.3米至0.5米，制造简单，便于施行。

## 二、照明设施

照明设施是道路交通的一项安全设施，照明目的就是为了改善视觉环境，保证车辆和行人在夜间行路时，能清楚的观察道路情况，减少因视线不清而引发的交通事故。照明光源分为车辆自身的前照灯和道路灯两种；良好的照明条件应当满足夜间行车所需要的道路亮度的要求，能够对行车产生较好的诱导视线的作用。目前，我国城市道路基本都设有照明设施，在主干道、次干道以及居民生活小区的道路均有照明设施；但绝大多数公路没有安装照明设施。夜间交通量较大的城市主干道、快速干道应当全线连续照明；一般道路的主要交叉路口、桥梁、人行横道以及事故多发地点等，应当设置照明设施。

照明设施应当满足车辆和行人对于道路路面亮度、亮度均匀度的要求，使其发挥较好的诱导视线和安全行驶的作用；道路照明使用的光源应当满足充分照亮的要求，光线的透视性能好，不致产生眩目，照明灯具应当经济耐用。

### 三、其他道路安全设施

**（一）视线诱导标**

视线诱导标是沿道路两侧设置的，在夜间行车时能充分看清道路情况，用来指示道路方向、车行道边界以及危险路段位置的安全设施。视线诱导标分为轮廓标、分流或合流诱导标、线形诱导标等；通常采用反光视线诱导标，将涂有白色、橘黄色的反射器，设置于车行道的右侧路肩外缘或中央分隔带上。

**（二）道路反光镜**

道路反光镜一般设在道路视距不良的小半径曲线或无控制装置的小型平交路口处。机动车驾驶员和行人可以通过反光镜观察前方道路情况，以便提前采取措施，预防事故发生。

**（三）反光道钉和反光几何体**

反光道钉是由合金材料或其他材料制作，上面镶嵌有反光玻璃材料或镀以反光膜层；在城市快速道路、主干路以及高速公路上，采用反光道钉非常普遍。反光道钉在夜间，可以形成夜明导向带，对于夜间行车的视线诱导起着重要作用。

反光几何体是由透明塑料制成，是一种与反光道钉功能相同的反光体；经常用于路缘栏杆或中央栏杆上，安装方便，价格低廉，经济实用。目前，在道路设施中广泛使用的一种反光体俗称"猫眼"，是英国人珀西·肖在1933年发明的，它能够反射汽车前大灯的灯光，用于道路设施；现在已经有了自动发光的"猫眼"，有的利用太阳能供电。[①]

**（四）减速垄**

减速垄主要由橡胶材料或其他金属材料以及混凝土制成，形状为人字形，两边有斜坡，限制车辆速度的一种安全设施。减速垄经常设置于停车场的出入口，以及城市主干路、快速路或高等级公路的出入口处。

**（五）路栏、路障和阻车器**

路栏是临时设置的一种安全设施，由金属材料制成，间隔涂有黄色、黑色等警示安全色，简便实用，易于移动，通常设在施工作业或其他危险路段的两端或周围。

路障是为了应付道路上的突发事件，设置的强制车辆停止的一种障碍设施；一般为便携式带有钉齿的、能封锁道路和阻止车辆通行的链带式路障。

阻车器是由橡胶或金属材料制成，一般设置于停车场的停车泊位一端，用来阻止停放车辆溜车或者限制车辆倒车的位置，以防止车辆与其他物体碰撞的一种安全设施。

**（六）专用路标**

专用路标包括锥形路标、导向路标、道口路标等；锥形路标经常用于临时交通管制，指引车辆绕行障碍物；导向路标分为指示导向标和警告导向标，分别设在方向发生改变的地方和施工作业的路段。

## 第三节 道路交通管理设施

### 一、道路交通管理设施的特性

道路交通管理设施是交通管理部门根据道路条件、交通流参数、交通冲突点的分布率等

---

[①] 参见《参考消息》，2005年6月25日第7版"交通设施"。

因素，按照国家有关道路交通管理规定和标准，以象征性的图案、线条、符号和文字直接敷设在道路路面上，或者与特定形状的物体相组合，设置在道路能见点的专用设施上，以实现对道路交通的管理和控制。它是通过对交通流进行导向、警告、规划和指示，为交通参与者提供沿线交通情报，传递交通信息的交通设施。

道路交通管理设施可以有效的组织和调节道路交通秩序，达到改善交通运行状态，保障行车安全，便利交通运输，提高运输效率的目的；它采用现代科学技术方法，将先进科技成果用于交通管理实践。道路交通管理设施主要包括交通信号、交通标志、交通标线等。道路交通管理设施具有以下特性：

**（一）特定的空间地域**

道路交通管理设施所发出的对于道路交通活动的制约信息和导流信息，只能在特定的效应区域内生效，在其限定的区域范围内发生效力。每一个道路交通管理设施都有其效应区域和效力范围，除了道路交通管理设施本身的表征内容或者有关交通管理规定已给予明确外，通常按照各类交通管理的原则加以确定，一般是以各个道路交通点、段和线为效力范围。

**（二）特定的时间范围**

道路交通管理设施所发出的对于道路交通活动的制约信息和导流信息，只能在一定的时间范围内有效。每个道路交通管理设施作用的时间范围是确定的，除了该设施本身的表征内容以及有关交通管理规定加以明确外，一般情况下为昼夜有效。

**（三）调节交通流**

道路交通管理设施具有限制和调节交通流参数值变化的功能，能够直接限制或调节交通流的种类、流向、流速等参数的变化；通常交通管理设施本身的表征内容可以直接反映其调节功能，也有按照道路交通管理设施的表征内容，以明确的管理规范来确定该设施对于交通流的种类、流量、流速等参数值变化的限制和调节功能。

**（四）视认识别效应**

道路交通管理设施必须在交通活动管理对象的视觉范围内，才能产生效应，是在交通参与者的视网域内才会产生视觉效应。因此，道路交通管理设施在其作用的空间范围内应当是可见的，不同的交通管理设施所发出的不同的管理信息，应当是可辨认和识别的。视觉范围即视网域包括正视点、正视面、正视角域。

## 二、道路交通管理设施的作用

道路交通管理设施的作用主要在以下几个方面：

**（一）疏导控制指挥作用**

道路交通管理设施是实施道路交通分流规划和道路交通进行适时控制、指挥、疏导的主要手段。道路交通的组织手段主要通过道路规划建设、实施交通分流以及适时控制指挥交通活动等，采用道路交通管理设施来实现对于交通活动的组织。

**（二）规范管理行为的作用**

道路交通管理设施是交通管理部门对于道路交通进行指挥管理的重要依据。道路交通管理设施的性能和作用是由交通管理法律规范加以确定的，它的适用以及对于交通流的限制或禁止等作用，具有法定性和强制性。凡违反道路交通管理设施发出的限制或禁止信号的交通行为，除法律排除的特殊情况外，都属于交通违法行为，应当受到法律的追究和承担相应的法律责任。

## （三）交通活动导向作用

道路交通管理设施是交通参与者进行交通活动的依据和实施交通行为的导向。道路交通管理设施向交通参与者发出的在特定时空范围内应当遵守的交通行为规范，以及提供道路交通有关信息和情况，为交通参与者的交通活动提供了交通行为的依据，使其明确了进行交通活动的行为导向。

## （四）科学技术的应用实践作用

道路交通管理设施是实现道路交通科学管理的重要途径，现代道路交通的迅速发展，对于科学管理和科技手段的应用越来越迫切，特别在道路交通管理设施方面表现的非常明显。一个城市、一个地区、一个国家的道路交通设施状况如何，道路交通管理水平如何，很大程度体现在科学技术的应用和科学管理水平上。近年来，各种可变信息标志、反光型标志、标线以及现代化科学管理控制方法的大量应用，为保证交通安全，规范交通秩序，促进经济和社会发展发挥了积极作用。

## 三、交通信号

根据道路交通安全法的规定，全国实行统一的道路交通信号，交通信号包括交通信号灯、交通标志、交通标线和交通警察的指挥。交通信号的设置应当符合道路交通安全、畅通的要求和国家标准，并保持清晰、醒目、准确、完好。

### （一）交通信号灯

交通信号灯是一种交通信号，是指由固定的红、绿、黄三种颜色的信号灯发出的引导、控制交通流的信号，用来指挥车辆和行人通行、停止或转弯的法定信息。交通信号灯由红灯、绿灯、黄灯组成，红灯表示禁止通行，绿灯表示准许通行，黄灯表示警示；对于道路交通参与者的交通活动具有法律上的约束力。交通信号灯起源于19世纪50年代，最早是采用手提照明灯来指挥夜间交通，后来发展为汽灯照明体；1868年世界上第一批交通信号灯出现在英国伦敦的十字路口，这些彩色煤气灯的信号灯有机械臂，供夜间使用。拥有红绿信号的现代交通信号灯，是1912年在美国盐湖城首先使用的。[1] 随后又有了人工操作的电气信号灯，1918年，世界上第一个人工操作的电气信号灯在美国纽约问世；[2] 这时的信号灯颜色已有三种，红灯为停止信号，黄灯为通行信号，绿灯为转弯信号。1928年英国对三种信号灯重新作了规定，即红灯表示停止，黄灯表示警告，绿灯表示通行；这种新的变化效果很好，于是被各国所接受，成为一种通例。随着道路交通管理领域科学技术的不断应用和发展，现代社会的道路交通信号灯基本上都已成为自动信号灯或者自动控制信号灯。交通信号灯的主要作用是，对于道路上通行的车辆、行人科学的分配通行权，使其安全、有序地顺利通行。

交通信号灯是交通管理控制的重要手段，它分配和规定各种交通体在特定路段上的通行权，以减少相互之间的交通冲突，保障交通安全与畅通。交通信号灯示意车辆和行人在道路上和行驶过程中如何通行的指挥信息，是一种交通管理信息指令，带有强制性，所有交通参与者应当严格遵守，否则将构成交通违法。交通信号灯要求灯光清晰醒目，色泽视认性好；利用信号灯来指挥交通，形象直观，不易产生误解，能够达到预期的指挥效果，对于维护良

---

[1] 参见《参考消息》，2005年6月25日第7版"交通设施"。
[2] 马三瑞主编：《公安道路交通管理》，中国人民公安大学出版社2000年版，第75页。

好的交通秩序，减少交通冲突和交通延误，降低交通事故率发挥着重要作用。

根据《道路交通安全法实施条例》的规定，道路交通信号灯分为：机动车信号灯、非机动车信号灯、人行横道信号灯、车道信号灯、方向指示信号灯、闪光警告信号灯、道路与铁路平面交叉道口信号灯共7种。它们主要作用于道路的平面交叉路口或特殊的路段，采用绿灯、黄灯、红灯、绿色箭头灯、红色箭头灯、绿灯闪烁、黄灯闪烁等表示形式，来调整道路交通参与者之间的交通活动关系，从而保证道路路口或特殊路段的交通畅通与安全。交通信号灯的设置应当符合道路交通安全、畅通的要求，按照国家有关技术标准，保持清晰、醒目、准确、完好的状态。

### (二) 交通警察的指挥

交通警察的指挥也是一种交通信号。交通警察的指挥分为：手势信号和使用器具的交通指挥信号。手势信号是交通警察通过身体的姿态、面对的方向、目光与表情、肢体的动作表现等一系列形象化、动作化的交通语言来实现指挥信息的传递；经历了由简单到详细、由随意到规范、由零散到系统的发展过程，目前，我国交通警察的指挥手势信号有严格的规范和要求，每一种姿势，每一个动作，每一样表情，都有其特定的含义和具体的内容。使用器具的交通指挥信号，是指交通警察通过使用指挥棒来指挥交通；交通指挥棒通常用木材、橡胶、塑料等轻质材料制成，有规定的大小尺寸，并涂有颜色；交通指挥棒信号主要分为直行信号、左转信号和停止信号。

根据《道路交通安全法》的规定，遇有交通警察现场指挥时，应当按照交通警察的指挥通行。这表明交通警察的指挥在所有交通信号中的效力是最强的，当它与其他形式的交通信号发生冲突时，须服从交通警察的指挥。因为，道路交通活动是一个动态的、不断变化的过程，随时面临着可能出现的各种复杂情况，一些固定的、不可变的交通信号不能适应这一特点，需要具备处置各种交通突发事件的、具有应变能力的交通警察进行处理。可见，交通警察的指挥具有强制性和灵活性的特点；它不仅适用于各种类型的平面交叉路口，更适用于特殊路段、事故现场、突发事件现场等一些复杂的交通情形，可以机动灵活地处理各种突发的交通情况。①

## 四、交通标志

### (一) 交通标志的意义

道路交通标志是指用特定颜色的图形、符号、文字、线条等制作的，向交通参与者传递特定信息，用以对交通流进行导向、警告、指示、调节、限制的道路交通管理设施。② 道路交通标志在现代道路交通管理中发挥着重要作用，是管理道路交通不可或缺的措施；它是道路交通安全法所确定的法定交通管理设施，体现了道路交通安全法的法律效力。道路交通标志采用简明的文字、符号、图形等形式，使交通参与者明确其在道路交通活动中的行为规范；道路交通标志对于调节交通流量，有效地疏导交通，提高道路通行能力有着非常重要的作用；此外，它还可以预示道路交通状况，预防和减少交通事故，保障交通安全畅通；并且，可以帮助机动车驾驶员降低消耗，节省能源，减少污染，保护环境。

道路交通标志是根据交通条件、交通流状况、道路周围环境，以及结合人的运动、心

---

① 惠生武主编：《公安交通管理学》，中国政法大学出版社2006年版，第68页。
② 丁立民主编：《道路交通管理》，警官教育出版社1999年版，第194页。

理、视觉特性与交通标志本身的特点，综合发挥作用的。在特定的道路点、段、线上，仅设置单一的交通标志不足以实现管理交通的目的，需要设置不同种类的交通标志来共同发挥疏导和控制交通活动的作用。需要指出的是，道路交通标志的颜色是根据人的视觉心理特点制定的，各种颜色分别用于不同的道路交通标志；诸如红色有兴奋、冲动之感，在交通标志上表示停止和约束；黄色有冷静、镇静之感，在交通标志上表示警戒、警告、冷静小心；绿色象征着安全、平和，在交通标志上表示为安全通行；蓝色体现着开阔、包容与沉静，在交通标志上用于明确指示的标志；黑色有着危险、恐怖之意，通常使用于警告标志的颜色；白色意味着单纯、明了，经常作为图标来使用等。

（二）交通标志的分类

根据《道路交通安全法实施条例》的规定，道路交通标志分为：指示标志、警告标志、禁令标志、指路标志、旅游区标志、道路施工安全标志、辅助标志。

1. 指示标志。指示标志是指示车辆、行人行进或实施某种交通行为的标志。包括指示行驶的方向、鸣喇叭、取消限制某种速度等标志。其形状为圆形、长方形和正方形；颜色为蓝底、白图案。

2. 警告标志。警告标志是警告车辆、行人注意危险地点的标志。主要设置在交叉路口、道路急弯、道路变窄、车道减少等处，以及陡坡、施工、易滑等地点。警告标志的形状为等边三角形，顶角朝上；颜色为黄底、黑边、黑图案，以符号表示为主。

3. 禁令标志。禁令标志是禁止或限制车辆、行人交通行为的标志。包括禁止机动车、非机动车、行人通行，禁止超车、停车、鸣笛、转弯、掉头等以及限制车速、装载高度、装载质量等标志。其形状为圆形和顶角朝下的等边三角形；颜色除了个别标志外（如解除禁令的标志等），一般为白底、红圈、红杠、黑图案。

4. 指路标志。指路标志是传递道路的方向、地点、距离等信息的标志。包括地名标志、分界标志、方向标志、地点标志、距离标志、地点识别标志等。高速公路的指示标志还有入口预告和入口标志、出口预告和出口标志、服务区标志、停车场标志、紧急停车带标志、收费处标志等。其形状除了地点识别标志为五边形外，一般为长方形和正方形；颜色分别为，一般道路是蓝底、白字或白色图案，高速公路是绿底、白字或白色图案。

5. 旅游区标志。旅游区标志是表示旅游景点道路方向、距离，旅游区内的设施、服务和活动地点等信息的标志。分为指引标志和旅游符号两大类，包括旅游区距离和方向的标志、旅游区内问询处、索道、野营地、游戏场等处的标志。其形状为长方形和正方形；颜色为棕色底、白边、白色字符图案。

6. 道路施工安全标志。道路施工安全标志是告知车辆、行人在道路施工地点注意安全的标志。用以提醒人们注意施工路段情况，确保交通安全。它设置在施工道路、封闭道路等处；其形状为长方形，颜色为蓝底、白边和白字；另外，在长方形标牌的左侧，有一小四方菱形的黄底、黑色图案。

7. 辅助标志。辅助标志是附设在主标志下的，配合主标志起辅助说明作用的标志。它不能单独设立和使用，只能与主标志一起使用；凡主标志无法完整表达或指示其内容时，为维护交通安全与畅通，设置辅助标志。它一般位于主标志的下面，紧靠主标志的下沿，补充说明主标志的内容。辅助标志的内容主要有，表示主标志作用的时间范围、作用的地域范围或距离、作用的对象如车辆种类等，以及说明主标志设置的理由等。其形状为长方形，颜色为白底、黑边、黑字或黑色图案。

## （三）交通标志的形式与内容

交通标志是道路交通的信息和语言，是交通参与者进行交通活动不可或缺的行为导向，它也是保证交通安全的重要措施。如果缺少道路交通标志，交通参与者就失去了行为的导向，交通活动必然是混乱无序的。因此，道路交通标志在交通活动中是不可缺少的。

1. 道路交通标志的制作要求。根据道路交通活动的实际情况，在制作交通标志时，应当满足的基本条件是：一是醒目；在一定的视线距离范围内，能够吸引驾驶员、行人的注意力，能够清晰的显示交通标志的文字和图案，使人们能够提前清楚地看见和辨认出前方交通标志来。二是易读；在一定的认读距离范围内，用最短时间，能够使驾驶员、行人看清楚交通标志上面的内容，并且能够正确识度和理解交通标志上的含义，能够明确自己的行进路线和方向。三是符合规范；道路交通标志上的内容，应当符合国内、国际的惯例，符合文字、图例认知习惯的，具有科学性，是人们公认的。

2. 道路交通标志的基本要素。设置道路交通标志是为了使交通参与者能够识别交通标志上的内容，了解和掌握道路交通情况；这就要求交通标志清晰易见性要好，容易辨认和记忆。要做到这一点，需要从交通标志的颜色、形状和字符图案三方面着手，这也是道路交通标志的三个基本要素。[①]

其一，道路交通标志的颜色。根据国际通用安全色的有关规定，安全色是表示安全信息的颜色，为红、蓝、黄、绿四种颜色，一般用安全色来表示禁止、警告、指令和提示等信息。虽然绿色是安全色，具有提示的作用，但为了不与道路两旁的绿色树木相混淆，道路交通的提示标志通常采用蓝色。道路交通标志在使用安全色的同时，需要使用对比色，以此对来安全色进行反衬，从而使安全色更加醒目。交通标志的对比色为黑色和白色两种颜色，黄色的对比色为黑色，而红色、蓝色和绿色的对比色则均为白色，黑色与白色是相互作为对比色的。

由于人们对于不同颜色的视认感和联想效果是不同的，有关道路交通标志颜色的确定，通常是以人们的视认性和心理习惯为标准。我国道路交通标志选用的颜色是红、蓝、黄、绿、黑、白六种，以这六种作为基本色调，根据交通标志的不同内容要求，进行不同的组合。从人们的心理习惯来看，红色视觉刺激较强，容易联想到危险，一般用于禁令标志；黄色比较醒目，会引起注意，产生警戒的心理感觉，一般用于指示标志；绿色给人以心理平和的感觉，一般用于指路标志；黑色有着沉重厚实之感，白色则意味着明亮洁净，黑与白反差强烈，组合搭配能够增强标志的鲜明感。道路交通标志的色彩组合，既要考虑视觉清晰度，又要考虑颜色所能表达的抽象意义以及所产生的直观联想效果，使颜色符合人们的心理习惯和认同感。

其二，道路交通标志的形状。从易读、易辨考虑，道路交通标志应当选择简单明快的形状，以利于识别。我国道路交通标志的基本形状有圆形、三角形、长方形、正方形等几种；在确定不同内容交通标志的形状时，考虑到指示、指路以及辅助标志需要标以文字说明、图象符号等，故主要采用长方形和正方形；警告标志要求醒目、易辨认，能够引起注意，故选用视认性最好的三角形。

道路交通标志的形状通常是根据易辨性和使用习惯确定的，一旦确定后，应当具有相对的稳定性，不宜随意更改或替换。按照人们的视认习惯，在面积相同的情况下，不同形状的

---

① 丁立民主编：《道路交通管理》，警官教育出版社1999年版，第197页。

易见性顺序为：三角形、菱形、正方形、长方形、圆形等。虽然圆形的易见性较差，但在同样条件下，圆形内的字符图案则显得大一些，容易看清，且圆形与其他形状便于区别，故通常采用圆形作指示标志，采用圆形加斜杠作为禁令标志。

其三，道路交通标志的字符图案。道路交通标志的字符图案是用来表示交通标志的具体内容的，上面的文字应当简洁明了，符号和图形应当具有直观性和单意性，不能让人产生歧义或有多重意义；而且，符号和图形比较形象化，清晰明显，便于记忆；不同的图案之间容易区分，尽量减少文字的使用，根据需要，可并用汉字和其他文字，尽可能的采用国际标准，使其国际化。

3. 道路交通标志的视认距离。视认距离是指从驾驶员发现道路交通标志的地方到该标志安装的位置二者之间的距离。机动车驾驶员在行车过程中，对道路交通标志的视认感觉分为五个阶段，即发现、识别、认读、理解、采取行动。视认距离的大小，对于保证驾驶员在交通标志前的一定距离内，能够辨别和认清标志的内容，并且在到达标志前，有充分的时间采取减速或停车的措施十分重要；驾驶员要想完成上述这些动作，必须保证足够的视认距离。需要指出的是，视认距离与机动车的速度高低、标志上面的文字大小、驾驶员的视力程度等，都有着密切的关系。

随着现代交通的发展，机动车的性能在提高，道路行车条件在改善；高速行驶车辆的视认距离必然小于同等情况下的低速车辆，车速越快，交通标志的视认距离越短。如果60公里/时的速度行驶，驾驶员可以看清前方240米处的标志，若以80公里/时的速度行驶，驾驶员只能在接近标志的160米处看清文字内容。而且，文字尺寸的大小和间隔，以及在不同光线条件下，视认距离也是不同的；道路的设计行车速度越快，文字应当越大；标志及文字的尺寸越大，视认距离越大；车速越大，视认距离越短；白天的视认距离长，夜晚的视认距离短。要保证较高速度下的视认距离，可采取加大标志面积及其文字的尺寸来实现。①

（四）可变信息标志

道路交通标志是向交通参与者提供交通情报，传递交通信息，用来维护交通秩序，服务交通活动的设施。可变信息标志是相对于固定信息标志而言的，它也是一种交通标志。由于道路交通情况的不断变化，应当及时将变化的信息告知交通参与者，使他们能够提前了解前方道路交通情况，选择最佳的行车路线，减少交通堵塞，预防交通事故的发生。因而，就需要在道路上设置可变信息标志。可变信息标志是一种随着交通活动情况、道路运行条件、影响交通的气候环境等状况的变化，而改变显示内容的交通标志。可变信息标志主要适用于交通堵塞、发生事故、道路施工、临时交通管制，以及出现路面损坏、大风、大雾、结冰、积雪等情况，需要限制车速、控制车道、禁止通行等；通常用于高速公路、城市快速路的信息显示。

现代道路交通中的可变信息标志是将道路交通、气候变化及其他交通管理信息，通过信息采集系统、通讯系统传输到相连接的信息显示标志版面上进行显示，是一种新型的道路交通标志。可变信息标志显示的内容有车速情况、车流情况、停车泊位信息、道路状况、车辆状况、气象条件等，由计算机进行控制，可以形成各种文字、符号或图案，显示内容丰富、视认性好、灵活可靠。可变信息标志能够及时提供道路交通信息，对交通运行状况及时加以控制和调整，以实现道路交通安全、畅通。

---

① 管满泉主编：《道路交通秩序管理教程》，中国人民公安大学出版社2005年版，第179页。

### 五、交通标线

**（一）交通标线的概念**

道路交通标线是由标划或镶嵌在道路路面上的各种线条、箭头、文字和标记等所构成的交通管理设施。交通标线的作用是管制和引导交通，维护交通秩序，保证交通安全与畅通，为交通参与者提供便利与舒适；此外，交通标线也是处理交通事故的重要依据。交通标线可以与交通标志配合使用，相互补充，共同发挥作用；它也可以单独使用。

在道路路面上使用白色交通标线进行交通分离的做法最早见于20世纪初的美国，随着机动车的迅速发展，路面交通标线在欧美国家被广泛采用。我国道路交通标线在1983年《公路标志及路面标线标准》实施以前，只有中心线、分道线、停车线、人行横道线等少数几种，主要在大中城市中使用。到了1986年，为了适应我国交通事业的发展，开始实施了国家标准（GB5768-86）《道路交通标志标线》，对道路交通标线作了统一规定。

**（二）道路交通标线的分类**

根据《道路交通安全法实施条例》的规定，道路交通标线分为指示标线、警告标线和禁止标线三大类型。

1. 指示标线。这是用于指示车行道、行车方向、路面边缘、人行道等设施的标线。

（1）行道中心线。用于分隔对向行驶的交通流，车行道中心线有中心虚线、中心单实线、中心双实线、中心虚实线四种，颜色为白色或黄色。中心虚线表示在保证安全的情况下，车辆在超车或向左转弯时，可以越线行驶；中心单实线表示不准车辆跨线超车或压线行驶；中心双实线表示严格禁止车辆跨越超车或压线行驶的两条平行的实线；中心虚线是有一条实线和一条与其平行的虚线，表示实线一侧禁止车辆越线超车或向左转弯，虚线一侧准许车辆越线超车或向左转弯。

（2）车道分道线。车道分道线用于分隔同方向行驶的交通流，凡同一方向行驶的车行道有两条或两条以上车道时，应划车道分界线。车道分界线为一条白色虚线，准许同方向行驶的车辆因变更车道而越线行驶。在划有导向车道的平面交叉路口，导向车道分界线为白色或黄色单实线，表示不准车辆变更车道。

（3）车道边缘线。用来表示车行道的边线，为白色单实线或白色虚线；单实线边缘线用于高速公路、一级公路、城市快速道路以及二级公路的部分路段；其他道路可划虚线边缘线或不划边缘线。

（4）人行横道线。人行横道线亦称斑马线，表示准许行人横穿车行道的区域范围的标线，为一组纵向的相互平行的白色实线。设置人行横道主要是标出行人横穿车行道的安全区域，提醒驾驶员提前采取措施，确保行人安全。人行横道线的宽度不小于3米，可根据行人数量以一米为单位进行加宽；但太宽的人行横道会增加车辆与行人的冲突区域面积，不利于安全。

（5）出入口标线。出入口标线是为驶入或驶出匝道的车辆提供安全交汇，减少与突出部缘石碰撞的标线。主要用于高速公路和其他采用立体交叉并有必要划这种标线的道路。颜色为白色。

（6）港湾式停靠站标线。该标线是用于车辆上下旅客和货物以及供车辆临时停放的停靠位置。标线的颜色为白色。一般用于城市公共交通停靠站和高速公路。

（7）左转弯导向线。表示左转弯的机动车与非机动车之间的分界，规范机动车左转弯的行驶路线，减少机动车与非机动车之间的相互干扰。左转弯导向线为一条弧形的白色虚线。一般用于机动车与非机动车流量大、交通秩序混乱的平交路口。

（8）停车位标线。停车位标线表示车辆停放位置，通常与停车场标志配合使用，为白颜色，分平行式、垂直式和倾斜式三种。

（9）路面文字标记。路面文字标记是利用路面文字来指示或限制车辆行驶的标记，一般有限制车速、限制车种和表明车道的作用。路面文字标记的颜色为黄色。

2. 禁止标线。这是用以告示道路交通的通行、禁止、限制等特殊规定，车辆驾驶员及行人需要严格遵守的标线。

（1）停止线。停止线是用来表示车辆等候放行信号或停车让行的停止位置。停止线为白色单实线，设置在由交通信号控制的或设有停车让行标志的交叉路口。双向行驶的路口，停止线应与车行道中心线连接；单向行驶的路口，其长度应横跨整个路面。

（2）减速让行线。减速让行线是用来表示车辆通过划有两条平行的白色虚线时，必须减速让行的位置。在设有减速让行标志的路口，应设减速让行线。

（3）导流线。导流线是表示车辆需按规定的线路行驶，不得压线或越线行驶的标线。导流线一般为倾斜的白色平行实线，倾斜角为45度；主要用于过宽、不规则或行驶条件比较复杂的交叉路口，也可根据具体交叉口的实际情况进行设计。

（4）中心黄色双实线。表示严格禁止车辆跨线超车或压线行驶。中心黄色单实线表示不准车辆跨线超车或压线行驶。

（5）中心黄色虚实线。表示一侧禁止车辆越线超车或向左转弯，虚线一侧准许车辆越线超车或向左转弯。

（6）禁止变换车道线。采用白色实线，禁止车辆变换车道或借道超车。

3. 警告标线。这是用来促使车辆驾驶员及行人了解道路特殊情况，提高警觉，准备防范或采取应变措施的标线。

（1）车道宽度渐变线。表示车道宽度的变化，车道数增减的标线；采用白色或黄色线。渐变段标线的颜色与该路段中心线一致，渐变段用斑马线过渡时，斑马线为倾斜的平行实线。

（2）接近路面障碍物标线。该标线用于提示车辆需绕过路面障碍物，一般为单实线，颜色与中心线或车道分界线颜色一致。

（3）立面标记。立面标记是用于提醒驾驶员注意在车道内或近旁有高出路面的构造物的标记。如跨线桥、渡槽的墩柱或侧墙上、隧道口边等处；立面标记为黄黑相间的倾斜线条。

（4）突起路标。突起路标是固定于路面上具有定向反射光线作用的突起标记块，可以辅助和加强标线的显示。一般用来标记中心线、车道分界线、边缘线，以及标记弯道、车道宽度变窄等危险路段，经常与路面标线配合使用。一般路段为白色，危险路段为红色或黄色。

（5）路边线轮廓标。用来指示道路方向、行车道的边界以及危险路段的位置和长度的一种安全设施。一般设置在高速公路和城市快速路上。

（三）道路交通标线的基本要求

道路交通标线应当具有良好的视认性和辨别性，能够明显的表现出外在形式；它的颜色对比和外形尺寸对于其显示的程度至关重要。

1. 道路交通标线的颜色。道路交通标线采用白色和黄色两种颜色。白色比较醒目，与沥青道路的对比强烈，视认效果最好。黄色标线对光的反射性虽然低于白色，但解决了白色标线的单调，还能起到黄色具有的警告警戒作用。因此，道路交通标线采用白色和黄色，在暗色路面上对比度大，视认效果好。[1]

2. 道路交通标线的视认性。视认性主要表现在对比反差强，易见性好，图形、颜色明显。道路交通标线与路面的对比度大，视认性就好。因此，在沥青等黑色路面上，通常采用白色或黄色标线。有规则、对称而又反复出现的形状易见性好；同样面积的标线，双线比单线视认性好；等面积的形体视认性比长方形标线好。文字、符号的视认性与字体的大小、笔画、间隔有着密切的联系。在雾天，各种颜色的视认性顺序为黄、红、紫、青、绿，雾灯常采用黄色。此外，路面所用的材料及反光材料、视角、运动视力、标线的宽度等，均影响视认性。

**（四）道路交通标线的设置**

设置路面标线应当遵守相应的设置原则，这样才能使设置的各种标线相互协调。在具体设置标线时，应当考虑道路与交通条件，诸如车道宽度、没有交叉口的路段、交叉路口的形式、交通量、转向车辆的比例、非机动车的混入率等。一是车道宽度，车道过宽或过窄均不利于行车安全，要根据车辆种类、交通量等因素，适当选择车道的宽度；二是无交叉路口的路段，两车道时，应设车道分界线，四车道路，应设行车道中线、车道分界线与路缘线；三是交叉路口，应考虑交叉路口的形式、交通量、车行道宽度、转弯车辆的比例、非机动车混入率及行人的影响，在交叉路口处设置标线；在接近交叉路口的个方向引道上，设置导向车道及标明导向行驶方向。

## 六、障碍类交通管理设施

障碍类交通管理设施亦称道路交通分隔设施，它是由公安交通管理部门或委托市政工程部门设置在道路上的，由混凝土、钢材等建筑材料制成的，用来对道路交通流进行强制性分隔的道路交通管理设施。

道路交通分隔设施目前尚无统一的形状和颜色规定，从实际应用情况来看，大致有下列类型：

一是栅栏式交通分隔设施。采用金属材料焊制而成的围栏式或栅栏式设施，多用于行人护拦、车道中心分隔栏、机动车和非机动车分隔栏。

二是水泥预制件式交通分隔设施。是由钢筋水泥预制成块状隔离墩排列而成的交通分隔设施，多用于机动车与非机动车道的分隔。

三是绿篱式交通分隔设施。由钢筋水泥制成槽状构筑物，在其中栽种绿色矮乔木而成的交通分隔设施。多用于车道中心线和机动车与非机动车道分隔设施。

四是水泥板式交通分隔设施。用钢筋混泥土浇注而成的交通分隔设施。多用于机动车与非机动车道分隔设施和交叉路口的导流岛。

此外，还有一些用于高等级道路等的钢结构护拦和混泥土结构护拦，以及实施较为灵活的专为交通分隔使用的链式交通分隔设施等。

---

[1] 何树林主编：《汽车驾驶技术训练规范与实习技巧》，群众出版社2011年版，第243页。

# 第五章 道路交通调查

## 第一节 道路交通调查概述

### 一、道路交通调查的意义

所谓道路交通调查，是指交通管理部门或专门人员，对道路交通系统的构成要素及其运行状态，采取特定的方法和手段，进行现场检测、实地观察、情报提取、信息交换，并对已经取得的常规和原始的道路交通信息进行记录、加工、分析、处理和储存的活动。道路交通系统的构成要素主要包括：城市道路、公路、机动车及其驾驶员、非机动车、行人、交通设施、交通环境、交通流特性、交通事故等。[1]

调查研究是人们在社会实践活动中，对客观实际情况的调查了解和分析研究。道路交通调查是道路交通管理的基础工作，是对道路交通社会实践活动的认识、了解、分析研究，也是交通科学管理的一项重要内容。目前，道路交通调查主要进行的项目有：交通流调查、车速调查、居民出行调查、车辆出行调查、交通安全调查、道路基础数据调查等。[2]

道路交通管理部门需要全面、系统地收集和积累交通管理的有关信息，掌握道路交通管理的现状、特点和发展规律，为道路交通管理的预测、决策、计划和实施等活动提供科学依据，从而发挥道路交通管理系统的整体效能。特别是城市交通调查是进行交通规划、路网设计、道路设计、交通管理规划、交通设施建设、交通安全预测、交通环境保护等的基础性工作的前提。随着我国道路交通事业日新月异的快速发展，现代道路交通科学技术的加速推广和不断应用，道路交通调查工作显得越来越重要。只有深入开展道路交通调查活动，掌握道路交通和交通管理活动的第一手情况，获取客观真实的数据资料，才能保证道路交通管理的科学化和道路交通建设的现代化。

### 二、道路交通调查的基本要求

道路交通调查应当坚持实事求是的原则，在进行道路交通调查活动中做到客观、真实、准确、全面、及时。

真实就是要如实地反映道路交通的客观实际情况，不主观臆断，不带任何偏见，不在事实中掺杂个人的感情因素，更不能伪造、歪曲事实；客观真实的反映现状，搜集掌握第一手原始资料，对科学分析、判断、预测和作出决策至关重要。准确就是要正确反映事物发生和存在的时间、地点、环境、人物、因果关系，以及事物的发展变化过程；要做实地考察，充

---

[1] 丁立民主编：《道路交通管理》，警官教育出版社1999年版，第41页。
[2] 李啸、胡大鹤：《公安交通管理体系研究》，载《山东警察学院学报》2005年第1期，第127页。

分准确地掌握第一手资料，如果一时搞不明确，应当继续深入调查研究，不能随意地作出推断。全面就是要清楚事情的全部过程和来龙去脉以及相互之间的联系；要全面收集证据材料，并进行综合分析，防止片面性和盲目性。及时就是要做到反映迅速、敏锐快捷、不失时机，要有敏锐的洞察力和机智灵活的反应能力，及时收集信息关系到决策的正确程度，因此，把握和选择利用最佳时机，对于能否正确进行分析、判断和决策至关重要。

道路交通调查活动中的真实、准确、全面、及时是相互联系、不可分割的统一整体，这也是开展道路交通调查的客观要求。

### 三、道路交通调查的方法

进行道路交通调查活动的基本方法主要有：普遍调查、专题调查、重点调查、系统调查、典型调查、抽样调查等。

为了全面掌握基本情况以便进行全面综合分析，所做的普遍调查；这种调查具有普遍性和全面宗和性。有目的性地对某一方面所进行的专题调查；这种调查的范围和时限都有规定，能够比较集中的说明情况，对决策有较大作用。有重点的对于某一重点方面或重点问题进行的重点调查；这种针对重点问题开展的调查，能够对全局起到较大的促进作用。系统调查是选定若干个有特殊意义的单位或若干个有代表性的人或现象，做比较长时间的全面观察或追踪调查，从中系统地了解其发展变化情况和规律性。典型调查是通过某些典型的事项，来了解一般现象；这种调查的典型选择应当具有代表性，有一些可供比较的材料，防止出现片面性。抽样调查是从某类客观事物的总体中，选取一部分作为调查对象，用来推算总体，或者在普遍调查的基础上，为了核实其可靠程度，有选择的进行调查。

道路交通调查除了上述基本方法外，还有一些具体的调查方法。目前应用的主要方法有：[1]

一是实地观测法。这种方法是通过调查人员或者安装仪器设备，在调查地点进行实地观察、记录、测量和统计。诸如对行车速度、交通流量、交通流密度、阻塞程度、特殊事故现场和事故多发地段等的调查，一般采用实地观测法。

二是走访询问法。这种方法是调查人员通过电话询问、路旁征询以及到具体单位或公民个人中进行专题调查。

三是情报资料交换法。这种方法是通过与有关单位建立情报联系，直接获取道路交通的情报资料。诸如公安交通管理部门与城市规划、市政建设、公路路政管理、环境保护等部门建立情报交换联系，从中获得车辆、人口、货运、公共交通、大气环境等方面的情报信息。

## 第二节 道路与交通设施调查

### 一、道路调查

道路调查包括对城市道路的调查和对公路的调查。涉及道路交通网络、道路占有面积、居民以及车辆拥有道路面积等的调查。城市道路调查是对城市道路的布局、状况、特点以及

---

[1] 丁立民主编：《道路交通管理》，警官教育出版社1999年版，第43页。

发展变化等情况进行的调查研究。城市道路调查具体内容包括：①

**（一）城市干道网密度调查**

在城市道路网中，贯穿整个城市或区域的大小交通干线，承担着绝大部分的交通量，由这些交通干线组成的道路网，也就是城市干道网。对于一个城市或区域的交通干道的数量、长度、间距是否合理，可以用干道网密度来加以衡量。干道网密度是指城市干道总长度与城市总面积的比值，记作 B：

$$B = \frac{L（干道总长度，公里）}{F（城市用地总面积，平方公里）}（公里/平方公里）$$

一般来说，城市干道网的密度越大，交通联系越便捷。但是，密度过大，交叉口就多，同样也会影响行车速度和通行能力。如果密度过小，会使车辆绕行而增加行程和时间。一般认为，同级干道之间的适当距离为 800 米至 1000 米，相当于干道网的密度为 1.8 公里至 2.6 公里/平方公里。另外，城市中心区域交通比较集中，干道网密度应当大一些，城市外围和郊区则要求小些；大城市和交通条件复杂的山区城市密度可大些，一般中小城市则可小些；如果道路较窄，干道密度宜大些；如果干道路幅较宽，路面通行能力大，则干道密度可小些。我国大多数城市的步行交通和自行车交通占有较大比重，因此，城市的同级道路之间的距离还应更小一些。

**（二）道路面积密度调查**

道路面积密度又称道路率或道路用地率，是指一个城市或地区的道路面积与该城市或地区的面积之比，记作 R：

$$R = \frac{（道路长度，米）\times（道路宽度，米）}{城市用地总面积（平方公里）}（平方米/平方公里）$$

道路用地面积包括广场、停车场及其他道路交通设施的占地面积。道路面积密度不仅是衡量道路状况的指标，而且可以反映一个城市的交通发展程度。

**（三）居民拥有道路面积密度调查**

居民拥有道路面积密度，又称人口拥有道路率。它是反映城市居民拥有道路面积数量程度的指标，是一个城市的道路面积与该城市的总人口的比值，记作 Z：

$$Z = \frac{（道路长度，米）\times（道路宽度，米）}{道路所在城市人口总数（人）}（平方米/人）$$

居民拥有道路面积密度的大小，直接关系到居民的出行及其生活质量。目前，我国规定的人均道路用地面积应达到 5~8 平方米/人。

**（四）车辆拥有道路面积密度调查**

车辆拥有道路面积密度，是指城市道路面积与城市车辆保有量的比值，记作 K：

$$K = \frac{（道路长度，米）\times（道路宽度，米）}{城市车辆保有量（辆）}（平方米/辆）$$

**（五）道路红线调查**

道路红线是划分城市道路用地和城市建筑用地、生产用地及其他备用地的分界控制线。道路红线一经划定，道路的用地范围、最终宽度就确定下来了。它表明城市道路的数量、长度、面积及其增长幅度，也能反映出道路的通行能力和改善程度。

---

① 丁立民主编：《道路交通管理》，警官教育出版社 1999 年版，第 44 页。

道路红线调查的目的在于：了解道路红线规划资料以掌握城市道路的发展趋势，为交通管理的科学规划提供依据；掌握红线规划的实施情况，以便及时采取相应的管理措施；合理组织和疏导交通流，充分发挥道路的效能；明确道路红线范围，加强红线地域的管理，保证道路规划的实施。

**（六）道路沿线状况调查**

道路沿线状况调查的内容有：干线的长度，干线途径单位的具体位置，途径交叉路口的类型，干线上桥梁、隧道的位置、数量、长度、车道数等，干线上弯道的半径及长度，道路纵坡的坡度和长度等。这些资料是道路交通管理的基本依据。

## 二、交通设施的调查

道路交通设施是设置在道路上或道路旁的，用于保证交通安全、畅通，帮助交通参与者正确使用道路的各种设施。进行交通设施调查的主要目的在于：了解各种交通设施的使用效果和设置的合理性，是否存在缺陷，相互有无矛盾和消极影响，能否发挥应有的作用；根据道路交通设施标准和交通流状况，检查交通设施是否符合实际情况，能否达到标准化，哪些地方需要增设或取消，为科学规划和设计道路交通设施提供依据。道路交通设施按照其不同的功能，可以划分为交通安全设施和交通服务设施。

**（一）交通安全设施**

交通安全设施的调查包括：

1. 分隔带。调查分隔带即隔离设施的类型、几何尺寸以及设置的合理性。比如隔离栏杆的高度、位置对交通安全的影响，绿化隔离带植物的高度、疏密程度对驾驶员视线的影响，隔离墩的倾斜角度对行车安全的影响等。

2. 交通岛。调查交通岛的类型及设置的合理性。各种类型交通岛的安全性程度，所处的位置的合理性，是否对行车速度或者行人安全造成影响等。

3. 交通信号控制设施。调查各路口和区段的信号控制效果。设置的位置的合理性，视距是否合适，设置的高度、角度适当，安装是否规范等。

4. 交通标志、标线。调查各种交通标志、标线设置的合理性。应当排列有序，距离适当，容易辨认。

5. 行人过街设施。调查各种行人过街设施的位置及其使用效果。

**（二）交通服务设施**

交通服务设施是直接为车辆运行和停住提供服务的各种设施。具体包括：

1. 停车场。停车场分为机动车停车场和非机动车停车场。对机动车停车场的调查内容有：停车场的布局、数量、占地面积、停车的总容量；城市大型停车场的数量、名称、类型、所在位置和各自的停车容量；停车场所使用的停车设施类型及其合理性；各停车场的使用状况，包括停车时间占用率、空间占用率、停车周转率、平均停车时间等。非机动车停车场的调查内容包括：全市非机动车停车场的布局、数量、占地面积、容量；各停车场的面积、停车容量，设置的合理性以及对交通的影响程度，使用情况等。

2. 加油站。对加油站的调查侧重于其服务功能、方便程度、安全情况等。主要内容有：加油站的布局、数量、总储油量和服务能力；加油站所处位置的合理性，有无良好的透视条件，是否具备完善的安全防火设施等。

3. 修车厂和洗车场。主要调查其分布情况、具体位置、数量，设置的是否合理以及服

**（三）道路照明调查**

道路照明设施既是城市公用设施，又是道路安全设施，还具有一定的交通控制能力。城市道路照明的设计主要是根据夜晚交通流量的大小、道路等级以及所处的位置需要来确定的。首先是从安全出发，然后再考虑城市美化和夜间景观。从道路交通管理的意义上看，对道路照明的调查，主要是了解道路照明的现状，设置的是否合理，照明的亮度和均匀度是否符合标准要求等。

## 第三节 车辆调查

### 一、机动车类型与布局调查

车辆是交通管理的主要对象，包括对机动车和非机动车的管理，而机动车又是车辆管理的重点。机动车是客货运输的主要交通工具，又是道路的主要使用者，一个城市、一个地方的机动车拥有量以及车型、车种的构成，在一定程度上反映了这个地区的交通规模及其特点；因而，对机动车分类调查就显得尤为重要，这种调查结果可以在很大程度上决定交通管理规划的制定，以及交通管理措施的运用。

**（一）机动车分类调查**

机动车分类调查的目的，是为制定交通管理方案提供第一手参考资料和依据，为分离交通流而采取控制、限制等交通措施提供依据。机动车按照不同的标准可以进行不同的分类，按照机动车牌证管理，分为汽车类、拖拉机类、摩托车类、电车类、专用机械类等。汽车包括大型汽车、小型汽车和特种汽车。按照机动车不同的使用功能，分为客运车辆、货运车辆、专用车辆等。如2005年西安市机动车保有量接近50万辆，公交车辆4400辆，其中大容量汽车电车3200辆，中巴车1200辆，还有11000辆出租汽车，形成了城市公共交通体系。[①] 机动车分类调查的数据，可以从车辆管理部门建立的机动车管理档案中查阅获取，按照不同的项目归类即可得出。

**（二）机动车分布调查**

一个城市或地区机动车的分布情况，可以由车辆所有单位的所在位置加以确定。由于各个单位拥有机动车的数量不同、车种不同，以及各单位的业务性质不同，因而，机动车的分布可能出现不均衡；诸如交通运输单位的机动车数量大，车种比较单一，区域分布集中；而有些机关事业单位则车辆较少，车种比较多，在区域的分布较分散。进行机动车分布调查，可以基本上掌握城市机动车的主要交通源，以及局部区域机动车交通流的情况，对于城市交通管理是十分重要的。

### 二、机动车拥有量与年变化量调查

**（一）机动车拥有量调查**

机动车的拥有量是指一个城市或地区的机动车总的数量，即机动车的绝对数量。机动车拥有量还能够反映当地客运、货运等交通运输的情况，以及反映和预测城市交通流的特点及

---

① 参见《公交优先发展，主导城市交通》，载《西安晚报》2005年11月9日。

发展状况，有利于交通管理部门加强与改善交通管理。

### （二）机动车变化量调查

机动车年变化量是指这个城市或地区机动车每年变化的数量情况；包括每年新注册登记的机动车数量，每年报废注销登记的机动车数量，以及每年变更登记、转移登记的机动车的数量。从 2005 年到 2016 年，西安市的机动车保有量从近 50 万辆增加到 250 万辆，年增长量超过 20%，其中，小型车、私家车的数量数量增长的更快，所占的比重变化更大；十多年来公共交通的发展也比较快，全市由 2005 年的 4000 多辆公交车，发展到 2016 年的 300 多条线路，近万辆公交车。

进行机动车拥有量和变化量的调查，可以使有关部门掌握机动车的发展变化情况，及时制定和调整城市建设和发展规划非常必要。比如为了解决公共交通资源紧缺的现状，通过调查显示，居民日出行量达到的万人次，其中市民出行乘坐公交车所占的比例，其他为小汽车、自行车、步行、摩托车、出租车等方式，可以掌握乘坐公交车的比例高低。

城市机动车拥有量与年变化量的调查数据，可以从当地交通车辆管理部门的统计资料中查阅获得，按照不同的项目要求进行归类。根据城市机动车日增新车的数量，预计到五年后，机动车可以达到的数量，便于提前规划，调整相关政策，应对机动车的激增而形成的城市路网压力，调整现有城市交通方式，增加建设城市道路用地和规划其他出行方式。

### 三、外来车辆调查

外来车辆是指从外地进入本城市或地区的过境车辆和逗留车辆。外来车辆的驶入，必然会增加当地道路的交通总量，给交通管理带来一定的压力；因此，需要对外来车辆进行调查统计，了解和掌握它们的数量和规律，包括日平均数量、日最高数量，每天或每月的驶入情况和变化规律等，以便采取相应的指挥、疏导等公里措施。一般情况下，外来过境车辆集中在城市一定的区域，或者几条主要道路上，有一定的流向性；这些区域或道路如果车辆过于集中，会造成阻塞现象，影响城市各区域之间的交通流的畅通。通过对外来车辆的调查，合理分流车辆，特别是采取交通吸引的方法，将外来车辆吸引到市区外围的过境路或外环路上，以减轻市区内主干道的压力。

对外来车辆的调查是通过实地调查的形式，在市区边缘的路口设立调查点，对车辆进行统计，记录车辆类型、通过的时间、行驶方向、车源地等情况，从中掌握外地车辆的出入量，以及过境车辆的数量和行驶路线等。

### 四、非机动车调查

非机动车调查的主要内容是自行车、人力车和畜力车。目前，我国大部分城市非机动车调查的重点是自行车、电动自行车。我国城市中的自行车、电动自行车数量远远超过机动车的数量，据报道，云南昆明的电动车已经超过 200 万辆，既是城市道路交通的一大特色，也是目前交通管理的主要违法对象，特别是近年来电动自行车的发展迅猛，因此带来很多交通问题。如电动车不符合重量、速度等质量限制标准，电动车违法闯红灯、逆行、载人载物、改造、占用机动车道等违法现象非常严重，2014 年至 2016 年，仅昆明市的电动车因违法导致的人员死亡达百人以上，受伤超过千人。通过对非机动车的调查，可以掌握非机动车的数量和年变化情况，为城市交通规划和管理，特别是加强对非机动车中的电动自行车的管理提供依据。

## 第四节　交通流特性调查

交通流特性调查是指对于道路交通活动中的交通量、车速、行车延误以及行车密度等特性进行的调查。由于这些道路交通现象，体现了交通流特性，能够反映道路交通的特有状况，尤其是能反映城市道路交通的基本情况。通过对上述各种交通现象的调查研究，找出交通流特性及其变化规律，从而分析道路交通建设和交通管理的效果，为以后进行交通决策，以及采取有针对性的交通管理措施，提供科学依据。[1]

### 一、交通量调查

**（一）交通量的含义**

交通量亦称交通流量，是指在确定的时间段内（通常以小时、天为单位），通过道路上的某一点或者某一横断面的交通体的数量，一般为往返两个方向的各种交通体，包括机动车、非机动车和行人的数量。交通量是一个动态的指数，可以分为车流量（辆/时、辆/日）与人流量（人/时、人/日）。一般认为，交通量的主要参数和指标最能够反映道路的交通流状况，是测算道路通行能力的大小、评价道路设施的合理程度、反映道路管理水平高低的基础数据。所以说，通过交通量调查，可以及时了解交通流的特性及其规律，获得交通流的第一手数据资料，为道路交通管理部门采取相应的管理措施提供科学依据。

**（二）交通量的分类**

在道路交通活动中，由于各种交通体的运动，交通量随时都在发生变化，通常采用截取某一时间段内的平均值，作为该时间段内的平均交通量。交通量可作以下分类：

1. 根据所截取的时间段的不同，通常采用的平均交通量有：

（1）年平均日交通量，这是指全年的交通量总和与全年总天数之比；

（2）月平均日交通量，这是指一个月的交通量之和与这个月天数的比值；

（3）周平均日交通量，是指一周的交通量之和除以 7 天所得的比值；

（4）平均日交通量，是指任意期间一日交通量的总和与所观测的天数的比值。

2. 根据交通量的变化特征的不同，交通量分为：

（1）高峰小时交通量，是指一天内高峰期间连续一个小时的最大交通量；

（2）年最高小时交通量，这是指一年内高峰小时交通量中最大的那一个小时的交通量；

（3）第 30 位小时交通量，这是将一年中总共 8760 个小时的交通量，按照由大到小的顺序排列，被排在第 30 位的那个小时所对应的交通量，它通常被作为设计小时交通量的参数；

（4）高峰小时流量比，这是指高峰小时交通量占全天交通量的百分比。

3. 根据不同的交通量成分，交通量分为：

（1）机动车交通量；

（2）非机动车交通量；

（3）行人交通量。

---

[1]　丁立民主编：《道路交通管理》，警官教育出版社 1999 年版，第 52 页。

### （三）交通量分布特性调查

交通量是一个随时变化的量，是一个变量，在不同的时间、地点，交通量是不一样的。所以说，某一交通量的数值，只是对于观测的那个时间和地点是正确的。因此将交通量随着时间和空间的不同而变化的特性，称为交通量的时空分布特性。这种特性具有统计规律性，通过研究其统计规律，对于进行交通规划、交通控制、交通设施的规划建设都有重要的指导意义。

1. 交通量的时间分布，即交通量的时间变化规律。包括高峰小时内交通量的变化，一天内小时交通量的变化，一周内日交通量的变化，一年内月交通量的变化。

2. 交通量的空间分布，即交通量的空间变化规律。包括交通量的城乡分布，不同行车方向交通量的分布，不同车道交通量的分布等。

### （四）交通量专项调查

1. 公路交通量的调查；
2. 城市道路交通量的调查；
3. 平面交叉路口交通量的调查；
4. 道路上某一个断面交通量的调查；
5. 重要公共建筑和设施附近交通量的调查；
6. 路网交通量的调查；
7. 小区出入口交通量的调查。

### （五）交通量的调查方法

交通量的调查通常采取以下方法：

1. 人工调查法。这种方法是由人员直接记录通过道路某一点或断面的交通体的数量；它适用于任何地点、任何情况下的交通量调查。这种方法的优点是，所需工具简便，机动灵活，精确度高，数据可靠；但所需人力较多，不适合长期连续观测。

2. 流动车调查法。通过在某一道路段上来回运动，测定这一路段上的交通量和各种交通体的行驶速度、行驶时间等。

3. 自动记数法。通过设置各式自动检测记录仪器装置，来自动记录交通量数据；目前，这种方法应用较多，适用于长期连续的交通量调查。

4. 摄像记录调查法。这是将摄像、照相设备安装在道路附近的制高点上，对准拍摄地点，每隔一定的时间就自动拍摄一次，根据拍摄的影视资料，计算出不同流向的交通量。

### （六）交通量的当量换算

由于我国道路交通的特点是混合交通，在道路上运行的车辆种类繁多，除了各种非机动车以外，仅机动车的类型就有许多种；在进行交通量的调查时，如果不分车种，直接将车辆数相加，所得到的是混合交通量。不同时段的混合交通量进行比较时，尽管数量值相同，如果车辆的种类构成不同，混合交通量也无法进行有效的比较，这二者对于交通活动的影响也不同。因此，为了能使不同时段的交通量具有可比性，便于调查统计，必须对车辆进行分类调查，分车种调查，确定不同类型车辆的相互关系，并确定它们之间的换算系数，将调查所得的混合交通量换算成为单一车种的交通量，这就是当量交通量。目前，在交通量的当量换算中，一般是将两种车型（小型汽车和卡车）作为标准车型，其他车型根据系数，换算为

这两种车型。各种车型当量换算系数见下表:①

表 5-1　　　　　　　　　　　　以小汽车为标准换算表

| 车 辆 类 型 | 换 算 系 数 |
|---|---|
| 小型汽车 | 1.0 |
| 轻型汽车 | 1.5 |
| 3~5 吨货车 | 2.0 |
| 5 吨以上货车 | 2.5 |
| 大型平板货车 | 4.0 |
| 中小型公共汽车 | 2.5 |
| 超重超长货车 | 3.0 |
| 大型公共汽车 | 3.0 |
| 摩托车 | 0.8 |
| 自行车 | 0.2 |

表 5-2　　　　　　　　　　　　以货车为标准换算表

| 车 辆 类 型 | 换 算 系 数 |
|---|---|
| 载重汽车、大型客车、重型汽车、拖拉机 | 1.0 |
| 带拖挂车的载货汽车（包括公共汽车） | 1.5 |
| 大型平板货车 | 2.0 |
| 小型汽车、面包车、摩托车、人力车 | 0.5 |
| 畜力车 | 2.0 |
| 自行车 | 0.1 |

表 5-3　　　　城市道路设计规范规定以小型汽车为标准的换算系数表

| 车辆类型 | 小型汽车 | 普通汽车 | 铰接汽车 |
|---|---|---|---|
| 路段上换算系数 | 1.0 | 1.5 | 2.0 |
| 环形交叉口换算系数 | 1.0 | 1.4 | 2.0 |
| 信号交叉口换算系数 | 1.0 | 1.6 | 2.5 |

## 二、车速调查

### （一）车速调查的意义

车速是车辆在道路上的行驶速度，车辆的行驶速度为行驶距离与行驶时间之比；可以表

---

① 丁立民主编：《道路交通管理》，警官教育出版社 1999 年版，第 55 页。

示为：速度 V＝距离 L／时间 T，单位是千米/小时　km/h。影响车速变化的原因是多方面的，包括驾驶员的个人因素、车辆性能、道路情况、交通条件、环境因素等。

对行车速度进行调查，是正确实施交通管理与控制的基础性工作，是进行交通规划和改善道路通行条件的重要依据；通过调查，可以了解和掌握道路上车辆的速度及其变化情况，及时指挥和疏导车辆，组织和调整交通流，对于保证实现交通运输的安全、迅速、高效、低耗的目的具有意义。[1]

**（二）车速的专项调查**

1. 地点车速调查。地点车速是指车辆驶过道路某一断面时的瞬间速度，即瞬时车速。

2. 行车速度的统计分布特性调查。行车速度的统计分布特性，是指通过速度频率分布曲线和速度累计频率分布曲线以及其他统计来表述的速度特性。表示车速统计分布特性的车速有：（1）15%位车速。这是指有15%车辆的地点车速小于或等于该速度值；在交通管理中，经常以15%位车速作为最低限速值。（2）中位车速。这是指某一路段行驶的车辆中，地点车速以下行驶的车辆数与在该速度以上行驶的车辆数相等，即该速度是所有车辆速度的平均值。（3）85%位车速。这是指在某一路段行驶的车辆中，有85%的车辆的地点车速在这个速度以下，只有15%的车辆的速度高于这个速度值；在交通管理中，经常以85%速度作为最高限速值。

3. 行驶车速与区间车速调查。行驶车速是指车辆驶过某一段路程长度与有效行车时间之比；区间车速是指车辆驶过某一段路程的长度与所用的总时间之比。

4. 时间平均速度与区间平均速度调查。时间平均车度是指单位时间内通过某一断面的所有车辆的地点车速的平均值；区间平均车速是指在某一瞬间道路上的某一区段内，所有车辆速度分布的平均值。

**（三）行车速度的调查方法**

1. 地点车速的调查方法。目前，对地点车速调查采用的方法主要有：

（1）人工观测法。它是由观测人员测量车辆通过某一微小路段的平均速度；如果车辆是匀速通过该路段，则这一平均速度即为通过该路段内任何一断面处的地点速度。这是一种常用的测速方法。

（2）雷达测速仪法。这种方法是根据移动物体的速度与发射到运动对象的雷达束往返之间频率上的变化成正比的原理而制成的；它可以直接测量出车辆通过的瞬时速度。目前，雷达测速仪在公安交通管理中广泛应用。

（3）车辆感应器测量法。车辆感应器是根据电磁感应或超声波反射的原理测量交通量，并在测量交通量的同时，测出被测车辆的速度。近几年来，使用车辆感应器测量车速的方法在交通管理中已经得到应用，利用交通流视频检测器就能够较准确地测出地点车速，并且，可以进行长时间的连续调查，及时提供各种数据及地点车速的资料。

（4）照相法。利用摄像机连续拍摄，或者用照相机按一定的时间间隔对同一地点拍摄，并根据已知距离和照片格数或张数得出行驶时间，从而推算出车速。

2. 区间车速的调查方法。一般是采用测量被测车辆通过已知长度道路的总时间而计算

---

[1] 丁立民主编：《道路交通管理》，警官教育出版社1999年版，第57页。

出区间车速的;调查的道路长度应大于1.5公里。目前,在公路上进行区间车速调查,大多选用道路长度为30公里进行测量的。通常采用测量区间车速的方法有:

(1)牌照法。这是通过记录车辆的车型牌照号码和车辆通过起点终点断面的时间,来推算区间车速。

(2)流动车调查法。这种方法与测量交通量的方法相同,通过流动车在某一路段上的来回运动,测量该路段车辆的车速及行驶时间。

(3)跟车法。采用测试车跟随道路上的车队行驶,记录车辆通过观测路段的时间,从而推算出区间车速。

### 三、行车延误调查

**(一)行车延误的含义**

所谓行车延误,是指在行车过程中,由于交通阻塞或交通管制而引起的行驶时间的损失。交通活动中,影响行车延误的因素很多,包括驾驶员、行人、车辆、道路、转弯车辆比例、交通控制设施以及环境气象条件等的影响。通过对行车延误的调查研究,了解掌握影响行车延误的各种情况,从而分析评价交通阻塞的程度,为交通规划和交通管理提供依据。

**(二)行车延误专项调查**

1. 行驶延误调查。行驶延误是指实际行驶时间与相对于不拥挤车流的道路上的计算时间,以平均车速通过调查路段所用的时间,与畅行通过交叉口所用的时间差。

2. 引道延误调查。引道延误是指引道时间与车辆行驶通过引道延误段的时间差。通常在入口引道上,从车辆因前方出现信号或已有排队车辆而开始减速行驶的断面至停车线的距离,为引道延误段。将车辆受阻排队通过引道延误段的时间,称为引道时间。

**(三)行车延误的调查方法**

1. 点样本法。点样本法可以获得车辆在交叉口进入引道的排队时间,从而推导出交叉口车辆的总延误、每一停驶车辆的平均延误、每一入口车辆的平均延误与停驶车辆的百分比。

2. 抽样追踪法。抽样追踪法获得的是交叉口引道延误数据;这种方法简便易行,可以同时得到引道延误分布的特征、不同方向流向车辆的延误以及个别车辆的延误情况资料。

### 四、行车密度调查

行车密度亦称交通密度,它是有关交通流状态的重要参数;是指在某一瞬间,道路上车辆的密集程度,即单位长度上车辆数。交通密度参数的分布特性,是用空间占有率(车道占有率)来表示的;车道占有率越高,车流密度越大。

**(一)空间占有率**

空间占有率是通过观测某一路段上行驶的车辆总长度,占该路段长度的百分比来表示的。空间占有率反映了道路上车辆密度的大小,它也是衡量道路路面利用率的一个重要指标。一般来说,在保证道路畅通的前提下,空间占有率越大,路面的利用率就越高。

**(二)时间占有率**

时间占有率是指在某一测定的时间段内,车辆通过某一断面的累计时间占该测定时间之比。

# 第五节　交通事故调查

## 一、交通事故调查的意义

所谓交通事故调查，是指由专门调查人员对已经处理过的或者正在处理的道路交通事故，进行全面、系统的调查研究，收集有关资料与数据，从中发现和寻找发生交通事故的规律，为道路交通管理和事故预防提供依据，从而总结和丰富交通事故预防理论，正确实施交通事故对策。

这里所说的交通事故调查，并非交通事故处理过程中的调查，后者是指发生交通事故后的现场勘察和事故统计，目的在于发现和提取证据，为正确认定交通事故责任、依法处理事故提供事实根据。虽然二者是两个不同的概念，但它们又有着密切的联系；交通事故调查与交通事故处理、交通事故统计的联系主要表现在，交通事故调查可以直接从交通事故处理案卷中以及事故统计报表中，获取资料信息；在此基础上，通过大量的实地观察和对有关人员的询问调查，从而印证交通事故处理的客观公正性和真实有效性。此外，交通事故调查的范围广，内容多，全面细致，较为深入；无论是时间过程，还是空间领域，较之交通事故处理都要广泛得多；它所涉及的调查项目多种多样，调查的内容非常丰富。交通事故调查中的一些专项调查、典型事故调查，在可能的情况下，应与交通事故处理人员一起对交通事故现场进行实地勘察或复查，对事故当事人和目击人进行询问，这样，既可以全面了解和掌握事故发生的全过程，把握事故的规律；又可以保证事故责任认定和处理的真实可靠性。

## 二、交通事故调查的种类[①]

### （一）交通事故起数和造成的损失

按照天、周、月、季、年等为单位进行调查统计，调查该地区交通事故发生的起数，受伤人数（轻伤、重伤），死亡人数，财产损失数额等；这项调查数据可以从当地公安交通管理部门的统计报表中得到。

### （二）交通事故空间分布调查

1. 交通事故城乡分布调查。按照交通事故发生的地点进行调查，在市区、近郊、远郊等不同地点分别调查，在此基础上，可以绘制交通事故的城乡分布图。

2. 交通事故路段分布调查。通过对发生交通事故的道路路段分布进行调查，可以找出事故多发路段和事故多发点。事故多发路段，是指在一段500米长的道路上，平均每天发生的交通事故多于两起的路段；事故多发点，是指在某一地点上，每年发生两起以上事故的地点。

### （三）交通事故时间分布调查

交通事故的时间分布，是指单位时间内的事故变化情况；单位时间可以选定为一年、一个季度、一个月、一周或一天。如果需要了解一年内的交通事故分布情况，可以用月份做横向坐标，用事故做纵向坐标，将调查统计的每月的事故数，点圈在坐标图上，连接各点成一条折线，从折线的起伏可以看出交通事故的变化情况。

---

[①] 丁立民主编：《道路交通管理》，警官教育出版社1999年版，第62页。

### (四) 发生交通事故天气情况调查

按照晴、阴、雨、雾、大风五种情况调查交通事故,将正常天气情况下与恶劣天气情况下所发生的交通事故进行对比。

### (五) 发生交通事故时的交通量调查

发生交通事故时,根据交通量的大小,可以比较在大、中、小三种交通量的情况下,交通事故的不同点;分析比较不同的交通量与交通事故的关系。

### (六) 肇事驾驶员的调查

1. 肇事驾驶员基本情况调查。包括姓名、性别、年龄、婚姻状况、驾驶年限等项目的调查。

2. 肇事驾驶员违章记录调查。对驾驶员以前是否有严重违章以及严重事故记录情况的调查。

3. 肇事驾驶员的年龄与交通事故的关系情况调查。驾驶员的年龄与发生交通事故有无内在联系,通常将驾驶员按照年龄进行分类,划分为不同的年龄组进行调查,寻找发生事故的年龄规律;大致可分为七个年龄组,分别是 20 岁以下,21 至 25 岁,26 至 30 岁,31 至 35 岁,36 至 50 岁,51 至 60 岁,60 岁以上。

4. 驾驶经历与事故发生情况调查。一般按照取得驾照时间与发生事故的数量情况进行比较;大致可分为五组,分别是 1 年以下,1 年至 3 年,3 年至 5 年,5 年至 10 年,10 年以上。

5. 驾驶熟练程度调查。交通事故与驾驶员的驾驶熟练程度的关系,大致可以分为每天驾驶,经常驾驶,有时驾驶,几乎不驾驶和无证驾驶五种情况。

6. 驾驶习惯调查。据英国一交通问题专家研究,驾驶习惯在形成交通拥堵和交通事故方面有一定的作用,[①] 通过分析驾驶员的刹车和加速的习惯动作,作出反应的时间以及与前车保持的车距等项数据,计算出驾驶员的驾驶习惯模式,可以比其他交通流量模式更准确地预测可能会发生的交通拥堵或事故。

7. 驾驶员心理、生理情况调查。大致包括几种情况:是否符合驾驶员的身体条件,驾驶时的心情状况如何,是否注意力不集中驾驶,是否冲动驾驶,是否疲劳驾驶,是否酒后驾驶,行车时心理状态如何等。

### (七) 对肇事车辆的调查

1. 对车辆的类别以及用途的调查。

2. 对车辆状况的调查。包括制动器是否有效、灵敏,方向是否正常,车灯状况如何,轮胎是否正常,装载情况如何等。

3. 车速调查。可以将车速分为几个档次进行调查,大致可分为每小时 15 公里以下,20 公里以下,30 公里以下,40 公里以下,50 公里以下,60 公里以下,大于 60 公里。

### (八) 肇事地点的道路调查

1. 线路情况调查。肇事路段的急弯、陡坡、视距、通视条件、曲线超高等是否符合要求,长直线、平曲线与竖直线组合是否合理等。

2. 路幅宽度与路肩调查。肇事路段是否属于狭窄路段,路肩是否松软、崩塌、隆起等。

3. 路面调查。肇事路段是否凹凸不平,有无滑溜、泥泞、破损等情况。

---

[①] 参见《伦敦如何疏导交通拥堵》,载《参考消息》2005 年 6 月 25 日第 7 版。

4. 路面障碍调查。肇事路段的路面上有无停放车辆，车辆停放是否符合规定；该路段是否设置危险标志，虽设有危险标志但位置是否正确，或能否识别；该路段有无堆放物体等。

5. 交通管理问题调查。肇事路段道路设施不完善，如标志不明确，标线不完备，护栏破损残缺等；该路段正在施工，施工过程管理不善，如标志不明确，警示灯以及夜间照明不够等。

**（九）事故类型调查**

1. 机动车与机动车事故。机动车之间的正面相撞、擦挂、追尾，以及侧向、倒车、停车、超速、超载等情况下的碰撞等。

2. 机动车与非机动车事故。包括机动车与自行车、人力车、畜力车等之间发生的各种事故。

3. 机动车与人的事故。从机动车与行人之间的事故发生的地点来看，主要有：在机动车道上的事故，在人行横道、人行道和非机动车道上的事故，在公交车站点的事故，在公路上的事故等；从机动车与乘车人之间的事故情形来看，主要有：由于急刹车而使乘客受伤害的事故，由于装载超高致使乘车人被挂、碰、摔等造成伤害的事故，由于翻车致乘车人伤亡的事故等。造成人员伤亡的交通事故，应当按照不同性别、不同年龄段、不同身份职业等分别进行统计。

4. 机动车单车事故。这是指机动车的自身事故，包括翻车、碰撞其他物体造成的事故等。

**（十）事故受害人调查**

交通事故造成人身伤害的，应当对事故受害人进行调查，调查的主要内容是对受害人的伤害部位的调查；一般分为八个部位，即头、颈、胸、腹、腰、脊椎、上肢、下肢；交通事故往往造成人体多部位受伤，但其中某个部位伤势最重，统计时以该部位为主；如果难以判断主要受伤部位，则以多部位伤统计。

## 第六节　交通公害调查

### 一、交通公害的含义

所谓交通公害，也称为交通环境污染，是指在道路交通活动过程中产生的车辆噪声、震动、烟尘、废气等危害人身健康，破坏人类生活环境，对空气和自然生态造成破坏，损害社会公共利益的交通环境污染。道路交通活动中环境污染，直接侵害对象不仅是交通参与者，更重要的是破坏了人们赖以生存的生态自然环境，污染大气，造成空气质量下降，对整个人类社会构成了威胁。因此进行交通公害调查，对于提高交通参与者的环境保护意识，减少交通环境污染，减少噪音震动，降低烟尘废气的排放，改善人们的生存状态，促进社会的可持续发展，有着重要意义。

### 二、道路交通噪声调查

**（一）道路交通噪声调查的意义**

噪声是一种声波，泛指对人们的身体健康和生活环境造成危害和不利影响的，希望消除和控制的声音的总称。噪声具有声波运动的特征和性质，可以在声音示波器上观察到波形，但它不像音乐和纯音那样简谐而有调，是一种不规则、无调的声音。现实社会中的环境污染包括噪声污染，它与其他污染一样，对人类的生存和发展构成了威胁。一般认为，噪声的声源主要有四类，即交通噪声、机械噪声、生活噪声和其他噪声。

在噪声中，交通噪声已成为现代社会生活中最常见的、影响最广泛的一种噪声。随着现代交通运输事业的发展，各种交通工具越来越多的运用到人们的生活当中，并以很快的速度在增长，随之而产生的噪声也越来越严重的危及人们的日常生活和健康。交通噪声应当包括一切交通工具所产生的噪声，诸如飞机、火车、汽车等产生的噪声；道路交通噪声则是指在道路上行驶的机动车发出的各种声音，包括发动机、喇叭、排气管、刹车、机械摩擦、撞击等声响，以及道路上各种非机动车和行人发出的喧闹声。交通噪声严重干扰着人们的生活、学习和工作，损害着人们的身心健康。为了减少道路交通噪声的危害，必须采取有效的措施对道路交通和交通环境进行综合治理。道路交通噪声调查，是对交通环境噪声进行监测，对道路交通的主要噪声源的机动车进行检测，从而为治理交通噪声污染提供依据。

（二）道路交通噪声的度量

对于道路交通噪声采取声学中的物理量进行度量。在声学中，声音的物理刺激量称为声强，表示在与声波传播方向垂直的单位面积，在单位时间里所接受的平均能量，而由声音的物理刺激所携带的感觉量，称为响度。声音一般采取贝尔的 1/10 即分贝（DB）为单位，交通噪声也以分贝为单位。为了有效地控制交通噪声，一定针对环境与噪声源的情况，制定交通噪声控制标准。

表 5-4　　　　　　　　　　　城市环境噪声的建议控制标准[①]

| 地区 | 白天（分贝） | 夜间（分贝） | 地区 | 白天（分贝） | 夜间（分贝） |
| --- | --- | --- | --- | --- | --- |
| 特别要求安静地区 | 45 | 35 | 商业区街道工厂附近 | 60 | 45 |
| 一般居民、文教地区 | 50 | 40 | 工业集中区 | 65 | 55 |
| 居民商业混合地区 | 55 | 45 | 交通干线两侧 | 70 | 55 |

（三）交通噪声测试

1. 城市交通环境噪声的测试。对城市交通环境噪声的测试，主要从以下几个方面进行。

（1）测试地点的选择和测试方法。城市交通环境噪声主要是指市区交通干线路旁的交通运输噪声。对于它的测试，一般选择在交通流量大，其他噪声干扰少，风力在五级以下的地点进行；测试点选定后，测量仪器应放置在离路沿 20 厘米，距地面 120 厘米地方，声级测试头应朝向马路中心。测试开始后，每间隔 5 秒钟，读取瞬时慢响应计权声级值 200 个，同时记录测定时间内机动车通过量级车辆类型；为免除因声级仪超过大出现的读数差，每个测点应同时配备两台声级仪。

（2）数据处理。将每个测点测得的 200 个数据从大到小排列，从中取出累计分布值 $L_{10}$、$L_{50}$、$L_{90}$，算出标准偏差。$L_{10}$ 表示测定时间内有 10% 超过此声级，代表了噪声的平

---

① 丁立民主编：《道路交通管理》，警官教育出版社 1999 年版，第 67 页。

均声级；L50 表示测定时间内有 50%超过此声级，代表了平均噪声值；L90 表示测定时间内有 90%超过此声级，代表了本底噪声值。将每个测点的 L10 按 5 分贝为一挡进行分级，以不同颜色对比画出每段道路的噪声值，即可得到城市的噪声污染分布图。

(3) 噪声污染指数。噪声污染指数是评价城市噪声污染程度的重要指标；它是在等效连续声级的基础上，加上一项表示烦恼程度增加的噪声起伏值。

2. 机动车噪声的测试。对机动车噪声的测试，一般分机动车排气噪声和机动车运行时产生的噪声两类测试；机动车运行噪声可以分为在常速和加速两种情况下进行的测试。

(1) 排气噪声。排气噪声是机动车及其发动机最主要的噪声源，它的噪声往往比发动机整机噪声（排气噪声除外）高 10~15 分贝；排气噪声值可停在空挡让发动机空转，当发动机转速达到最高转速的 60%时，在排气管后方处可测得。

(2) 运行噪声。在测试常速运行噪声时，测试仪可放在距中心线 7 米处，车辆以每小时 35 公里的匀速通过即可测得；加速运行噪声则是在距离中心线 7.5 米处进行测试，在测试点来车方向的 20 米处划定全加速起始线；机动车以 50 公里/小时匀速驶近加速起始线时，油门踩到最大限度，车辆进入全面加速状态，加速运行 20 米时通过测点，即可测试出加速运行噪声值。

(3) 喇叭噪声。机动车喇叭产生的噪声是城市交通噪声的重要声源。虽然喇叭是专门制造的，但是许多城市仍把它列入噪声的范围，禁止或限制机动车鸣嘀。通常对于喇叭响度的规定和测试，是在设计制造中进行的，分为高、中、低三个档次。许多城市为了减少机动车喇叭的噪声污染，除了规定只允许使用低音喇叭外，还规定在某些区段禁止使用喇叭。

### 三、机动车废气污染调查

目前，城市大气污染物的成分中，主要有一氧化碳、碳氢化合物、氮氧化合物等有害气体以及烟尘。长期以来，城市大气的污染源主要是工业废气、生活废气、机动车排放废气等，随着机动车数量的增加，工业污染和生活废气的有效治理，目前机动车排放的废气，已成为城市大气污染中最主要的污染源。

**(一) 废气污染的危害**

废气污染对人体健康的危害是多方面的，长期积累形成的，主要表现为导致呼吸道疾病与生理机能障碍，或者诱发眼、鼻黏膜组织病变等；严重的会因急性污染中毒导致心脏病恶化而死亡。一氧化碳和一氧化氮，会使人和动物的血液丧失输送和交换氧气的能力；汽油添加剂中的一些有害物质燃烧后，会生成各种铅的氧化物，无机铅对人体的造血功能、肝脏、肾脏以及消化神经系统都会造成损害。另外，废气污染物还会对城市建设、文物古迹和绿色植物等造成损害。

**(二) 机动车运行状态下的排气成分**

机动车在运行时，一氧化碳的排放量最大；在低速运行时，一氧化碳中的碳氢化合物的排放量最大，高速运行时的排放量较小。但对于不同燃料和不同运行状态来说，有害气体的排放有很大的差别。对于使用汽油燃料的机动车，在怠速时的一氧化碳排出量大，减速时的碳氢化合物的排出量较小，加速时的一氧化氮的排出量较大。对于使用柴油燃料的机动车，由于属混合气体，较少排出一氧化碳，碳氢化合物的排放量比汽油相对要少，但硫化氢的排放量则比较多。

### (三)机动车污染排放标准

自 20 世纪中期以来,许多国家开始重视对机动车污染排放量的限制,相继制定有关机动车废气排放的标准,而且随着科学技术的发展,机动车废气排放标准的要求越来越高。我国于 1985 年首次对汽车污染物的排放标准作了规定,主要规定汽油车、摩托车的一氧化碳和碳氢化合物在怠速状态下的排放允许限值,以及在自由加速状态下的排放作分散型紫外线分析法进行检测。

### (四)排放物的检测方法

1. 一氧化碳浓度的检测。主要有以下几种检测方法:

(1) 红外分析法。这种方法是利用一氧化碳对特定波长的吸收能力,在一定压力的气体中,吸收红外线的量和一氧化碳的浓度成正比的原理,而使用的一种方法。这种方法的优点是速度快,精度较高。

(2) 接触燃烧法。这种方法是利用在空气中燃烧时温度随之升高,通过热敏电阻值的变化,可测出一氧化碳的浓度。这种方法的优点是简便易行,检测速度快;但检测精度容易受到其他可燃气体的影响。

(3) 检测管法。这种方法是在玻璃管内,填充一定数量的附有硫酸钯和钼酸铵的硅胶粒,当一氧化碳通过玻璃管时,试剂变色,用比色法可确定一氧化碳的浓度。这种方法操作简单,但误差较大。

2. 碳氢化合物的检测。碳氢化合物的检测可利用气相色谱仪等仪器进行分析;在大气检测中,通常采用氢离子化分析法。

3. 氮氧化合物的检测。对氮氧化合物中的一氧化碳的检测一般采用分散型红外线分析法,对二氧化氮可采用非分散型紫外分析法进行检测。

4. 黑烟污染度的检测。这种检测使用的仪器是烟度计,基本方法是将带有洁白滤纸的取样头,深入机动车的排气管内 20 厘米处,让发动机空挡转动,经一定时间加速和怠速运转后,将取样头上的滤纸取下,然后将滤纸和标准白纸置于光电元件下分别量测其反光强度,用对比法可直接算出黑烟污染度值。

# 第六章 交通管理措施

## 第一节 交通管理措施概述

### 一、交通管理措施的概念

所谓道路交通管理措施,是指道路交通管理部门为保证道路交通的安全与畅通,维护交通秩序,预防消除交通事故隐患,提高道路交通的运输效能,根据有关交通法律、法规和政策,对于道路上运行的交通体实施的组织、指挥、疏导、控制等行为的总和。

道路交通系统的运行效益,道路交通安全畅通,都体现在人、车、路以及交通环境的动态平衡之中。由于道路交通的各要素是动态的、可变的、复杂多样的,其中,仅车辆的种类就繁多、差异性较大;且道路交通流的分布不均衡、不稳定,交通流之间的交叉干扰较为严重;此外,加之交通设施的不完善,各种综合因素的叠加,会影响交通流的正常运行。因此,道路交通活动中各要素的变化,都会引发其他要素的变化;也会使交通流的运动呈现各种复杂的情形。为实现交通管理安全、畅通、高效的目的,解决交通活动中的这些问题,除了新建、扩建、增加道路,不断改善道路网的条件之外,还需要采取有效的交通管理措施,最大限度发挥管理的能动性,实现道路交通活动的最大效能。

### 二、交通管理措施的分类

根据宏观交通总量控制的不同阶段,道路交通管理措施可以划分为交通工程措施、交通法律政策措施、交通经济措施、交通秩序管理措施等。交通工程措施包括道路用地的规划、确立居住出行活动就近的原则、优先发展公共交通等;交通法律政策措施,包括各种交通法律、法规和制度的建设,交通安全、通行规则,车辆生产销售和限行制度等;交通经济措施,包括征收道路通行、车辆牌照费税,驾驶证照和收费制度等;交通秩序管理措施,包括设置公交定位系统、公交专用线和优先标志,减少过境交通、限制大型车辆在市区通行,建立自动控制系统等。

根据强制性程度和应急性情形的不同,交通管理措施可以分为非强制性交通管理措施、强制性交通管理措施,以及一般交通管理措施和交通紧急措施等。根据交通管理的不同过程,交通管理措施可以分为交通调查措施、交通规划措施、交通组织措施、交通指挥措施、交通控制措施等。

### 三、交通管理措施的原则

交通管理部门为了履行交通管理职责,实现交通管理的目的,坚持以疏导为主,限制为辅的指导思想,在采取交通管理措施时,应遵循以下几项原则。

## （一）交通流分离原则

交通流分离原则是指采取有效的措施，将不同方向、不同车种、不同特点的交通流，进行多种形式的分离。对于不同方向交通流的分离，是这项原则最重要和最基本的内容；当然还包括同方向的行人与车辆的分离，机动车与非机动车的分离，机动车中不同车种、不同车速的分离。

交通流分离的方法包括空间分离和时间分离。空间分离是采用工程设施手段，将某些交通流分离开来，如道路平面交叉口采用立体交叉的形式，行人通过道路采用过街天桥或地道的形式，汽车或自行车实行专用道路的形式等；时间分离则是在同一道路空间里，各种交通体或不同的交通形态使用不同的时间，从而减轻集中的交通负荷，如采用信号控制、附有时间限制的单向道路、禁行道路等。

实现交通流分离的形式包括法规分离和物体分离。法规分离是指按照法律、法规的规定，不同的交通体在道路、交叉路口以及相互运动过程中，遵守有关法律规范从而实现分离；如靠右行驶的规定、优先通行的规定等。物体分离是指在道路上，设置某些交通隔离设施、障碍设施，从而实现对交通流的分离；如设置交通标志、交通标线、交通分隔带、隔离墩、护拦等。

## （二）交通流优化原则

鉴于交通流存在时间、空间、方向、区域等分布的不均匀性，为了充分合理地使用现有道路，需要对道路交通进行系统分析，针对交通流分布的特点，进行适当的调整、疏导、优化，以保证交通的安全和畅通。

交通流优化大致可以分为时间性优化和空间性优化两个方面；时间性优化主要采用限时、定时的单向交通，实行夜间运货，对于人员集中的区域实行错峰上班制，分区域、分系统不同时间休息等；空间性优化包括采用环路及干道吸引交通流，设置专用车道等。

## （三）优先通行原则

确立优先通行原则的目的在于，明确道路交通活动中的不同交通体，在不同时间、空间等情况下，具有的道路通行权，从而为处理好道路上行车、走路的先后次序提供依据。这项原则亦称路权原则，其内涵与精神不仅需要在道路交通管理的法律、法规中得以体现，而且应当贯穿在交通管理活动中。

交通管理部门在进行交通流的指挥、疏导过程中，以及在处理交通事故的过程中，都应当遵循这项原则，明确各种交通体的路权。如机动车、行人在机动车道、人行道内享有优先通行权，借道行驶的其他交通体则应当让行；支路车辆让干路车辆，转弯车辆让直行车辆，在坡道下行车辆让上行车辆；消防、警备、救护、工程等特种车辆优先通行等。另外，政府把公共交通放在优先发展的位置，城市交通实行公共交通车辆优先通行，这样可以使道路使用的效率成倍增加；据有关数据显示，一辆普通公交车占用的道路面积，相当于10辆自行车、6辆摩托车、2辆小汽车；而载客量却是自行车的80倍、摩托车的40倍、小汽车的20倍。[①] 相应的，道路上车辆的减少和拥堵的减缓，也会减少噪音尾气排放，降低空气污染，带来更好的环境效益。

## （四）速度控制原则

所谓速度控制，是指交通管理部门为了保证安全，发挥道路的最大效益和各种机动车的

---

① 参见《发展公交体现公平》，载《西安晚报》2005年11月9日第4版。

运行效能，根据不同道路交通的状况和车流量的实际情况，规定在该道路上行驶的车辆，限制其合适的行驶速度，实现有效管理控制。

目前，交通速度控制有四种情况：一是规定机动车的最高行驶速度；二是根据道路交通的具体情况，利用各种限速标志或通告，对不同道路、特定区域、某一路段或地点，作出时速限制；三是在快速路或高速路上除了规定最高速度外，还规定了最低行驶速度，或者在某条车道上作出最低车速的限制；四是随着交通自动控制技术的发展，通过交通标志或交通可变标志推荐道路上车辆的行驶速度，以服务特定的单车或车队能够合理有效地控制车速。

### （五）交通总量控制原则

所谓交通总量，是指交通量与其运行距离或运行时间的乘积的总和。如果从客货交通运输的情况来看，交通总量则分别是指客运周转量和货运周转量；它能够反映道路交通在空间和时间分布状况的主要指标。一般情况下，道路的增加比较交通总量的增长要慢得多；解决交通流量和道路之间的矛盾，除了采取其他管理措施外，科学的运用交通总量控制的方法，也可以收到良好的效果。控制交通总量，涉及城市规划和建设布局，要合理规划客运交通以及大型交通吸引点的设置，需要政府出台相关的政策和措施，包括交通工程措施、法规政策措施、交通经济措施和交通秩序管理措施等。

## 第二节　交通组织措施

### 一、交通组织措施的概念

#### （一）交通组织措施的意义

所谓交通组织措施，是指交通管理部门为了实现道路交通管理的目标，有效地整合、利用道路交通资源，对道路上运行的交通流进行规划、疏导、指挥和控制等活动。

交通组织的目的是为了充分发挥现有道路的效能，最大限度地消除交通事故隐患，改善交通环境，创造良好的交通秩序，从而实现道路交通的安全与畅通。并且，交通组织的对象是一个规模庞大、结构复杂、目标多样、功能综合、因素众多的道路交通系统。因此合理地协调局部和整体效益之间的关系，最大限度地提供适宜的交通运行条件，实现交通系统总体最优化，是交通组织的根本目的。交通管理部门采取的交通组织措施，是依据交通管理措施的原则和各种交通管理方法进行的活动，是在各种不同的交通条件下、不同的交通环境下综合运用的交通管理的方法和手段，具有整体性、综合性的特点。

#### （二）交通组织措施的类型

交通组织措施从基本归类上，可以划分为交通规划措施、交通设施措施和交通行为措施。

1. 交通规划措施。在交通组织措施中，交通规划措施有着重要的作用，它是针对特定区域内交通流的特性及其发展变化趋势，通过利用交通基础设施的协调布局，以及路幅的综合布置、路段和交叉路口几何参数的调整等措施、方法，从而达到充分利用现有道路空间，设计规划出最优化的交通流方案。

目前，许多大城市均规划建设环行道路、环行交通枢纽、高架路、过境道路等，可以有效地分流交通量，疏导过境车辆，英国伦敦 M25 号环路是世界上最长的环路，全长 195.5

公里，每天的车流量是25万辆，① 有效疏导了过境车流。

2. 交通设施措施。交通设施措施包括设置的交通安全设施、交通管理设施和交通功能设施。交通安全设施是为了防止发生交通事故，在道路上设置的某些交通设施；包括照明设备、隔离护栏、人行过街天桥和地道、道路反光镜、视线诱导标等。交通管理设施是为了保证交通安全畅通而设置的，以限制、警告和诱导交通为主要内容的交通设施；包括交通标志、交通标线、交通信号、交通情报信息系统等。交通功能设施是为了发挥道路的功能和车辆的运输效能，保障交通安全而设置的交通设施；包括停车场、加油站等。

采取不同的交通设施措施，设置具体的交通设施，体现了交通管理部门的行为意图，通过实施不同的交通措施形式，向交通参与者传递道路交通的信息，规范交通参与者的行为，从而达到对道路交通实施调节和控制的效果。

3. 交通行为措施。在交通组织措施中，具体的交通行为措施是最为常用的措施，包括交通指挥行为、交通控制行为、交通管制行为、交通疏导行为等；具体的交通行为措施是针对道路上的车辆和行人实施的，带有命令、禁止、限制、指示、许可等具体涵义和内容的行为措施。

上述三类交通组织措施的各种表现形式，虽然各自进行交通组织的方式、方法、手段有所差异，但它们之间存在着相互联系、相互补充、相互结合的关系，具有关联性和目标的共同性；在交通管理活动中，各种交通组织措施需要进行合理的配合、补充，才能达到最终的目的和效果。例如在需要对交叉路口进行通行管制时，可能会涉及交叉口的入口车道重新设置、交叉口渠化、信号设置、标志标线的设置等综合性问题，需要将交通规划措施、交通设施措施和交通行为措施有机的结合在一起应用，才能达到对交叉口的最合理、最有效的交通组织目标。

## 二、单向交通

### (一) 单向交通的含义

所谓单向交通，是指道路上的车辆只能按照一个方向行驶的交通。单向交通也称单行线，是一种解决城市交通拥堵，特别是解决老城区道路比较狭窄，增加交通容量的直接、有效、经济的方法。目前在许多城市道路管理中，实行单向交通的情况较为普遍，实践证明，对解决城市交通问题非常有益。一旦城市道路的交通量超出其自身通行能力时，往往会造成交通堵塞和出行延误，会带来交通事故隐患。为此，在原有的道路条件下，以及在原有的道路交通系统中，对某些道路采取合理的交通组织措施，实行单向交通，就可以在一定程度上缓解和改善道路交通拥堵的问题。所以说，现代城市道路交通系统中，单向交通往往是作为充分利用现有道路网容量，解决城市交通拥挤的一种经济有效的交通管理措施。特别在一些城市的老城区，街道比较狭窄，但路网密度相对较大的区域，可以对一些道路、街巷划出平行道路，组织实施单向交通。

国外有人称单向通行方式为"最便宜的低级高速道路方式"，所指的低级高速道路方式是指交通流的交叉点尽量减少的意义。② 早在20世纪初，美国的一些城市对个别道路实行单向交通，发现效果很好，随后将单向交通逐步加以推行，形成一定区域内的道路交通系

---

① 参见《伦敦如何疏导交通拥堵》，载《参考消息》2005年6月25日第7版。
② 杨钧主编：《公安交通管理教程》，中国人民公安大学出版社1997年版，第123页。

统。单向交通之所以受到广泛采用,就是因为它不需要很多投资,能较容易地达到改善交通条件的目的。美国开创单向交通的先河之后,欧洲许多国家的城市纷纷效仿,也大力推行单向交通;当前世界各国仍将组织单向交通措施,作为道路交通管理的一种重要方式。

(二) 单向交通的种类[①]

1. 固定式单向交通。所谓固定式单向交通,是对道路上的车辆在全部时间内,都实行按同一个方向行驶的交通。这种形式的单向交通主要用于交通拥挤的棋盘型的街道,经常用于一般辅助性的道路上,比如立体交叉桥上的匝道交通,大多是固定式单向交通。

2. 定时式单向交通。所谓定时式单向交通,是对道路上的车辆在部分时间实行按一个方向行驶的交通。一些城市的道路交通在高峰时间内,规定实行道路上的车辆只能朝着重交通流方向单向行驶,而在非高峰时间内,则恢复双向交通运行。所谓重交通流方向,是指交通方向分布系数大于2/3的车流方向。但要注意的是,实行定时式单向交通时,应当给非重交通流方向的车流安排出路,否则会带来交通混乱。

3. 可逆性单向交通。所谓可逆性单向交通,是指道路上的车辆在某一段时间内按一个方向行驶,而在另一段时间则按相反方向行驶的交通。即前一个时段用于一个方向的车辆通行,后一个时段则用于相反方向的车辆通行。这种情况的可逆性单向交通,经常用于车流量具有明显不均匀性的道路上;实施的时间,应当依据全天的车流量以及重交通流方向分布系数来确定,一般当分布系数大于3/4时,即可实行可逆性单向交通。比如早高峰上午的交通流主要是从市郊到市中心的方向,而晚高峰下午交通流的方向则相反。同时,要对非重交通流方向的车流给以出路。

4. 车种性单向交通。所谓车种性单向交通,是指仅对某一类型的车辆实行单向行驶的交通。这种通行方式在我国使用的相当普遍,经常用于具有明显的方向性以及对社会秩序、人民生活影响不大的一些车种,比如大客车、货运车等;有的是采用机动车单向通行,而自行车可以双向通行;有的采用小型车单向通行,而公交车可以双向通行等。在实行这种方式的单向交通时,对公交车和自行车可维持双向通行,可以充分利用现有道路的通行能力。

(三) 单向交通的作用

实行单向交通可以使道路交通状况发生很大变化,其作用主要表现为:

1. 提高道路的通行能力。由于单向交通只准许在一个方向上行驶,简化和改善了车辆的行驶条件,消除了与对向行车可能发生的正面冲突,减轻了快慢车之间的干扰;因而单向交通可以在一定程度上提高道路的利用效率和通行能力,减少了车辆阻塞和延误。据资料表明,宽12米的道路,在禁止路旁停车的情况下,双向交通的通行能力为2800辆/小时,单向交通的通行能力可达3400辆/小时。[②]

2. 提高车辆的行驶速度。由于单向交通减少了车辆之间的接触和交叉路口的冲突点,减少了车辆间速度的差异,可以缩短行车时间,提高行车速度。

3. 降低交通事故。交通冲突点是交通事故易发点,单向交通可以减少车辆的正面冲突和侧面冲突,减少车辆之间的接触,使行车安全得到明显提高。

---

① 丁立民主编:《道路交通管理》,警官教育出版社1999年版,第78页。
② 丁立民主编:《道路交通管理》,警官教育出版社1999年版,第78页。

### (四) 组织单向交通注意的问题

实践证明，单向交通在改善城市道路交通的措施中，无疑是一种投资少，见效快的方法，为改善道路交通有很多突出的优点。但实行单向交通，并非完美无缺，也存在着一些问题，如单向交通会增加车辆的行驶距离，增加驾驶员的工作量；容易导致迷路，给外地驾驶员的寻路带来不便；可能增加公交车乘客的步行距离，以及增加单向交通管制所需的设施等。因此在组织单向交通时，应当注意以下几个问题：

1. 设置单向交通的条件。要有平行、邻近、通行能力大致相等的道路；如果两条道路的通行能力不等，条件差的一条道路至少能满足交通量相对较低的一个方向的要求。

2. 两条平行道路的间距。单向交通的两个平行方向道路之间的距离，不应过大；一般以200米左右为宜，机动车单向交通行驶最大道路间距不应超过400米。

3. 适宜于道路狭窄，且有一定的交通量。因道路狭窄，车辆双向行驶较困难，或者混合交通矛盾突出的路段。

4. 单向交通道路上的交通设施完善。交通标志、交通标线要显著、醒目，易于识别，能够引导车辆正确行驶。

5. 在实行单向交通前，应向社会公告说明，使群众能及时了解和逐步习惯。

## 三、变向交通

### (一) 变向交通的含义

所谓变向交通，是指在不同的时间内，变换某些车道上行车的方向性或行车的种类性的交通，又称"潮汐交通"。变向交通按其作用可分为以下两类：

1. 方向性变向交通。这是指在不同时间内，变换某些车道上行车方向的交通；这类变向交通可使车流量方向分布不均匀现象得到缓和，从而提高道路的利用率。

2. 非方向性变向交通。这是指在不同时间内，变换某些车道上行车种类的交通；非方向性变向交通可分为变换车辆与变换行人，如机动车与非机动车之间相互变换，机动车与行人之间的相互变换，以及城市道路高峰时段使用变向车道等。使用这类变向交通，可以在一定程度上缓和各种类型的交通体，在时间分布上不均匀的矛盾。如在自行车高峰时间，变换机动车外侧车道，作为自行车道；在机动车高峰时间，则变换非机动车道，作为机动车道；在中心商业区的人流高峰时段，变换车行道为人行道，或设置定时段的步行街等。这些都是非方向性变向交通的情况。

变向交通可以合理使用道路，发挥道路资源的效能，充分提高道路的利用率和通行能力；对于交通流方向和各种交通工具类型的交通，在解决时间分布上的不均匀矛盾，有较好的效果。但变向交通会增加交通管制的工作量和相应的管理设施，且要求驾驶员有较好的素质，在过渡地段要集中注意力，以适应交通变换。

### (二) 方向性变向交通的实施条件

1. 路幅比较宽的道路，机动车的车道数，应在双向三车道以上。
2. 交通量方向分布不均匀，重交通方向的交通量大于2/3。
3. 重交通方向在使用变向车道后，剩余道路的通行能力，应满足剩余交通量的需求。

### (三) 非方向性变向交通的实施条件

1. 自行车借用机动车道的，仅适用于单向两条车道以上的道路，借用后机动车剩余车道的通行能力，应当满足机动车交通量的需要。

2. 机动车借用自行车道后，剩余的自行车道，应能保证自行车通行的安全。

3. 行人借用车行道主要适用于城市商业区，除了设定时步行街外，同时要对机动车进行分流疏导和控制。

### （四）变向交通的管制措施

1. 对于方向性和非方向性的变换车道，机动车道和自行车道相互借用的情形，可采用变换车标志的车道门和交通信号灯，显示进行交通动态控制，并使用塑料锥形桩进行隔离。

2. 对于非方向性变换车道中，除了使用行人借用车行道的标志外，应采用轻质材料护拦、道钉警示带等封闭设施加以控制，并通过媒体进行公告宣传。

3. 在高速公路上实施变相交通，除了采用门式变换车道标志外，还可用护栏式警示和隔离桩等来分隔车道。

4. 在变换车道上应配备警力疏导，备有警车巡逻，确保行车安全。①

## 四、通行限制

### （一）车种性通行限制

为了减少特定区域的交通负荷，在规定的时间内，限制某些类型的车辆在一些道路及相关区域内通行。一般根据交通状况来采取通行限制措施，确定具体限制通行权的车辆种类、行驶区域以及限制通行的时间。

1. 对车辆种类的限制。通常被限制进入市区通行权的车辆，主要是过境车辆、特殊用途的车辆等；通过过境道路、绕城道路通过市区。

2. 对机动车行驶区域的限制。通常被限制的区域，主要包括某些车流人流过度集中的道路、居民住宅区、商业区、集会场所或游行路线及其附近的道路，以及施工路段、事故多发地点等特殊路段。

### （二）交叉路口转弯限制

平面交叉路口转弯限制，包括禁止左转、禁止右转以及同时禁止左右转；这种限制措施主要用于以下情况：

1. 当平面交叉路口左转弯的车流，对于直行的车流干扰较大，且左转弯的车流量不大时；或者左转弯的车流量虽然较大，但可以通过绕行能够完成左转弯时，都可以采用禁止左转弯的措施。

2. 当平面交叉路口右转弯的车流，与同向直行的自行车流以及过街的行人冲突较严重时，可在绿灯期间禁止右转，改为在红灯期间进行右转。

3. 当平面交叉路口的某条入口道，为单向通行道路，需要禁止包括左、右转弯在内的所有车流驶入该条道路。

一般情况下，在一个交叉路口禁止转弯，只是简化了这个路口的车流冲突，将冲突矛盾转移到了其他地方；同时，禁止转弯还会增加车辆的行驶距离。因此在选用转弯限制时，应当综合分析，全面考虑，权衡利弊，然后再作出决定，尽可能减少对道路交通造成的不利影响。根据平面交叉路口的具体情况，禁止转弯可以是全天有效的，也可以只在一天内的若干

---

① 丁立民主编：《道路交通管理》，警官教育出版社1999年版，第86页。

小时内有效。禁止转弯的实施，一般需要设置交通标志、交通标线、交通信号、可变信息、渠化交通岛等相应的交通设施。

### (三) 专用车道

城市交通管理中，规划专用车道或专用道路系统，是缓解城市交通压力、改善道路通行能力的途径之一。专用车道包括公交车辆专用道和自行车专用道等。

1. 公交车辆专用道。公交车辆是指公共汽车、电车、城市有轨车辆、城市列车等。此外，出租汽车也属于城市公交车辆。普通公交车辆的特点是，载客量大，人均占用道路面积小，道路利用率高，一辆普通公交车所占用道路面积，仅相当于两辆小汽车，而载客量却是小汽车的20倍；由此可见，公交车辆可以最大限度挖掘已有道路的潜力，充分利用道路资源，减少上路车辆和交通拥堵。因此采用公交车辆专用道路可以提高车辆的运行效率和社会经济效益。

目前，许多城市开辟了公交车专用线、公共汽车专用车道，重视发展城市轻型有轨交通和地下铁道等。当然城市公共汽车专用车道的设置，应当具备相应的条件，一是道路单向交通应有两条以上的机动车道；二是公交车辆的流量大于100辆/小时；三是道路的剩余流量要与除了公交车流量外的其他交通流量大致平衡，不会严重影响道路的通行能力。

公交优先的理念是在城市道路资源受限的情况下，为保障大多数市民交通便利和出行权的最佳手段。据有科学关数据显示，一辆普通公交车所占用道路面积，相当于10辆自行车、4辆摩托车、2辆小汽车，但其载客量却是自行车的80倍、摩托车的40倍、小汽车的20倍。[①] 公交优先就是通过提供优先城市交通资源投入，优先考虑低成本、高质量的公交服务，就是群众大众优先，优先给公交分配路权。公交优先的效果会显著提高城市道路人员的通过量，维持城市生活的高效、舒适、方便，保持城市的动态活力，支撑城市经济社会发展。公交优先实现的前提是，优先考虑公共交通的路权，优先考虑人的位置移动需要，而不是车移动需要，优先为社会大众的出行提供顺畅道路，另外适度满足小汽车出行需求。为此，交通管理要优先给城市公交分配专用道路的使用权，优先考虑公交的需要设置交叉路口的信号及控制，优先保证对公交的城市建设与财政的投入。目前公共交通项目较其他项目具有更大的社会实际收益率，政府在城市规划中优先考虑公共交通的项目。通过给予公交车行驶优先权，使公交运行更稳定、乘坐更便捷，提高公共交通的运营速度和准点率，提高公交的服务水平。

2. 自行车专用道。作为自行车王国，我国自行车拥有量一直位于世界首位，长期以来自行车是城市交通的主要方式，是人民群众出行的主要交通工具。近年来，按照自行车管理的电动自行车的数量大幅度增长，成为新的交通管理难点。目前，城市自行车交通又出现了共享单车、共享自行车，其数量增长非常迅速，随着网络技术的发展而出现的新事物，对于缓解城市交通拥堵，简单方便，积极实惠，解决群众最后一公里的交通问题，发挥着积极的作用，但随之也出现了一些交通管理的新问题。根据自行车交通在早晚高峰时段流量大的特点，一些城市设置自行车专用道路，将自行车流量大的线路、线段，开辟成自行车的专用线路段，定时将自行车与公交车以及其他车辆分开，确保自行车交通的安全畅通；有些区域还

---

① 参见《发展公交体现公平》，载《西安晚报》2005年11月9日第4版。

开辟一些城市街巷，作为自行车的专用道路，极大满足群众出行的需要。

## 第三节 交通控制措施

### 一、交通控制措施的含义

所谓交通控制措施，是指交通管理部门为了提高道路通行能力，运用现代科学技术方法，规划安排交通参与者使用道路，对交通流进行合理分配，综合应用各种手段，对道路上的交通要素实施有效的管理控制活动。

当前，我国道路交通的最大特色是，一方面道路建设发展迅速，另一方面车辆增长速度很快，无论是机动车，还是非机动车数量增加迅猛。但是，由于混合交通的现象不可能在短时间内得到彻底改变，加之社会公众的交通安全意识还需要教育提高，在交通管理中存在的交通拥堵、交通延误、交通事故，仍然居高不下的现象还比较严重。因此交通管理部门在交通调查的基础上，掌握各地道路交通的特点以及车辆的构成、增长等情况，合理地规划、组织交通流量，最大限度地提高道路的利用率，充分发挥道路交通的功能效率。要求交通管理部门根据所在地区的道路交通状况，从宏观规制或微观行为的角度出发，采取交通控制措施，充分利用现有道路条件，达到提高道路通行能力，减少交通拥堵，降低交通公害，以期实现良好的道路交通秩序。

### 二、宏观交通控制措施

交通的宏观控制措施主要有：实行交通总量的削减、交通量与流分离、交通流的均分和交通方式连续；道路交通的微观控制措施主要有：信号控制、优先规则控制、渠化控制等。

#### （一）交通总量削减

所谓交通总量，是指交通参与者与交通运行时间或交通运行距离乘积的总和。交通参与者包括机动车、非机动车、行人等，交通参与者的运行时间为小时，交通运行的距离为公里；那么，交通总量则为辆、小时，人、小时，或者辆、公里，人、公里乘积的总和。

交通总量是个变化着的、动态的概念，不同于车辆拥有量；交通总量不仅要考虑交通参与者的数量，还要考虑时间和空间的因素。所谓交通总量的削减，就是在现有的道路条件和保证交通参与者合法交通权利的前提下，采取各种措施减少交通参与者的数量，或者缩短交通参与者在道路上的运行时间，以及减少交通参与者占用的道路面积。

实行交通总量削减是相对于一定的空间范围而言，诸如，为使城市中心的交通总量削减，解决城市中心的交通拥堵问题，采取优先发展公共交通和禁止通过城市中心的过境交通等措施；为使某一居民生活区范围内的交通总量削减，解决当地交通环境恶化问题，采取居民区内禁止机动车通行的措施等。实现交通总量削减主要有以下方法。[1]

1. 交通源点的控制。这是对道路交通源点的数量和分布进行宏观控制，目的在于减少交通量的生成。交通源点控制的主要措施：一是合理布局城市的生产、生活系统，以及城市的总体结构进行合理的布局，使人们能够就近出行，缩短出行时间，交通方便，不产生过多的交通量。二是合理调整交通客流、物流系统，采取就近修建住房、调换住房或工作单位等

---

[1] 丁立民主编：《道路交通管理》，警官教育出版社1999年版，第106页。

方法，改革物资流通体制，减少物流中间环节，合理调整流通过程等方法，缩短出行距离，减少出行数量，控制交通量的增长。三是大力发展现代信息交流手段，用现代通讯技术、网络技术，替代人员流动、物资流动，减少交通出行。

2. 优化道路交通结构。根据我国国情，在客运交通方面，优先发展公共交通，对其他交通方式予以适当限制，如小汽车限行；从交通管理来看，设置公交专用线或公交专用车道，增加公交车辆，加大公交车的出行比重，形成以公交车为主导的、合理有序的城市客运交通体系。在货运交通方面，大力发展专业性的货物运输体系，实行统一管理，可以提高运输效率和服务质量，减少交通流量，降低交通消耗以及重复、空驶交通。

3. 控制车辆交通范围。通过采用行政性的限制措施，从时间、地域、方向、车种等规定车辆行驶和停放限制范围；采用经济性的限制措施，对交通拥挤的路段、道路、设施等的使用，收取相应的费用，以此调节车辆和行人过于集中的状况，从而减少特定区域的交通量。

（二）**交通流分离**

所谓交通流分离，是指采用科学的交通管理手段，对不同方向、不同车种、不同特点的交通流，在时间或空间上进行分离，以减少相互干扰，使道路上的各种车辆、行人各行其道，有秩序的通行。实行交通流分离的意义在于，通过交通流的分离，合理的使用道路，均衡交通流量，提高道路的通行能力，从而改善道路布局不合理的状况，缓解局部道路的压力。

交通分离主要有以下几种方法：

1. 空间分离。这是指各种不同的交通流在不同空间的道路平面行驶，从而消除冲突点。如设置立交桥、高架桥、人行过街天桥和地道，以及开辟自行车、公共汽车专用车道等，实现空间分离。

2. 时间分离。这是指各种不同的交通流在不同的时间段，使用同一道路空间，从而减少相互干扰和交通负荷。如交叉路口信号灯控制，客货运输在交通高峰时段的错时通行，各种带有时间限制的单行道路等。

3. 物体分离。这是通过设置某些工程设施，对同一平面道路上的交通进行分离。物体分离可以分为，可逾越型和不可逾越型两种形式；可逾越型是指交通标志、标线、信号灯等，不可逾越型的设施有分隔带、隔离墩、护拦等。

4. 法规分离。这是指通过应用道路交通法规，对相互干扰、相互冲突的交通体进行分离。如交通法规所确定的转弯让直行、支路让干路，在没有划分车道的道路，机动车中间行驶、非机动车靠右行驶、行人须靠路边行走等规定。

道路交通分离主要有以下类型：

1. 不同方向交通流的分离。在交通活动中，不同方向的车辆发生碰撞时的情形最危险，特别是在高等级道路、车速较快的道路上，应当采用交通分离措施，从而尽量避免可能造成的危害。通常的做法是设置中央隔离带、隔离护拦，划定中心分离线，将双向交通改为单向交通，以及设置交通标志和交通信号，对主次干道交汇处的交通进行时间分离等。

2. 不同车速交通流的分离。对于同一方向行驶的车辆，可根据其速度的不同，分别在不同速度的线路上行驶；将不同车速的车辆进行交通分离的主要方法是，设置快速车道和慢速车道，或设缓行车道。

3. 不同交通体交通流的分离。对于不同交通体的交通分离主要有：自行车与机动车之间的交通分离，行人与机动车、非机动车之间的交通分离，公交车辆与其他车辆之间的交通分离等。这种交通分离的主要做法是，建设各个不同交通体的专用道路，开辟公交专用路线，设置对某些车辆的优先信号和优先标志等。

4. 不同状态交通流的分离。不同状态交通流，是指在道路上的动态交通流和静态交通流。为了保证道路的安全畅通，根据道路的使用情况，合理地对动态交通和静态交通进行分离；特别需要对于道路交通繁忙地段、狭窄地段，处于静态的交通体和其他物体进行分离、限制，如对于停放的车辆、堆放的物品等进行排除和限制。

（三）交通流量均分

所谓交通流量均分，是指将交通流量从时间上和空间上进行调整疏导，从而使道路上的交通流量分布均衡。交通流量的均分，对于缓解交通堵塞、消除交通拥挤能够起到很好的作用。由于交通流具有时间上和空间上分布不均的特点，在某些道路、某个时段、某个方向，会出现交通稀疏或交通拥堵的现象；因此交通流量也会随着时间和空间的不同发生变化，它是一个随机的变量。鉴于交通流量分布的不均匀性，要提高现有道路的利用率，必须采取措施将交通流量的不均匀分布，转变为均匀分布。交通流量均分的方法主要有以下两种：

1. 时间性交通流量均分。这种方法是通过降低高峰时段的交通流量，加大非高峰时段的交通流量，从而平滑交通时段，以达到交通流量的均分。如实行错时上下班制、弹性工作制、轮流休息制、夜间货运等。

2. 空间性交通流量均分。这种方法是通过充分利用道路空间，把某些道路上过分集中的交通流量分散开来，从而控制交通流的密集，弥补交通流的稀疏，达到交通流量的均分。采取的主要措施有，采用环线道路以及干道吸引交通流量，采用单向交通、可变车道等诱导交通流，禁止左转弯，建设过境道路等。①

（四）交通连续

所谓交通连续，是指在交通流组织、管理过程中，保证各种交通流尽可能地迅速、安全、不间断地运行，从而达到最短时间延误、最少消耗、最大效益的目的。交通连续可以分为交通工具、交通组织、交通设施和交通运营的连续性。

1. 交通工具的连续。这是指交通工具在交通全过程中所起的连续衔接作用。一般情况下，有的交通工具在交通的全过程中，不起连续作用；就是说，利用一种交通工具，不能完成一次有目的的出行，还必须辅以其他交通工具或其他交通方式，才能完成交通的全过程，属于不连续的交通工具。如飞机、火车、船只、公共汽车等。另一类交通工具则为连续交通工具，如自行车、摩托车、小汽车等，这些交通工具可以连续不断地完成出行的全过程。因此通过交通组织、交通设施和交通运营，改善不连续性交通工具之间的合理衔接，从而促进交通活动的全过程接近连续。

2. 交通组织的连续。在道路交通活动中，道路网是基本固定不变的，为了使交通参与者更好地利用道路网，就需要应用交通连续的原理，实施交通组织管理。如采用单向交通，必须系统化；在某些路口禁左，必须考虑辅之以其他路口可以左转弯等。

3. 交通设施的连续。交通设施的设置，必须保证交通全过程的连续性；一般情况下，交通设施是交通全过程中的连续点和转换点，是交通全过程的重要组成部分。如公共车站的设置，应当以减少乘车人的步行距离与换乘时间为原则；停车场的设置，要考虑到附近交通

---

① 丁立民主编：《道路交通管理》，警官教育出版社1999年版，第110页。

源的距离,不要超过无阻抗步行距离;交通标志设置的距离和密度,应当考虑驾驶人的视认性和记忆的连续性;设置交通设施,应当充分考虑驾驶员的心理特点,驾驶员对交通标志形成相对稳定的观念等。

4. 交通运营的连续。为了保证交通全过程的连续性,在交通运营上必须应用交通连续的原理,使交通运营的各项活动计划和安排,符合交通连续的原理。如对于公共交通的运营组织,采用统一的经营机构、统一票务管理、统一运行时间表等,使得各种交通形式的运营,安排相互衔接,从而保证交通的连续性。

## 第四节 平面交叉路口管理措施

### 一、平面交叉路口的特点与类型

#### (一) 平面交叉路口的特点

交叉路口是道路与道路的交汇点,也是道路网的连接点。两条或两条以上的道路,在同一平面相交时所形成的交叉路口,称为平面交叉路口。平面交叉路口在一般道路上较为常见,是连接和沟通不同方向道路所必需的结合点;在此相交的各种交通体,交汇于平面交叉路口后,才能转向其他道路。平面交叉路口的特点是:

1. 交通流量大。平面交叉路口是两条以上道路的汇集点,不同方向的交通体在这里相交、变换方向,交通流量明显大于一般的道路。

2. 交通冲突点多。在平面交叉路口,由于各种交通体的来去方向的不同,会形成多个合流点、分流点和冲突点;因而会造成车辆交汇、交通事故多发等问题。

3. 行驶速度低。各种车辆、行人之间在平面交叉路口会发生相互干扰,易出现交通阻滞,致使行车速度降低。

平面交叉路口存在的这些特点,使得其成为制约整个道路网通行能力的瓶颈。对于平面交叉路口的管理,是道路交通管理的一个难点和重点;为此,根据平面交叉路口的交通特殊性,本着减少冲突区域,减少和分离冲突点,固定转弯路线和控制相对速度等原则,采用灵活的管理方法和手段,适时有效地引导交通流,从而提高平面交叉路口的通行能力。

#### (二) 平面交叉路口的类型

平面交叉路口的形式主要取决于道路系统的设计规划、交通性质、交通流量、交通组织等因素,与交叉路口的用地及其周围建筑的情况也有一定的关系。一般常见的平面交叉路口的形式有:十字形交叉路口、X字形交叉路口、T字形交叉路口、Y字形交叉路口、错位交叉路口、复合交叉路口、环形交叉路口等。

### 二、平面交叉路口的交通冲突

由于交通体行驶的方向不同,特别是车辆在平面交叉路口形成的交通冲突现象,要比其他路段上复杂得多;因而,形成冲突点的形式也具有多样性,大致可以归纳为以下三种基本形式。

1. 交叉冲突点。交叉冲突点是指在平面交叉路口中,由不同方向车辆驶入,朝着不同方向驶出而形成的车流交叉点;这类冲突点主要由左转弯车流与直行车流的交叉形成的,潜在着冲突车辆侧面和正面相撞的危险。

2. 合流冲突点。合流冲突点的形成是在平面交叉路口中，由不同方向车辆驶入，朝着相同方向驶出的车流交汇点；这类冲突点潜在着侧面碰撞和追尾的危险。

3. 分流冲突点。分流冲突点的形成是在平面交叉路口中，由相同方向车辆驶入，朝着不同方向驶出的车流交汇点；这类冲突点除了可能发生追尾的情况外，一般没有其他碰撞的潜在危险。①

此外，对于道路通行能力影响较大的是在交织路段上形成的交织冲突点。所谓交织路段，是指在某一路段上，行驶方向大致相同的两股车流，相互以微小的角度插入对方，合并为一股车流，成为合流；以及合流后的车辆，又以微小的角度实现分流的现象。交织冲突点实际上是合流冲突点与分流冲突点的叠加，这种冲突点发生在整个交织路段中。

在平面交叉路口存在的以上冲突形式，会不同程度影响到交通流的行驶速度和交叉路口的通行能力，是发生交通事故的重要因素。交通冲突点的数量与交叉路口的类型关系密切，如果相交道路的条数增加，冲突点的数量也必然会增加。而且，由于交通体的类型不同，需要考虑机动车、非机动车、行人等，在平面交叉路口的独立及相互之间的交叉、合流与分流，所形成冲突点的分布情况，因而冲突点的数量还要增加。

事实证明，凡是相交道路越多，冲突点的数量越多，分布区域越大，交通秩序就越混乱，安全性能也就越差。因此，尽量减少和消除交通冲突点，是实施交通规划设计和交通秩序管理的关键，目前主要采取的方法，一是设置信号灯或由交通警察指挥，将不同方向的车流通行时间错开；二是设置交通渠化设施，进行交通流组织；三是在交叉路口修建立体交通，将车流运行从空间隔离开来。

### 三、平面交叉路口交通运行控制

在平面交叉路口通常采用的交通运行控制方式主要有以下几种：

1. 交通信号灯控制。交通信号灯控制的形式有点控、线控和面控。点控是对孤立交叉路口所采用的信号控制；可分为单点定周期交通信号控制和交通感应控制。线控系统是指对一条主干道相邻交叉路口的信号，实行协调和自动控制，亦称绿波通行带或绿波控制；可分为绿波带线控系统、自动感应式、前置信号与速度指示并用的线控系统。面控系统是对城市某一区域所有交叉路口的交通信号，实行计算机统一协调的自动控制。

2. 手势信号控制。手势信号是交通警察采用手势指挥交通的一种信号，手势指挥具有明显、简便、灵活和适应性强的特点，不仅适用于交叉路口，而且广泛应用于各种交通活动现场，以及比较复杂的特殊交通活动场合。虽然交通信号灯已实现自动化，但鉴于交通流的复杂性，仅靠交通信号仍不能完全保证交叉路口的畅通，还需要辅之以交通警察的现场指挥。

3. 优先规则控制。在平面交叉路口的优先规则控制，包括停车控制和让路控制；停车控制是指车流进入交叉路口时，必须先停车，观察路口的车流情况，确认安全后，才能进入或通过交叉口；停车控制又可分为全向停车和单向停车，全向停车是所有到达交叉路口的车辆必须先停车，等待出现空挡时再通过；单向停车则是在次要道路的车辆必须先停车，等候出现安全间隙时再通过。让路控制是指在次要路口或车辆较少的引道入口，设置让路标志，次要道路上的来车在确认主道有安全间隙时，才能通过路口。

---

① 丁立民主编：《道路交通管理》，警官教育出版社1999年版，第114页。

采用停车、让路控制的交叉路口，应当符合的基本条件，一是支路上的交通量大大低于干道上的交通量；二是支路进口处的视距较差；三是干道上的交通流复杂，车道过多或转弯车辆较多。

4. 自行调节法。对于转盘、环形交叉路口的运行车辆，采用自行调节方法驶入和驶出环形交叉路口。这种方法在条件适合的情况下，效果较好；但交通量过大或混合交通严重的交叉口不宜采用，还需应用其他运行控制方法。环形交叉路口按其中心岛直径的大小，可分为常规环形交叉口、小型环形交叉口和微型环形交叉口。

5. 不设管制。对于交通量不大的交叉路口，一般不设管制，车辆根据有关规定和安全原则通过。[1]

对于平面交叉路口交通运行控制方式的选择，是一个涉及多方面因素的问题。包括相交道路的性质、等级、交通量的大小、方向分布，交通安全性、非机动车和行人的流量，以及当地的交通环境和自然条件等。

### 四、平面交叉路口渠化

#### （一）平面交叉路口渠化的含义

所谓平面交叉路口渠化，是指在道路上采用交通标志、交通标线、交通岛、分隔带、护栏等设施和方法，使各种不同类型、不同方向、不同速度的车辆，向渠水一样顺着一定方向、互不干扰地通过交叉路口，从而实现人、车分流，各行其道、顺序行驶的目的。渠化交叉路口，可以有效地保障交通安全，提高行车速度和通行能力，能够有效地解决畸形交叉路口的交通问题。

平面交叉路口的渠化设计的理论，应当根据交通工程原理和车辆的基本特性。在进行渠化设计时，应充分考虑相交道路的类型、各个入口的车流量、交通流方向、交叉口周围的环境，以及交通管制的方式、交通信号的配置等因素，进行综合分析、比较，在多个设计方案中来确定最终实施的方案。

#### （二）平面交叉路口拓宽渠化

平面交叉路口的进口、出口在规划设计时，应当设置展宽段，以增加车道的条数。通常在城市老城区道路的平面交叉路口，一般没有展宽段，可以结合具体条件进行路口的拓宽渠化，也就是在交叉口相交道路两侧各 50 米至 80 米左右范围内，逐渐加以拓宽渠化。平面交叉路口的拓宽渠化，是投资少、见效快、简单易行的路口交通改善措施，经拓宽渠化后，一般可以提高通行能力 30% 至 50%。主要有以下拓宽的方式：

1. 对进入口车道的右侧予以拓宽，增设右转弯车道。
2. 对进入口车道的左侧予以拓宽，可缩窄较宽的中央分隔带；若没有中央分隔带或中央分隔带较窄时，将直行车道中心线向左偏移，设置左转弯专用车道。
3. 对进入口车道的左、右两侧同时拓宽，在进入口断面上设置左、右转弯专用车道和若干直行车道。

设置左、右转弯专用车道后，应当施划导向箭头，标明各车道所供车流行驶方向。平面交叉路口的出口车道数，原则上应与进入口的直行车道数相等，并将出口车道布置在进口直行车道的延长线上。这样可以基本保持通过交叉路口的直行车流量出入平衡，避免车辆在交

---

[1] 丁立民主编：《道路交通管理》，警官教育出版社 1999 年版，第 117 页。

叉口内增加合流点。

**（三）利用交通岛渠化平面交叉路口**

在渠化交通中，通常采取高出路面的交通岛的形式进行渠化。交通岛的外部形状一般有三角形、长方形、圆形、半圆形、椭圆形、月牙形、水滴形、弹头形、条形等形状。根据交通岛的功能和设置位置的不同，一般分为分流岛、导向岛、中心岛和安全岛。

分流岛是用于分隔反向或同向车流而设置的，带有一定的形状，可以在地面划设，内有斜线的带状图形来代替分流岛；其主要作用是尽量避免车流相互干扰，减少冲突面积，控制行车速度。

导向岛是为了指引行车方向，改变交通流交叉角度，避免行车方向错误而设置的；它能够有效地组织交通流，消除冲突点，并可用来约束车道，限制车速，保证行车安全。

中心岛设置在交叉路口中心，用来组织左转弯车辆和分隔对向车流。

安全岛是为行人通过道路时，避让车辆而设置的；一般设置在车行道比较宽的人行横道上，用于保证行人过街的安全。

在平面交叉路口利用交通岛渠化的目的在于，消除多余的路面空间，促使车辆流向合理，减少交通冲突点，控制车辆行驶位置和距离，限制行车速度，从而保证车辆和行人的交通安全。渠化交通岛通常设置在行车轨迹很少碾压到的空间范围，或者不作为行车之用的区域，并根据对交通流的调查观测，选择和确定交通岛的形状、位置、大小、数量等。

# 第七章　道路交通勤务

## 第一节　道路交通勤务概述

### 一、道路交通勤务的概念

**（一）勤务的概念**

"勤务"一词，按照《现代汉语词典》的解释，是指"公家分派的公共事务"。勤务，就公安工作的性质而言，是指部门以业务为基础，以高质量完成任务为目标，科学安排警力，保证在任何时候、任何情况下，始终处于严密的组织系统中，保持良好的工作状态，履行职责。在公安机关，勤务包括内部勤务和外部勤务两类。内部勤务是指机关的内部管理工作运转程序和成员对外发生联系的活动。外部勤务是指依照法律行使职权的一切职务行为，也就是日常从事的刑事侦查、治安管理、交通管理、消防管理、出入境管理等主体业务工作。

**（二）道路交通勤务的概念**

道路交通勤务，有广义和狭义之分。从广义方面来说，公安机关交通管理部门围绕道路交通管理工作，履行职责的活动，都可称为道路交通勤务。从狭义方面来说，专指公安机关道路交通管理部门的人民警察为保证道路的安全、畅通、有序，依据道路交通法及道路交通的实际状况，对于警力部署、岗位设置、道路秩序等进行的组织、管理、指挥、处置等一系列的活动。这里主要指的是狭义的道路交通勤务。

### 二、道路交通勤务的类型

道路交通勤务按照工作特点的不同，一般分为日常道路交通勤务和特殊道路交通勤务两大类。

**（一）日常道路交通勤务**

常态化的情况下，根据内外工作的不同，在岗位设置上分为外勤和内勤两部分。外勤是交通管理工作得以实施的主要业务，是交通管理最主要、最大量、最直接的管理工作，如交叉路口的指挥疏导、交通巡逻、检查来往车辆、处理道路障碍、维护交通秩序、交通事故现场勘查与处理以及道路交通安全宣传等，都是通过外勤工作实现的。根据管辖区域的不同，外勤勤务又包括公路交通巡逻勤务和城市日常道路交通勤务两类。

相对于外勤工作而言，内勤工作主要担负计划方案的制订，接报各种路面信息并对岗位、警力情况进行协调，对施工占路等静态道路交通秩序进行管理，对道路交通安全违法行为进行非现场处罚等各种非直接在路面上的管理工作。

#### （二）特殊道路交通勤务

这是指在特定或非常情况下，专门安排组织的交通勤务。特殊道路交通勤务主要包括交通警卫和突发事件时的交通管制。特别是道路交通警卫工作，是道路交通管理和公安警卫工作的重要组成部分，是保障党和国家的重要领导、重要外宾、重大活动、重要目标交通安全的专门举措，是交通管理的重要工作任务之一。

### 三、道路交通勤务的特点

道路交通勤务工作由于直接从事道路交通秩序的维护和管理，无论是在工作内容还是在工作形式方面，都有别于政工、后勤等其他部门的工作。一般来说，道路交通勤务具有以下几个显著的特点。

#### （一）制约性

一方面，道路交通勤务是依法对道路交通秩序进行的管理活动，其工作性质本身就决定了在执行勤务工作的过程中，势必要求其管理对象交通参与者，在参与交通的过程中，必须按照一定的规范进行交通活动，以保证道路交通的安全、畅通和有序，因此对交通参与者具有一定的制约作用。另一方面，由于道路交通管理又是一项庞大的系统工程，其工作职责要求交通管理部门必须对道路交通实行全天候、全方位的管理。为实现这一目标，各级交通管理部门和交通值勤警察，必须按照预定的部署，在规定的时间、规定的地点完成规定的任务，不得随意改变；同时要求各交通管理部门及交通值勤警察在工作时，必须执行勤务工作规范。因此道路交通勤务，客观上对道路交通管理主体本身也具有较强的制约作用。

#### （二）时间性

道路交通勤务的时间性一般主要体现在三个方面：一是日常勤务工作的时间要求。勤务规划部门必须按照道路交通的实际状况科学设计勤务时间，而交通警察必须按照规定的时间完成规定的任务，不得随意改变。二是对出现意外情况时的时间要求。例如，对出现交通事故，一些地区和部门分别结合各自的实际情况规定了交通警察到达现场的时间，对事故现场的勘查和对道路交通安全违法行为的现场处置，也规定了明确而具体的时间要求。三是对交通警卫工作的时间要求。由于交通警卫工作一般具有规格高、线路长、影响社会交通多、临时性活动安排多等特点，为最大限度地保证警卫对象安全，同时最大限度地减少对社会交通的影响，在勤务时间的设计和执行上，就必须做到环环相扣，不得出现任何疏漏。

#### （三）灵活性

由于道路交通具有复杂性的特点，各种情况随时可能发生。因此，执行勤务工作的各级实战部门及交通警察，除按照勤务规范要求执行外，还必须根据现场实际，坚持原则和灵活相结合的方针，最大限度地保证道路交通的安全、畅通和有序。例如，在执行日常的巡逻及指挥疏导勤务时，应根据交通流量的情况随时调整自己的工作重心。高峰时，应以疏导为主；流量较小或平峰时，应以纠正和处理道路交通安全违法行为为主。又如，在执行道路交通警卫任务时，如果警卫路线出现意外情况，就不能按常规按部就班地进行，必须尽快清理现场，保证警卫路线的畅通；如果情况复杂，不能保证警卫对象的安全，就必须立即启动预案，采用改道行驶等措施。

#### （四）责任性

道路交通勤务工作是一项十分严肃的工作，无论是在方案的设计上，还是在具体的执行环节上，都不容出现任何的大意和闪失，特别是在交通警卫工作中，必须要做到万无一失。

因此，交通警察在执行道路交通勤务的过程中，如果出现违反勤务工作纪律、造成损害和恶劣影响的行为，当事人、领导都必须承担相应的责任，这是由公安工作的特殊性所决定的。这就要求交通警察在执行勤务时，必须具有良好的法律意识、政治意识、服务意识、形象意识、责任意识，同时还必须以娴熟的业务作为完成好任务的保障。

### 四、道路交通勤务的地位与作用

道路交通勤务的地位和作用概括地讲主要体现在如下方面：

**（一）道路交通勤务是道路交通管理的重要手段**

道路交通管理作为一项庞大的系统工程，最终都离不开路面的管理，都需要在具体的道路交通管理工作中予以实现。上级制定的各种政策措施需要通过勤务工作予以贯彻，路面上出现的各种问题需要通过勤务工作来解决。

**（二）道路交通勤务是道路治安管理的重要组成部分**

道路治安管理是交通警察的一项主要职责，要求交通警察在执行勤务过程中，除维护道路交通秩序外，还要承担维护道路治安秩序，预防和制止在道路上发生和发现的违法犯罪活动，堵截在逃人员及其他犯罪嫌疑人，依法查处公路上的"三乱"行为，接受群众报警及求助等工作。

**（三）道路交通勤务也是公共安全保卫的一项重要任务**

道路交通勤务中特殊勤务就是对符合警卫规格的首长、外宾或一定规模的群众活动进行的交通警卫，对地震、水灾、火灾等突发事件的交通管制和疏导等工作。道路交通勤务事关国家的声誉、首长的安危、人民生命财产的安全，责任重大。这些都是公共安全保卫工作的一个重要方面。

**（四）道路交通勤务是展示警务活动的窗口**

道路交通勤务在道路交通管理的各项工作中，承担着指挥疏导、路面执法、事故处理等活动内容，主要面对的是社会群众。交通警察执法形象如何，道路交通秩序的怎样，交通管理部门的办事效率、工作水平以及服务水平的高低等，都通过道路交通勤务具体体现出来。因此道路交通勤务势必成为人民群众透视整个警务工作的一个窗口，代表着警务活动的整体形象。

### 五、道路交通勤务的要求

公安机关交通管理部门担负着打击敌人、保护人民、维护法律、维护正义的任务，并在履行职责的过程中，通过创造良好的交通环境，实现服务国家的改革开放和经济建设、服务社会、服务最广大人民群众的根本利益的最终目的。要实现这一任务和目的，就要求交通警察在执行勤务工作、履行职责时，必须做到以下几点。

**（一）遵守法律，严格执法**

作为政府的执法部门，公安机关交通管理部门的工作是代表政府依法对道路交通的管理。因此，要求交通警察在执行勤务的过程中，一是要牢固树立法治意识和法治观念，坚持依法办事；二是要知法、懂法，不仅要掌握具体的条文规定，还要深刻理解制定法律、法规的立法思想和科学原理，把握法律、法规的体系结构和各组成部分之间的内在联系，提高依法管理的科学性和准确性；三是要大力宣传法律、法规，让道路交通管理的法律、法规深入人心，这也是实现道路交通管理目标的基础工作和根本措施；四是做自觉守法的模范，带动社会群众共同守法；五是要严格执法，认真维护法律的尊严，做到有法必依、执法必严、违法必究。

**（二）热情服务，礼貌待人**

交通警察要通过各种管理活动，积极主动地为广大交通参与者提供优质的行业服务，其服务职能主要体现在道路交通管理的各个环节，而其中最为明显的还是交通警察在执行日常勤务工作时，所体现出的服务意识和服务水平。正确认识管理与服务的关系，既要做到严格执法，又要坚决杜绝"冷、硬、横、推"，以及"门难进、脸难看、话难听、事难办"等不良现象，努力提高为人民服务的本领，真正做到热情服务，不断提高服务水平。

**（三）坚守岗位，遵守纪律**

道路交通勤务工作所具有的制约性、时间性、责任性等特点，决定了交通警察在执行勤务工作时，必须时刻坚守岗位，严格遵守岗位工作纪律。一般来说，交通警察的岗位纪律主要包括以下几个方面：一是执勤姿态端庄，指挥手势规范；二是警容严整，按规定着装，佩带警具符合要求；三是执勤时应坚守岗位，不能擅离职守；四是语言文明、规范；五是纠正违法行为时，态度和蔼，公正执法，以理服人；六是严禁以权谋私。只有坚守岗位纪律，才能保证各项勤务工作的完成。这既是人民职业道德的基本要求，也是公安工作的性质和特点在勤务工作中的具体体现，是对交通警察最起码的职业要求。

**（四）调查研究，科学管理**

随着我国改革开放的深入进行和经济的持续发展，道路、车辆高速增长，交通矛盾日益突出，如何适应这一变化，是当前勤务制度改革的一项重要课题。这就需要我们必须加强对各种交通现象和交通规律的研究，深入开展调研活动，通过科学的规划，保证交通的勤务制度与交通形势的发展相适应，从而实现对勤务工作的科学管理。这既是形势发展的必然，也是保证交通管理各项勤务工作顺利实施、提高交通管理效能的根本保障。

## 六、道路交通勤务的配备

道路交通勤务要达到一定的效率，必须做到科学配备。道路交通勤务的配备主要从以下三个方面考虑：交通勤务人数的控制、交通勤务方式的确立和交通勤务队伍的编制。

**（一）确定交通勤务人数应考虑的因素**

一个地区的交通勤务人数需要从城市人口、机动车保有量、城市规模、城道路网特征、交通组织模式、道路长度、接处警时间要求以及当前交通管理技术手段等方面综合考虑。

**（二）交通勤务方式的确立**

道路交通勤务依据其特点，可划分为外勤、内勤和特勤。交通民警在道路上进行交通管理活动，即为外勤。外勤又分为固定岗勤务和机动巡逻两大类。固定岗勤务适用于城镇街道上的大型平交路口，城市道路交通矛盾多发生在平交路口，尤其是大型平交路口。当交通负荷发生变化时，就会出现交通问题，设置警力可以及时发现和处理。机动巡逻适用于高速公路、一般公路、城市快速路、城市干道和交通小区。机动巡逻是用较少的警力对线路或区域实施流动管理的一种勤务方式，这种勤务方式较固定岗勤务具有机动灵活、管辖面大等优点。机动巡逻勤务方式可以及时发现车辆行驶过程中的一些交通安全违法行为，对某些特定路段路口，可以实施短时监视或交通疏导。内勤，是指交通民警在办公室或办公窗口进行的交通管理活动，内勤的交通管理活动种类很多。特勤，是指以交通警卫及临时性交通管制为主的交通管理活动。

### (三) 交通勤务队伍的编制与职责

我国现行地方交通管理的勤务队伍编制，为四级编队，省级公安交警总队对全省的公安交通管理工作负有领导职能。地市级公安交警支队对本市道路交通具有直接管理的职能。区县级公安交警大队主要负责本区县的交通管理工作，交警大队主要管理本区县的道路交通秩序、交通事故处理、交通法规宣传与安全教育等，是交通勤务队伍的主体，具有交通执法的主体资格。在交警大队中，设置若干交警中队，直接负责路面的日常交通指挥和执法任务。

### 七、道路交通勤务的管理

#### （一）道路交通勤务管理的概念

道路交通勤务管理，是指交通管理部门对道路交通勤务的领导和组织。包括勤务方案的制定、勤务方案的实施、勤务考核等方面的内容。道路交通勤务管理依据现代科学管理理论和有关规定，对道路交通勤务工作进行科学管理，其目的在于科学地使用警力，调动交通值勤警察的工作积极性，充分发挥道路交通勤务的效能。

#### （二）道路交通勤务管理的职能

道路交通勤务管理的职能，是指交通警察勤务管理活动所具有的职权能力和管理范围。交通管理部门的各级勤务管理干部，根据勤务管理的具体任务和要求，通过相应的管理机构，依次实现计划、组织、控制、协调等一系列职能，最终取得实际的效果。由于道路交通勤务具有工作分散、任务繁重、接触面广、政策性强等特点，要做好这项工作，必须实行统一计划、统一领导、统一组织、统一指挥、统一行动，才能协调一致地完成各项勤务工作。

1. 计划职能。道路交通勤务管理中的计划职能，是指对勤务管理工作预定的任务作出设想、安排和决策，确定任务的内容和工作方法，并提出具体要求及最终目标，是勤务管理活动的一项核心职能。一项勤务管理任务能否顺利进行并达到预期的目标，关键取决于计划的正确与否以及在执行中决策者对计划进程实施控制和修正的水平。科学合理的勤务管理计划，是在认真贯彻群众路线，充分进行调查研究的基础上产生的，在执行过程中，还要根据实际情况的不断变化进行适当的调整和补充，使计划能够最大限度地反映交通管理工作的客观要求和现实情况。勤务管理计划按时间分类，有长期计划、中期计划和短期计划；按内容分类，有个别计划和综合计划等。

2. 组织职能。道路交通勤务管理中的组织职能是勤务管理活动的一项关键职能。通过各级勤务管理机构的正确领导，把勤务管理计划和决策化为具体的行动，并指导计划全面地贯彻和落实。在开展勤务管理活动时，能否达到预定的目标，很大程度上取决于勤务组织工作的优劣。例如，当上级领导机关布置某项任务时，内容、目标都是统一的，但在执行过程中，由于单位不同，勤务效率也不同，达到的效果必然有好有差，除特殊因素影响外，造成差别的关键是组织工作是否安排得当、科学、合理。勤务组织主要包括勤务岗位的设置、调整和有效地运用，各勤务岗位警力的合理配备和科学的分工等各项活动。

3. 控制职能。道路交通勤务管理中的控制职能，是指勤务管理干部根据勤务计划的要求和标准，对交通警察在交通管理活动中出现的某些问题，进行纠正或调整的活动，是勤务管理活动的一项重要职能。其基本内容包括确立勤务管理的标准，掌握勤务计划执行的偏差、信息和反馈量，确定纠正勤务管理偏差的措施和方法等项工作。

4. 协调职能。道路交通勤务管理中的协调职能，是指对交通管理部门的上下级之间、同级之间和不同机构之间、各种活动之间、各机构的人员之间关系的合理调整，以避免冲突，减少相互之间工作的不和谐，形成纵横向之间的良好关系，保证有效地完成交通管理任务。协调既可统一各级交通管理部门和各交通警察之间的交通管理活动，又可实现他们之间合理的、明确的分工，调动各级业务机构的积极性，排除各自为政或互相扯皮的现象，有效地提高勤务管理效率，更好地完成交通管理任务。

### (三) 道路交通勤务管理的内容和方法

经过实践活动，已经把交通勤务管理的诸多内容和各种方法，归纳起来而形成一套规章制度。它有利于交通勤务的具体落实、检查考核和有效进行。

1. 岗位责任制。岗位责任制是交通警察勤务管理的一种最基本的规章制度。建立岗位责任制，给执勤民警规定责任范围，明确职责、任务和要求，实行包干负责制，以便于检查和考核。岗位责任制的基本点是"五定"，即定岗段、定人员、定时间、定范围、定任务。为了落实岗位责任制，要求执勤民警在调查研究的基础上，切实做到"四知"，即知岗段的交通流量和流向，知交通参与者的特点，知责任范围内单位的安全情况，知本管辖区内的管理重点。"四知"的目的在于有针对性地采取措施，加强责任区的管理。

2. 分级管理制。分级管理制是指对交通民警勤务按不同层次进行管理的一种管理形式，即通常所说的"三级管理、四级查勤"的一种勤务管理制度。"三级管理"是指交通执勤民警要接受本小队、本中队和本大队的监督和管理。特别是在参加中队或大队直接负责指挥领导的高层次勤务，则直接受中队和大队一级管理。因为不同等级的交通勤务的指挥权和领导责任是由不同层次的领导机构来承担的。"四级查勤"是指查勤工作同时可由大队、中队、小队和班组四个层次分头进行。这种上下结合的查勤制度比较严密，有利于保持执勤民警的工作热情和责任心，也有利于各单位的考评工作。总之，"三级管理，四级查勤"是按不同管理层次落实交通勤务的任务、职责与权限的一种制度，其目的在于使各管理层次各负其责，以便提高交通勤务的效率。

3. 考核奖评制。考核奖评制是指对交通民警执勤表现的检查、考核和评价的管理制度。其目的在于总结交流经验，落实奖惩制度，促进交通勤务工作。考核奖评的内容，主要是交通勤务的执行情况，包括思想作风、工作态度、业务能力和管理效果等。考核奖评的方法是以查勤为基础开展评比活动。一般来说，分队进行月初评；中队每季度或半年进行中评；大队在年终进行总评。对评选出来的先进岗位和先进个人，授予荣誉称号，或者进行其他形式的表彰、奖励；对不负责任、玩忽职守的民警，要给予必要的处罚。

## 第二节 常态化交通勤务

### 一、道路交通外部勤务

外部勤务是常态化的即日常道路交通勤务工作的主要内容。在相同的交通环境下，道路交通秩序的好坏，直接反映外勤勤务工作的水平。因此做好外部勤务工作，是各级交通管理部门最重要的任务，也是衡量基层实战单位工作绩效的重要标准。具体来说，常态化道路交通勤务的外勤，包括勤务内容、岗位设置和警力配备。

常态化交通勤务的内容有四个方面：一是交通指挥疏导。主要指在平面交叉路口的岗位疏导和重要路段的流动疏导。前者是执勤在交叉路口以手势、指挥棒或手控信号灯，指挥各方向的车辆和行人；后者则主要是当某些路段出现交通堵塞时，临时性地实施疏导、调度和排解，以恢复交通畅通。二是维护交通秩序。采用宣传教育方法，引导车辆和行人安全有序地行驶；纠正和处理各种交通违章；保护事故现场，协助伤员救护和事故现场勘查。三是检查来往车辆。随时注意过往车辆，将部分有疑问的车辆拦截下来，检查机械有无故障，装载有无问题，牌证是否相符，驾驶员是否酒后开车和驾驶证是否有效等。四是排除道路障碍。加强道路占用管理，取缔道路违章占用，纠正违章停车，以保障道路畅通。

交通勤务的岗位即交通民警的执勤地点和范围，可分为固定岗位和流动岗位两大类。固定岗位包括信号灯岗、徒手或指挥棒指挥的岗位和固定检查站。流动岗即是以路段或路线为执勤范围的不固定的勤务岗位，主要以驾车或徒步巡逻的方式进行。交通勤务岗位设置，主要是根据城市或地区的特点，道路交通情况，交叉路口所处位置以及其他具体情况来决定和安排。这种安排并非一成不变，应根据情况变化和实际需要进行调整和增减，力求科学化。

常态化交通勤务的警力配备，应根据城市或地区大小、人口与车辆的多少、道路交通及其管理的规模而编制配置的。日常交通勤务的警力配备，一方面根据岗位设置的需要，分清主次、合理安排；另一方面要根据具体条件，保持一支机动力量以应急需。同时，还要组织各岗位之间必要的相互支援，做到既能明确分工，坚守岗位，又能互相支援，协同作战。

根据管辖区域的不同，道路交通外部勤务主要包括公路交通巡逻勤务和城市日常道路交通勤务两大类。

**（一）公路交通巡逻勤务**

1. 公路交通巡逻勤务体制的建立。公路交通巡逻是道路交通管理的有机组成部分，是近几年为适应道路交通管理形势的变化而设立的一种新的巡逻体制，是公安机关为维护社会治安，预防、制止和打击各种现行违法犯罪活动而在公路上采取的巡查警戒的措施。为此，公安部1996年发布了《关于组建公路巡逻民警队在公路上实施统一执法工作的通知》，决定在市、县公安机关建立公路巡逻警察队，对辖区内公路上的治安和交通管理问题实施统一执法，并规定公路巡逻警察队除承担原有交通管理职责外，还负责公路上刑事、治安案件的先期处置工作。2011年7月1日起施行的《公路巡逻民警队警务工作规范》，对公路交通巡逻体制进行了进一步的规范和完善。

公路交通巡逻勤务体制的建立，一方面，解决了以往对公路管控力度不足的情况；另一方面，为实现一警多能，最大限度地打击和震慑违法犯罪活动，迈出了重要一步，是符合公路动态治安管理要求的勤务体制。

2. 公路交通巡逻勤务的职责。公路交通巡逻勤务将大量的警力分布在公路的各个路段，不分昼夜值勤巡逻，一旦发生案件，群众随时可以报警、报案，公路巡逻警察则可就近赶往发案地点紧急处理。因此，它具有发现案件快、接受报案快、赶赴现场快、保护现场快、调查取证快、抢救被害人快、抓获犯罪嫌疑人快等特点。按照《公路巡逻民警队警务工作规范》要求，公路巡逻警察的工作内容主要有八个方面：

（1）维护交通秩序，纠正、处罚交通违章行为，预防和处理交通事故。

（2）维护公路治安秩序。近年来，发生在公路沿线上的治安案件、事件比较突出，因此维护公路的治安秩序，已经成为公路交通巡逻的重要工作内容之一。

（3）预防和打击公路上发生的违法犯罪活动。近年来，发生在公路上的违法犯罪案件有所上升，一些不法之徒把公路作为获取不义之财和进行其他违法犯罪活动的场所，车匪路霸问题比较突出，成为公路巡逻警察需要重点解决的问题之一。

（4）查缉逃犯及其他违法犯罪嫌疑人。积极支持和配合各级公安机关，对发生的交通肇事逃逸以及其他利用陆路交通工具逃逸的违法犯罪嫌疑人，进行设卡盘查和堵截。

（5）制止乱设站卡等妨碍道路交通安全的行为。一些地区，"三乱"问题还有不同程度的存在。因此依法制止"三乱"行为，也是公路交通巡逻的重要任务之一。

（6）接受报警。对公民的报警，公路巡逻警察应认真对待，仔细审核，并做好登记和报告；对时效性强的报警事件，应立即作出反应，对一般的治安案件进行先期处置。

（7）救助人身、财产安全受到侵犯或者处于其他危难情形的公民。救助在公路上遇到困难的群众，是公安工作全心全意为人民服务宗旨的根本要求，也是公路巡逻警察义不容辞的职责。

（8）法律、行政法规规定应当履行的其他职责。

3. 公路交通巡逻勤务的组织机构。公路巡逻警察队由市、县交警支队、大队改建，地级市的称为公路巡逻警察支队，县（市）级的称为县（市）公路巡逻警察大队，县（市）公路巡逻警察大队下设公路巡逻警察中队。原有的交通管理职责和任务不变，在队伍管理和业务工作上仍受当地的公安机关和上级交通管理部门的领导和指导；在预防、处置刑事犯罪和治安管理工作上接受同级刑侦、治安管理等部门的业务技术指导。高速公路巡逻警察支队、大队接受所在地的市、县（市）刑侦、治安管理部门的业务技术指导。

4. 公路交通巡逻勤务的方式。公路交通与城市道路交通由于具有不同的特点，交通勤务方式也有所区别，一般公路交通采取以机动巡逻为主、机动巡逻与定点执勤相结合的勤务方式。具体要求是：白天巡逻与夜间巡逻相结合，驾车巡逻与流动设岗相结合，公开巡逻与隐蔽巡逻相结合，常规巡逻与重点突击巡逻相结合，实行的是24小时不间断管理的勤务制度。这就保证了在时间和空间上都能对所辖路段给予绝对的控制。但实际上，由于存在警力不足和管辖路段长的限制，要做到绝对控制难度较大，因此各地普遍采用的是控制主干道、兼顾其他道路的管理原则，而且采取的是动态、静态相结合的巡逻模式。所谓动态巡逻模式，即机动巡逻模式，是根据管辖道路情况，安排一定警力分时、分段对所管辖路段进行不间断的对向机动巡逻，其作用是可以及时发现公路上出现的各种交通与治安事件，并及时予以查处。所谓静态巡逻模式，即定点卡口，主要是根据本管界路段经常出现的问题，在一些道路情况复杂、发案较多的路段，或交叉路口、高速公路收费口等便于查堵的地方，安排一定警力进行定点执勤，其作用是便于解决突出的问题。一般来说，白天多采用动态、静态相结合的巡逻模式，而夜间除执行专项任务外，主要还是以机动巡逻为主的方式，这也是公路交通巡逻勤务的主要特点之一。

（二）**城市日常道路交通勤务**

城市发展速度越来越快，相对于公路交通而言，城市交通具有路网密、交通流量大、交通方式多样化等特点，交通管理工作也相对复杂。近十几年，随着我国经济的高速发展，城市发展越来越快。相对于公路交通而言，城市交通具有路网密、交通流量大、交通方式多样化等特点，交通管理工作十分复杂。尤其是近年来，由于道路建设普遍滞后于交通需求的发展，道路拥挤、堵塞、事故等情况都比较严重。如何搞好城市道路交通管理，特别是城市日常道路交通勤务工作，是当前各有关部门需要解决的主要课题。

1. 城市日常道路交通勤务的任务。主要有以下内容：

（1）交通指挥疏导，主要指在平面交叉路口的岗位疏导和重要路段的流动疏导。前者是交通值勤警察在路口以手势、信号灯等方式指挥各方车辆和行人通行；后者则主要是当某路段出现交通阻塞时，适时地实施疏导、调度和排解，以恢复交通畅通。

（2）维护交通秩序，主要是通过纠正和处理各种道路交通安全违法行为，保证车辆和行人的安全、畅通、有序；同时，用宣传教育的方法，引导交通参与者按有关规定和要求行进和停止。

（3）对各种占道行为的管理，主要是对合法的道路施工和占用进行核查、指导、组织与现场指挥疏导，减少交通堵塞；对违法施工和非法占道进行取缔和清理，保障道路畅通；对故障车占道，协助驾驶人尽快将车辆移至不妨碍交通的地点；对路旁停车加强管理，及时清除乱停乱放车辆。

2. 城市日常道路交通勤务的方式：

（1）固定岗。固定岗的设立主要有两种情形：一是在主要干道相交或少数畸形路口，因为这些地方车流量大、转弯机动车多、行人稠密、容易阻塞，一般需要通过设固定岗的形式，由交通警察直接实施指挥疏导或控制。二是因形象、礼仪的需要，在一些城市较为重要的地方设固定岗。近年来，随着改革力度加大、交通管理科技应用的普及，固定岗的设置已呈减少趋势。

（2）点线岗。根据道路交通的实际情况，在主要干道确定一段道路和管理范围，采取以线路巡逻为主，交通高峰时站岗指挥、疏导的模式，是固定与流动相结合的勤务方式。

（3）流动岗。即交通巡逻，是交通管理中线控和面控的主要实现手段。其优点是控制区域大，反应迅速，便于发现问题、处置各种突发事件等，适用于点多线长、需要对社会面进行控制的地区。特别是近些年来，由于交通管理装备水平的提高，各地都加大了对警用车辆的配备，为加强交通巡逻提供了必要的条件。流动岗的方式多种多样，按照时间分，有日巡和夜巡；按照交通方式分，有徒步巡逻、两轮摩托车巡逻、一般警车巡逻、清障车巡逻等；按级别分，有值勤警察巡逻、警长巡逻、领导巡逻等；按工作内容分，有秩序整顿巡逻、路况巡逻、重点地区巡巡逻、查勤巡逻等。

3. 城市日常道路交通勤务的职责：

（1）固定岗职责。平面交叉路口是道路网中道路通行能力和交通安全的"瓶颈"，也是交通事故的易发点，因此路口交通秩序的管理是整个动态交通秩序管理中的重中之重。路口的秩序管理好了，对整个路网交通流安全、畅通地正常运行将起到关键作用。平面交叉路口岗位勤务的内容一般包括以下几个方面：

一是对路口的各种交通流进行指挥和疏导。由于我国大部分大、中城市的平面交叉路口都实现了交通信号的自动控制，因此交通值勤警察的任务是根据交通流的变化情况，辅助交通信号进行指挥和疏导；而在无信号灯控制，或是在有单点定周期信号机控制的路口，交通值勤警察则应根据路口交通流的情况，适时调整信号周期，或直接进行指挥疏导，以保持路口的安全、畅通。

二是纠正和处理发生在路口的道路交通安全违法行为。由于平面交叉路口对整个路网通行能力的重要作用，而路口往往又是交通秩序的乱点地区，为防止路口因人为原因造成堵塞或带来不安全因素，交通值勤警察必须对发生在路口的道路交通安全违法行为进行严格的纠正和处理，但同时也要注意纠违和疏导之间的关系。一般来说，在交通的高峰时段，交通警察应以疏导为主；而在平峰时段，则以纠正违法行为为主。

三是对路口的通行能力定期和不定期地进行调研，提高路口的通行能力。渠化是提高路口通行能力的科学、有效的方法。为保证路口的渠化能做到科学合理，实现通行能力的最大化，交通值勤警察应经常对路口的交通流情况进行调查，并根据调查结果提出切实可行的路口渠化方案，不断改进和提高路口的通行能力。

四是在遇有交通警卫对象通过时，对路口实施控制。为保证警卫对象的安全畅通、万无一失，交通警察必须对警卫路线上的平面交叉路口采取控制手段。一般来说，不管有无信号灯，在执行特勤警卫时，路口必须由交通值勤警察进行指挥。

五是对群众进行交通法规、安全意识和交通公德等方面的教育。交通值勤警察在路口指挥时，应通过标语、喊话等形式对群众进行宣传，告诉群众应当做什么和不应当做什么；同时，为有效维护路口秩序，交通值勤警察还应经常深入到路口周边的部门和单位，宣传交通法规，动员周边部门和单位协助交通值勤警察做好路口的交通秩序维护工作。

六是受理并在可能的情况下，对人民群众的求助要求提供必要或必需的帮助。

(2) 流动岗职责。主要包括：

一是及时发现并处理路面上出现的各种道路交通安全违法行为。在过去很长一段时间里，由于交通值勤警察技术装备的落后，对路面的管控区域很小，出现了大量道路交通安全违法行为。而巡逻制度的加强，有效地解决了这个问题，大大减少了各种交通安全违法现象的发生。目前，纠正各种道路交通安全违法行为是交通巡逻警察的一项主要任务。

二是及时发现道路拥堵，并采取措施积极加以疏导。造成道路交通拥堵的原因有很多，交通流量过大、车路发展不平衡、混合交通、施工占路等原因、道路交通事故、车辆故障、违法停车等原因。无论是哪种原因，都有可能造成交通拥堵，交通警察在巡逻时就是要及时发现造成交通拥堵的原因，采取积极措施加以疏导，从而最大限度地保证道路交通的安全、畅通。

三是及时处理道路上发生的各类交通事故。按照《道路交通安全法》的规定，交通值勤警察在巡逻时对道路上发生的交通事故应主要做好以下几项工作：一是对虽然符合当事人自行协商解决条件，但双方有异议的报警，交通警察应当迅速赶赴事故现场，做好处理工作。二是对不符合当事人自行解决的交通事故，交通巡逻警察应当立即赶赴事故现场，并做好保护现场、抢救伤者、监控肇事者、向上级通报情况、协助事故处理人员进行现场勘查、取证、采取行政强制措施、疏导交通、清理现场、恢复交通等工作。三是对发生交通事故逃逸的，在向上级报告的同时，应立即采取措施堵截逃逸者。

四是及时发现道路及道路两侧发生的治安案件，并采取措施予以控制。

五是对各种突发事件进行快速反应。突发事件主要包括严重的暴力性犯罪活动和重大治安灾害事故、群众性的扰乱社会秩序、危害公共安全的事件、自然因素引发的灾害事故等。交通值勤警察到达现场后，首先，要做好交通秩序维护工作，疏散人群、清理车辆，必要时进行交通管制，以减轻现场的交通压力，确保现场处置工作的顺利进行。其次，要做好外围社会交通的指挥疏导工作，确保指挥车辆和抢险车辆行驶畅通，最大限度地减轻对正常交通的影响，防止发生大范围交通堵塞。最后，要树立敏感意识，控制突发事件的发展，将损失和不良影响减到最低程度，配合其他部门做好工作。

六是受理并在可能的情况下，对人民群众的求助要求提供必要或必需的帮助。

## 二、道路交通内部勤务

内部勤务是道路交通勤务工作的重要组成部分，主要承担公安机关交通管理部门各实战单位的内部行政事务，其工作内容往往比较繁杂，除日常的行政事务性工作外，还制定勤务工作方案，处理道路交通安全违法行为。特别是随着社会的发展，交通管理手段与方法也发生了根本性的变化，从而赋予了交通内勤工作更为丰富的内涵，信息接报、上传下达、内外协调、指挥调度、法制工作等也都纳入了内勤工作的范畴。因此内部勤务是搞好路面管理的前提和基础，与外勤工作共同构成了完整的道路交通勤务工作体系。

**（一）秘书行政事务工作**

这是内勤的主要工作内容之一，具体工作依各单位的情况不同有所区别，但大多包括：主要包括文字工作、信息接报工作、档案管理工作、沟通协调工作、勤务安排工作等。

**（二）拟定交通指挥勤务方案**

拟定不同的交通指挥组织方案是内勤文秘工作在道路交通管理业务方面的延伸，根据上级的总体工作要求，结合所在地区和部门的工作实际，具体拟定和起草交通指挥组织方案。具体包括两个方面：一是日常道路交通管理的勤务组织方案，如岗位设置方案、警力部署方案、岗位职责要求等；二是特殊的道路交通勤务方案。正是由于内勤工作的这一职能，决定了内勤警察必须熟知本辖区道路交通的基本情况，熟知交通组织工作的基本业务，熟知不同工作任务的工作要求。只有这样，才能制定出符合实际、科学合理、严谨缜密的方案来。

**（三）处理道路交通安全违法行为**

一在《行政处罚法》《道路交通安全法》以及公安部《道路交通安全违法行为处理程序规定》中，都明确规定了对道路交通安全违法行为的处罚权限。按照这一要求，对酒后驾车等情节严重、超过一定罚款数额、不适用现场处罚的道路交通安全违法行为，对交通值勤警察现场处罚不服的以及通过"电子警察"等高科技设备记录下来的道路交通安全违法行为等，均应到相应级别的交通管理机关进行处理。因此，近些年来，对道路交通安全违法行为的处理已经成为内勤工作的一项重要内容。由于这项工作具有极强的政策性、法律性和业务性，对承担此项任务的内勤警察的政策、法律及自身素质要求普遍较高。由于采取了高科技手段，非现场处罚工作量已占道路交通安全违法行为处罚总量的相当比例，因此，目前不少地方在违法行为的非现场处理机构设置及内勤人员配置上，已基本达到规模化、专业化的程度。

**（四）岗位责任制考核**

随着当前公安管理工作规范化的逐步深入，对值勤警察岗位责任制考核的力度也越来越大，标准也越来越高。由于内勤承担着单位内部的日常行政事务性工作，因此对警察的岗位责任制考核成为了内勤工作的重要工作内容之一。目前考核的内容主要包括公务员考核、岗位责任制考核、日常考核。

## 第三节　特殊交通勤务

### 一、道路交通警卫

**（一）道路交通警卫的概念和性质**

道路交通警卫是指交通管理部门依据国家赋予的职权，在道路上或与道路有关的地点或场所，为保证特定警卫对象出行的交通安全、畅通，保障具有一定规格和规模的重要会议、重大集会和大型活动的安全顺利进行，所采取的一种专门手段。

道路交通警卫工作是道路交通管理工作中一项比较常见且十分重要的工作，要求确保警卫对象在活动中的行车安全与便利，维护和保障好重大活动的交通秩序。这项工作直接关系到首长和外宾的人身安全和国家的政治声誉、社会的安定团结。同时也涉及公安交通管理工作的方方面面和各种技术手段的应用，是一项政治性、业务性很强的综合性工作。

**（二）道路交通警卫工作的基本任务**

包括确保党和国家领导人、来访的外国国家元首、政府首脑等重要外宾的交通安全的畅通与便利；确保国际、国内各类重要会议、重大集会和大型活动与会人员的交通安全畅通和活动的顺利进行；确保党和国家首脑机关、要害部位、首长驻地及周边区域的交通秩序和交通环境良好；确保上级交办的各项重要交通警卫任务的圆满完成。

道路交通警卫工作在整个警卫工作中有着举足轻重的地位，被誉为警卫工作的先行者。它对维护国家政治稳定、保证国家外事活动的顺利进行、保卫改革开放和社会主义现代化建设有着重要作用。

**（三）道路交通警卫工作的基本原则**

道路交通警卫工作的基本原则，是指道路交通警卫工作所特有的，在具体工作中必须遵循的基本要求和行动准则。它是根据道路交通警卫工作的客观规律提出的，是做好道路交通警卫工作的重要保证。

1. 安全第一的原则。安全第一，是指公安机关交通管理部门在执行交通警卫任务、制定方案、部署工作、安排岗位和警力、落实各项保障措施时，必须把确保警卫对象、与会人员和车辆的交通安全放在首位，并贯穿于整个道路交通警卫工作的始终。确保党和国家领导人、来访重要外宾的安全，事关全党、全国工作的大局，是一项重大政治任务。安全是道路交通警卫乃至整个警卫工作的灵魂，处于决定性位置。无论在任何时候、任何地点和任何情况下，无论工作中遇到什么样的困难，都必须把保证安全作为全部工作的出发点和根本标准。如果没有了安全，道路交通警卫工作也就失去了意义。

2. 依靠群众的原则。道路交通警卫作为公安工作的一部分，必须遵循依靠群众相的原则。强调依靠群众，就是要充分相信人民群众，不断研究探索依靠群众的新路子、新办法，把依靠群众作为专门机关工作内容不可分割的一部分，作为公安警卫工作的基础。要做好群众的宣传发动工作，使他们认识到协助交通管理部门做好道路交通警卫工作，是自己应尽的义务。要提高群众的组织性、纪律性，增强群众的法制观念，促使群众自觉地配合道路交通警卫工作的开展。

3. 确保重点、兼顾一般的原则。确保重点、兼顾一般是具体组织实施交通警卫工作中的一条重要原则。所谓确保重点、兼顾一般有两层含义：一是与会人员中的重点和一般。重点，是指与会的警卫对象；一般，是指非警卫对象的与会人员。二是与会人员这个重点和人民群众这个一般。工作中要确保与会人员的交通安全，畅通、顺利抵达目的地，同时也要努力减轻对人民群众交通的影响和压力，尽量把对社会交通的干扰降到最低点，切实做到有的放矢，措施严密，形式灵活。

4. 内紧外松原则。所谓内紧，是指交通管理部门及其交通值勤警察在组织实施和执行道路交通警卫任务时，要严密部署、措施得力、不留空隙、确保交通安全。内紧反映了道路交通警卫工作的深度。所谓外松，是指道路交通警卫外在表现形式上要缓和、平静，不露形于迹，与当时、当地路线、路段的交通秩序和环境相适应，与警卫对象的活动相适应。外松体现着交通警卫人员的行为标准，也反映了整个警卫工作的隐蔽性。内紧外松之间的关系是对立统一的辩证关系，两者相互作用，相辅相成。内紧是外松的实质内容，是外松的基础和前提；外松是内紧的表现形式，是对内紧工作的反馈与检验。

5. 内外有别原则。在贯彻内紧外松原则的同时还要注意内外有别，也就是说对首长和外宾在警卫形式和警卫措施上要有所区别。例如，在执行党和国家领导人警卫勤务时，无论是警力部署还是警卫形式都应力求隐蔽、自然，工作方法上要灵活多样，做到既要保证安全，又不张扬，不脱离群众。对于外宾则有所不同，我国对待来访的外宾历来都是隆重热烈、亲切友好地接待。

**（四）道路交通警卫的要求和规范**

1. 基本要求。道路交通警卫涉及首长、外宾和参加集会群众的人身安全，关系到国际声誉和群众影响。因此，要求万无一失，切实做好。第一，做好准备工作。首先了解首长、外宾的人数和车队规模、接待规格，了解行走路线、停驻地点和时间，并对具体路线进行检查。对大型集会和体育比赛的时间、地点、规模等进行了解和勘查。根据需要和规定，确定警卫级别、制订警卫方案，并进行必要的演习。第二，组织实施。交通警卫区域主要是会场勤务和路线勤务。会场勤务的组织实施是以停车场力中心，按预定的出入口和行进路线将到会车辆引导到划定的位置，按先后顺序，分级别规格，按照一定的排列方式停放。散会后，按照预定方案，先后将车辆疏散到场外，并进入交通线路返回。路线勤务是为保证首长、外宾车辆在道路上安全、顺利通行而派出的交通勤务。该勤务须按指定岗位提前到位，做好路线勤务警卫准备工作，观察周边情况，预防有人破坏和捣乱，出现问题要果断处置，避免造成混乱。车队在行进中要有带道车和收尾车。执勤民警要在接到命令后才能撤离。

2. 行为规范。交通警察执行交通警卫任务，应当严格执行以下规范：一是遵守交通警卫工作纪律，严格按照不同级别的交通警卫任务的要求，适时采取交通分流、交通控制、交通管制等安全措施。在确保警卫车辆安全畅通的前提下，尽量减少对社会车辆的影响。二是维护交通秩序，严密控制路面情况及时发现和制止交通违法行为。遇有可能影响交通警卫任务的特殊情况或者车辆、行人强行冲击警卫车队等突发事件，应当及时采取有效措施控制车辆和人员，并迅速向上级报告。三是警卫车队到来时，应当按照任务要求合理站位，密切注意道路交通情况，及时有效地处置各种突发事件。四是警卫任务结束后，应当按照指令迅速解除交通管制，加强指挥疏导，尽快恢复道路交通。

**（五）道路交通警卫的分类和内容**

道路交通警卫可以根据不同的标准进行分类。按警卫对象的不同，可将交通警卫分为外宾交通警卫、内宾交通警卫、场馆交通警卫和线路型大型群众活动交通警卫等。按警卫规格的不同，可将交通警卫分为一级警卫、二级警卫和三级警卫。一级警卫针对党和国家重要领导人，外国国家元首、政府总理以及按规格接待的外宾。二级警卫针对党和国家主要领导人，外国国家副总统、政府副总理以及按此规格接待的外宾。三级警卫针对党和国家领导人，外国议会议长、副议长，最高法院院长、最高检察院检察长、重要的政府部长以及按此规格接待的外宾。按照警卫活动地域的不同，可将警卫分为路线交通警卫、现场交通警卫、驻地警卫等。以下按照警卫对象的不同进行介绍。

1. 外宾交通警卫。外宾交通警卫，主要是指外国政府或政党来我国进行国务或党务活动的外国宾客的道路交通警卫。外宾交通警卫的特点包括：第一，开放程度大；第二，外宾活动队伍庞大、阵容豪华、目标清晰，乘车活动时，车队一般有几十辆，甚至上百辆；第三，警卫要求高，既要保证行车时的安全畅通，又要符合礼仪要求。外宾交通警卫的主要措施应根据警卫对象、时间、地点、路线等具体情况确定。

2. 内宾交通警卫。内宾交通警卫，是指对国家党、政、军主要领导人外出活动时所进行的道路交通警卫工作。内宾交通警卫工作要求很高，既要保证警卫对象的绝对安全，道路畅通，又要注意社会政治影响，不准兴师动众，不准搞前呼后拥。因此，交通警卫工作具有保密性强、准备工作紧迫、可变性大、牵涉面小和规格小等特点。内宾交通警卫，要在行经的路线上内紧外松地布置警力；内宾行经路线一般不采取交通封锁或社会车辆改道行驶、靠边避让措施，而主要是靠疏导的方法，保证内宾车辆在车流中的正常行驶速度；由于内宾活动变化快，交通警卫必须机动、灵活、敏捷。总之，内宾的交通警卫，指挥人员必须要有高度的政治责任心和娴熟的指挥艺术，精心组织、精心指挥。

3. 场馆交通警卫。场馆交通警卫，主要是指在体育场、影剧院、广场、宾馆等可容纳人们进行大型活动的固定场所举行大型活动时的交通警卫工作。

场馆交通警卫工作有以下特点：一方面，人员流量大，车辆进出多，集散时间短，容易发生挤、压伤人事件，甚至造成混乱；另一方面，场馆固定，情况熟悉，经过多次警卫工作后，能够取得一定的经验，有的已形成固定的工作模式。因此，只要认真对待、精心组织，场馆交通警卫工作就能够顺利完成。场馆交通警卫的主要任务是保证车辆进出场馆的安全、畅通，保障参加活动的外宾、首长的安全，防止挤、压伤人事件的发生。

4. 线路型大型群众活动交通警卫。线路型大型群众活动交通警卫，是指对临时占据一定路面进行的体育比赛及其他大型群众性活动进行的交通警卫。这些活动都具有参加人数多、活动线路长、涉及面广等特点。线路型大型群众活动交通警卫的基本任务是：维护好活动线路两侧的交通秩序，防止发生混乱而导致伤人、死人事故；保障活动用车进出、停放的安全、畅通，保证活动的顺利进行，保证参加活动的首长、外宾的行车安全。

线路型大型群众活动交通警卫由于活动本身占用道路，所以，进行线路交通警卫必须因时、因地实施好道路交通管制，严格控制横穿活动线路的人和车，合理安排原来在活动线路上行驶的车辆，维护好群众的观看秩序，安排、控制好活动用车的行驶路线和停放地点。根据实际需要，适当使用开道车、信号车、护卫车等警卫车辆，加强首长、外宾行经路线和停车点的管理和控制。

### （六）道路交通警卫工作的步骤

为了做好道路交通警卫工作，多年来，交通管理部门在交通警卫工作的实践中，总结并形成了一套较为完整、科学的组织方法。概括起来讲，主要有六项内容，即组织准备、情况掌握及预测、实地勘察、制定方案及预案、组织实施、总结。

1. 组织准备。交通警卫工作开展的成败很大程度上受组织准备的影响和制约。多年的交通警卫工作实践证明，组织准备工作在交通警卫任务的整个完成过程中有着举足轻重的作用。组织准备一般包括组织领导、警卫环境治理、宣传发动等内容。

2. 情况掌握及预测。情况掌握和预测是两个不同的概念。情况掌握，是指通过各种渠道，以各种形式和方法了解掌握各类情况信息。内容主要包括道路交通状况、活动内容、与会人员、与会车辆、活动时间、综合情况（包括治安、消防、自然环境、气象等）；预测，是指对警卫对象有可能涉足的场所、路线及工作中可能发生的各种情况作出积极的判断。预测必须客观、全面。正确的预测，对交通警卫工作制定预案，贯彻以防为主、确保安全的指导思想有着十分重要的作用。情况掌握是前提，预测是进一步发展和深化。

3. 实地勘察。实地勘察主要包括场地勘察和路线勘察。实地勘察的目的是为修订方案、为领导决策提供相关的依据，同时也是为部署警力，及时排除行车障碍，开展交通环境的综合治理服务。实地勘察的主要内容包括：选定常用行车路线和备用行车路线，确定主要交通干线和支线、驻地、会场或群众活动区出入口以及应急疏散道路；沿线交通设施、交通环境、交通流量以及路情和路况；行车路线的总长度，正常速度的行驶时间；确定各驻地、会场和活动地点的停车场以及停车场地的地形、地貌等。

4. 制定方案及预案。交通警卫方案的分类。交通警卫方案可分为总体方案、各项活动交通警卫的实施方案、专项工作方案、各分指挥所工作方案、与勤务配套相关内容的工作方案、应急预案等。总体方案重点体现总的方针、原则、目标要求和工作思路，重点强调政治敏感问题和处置措施；各项活动交通警卫的实施方案重点体现具体工作目标、要求、任务分工、部署原则和各方面工作措施；现场、驻地、路线交通警卫等专项工作方案重点体现任务分工、岗位部署原则、交通指挥和管理操作程序、岗位职责与要求以及工作措施；各分指挥所工作方案重点体现执勤单位的任务与分工，管界控制措施，重点环节和单位与单位衔接点的加强措施等；与勤务配套相关内容的工作方案，如针对活动而制定的思想政治工作方案、业务技能培训工作方案、交通安全宣传管理工作方案、交通秩序整顿工作方案、交通设施保障方案、通信保障实施方案等，这类方案重点体现保障措施，突出配套工程统一协作的特点；大型活动的应急预案一般与各项工作方案配套制定，有特别需要时，也可为某一项专门任务制定，其重点是组织指挥、处置原则、措施准备、应急力量配置以及具体处置办法等。

5. 组织实施。交通警卫工作组织指挥的实施，是指挥员运用指挥职权对执勤活动进行组织指挥的过程，是执勤活动中指挥工作内容的具体体现。对交通警卫勤务的组织指挥实施可分为两种情况：一种是对大量日常勤务的组织指挥，一般由交通警卫主管部门按正常的业务分工逐级下达任务，然后按照常备执勤方案实施；另一种是对重大勤务的组织指挥，用于任务繁重、组织工作复杂、需要建立临时指挥机构对勤务进行具体组织指挥。

6. 总结。一般情况下，每一项重大交通警卫工作结束，都要进行总结工作。总结是指交通警卫部门对某一交通警卫工作进行系统回顾、分析研究，从中寻找具体经验和教训，发现某些工作规律或缺点、错误产生的原因，调整措施。总结时一般应从六个方面进行：一是现场路线的秩序与环境整治情况。二是警卫方案是否科学合理。三是与会路线的外围疏导情况。四是点、线、面交通控制情况。五是与协作部门的相互配合情况。六是出现的问题及解决的意见。扎实、具体、深入的总结有利于今后工作的发展与进步。

## 二、道路交通警卫中的紧急情况处置

### （一）紧急情况的概念

所谓紧急情况，是指在道路交通警卫工作中需要立即处置的直接危及或有可能威胁到警卫对象安全、健康的异常迹象和突发事件。它的主要特点是：发生的突然性，即事先难以预料或事出预料之外；判断的紧迫性，即对所出现的情况是否威胁警卫对象的安全、健康，是否阴谋破坏活动，必须立即作出反应和判断；处置的果断性，即不可能按部就班地进行请示，必须立即果断处置。

### （二）紧急情况的主要类型

1. 行刺。行刺是主要谋杀手段之一。行刺带有一定的突然性，不易防备，对警卫对象的安全威胁极大。用作行刺的武器，主要是各种枪支及刀、剑、匕首等轻便武器。这类武器便于隐蔽携带，不易发现。

2. 爆炸。爆炸破坏力强，破坏的主要目标是警卫对象的驻地、外出途中乘坐的交通工具和活动场所。主要方法有事先安放、定时自动、遥控爆炸；临时投掷，当场爆炸；用汽车装运炸药到现场引爆或冲撞袭击目标引爆。爆炸物一般采取各种形式伪装，如礼品炸弹、邮件炸弹等。

3. 撞车。一是行为人伺机故意冲撞警卫对象乘坐的车辆，或在警卫对象行经的道路上设置障碍、破坏桥梁、隧道及颠覆车辆。二是有关人员麻痹失职，调度、操纵失当，造成撞车事故。

4. 拦车。拦车者大多身份和意图不明，一般都是向警卫对象"申诉"、"告状"的，但也可借拦车"告状"之机，接近警卫对象而乘机进行暗害。

5. 火警。在警卫对象驻地、活动现场突然发生火警。这既可能是敌人有意放火、制造混乱，乘机暗害警卫对象，也可能是有关人员麻痹大意，不慎失火，还可能是易燃物在一定温度下自燃所造成的。这些火警都对警卫对象的安全构成严重威胁。

6. 断电。在警卫对象的驻地、活动现场发生的断电事故，既可能是由供电部门工作上的问题所引起，也可能是内、外线路上出了故障，或是有意制造断电事件，乘黑暗和混乱之机进行暗害。

**（三）紧急情况处置的原则**

一是确保警卫对象的安全。二是正确区分和处理两类不同性质的矛盾，要分清敌我，明确人民内部矛盾和敌我矛盾的不同处置方法。三是严格遵守、认真执行党的政策和国家的法律、法规。四是及时向上级请示、汇报。

**（四）紧急情况处置的方法**

1. 发生在警卫对象驻地的紧急情况的处置方法。主要包括：

（1）对于发生向警卫对象驻地投掷性质不明物品的情况，警卫人员应及时查明所投物品的性质，迅速果断处置，如是危险物品，应立即向上级报告。

（2）对于发生冲击警卫对象驻地的情况，警卫人员要耐心教育劝说和坚决阻拦，不让他们闯入警戒区。同时要迅速报告上级，依靠有关部门做好处理工作。

（3）对于在警卫驻地门口阻拦警卫对象汽车者，警卫人员应设法将其阻拦或立即将其拉开，待警卫车辆通过后再行处理。

（4）对于馈赠、邮寄的可疑物品和函件，一律不得直接交给警卫对象，应先进行感官或安全器材检查，待确认安全后再交给警卫对象。如有可疑物品，交给当地公安部门查处。

（5）对于驻地发生火警情况时，应迅速报警，在统一指挥下，首先保护警卫对象撤出险区；其次加强警戒，严密监视周围情况，防止乘机破坏，并积极组织力量参与灭火，抢救重要文件、资料和物资等。

（6）警卫对象驻地应准备充足的备用照明设备和物资，一旦停电，应保证警卫对象照明的需要。警卫人员应坚守岗位，注意观察周围动态，严防乘机破坏。同时，应迅速查明原因，组织抢修、恢复供电。

（7）对于发现警卫对象有中毒症状时，应立即组织医护人员就地抢救，如驻地无抢救条件，须立即送到附近医院，同时查明中毒原因，如属于阴谋暗害活动，马上告知当地公安部门查处。

（8）当警卫对象驻地发生爆炸情况时，应保护警卫对象脱离险区。如警卫对象受伤，应马上送到附近医院抢救，对爆炸现场应组织力量严密警戒、保护，严格控制出入人员，盘查可疑对象，抓获犯罪嫌疑人，并交给当地公安机关查处。

（9）当警卫对象驻地遭到武装袭击时，警卫人员应坚守岗位，顽强阻击，迅速报警。

2. 发生在警卫对象外出途中的紧急情况的处置方法。主要包括：

（1）当发生枪击事件时，警卫人员要迅速判明凶手所在的方向和位置，指挥车辆迅速离开现场；警卫人员应不怕牺牲，机智勇敢，确保警卫对象的人身安全。

（2）当发生爆炸事件时，应迅速让警卫对象离开现场，并控制周围情况，依靠群众，寻找可疑人员，防止事态扩大。

（3）当发生驾车行凶事件时，警卫人员应指挥随车阻挡或开枪阻击，并报告指挥部门；指挥人员应给予援助，迅速制止行凶的犯罪分子。

（4）当遇有障碍拦车时，应提高警惕，观察情况，采取措施，迅速离开现场，防止他人乘机进行暗害。

（5）当主车发生车祸时，如主车没有损坏，应立即在现场做好记号，然后迅速离开现场，并留人处理事故；如主车已坏，无法行驶，应掩护警卫对象改乘随车驶离现场，并留人处理事故。在没有随车的情况下，应首先保护警卫对象转移到安全地带，并立即报告上级，派人、派车，以护送警卫对象脱离现场。

（6）当有人拦车时，警卫人员要根据当时情况设法摆脱拦车者，原则上不停车，不开车门，更不轻易下车。如警卫对象指示停车，也应将车开至拦车者前方，不使其接近主车，并酌情留人处理。

（7）当沿途有人投递物品、信件时，警卫人员应关闭车窗，不予接受。如已投入车内，立即将其牧掷车外，同时迅速查明投掷人员的身份和意图，报当地公安部门处理。

3. 发生在警卫对象活动现场的紧急情况的处置方法。主要包括：

（1）当发现有人携带枪支、匕首、爆炸物时，应对其进行严密监视、控制并将其带至适当地方进行处理，伺机收缴其枪支、匕首、爆炸物。

（2）当遇有行刺警卫对象时，警卫人员应立即保护好警卫对象，防止警卫对象受到伤害。同时应立即制止犯罪分子的行为，并逮捕犯罪分子。如警卫对象受伤时，应尽快将警卫对象送至事先指定的就近医院进行抢救。

（3）当有人递信"告状"时，警卫人员应提高警惕，严格控制，防止其直接接触警卫对象，并向其解释清楚，请其到有关部门解决。对无理取闹人员，应立即将其带离现场进行处理。

（4）当遇有群众突然提出和警卫对象交谈、请求签名时，警卫人员应问清情况，以和蔼态度给予制止。如警卫对象表示同意时，警卫人员不要阻拦，应立即靠近警卫对象，注意观察情况，防止发生混乱。

（5）当发生火警时，能立即扑灭的应立即处置。如火情严重，应立即报警，并组织警力疏散群众，护送警卫对象离开险区。要注意警戒，监视周围情况，防止敌人乘机破坏。

（6）当现场突然停电时，警卫人员要坚守岗位，迅速组织力量加强警戒，同时查明停电原因，进行修复，并防止他人破坏。

(7) 当遇有精神病患者捣乱时,警卫人员要采取有效措施,防止其出丑或危及警卫对象的安全,要迅速将其带离现场,避免造成不良影响。

### 三、突发事件道路交通管制

**(一) 突发事件道路交通管制概念**

道路交通突发事件,是指在道路上发生的可能造成或者已经造成严重社会危害,需要采取应急处理措施予以应对的自然灾害、事故灾害、治安问题等事件。突发事件具有突发性、危险性、紧迫性和不确定性的特点。道路交通管制,是指公安机关在发生重大事故和紧急情况时,为了抢险救灾,维护社会秩序和保障公共安全,依法禁止人员和车辆出入该局部地区道路的行为。

《道路交通安全法》第40条规定:"遇有自然灾害、恶劣气象条件或者重大交通事故等严重影响交通安全的情形,采取其他措施难以保证交通安全时,公安机关交通管理部门可以实行交通管制。"《人民警察法》第15条第1款规定:"县级以上人民政府公安机关,为预防和制止严重危害社会治安秩序的行为,可以在一定的区域和时间,限制人员、车辆的通行或者停留,必要时可以实行交通管制。"法律赋予了公安机关明确的职责。突发事件一旦发生,往往会引起社会秩序的混乱,造成交通阻塞,有时甚至会导致交通事故的发生。公安交通管理部门面对突发事件,必须及时实行交通管制,积极协助有关部门控制局面,维持秩序,制伏犯罪行为人,抢险救灾,保护国家利益和人民群众的生命财产安全,确保道路交通的安全与畅通。

**(二) 突发事件道路交通管制的适用范围**

根据《人民警察法》第15条的规定,县级以上人民政府公安机关,为预防和制止严重危害社会治安秩序的行为,可以在一定的区域和时间,限制人员、车辆的通行或者停留,必要时可以实行交通管制。公安机关的人民警察依照前款规定,可以采取相应的交通管制措施。

遇有严重自然灾害,如地震、洪水、火灾、大暴风雪、泥石流或其他严重自然灾害发生时,为保证抢险救灾的顺利进行,公安机关交通管理部门可以实施交通管制。

遇有重大交通事故等严重影响机动车安全行驶秩序的突发事件,公安机关交通管理部门可以实施临时交通管制。

对严重危害社会治安秩序的突发事件,县级以上人民政府公安机关,为预防和制止严重危害社会治安秩序的行为,可以在一定的时间和区域,限制人员、车辆的通行或者停留,必要时可以实行交通管制。

遇有重大活动,如遇有马拉松比赛、大型庆祝活动等需要占用道路时,为保证人员的安全和活动的顺利进行,公安机关交通管理部门可以根据需要,采取必要的交通管制措施。

在迎接外国元首或政府首脑等警卫工作时,要保证所经道路的车队安全畅通,必要时可以实行部分路段的交通管制。

由于雨、雾等恶劣天气,影响到车辆行车安全,为保障人民群众人身和财产的安全,对高速公路实行局部或全部交通管制。

**(三) 突发事件道路交通管制的工作步骤**

1. 制定预案。预案应包括以下内容:一是高效灵敏的交通、通信系统。二是制定多种情况下的交通管制预案,以保证为抢救伤员、救援物资以及特种车辆提供通道。三是交通管制组织、人员配备、交通标志、安全隔离设施储备等。

2. 加强请示汇报，严格审批程序。交通管制是一项牵涉面广、影响大、比较严厉的强制性措施，必须在确有必要的情况下才能使用。因此，交通值勤警察在工作中要及早发现，及时请示汇报，县级以上公安机关主要领导要认真核实，果断慎重决策，既不要轻易作出决定，同时也要防止事件的扩大，贻误时机。

3. 组织实施。公安机关交通管理部门应加强对各种交通管制预案的日常演练，明确任务、职责以及对各种事件的一般处置方法，一旦需要进行交通管制时，能尽快作出反应，做到指挥到位、警察到位、通信、交通以及保障装备、设施到位。工作中，应对随时出现的新情况、新问题灵活果断进行处置。

**（四）突发事件道路交通管制的内容和实施**

面对突发事件造成的局面，公安交通管理部门应实行道路交通管制，协助有关部门控制局面，维持秩序，制伏犯罪嫌疑人，保护群众，保持道路交通的安全畅通。道路交通管制的主要工作内容就是公安交通管理机关在一定区域和时间范围内断绝正常道路交通，禁止无关车辆、人员进入，及时疏散、清理管制范围内的车辆和人员。针对不同的突发事件，实施道路交通管制的方式、方法也有所不同，具体表现在以下几点：一是城市里的交通干线附近发生刑事案件和治安事件时，为了确保处置人员能够及时迅速地赶到现场，保证无辜人员不再受伤害，应立即在一定范围内暂时断绝正常交通，禁止无关车辆、人员进入，及时劝阻、疏散围观车辆和人员。必要时还应设置路障和哨卡，防止犯罪分子驾车突围，并保护好现场。二是发生飞机紧急迫降或劫机事件时，应迅速腾清通往机场的主要道路，保证消防和救护人员或反劫机部队和装备及时赶到现场，一路畅通无阻。三是一旦发生爆炸、火灾、重特大交通事故等事件时，应及时对出事地点周围实行交通管制，断绝正常交通，迅速清理、疏散无关的车辆和人员。腾清通往现场的道路，保证消防车、救护车、警车能够迅速通行。四是当发生地震、水灾等重大自然灾害后，常常会出现大范围甚至跨省交通阻塞。公安机关交通管理部门应火速派出紧急勤务，实行交通管制，进行指挥疏导。此时交通管制的原则是分清轻重缓急，该优先放行的必须优先放行，该留下的坚决留下，该暂缓放行的暂缓放行。五是当发生群众非法游行示威、集会、集体上访、静坐等群体性活动时，必须慎重，不能简单地干涉或制止，应及时向上级领导报告，根据上级指示依法进行劝解和疏导工作，维护交通秩序。

交通警察在道路上执行交通管制措施，应当严格按照相关法律、法规规定和工作预案进行。执行交通管制措施，应当提前告知群众，设置警示标志，提供车辆、行人绕行线路，做好交通指挥、疏导工作，维护交通秩序。遇有突发事件或者雾、雨、雪等恶劣天气或者自然灾害性事故时，交通警察应当及时向上级报告，由上级机关根据工作预案决定采取限制或者禁止通行等交通管制措施。

## 第四节 道路治安管理处置

### 一、道路治安管理处置的概念

道路治安管理处置，是指交通管理部门及其交通警察，在道路交通管理活动中，根据《人民警察法》和《治安管理处罚法》等有关法律、法规的规定，对在道路上发生的各种违法犯罪、治安事件、治安灾害事故等治安问题的预防和处置。这是公安机关实施治安管理的重要组成部分，是道路交通管理的一项重要内容，也是交通警察的一项重要职责。道路治安管理处置有以下特征：

**（一）表现的多样性**

道路治安管理的问题的表现形式多种多样，既有案件、事件，又有事故及其他治安问题，情况复杂。因此，在处置和预防的过程中，既要采取多样的方式与方法，又要求交通警察具备较高的综合素质与能力。

**（二）危害的多层次性**

道路治安管理的问题一旦发生，总会给社会造成一定的危害，不仅直接危害人民群众的生命财产安全，而且往往会造成交通的拥挤与阻塞，影响和妨碍道路交通的正常秩序，甚至被不法分子利用，引发打、砸、抢、烧等各种违法犯罪活动。

**（三）处置的及时性**

道路治安管理的问题造成的危害的多层次性特点表明，对道路治安管理的处置与预防，必须快速反应、及时发现、及时处置，尽快恢复现场秩序，保持道路交通的畅通，以便最大限度地减少危害。

**（四）处理的先导性**

交通警察不仅依法进行道路交通管理，维护道路交通秩序，还作为人民警察的一个警种，交通必须履行维护社会治安的职责。因此交通警察应根据管辖权限，对道路治安问题进行先期处置，这样不仅可以及时避免危害的进一步扩大，而且可以为公安机关的进一步调查取证和后期处理打下坚实基础。

**（五）防范的综合性**

道路治安问题的发生，原因复杂，其危害和不良影响往往涉及社会多个方面。因此，对道路治安问题的处置与预防，必须在党委、政府统一领导下，依靠各个方面的力量，采取各种措施，运用多种手段，进行综合治理。

## 二、道路治安管理处置的意义

1. 加强道路治安管理处置，是维护交通秩序、保障交通安全与畅通的需要。
2. 加强道路治安管理处置，是预防和减少各种违法犯罪活动及治安问题发生、保障人民生活安定和人民生命财产安全的需要。
3. 加强道路治安管理处置，是提高我国国际威望和政治声誉、进一步促进改革开放的需要。
4. 加强道路治安管理处置，是提高人民警察队伍综合素质与能力、实现一警多能的需要。

## 三、道路治安案件的处置

在依法治国的现代社会，国家行政行为主要表现为行政执法行为，即行政主体按照法律和法规对社会进行管理。无疑，道路治安管理是公安机关的行政行为，对道路治安案件的查处便是公安机关的行政执法活动。凡在道路上或道路两侧发生的与交通安全管理有关的、因违反有关治安管理法规、尚不够刑事处罚、依法应该受到治安管理处罚的行为事实均为道路治安案件。

根据《治安管理处罚法》的规定，结合道路交通安全管理工作中的实际情况，在道故上发生的治安案件主要可分为以下五类：一是结伙斗殴、寻衅滋事案件。二是扰乱公共交通秩序案件。三是哄抢公私财物案件。四是故意损坏公私财物案件。五是赌博活动案件。

治安案件在处置上可以归纳为以下几个步骤：一是迅速制止不法行为，抓获不法分子，收缴不法分子随身携带的凶器。二是及时通知和报告相关公安机关，并协助做好调查处理工作。三是做好受伤人员的抢救工作。四是监管好参与治安案件的不法分子，或者将其扭送至相关公安机关。五是及时疏散围观群众，疏通道路，维护交通正常秩序。

### 四、道路治安事件的处置

道路治安事件，是指特定群体或个体为满足某种需要，在特定环境下实施的危害社会行为并导致事态加剧、扩大，多层次地扰乱和破坏社会治安秩序，严重影响正常道路交通秩序的事件。道路治安事件通常又称为群众性闹事或群体违法行为。治安事件与刑事犯罪、违反治安管理法律、法规的行为以及治安灾害事故一样，都是具有一定社会危险性的社会治安问题。道路治安事件的发生，往往会使很多人卷入其中，使事态进一步加剧和扩大，不仅干扰正常的生产、工作、教学和科研秩序，严重阻塞道路，妨碍交通，而且少数不法分子还会趁机捣乱，在闹市区砸汽车，哄抢、毁坏公私财物，殴打行人，甚至冲击党政首脑机关。因此，正确及时地处置好道路治安事件，对维护正常的交通、治安秩序，保障安定团结的局面，减少社会危害，都具有十分重要的意义。

由于道路治安事件影响范围较大，不可避免地会对正常的道路交通秩序产生不良的影响。根据道路治安事件的种类以及它们对道路交通秩序影响的大小，道路治安事件可分为以下七类：一是在公共广场或交通要道非法集会、游行、示威；二是群体性上访事件；三是聚众阻塞公共交通枢纽、交通干线或非法占据公共场所；四是在公共场所、交通要道以及党政机关门口拦截重要首长、外宾车辆；五是在大型体育比赛、文娱、商贸等活动场所聚众滋事、制造混乱或者破坏公共设施；六是较大规模的群众械斗；七是聚众暴力抗拒、阻碍国家工作人员依法执行公务。

道路治安事件的处置方式包括个人引发的治安事件处置方法和群体引发的治安事件处置方法。

个人引发的道路治安事件的处置方法：一是及时将引发事件的人带离现场，同时将事件性质、发生时间、地点等情况向上级有关部门报告。二是对带离现场的人，要注意发现其身上是否携带可疑物品；应当予以扣押和收缴的，要及时进行扣押和收缴。三是对采用服毒、上吊、自焚等方式自杀的人，应及时送往医院抢救，必要时，可亲自送去，并在施救过程中查明有关情况。四是对于因个人之间的利害冲突引发道路治安事件的双方，首先应使他们脱离接触，带离现场并分别询问有关情况，同时，注意发现在幕后进行煽动、挑唆制造、扩大事态的嫌疑人。五是对已引起道路阻塞，交通、治安秩序混乱的现场，要及时疏散围观群众，维护好交通、治安秩序。六是待上级有关部门派人赶到现场后，要主动将处置的初步情况向来人报告，并协助他们对道路治安事件进行调查处置。

群体引发的道路治安事件的处置方法：一是对群体引发的道路治安事件，交通警察一般不宜简单地直接出面制止或干涉，而应及时将事件发生的时间、地点、对象、大概人数，游行示威队伍的行进方向、道路、目的地以及标语、传单、口号内容等情况迅速向上级有关部门报告。对于违法犯罪行为，要依照有关法规规定，控制住在犯罪活动中起骨干作用的领头人物和幕后策划者、煽动者。二是对不听劝阻和制止的群众，不要强拉和强行阻拦：（1）要注意发现主要行为人；（2）要做好外围工作，尽可能地遏制事态，减少损失；（3）是与其他部门密切联系和配合，依法对道路治安事件参与者进行劝阻和制止，积极疏导交通，维护交通和治安秩序，并且及时清除、收缴遗留在现场的标语和传单，以消除不良影响，防止事态的加剧和扩大。

# 第八章 交通秩序管理

## 第一节 交通秩序管理概述

### 一、交通秩序管理的概念

#### (一) 交通秩序的含义

所谓交通秩序,是指道路交通的所有参与者和其他交通要素,在道路上所处的位置及其运动状态。秩序意义在于,有关活动主体和相关要素之间的、符合主体意志和一定规范的、前后顺序、左右相间、错落有致、规范排列的现象。交通秩序作为特定的社会现象,是一种有着先后次序、有着节奏变化的,井然有序、有条不紊的交通活动状态。交通秩序是人们所希望的,能够体现绝大多数人利益的,反映人们的共同目标和意愿的,并通过人们的共同努力来实现的一种社会状态。

道路交通秩序是以道路交通法为基本规范,将交通参与者的所有交通活动纳入有秩序的、规范化的过程中;无论是正在运动过程中,还是处于静止的位置,都应呈现出一种有条不紊的、符合交通规范的状态。所以说,道路交通秩序是按照人们的意志所建立的,通过人们的主动行为实现的,能够满足人们生产、生活需要的静止或运动状态。

#### (二) 交通秩序管理

所谓交通秩序管理,是交通管理部门及其交通警察依据交通管理法,在道路交通活动中,为保证交通活动过程的规范有序,采用行政的、经济的、技术的等多种手段,对交通参与者实施的宣传教育、指挥疏导、调节控制等管理活动。交通秩序管理是由交通管理主体,根据其道路交通管理职能实施的活动,是对道路交通活动中的人、车、路以及环境进行的统一管理,运用多种管理手段实施的有目的、有针对性的行为、方法和措施。

交通秩序管理的主体是各级交通管理部门及其交通警察,交通秩序管理的内容主要是道路上各种交通主体的动态通行秩序、静态停车秩序以及交通环境对道路交通的影响。交通秩序管理的依据是道路交通管理法律、法规和有关规范性文件;交通秩序管理的直接对象是道路交通系统的构成要素人、车、路、交通环境;交通秩序管理的行为包括宣传教育、指挥疏导、调节控制等手段、方法和措施。交通秩序管理目的就是为了保证道路交通安全畅通,使得交通活动取得最佳的交通效能,达到良好秩序状态,实现安全快捷、高效低耗、环保低公害。

### 二、交通秩序管理的内容

交通秩序管理涉及的范围很广,内容丰繁多样,可以说凡是在道路上所从事的任何活动以及与道路交通活动有关的任何行为,都可以纳入交通秩序管理的范围中。交通秩序管理的

主要内容有以下方面:

### (一) 机动车秩序管理

对机动车行驶秩序、停放秩序的管理,是交通管理部门依法对道路上行驶的或停放的机动车,实施组织指挥、控制调节的活动,规范机动车的行车秩序,使其处于安全有序的运行状态,确保道路的安全与畅通,管理机动车有序停放。机动车行驶秩序管理的内容包括行驶管理、装载管理、停放管理等。

### (二) 非机动车秩序管理

混合交通仍是目前道路交通的特点之一,在交通流中,非机动车的车型种类繁多,特别是城市电动自行车的发展很快,数量剧增,有的城市达到数百万辆;另外近年城市出现的共享单车,成为道路交通有一个热点。非机动车与机动车、行人交通活动中,彼此相互干扰,且非机动车占用的交通空间比较大,占机动车道、闯红灯、逆行以及乱停乱放等违反交通法的现象较普遍,影响机动车、行人的正常运行活动。因此对非机动车行驶秩序、停放秩序的管理,已成为当前交通秩序管理的一个难点。非机动车行驶秩序管理的主要内容是,加强平面交叉路口和一些路段上非机动车行驶的管理,特别是加强对电动车交通违法现象的管理,还要采取有效措施,严格管理非机动车的随意停放。

### (三) 行人行走秩序的管理

在道路交通活动中,行人是其中不可忽视的一个重要因素;参与交通活动的行人众多,交通安全意识不强的现象大量存在,因行人违法影响车辆正常行驶,且造成交通事故的情况经常发生,不仅严重影响道路交通的通畅,而且会造成人身和财产的严重损失。因此需要特别关注对行人交通安全和行走秩序的宣传教育,采取切实有效的措施,保证行人安全有序地进行交通活动。

### (四) 乘车人、候车人的秩序管理

乘车、候车是人们在日常生活中必不可少的社会活动,良好的乘车、候车秩序不仅能够体现交通有序的状态,更能反映人们的精神面貌和社会的文明水平。加强乘车、候车秩序的管理,可以减少交通事故,也是精神文明建设和法治建设的需要。

### (五) 非交通性障碍的管理

在道路上随意从事摆摊、设点、施工,影响道路通行安全的人或物等非交通性障碍,这种现象非常普遍,排除、限制和禁止非交通性障碍,保障道路的安全畅通,是交通管理不可忽略的问题。

当前,影响正常交通秩序最突出的问题是不断加剧的交通拥堵。许多国际化的大城市交通拥堵非常严重,如英国每天发生50万起交通拥堵,平均每周1万起;高峰时段,伦敦道路上的汽车平均时速约16公里。[①] 我国的大中城市,交通拥堵现象非常普遍,特别是高峰时段,车辆集中出行,车速很低,主要路段的车速只有几公里。形成这种状况的原因是多方面的,既有道路与车辆发展速度的不平衡,交通设施的不完善、设置的不合理,交通规划的不科学,以及停车泊位、线路布局的不合理,有关政策导向等方面存在的缺失和问题;当然也有交通管理方面的原因。为了缓解交通拥堵,有的地方相继出台了具体措施,如控制机动车数量的过快增长,部分车辆限行,征收车辆牌照费,限制电动自行车的发展,对拥堵区域征收道路拥堵费,差别化的停车泊位与收费,严格控制出租车总量,减少机动车空驶率,合

---

① 参见《伦敦如何疏导交通拥堵》,载《参考消息》2005年6月25日第7版。

理组织货运路线，合理规划物流系统，采取错峰出行，调节货运与客运作业的时间，错开商业、娱乐休闲营业与日常工作的时间等。把静态交通设施的建设，如建设公共停车场，配套建设小区的停车库、泊位，道路行驶与停车功能的合理调整等，作为调节动态交通和改善交通秩序的重要手段。加强基础设施建设和管理，重点建设交通枢纽，大力发展公共交通，调节道路负荷的时空分布等，逐步改善交通拥堵现象。

## 第二节 机动车行驶秩序管理

### 一、机动车行驶秩序管理的意义

机动车行驶秩序的管理，是交通管理部门依法对在道路行驶的或暂停的机动车辆，进行的指挥、引导、限制等活动。通过对机动车行驶秩序的管理，规范机动车的运行活动，保障行车安全，促进客货运输的顺利进行，促进经济社会的发展。通过对机动车行驶秩序的管理，预防和减少交通事故的发生，减少财产损失和人身伤亡，使机动车在允许的条件下，合理掌握速度，实现高效率、低事故。通过对机动车行驶秩序的管理，能够最大限度地解决道路交通的主要矛盾，解决道路交通活动中的强弱关系，降低机动车对其他交通参与者带来的威胁；由于机动车在道路行驶过程中速度快，冲击力强，在运动状态下潜在着危险，对其他交通参与者构成威胁，是影响交通安全的主要矛盾；因此加强机动车行驶秩序的管理，在一定程度上可以减少交通事故，降低道路交通活动的风险，消除交通活动中安全隐患。

### 二、机动车行驶秩序管理的原则

机动车在道路行驶过程中，交通管理部门在对机动车行驶秩序进行管理中，应当遵循以下原则：

**（一）右侧通行原则**

这是指机动车在行驶过程中，必须以道路几何中心线或施划的中心线为界限，以行驶方向确定左右，一律靠道路的右侧通行。在道路上行驶的机动车辆，需要设定相应的行驶规则，首先确定通行的左右方向，从而使车辆有序行驶，确保道路畅通、安全。如果没有相应的通行规则，就会出现交通活动的无序和混乱。机动车右侧通行是世界上除了英国、日本、英联邦国家和地区外，大多数国家道路通行的基本规则。我国《道路交通安全法》第35条明确规定，机动车、非机动车实行右侧通行。机动车在划有中心线的路段行驶时，除有特殊规定外，应当在中心线右侧通行；机动车在没有施划中心线、分道线的道路上相对行驶时，应当置右通行。

**（二）各行其道原则**

这是指各种交通体以及不同行驶方向、不同速度、不同类型的机动车，按划分的车道顺序行驶。目前我国除了高等级道路外，其他道路仍是混合交通，许多道路上的交通体并非单一的，而是各种车辆、行人混杂在一起，相互干扰影响，特别是各类机动车、非机动车、行人的运行方向、行驶速度不相同的情况下，容易形成道路交通拥堵，造成交通事故。为了缓解道路交通混行的矛盾，减少交通拥堵和交通事故，应当根据道路条件和通行需要，将道路划分为机动车道、非机动车道和人行道，确立各行其道的原则，实行不同交通体的分道行驶。如果没有划分机动车道、非机动车道和人行道的路段，实行机动车在道路中间通行，非机动车和行人在道路两侧通行。

### (三) 安全行驶原则

这是指机动车、非机动车、行人除了应当按照各行其道的原则，且在遵守交通信号和交通警察的指挥下通行外，在没有交通信号的道路上或者出现交通体相互冲突时，应当在确保安全的原则下通行。在各种路段应当保持安全车速，在各种情形下应当保持与同道行驶车辆的安全距离，在载客、载人时，做到安全运载，在紧急情况下能够采取必要的减速、制动安全措施，以确保车辆、人员和财产的安全。机动车在转弯、会车、停车时，做到安全让行；在超车、转弯、驶入非机动车道、人行道或其他借道通行时，应当主动避让在本道内通行的车辆和行人，确保安全行驶。

### (四) 优先通行原则

根据机动车类型、工作性质、行驶目的的不同，对某些机动车赋予优先使用道路通行权的特殊待遇。享有优先通行权的交通体主要是特种车辆、公交车辆；优先通行的基本内容是：特种车辆在执行公务时，公交车辆在运行过程中，给予时间上或次序上的优先通行权利，其他车辆和行人应当让行，不得穿插和超越。特种车辆包括警车、消防车、救护车、工程抢险车，为保证这些车辆执行任务时不受阻碍，能够快速、安全到达预定地点，在确保安全的前提下，不受行驶路线、行驶方向、行驶速度以及交通信号的限制，其他车辆和行人应当避让。实行公交车辆优先通行，体现着公共交通的服务功能，弘扬为大众百姓服务的意识；同时，可以提高公交车辆的运行效率，提倡公交出行，减少上路机动车数量，降低大气污染，减少耗能，创建环保节约型社会。

交通管理部门根据道路和交通流量的具体情况，可以对机动车采取疏导、限制通行、禁止通行等措施。遇有自然灾害、恶劣气象条件、重大交通事故等严重影响交通安全的情形，在采取其他措施难以保证交通安全时，可以实行交通管制。

## 三、机动车通行的一般规则

根据我国道路交通的实际情况，道路交通法律、法规对机动车的通行作了比较详细的规定，其中有关机动车通行的一般规则主要有以下内容：

### (一) 分道规则

根据道路条件和通行需要，道路划分为不同车道以及人行道，各种交通体实行分道行驶；没有划分机动车道、非机动车道和人行道的，机动车在道路中间通行；在道路同方向划有两条以上机动车道的，左侧为快速车道，右侧为慢速车道。在快速车道行驶的机动车，应当按照快速车道规定的速度行驶，未达到快速车道规定的行驶速度的，应当在慢速车道行驶。摩托车应当在最右侧车道行驶；慢车道内的机动车超越前车时，可以借用快速车道行驶。道路同方向划有两条以上机动车道的，变更车道的机动车，不得影响相关车道内机动车的正常行驶。

### (二) 限速规则

由于我国路网结构复杂，道路等级高低不同，交通流量不一，车辆类型差别很大；因此需要对不同情况下的车速进行限制，才能保证交通安全。机动车在道路上行驶，不能超过限速标志标明的最高时速；在没有限速标志、标线的路段，应当保持安全车速，并且不得超过以下最高行驶速度：

1. 没有道路中心线的道路，城市道路为每小时30公里，公路为每小时40公里；

2. 同方向只有一条机动车道的道路，城市道路为每小时 50 公里，公路为每小时 70 公里。

3. 机动车行驶中遇有以下情形之一的，最高行驶速度不得超过每小时 30 公里，其中拖拉机、电瓶车、轮式专用机械车不得超过每小时 15 公里：

（1）进出非机动车道，通过铁路道口、急弯路、窄路、窄桥时；
（2）掉头、转弯、下陡坡时；
（3）遇雾、雨、雪、沙尘、冰雹，能见度在 50 米以内时；
（4）在冰雪、泥泞的道路上行驶时；
（5）牵引发生故障的机动车时。

4. 夜间行驶以及遇有不良气象条件时，应当降低行驶速度。此外《剧毒化学品购买和公路运输许可证件管理办法》（公安部第 77 号令）中也规定了运输剧毒化学品时的行驶速度。

对机动车行驶速度的管理通常采用警示和限速两种方法。警示的方法一般采用标志和标线，提醒、引导或强迫机动车减速（采用振动性减速标线或减速垄）；限速的方法则是用交通法规规定或交通标线明确标明不允许超过的车速值。为了监督机动车的运行速度，交通管理部门目前普遍利用电子监控设备对超速违法车辆进行拍照、摄像取证，作为处罚和教育的依据。

表 8-1　　　　　　　　　　　　**机动车限速规定**

| 道路类型或气候条件 | | 最高行驶速度（km/h） |
|---|---|---|
| 没有道路中心线的道路 | 城市道路 | 30 |
| | 公路 | 40 |
| 同方向只有一条机动车道的道路 | 城市道路 | 50 |
| | 公路 | 70 |
| 进出非机动车道，通过铁路道口、急弯路、窄路、窄桥时 | | 30（其中拖拉机、电瓶车、轮式专用机械车不得超过 15km/h） |
| 掉头、转弯、下陡坡时 | | |
| 遇雾、雨、雪、沙尘、冰雹，能见度在 50m 以内时 | | |
| 在冰雪、泥泞的道路上行驶时 | | |
| 牵引发生故障的机动车时 | | |
| 运输剧毒化学品时（在不超过限速标志和上述交通、气候情况限速的前提下） | 高速公路 | 70~90 |
| | 其他道路 | 60 |

除了特殊情况外，设定机动车限速的路段，应当依据该路段行驶条件的情况，交通流量的大小，以及其他法定的限速规定；不得随意设定限速路段，特别是路况很好、车流量较少的路段，不能有意设定较低的时速，例如，有的道路路况很好，十字路况较少，宽阔的双向 6 车道，却规定限速 40 公里/时，显然不合适；不仅浪费道路资源，影响运输效能的发挥，

而且容易造成驾驶员无意识地超速,而招致被有意设陷处罚的后果。① 同样,有些城市的路段限速30公里/时,被交警处罚引起争议,如此执法难以令人心悦诚服。② 所以说,道路限速应当合理,既要保证道路交通安全,又不妨碍道路畅通,且设定的道路限速标准要有依据。

**(三) 会车规则**

所谓会车,是指相对方向行驶的机动车,在同一时间相会并通过同一地点的情形。这种相对方向机动车正面相会的交通现象,存在着正面冲突和侧面冲突的可能性,特别是在容易发生危险的路段。因此机动车在会车过程中,应当按照会车规则进行操作。在没有中心隔离设施或者没有中心线的道路上会车时,机动车应当遵守以下规则:

1. 减速靠右行驶,并与其他车辆、行人保持必要的安全距离;
2. 在有障碍的路段,无障碍的一方先行;但有障碍的一方已驶入障碍路段,而无障碍的一方未驶入时,有障碍的一方先行;
3. 在狭窄的坡路,上坡的一方先行;但下坡的一方已行至中途,而上坡的一方未上坡时,下坡的一方先行;
4. 在狭窄的山路,不靠山体的一方先行;
5. 夜间会车,应当在距相对方向来车150米以外,改用近光灯,在窄路、窄桥与机动车会车时,应当使用近光灯。

**(四) 让行规则**

所谓让行,是指机动车在通过没有设置交通信号或没有交通标志控制的路口、道路上行车时,应当遵循的让其他交通体先行的规范。让行规则主要内容是:

1. 机动车通过没有交通信号和指挥的交叉路口时,应当减速慢行,并让行人和优先通行的车辆先行;
2. 机动车行经人行横道时,应当减速行驶,遇行人正在通过人行横道,应当停车让行;
3. 机动车行经没有交通信号的道路时,遇行人横过道路,应当避让;
4. 机动车与机动车相遇时,支线道路的车辆让干线道路车辆先行;
5. 转弯车辆让直行车辆先行;
6. 相对方向行驶的右转弯的机动车让左转弯的先行;
7. 准备进入环形路口的车辆让已在路口内的车辆先行。

另外,根据会车规则,机动车在有障碍路段会车时,让无障碍一方先行,但有障碍一方已驶入障碍路段而无障碍一方未驶入时,有障碍一方先行;在狭窄坡路会车时,下坡车让上坡车先行,但下坡车已行至中途而上坡车未上坡时,下坡车先行;在狭窄山路会车时,靠山体的一方让不靠山体的一方先行。

**(五) 超车规则**

所谓超车,是指同一方向在同一车道上行驶的机动车辆,后车借用车道而超越前车的情形。在同一道路上运行着各种不同类型、不同车速、不同车况的机动车,由于不同车辆之间存在着性能上的差异,因此车辆在行驶过程中,速度快的超越速度慢的现象非常普遍。由于超车现象会引起交通流的变化,使交通流中的冲突点增多,因而发生接触碰撞的可能性就会

---

① 参见《唐延路限速40惹争议》,载《华商报》2005年6月1日第9版。
② 参见《缺失人性关怀的交通执法难叫人口服心服》,载《经济参考报》2005年6月15日。

增大；据统计，因超车发生的交通事故，在道路交通事故中占有相当大的比例。为了避免超车时可能发生的冲突或碰撞危险，必须对超车加以规范。超车应当遵守的规则是：

1. 后车应当在确认有充足的安全距离，从前车的左侧超越；
2. 机动车超车时，应当提前开启左转向灯，变换使用远、近光灯或者鸣喇叭；
3. 机动车超车时，借用的道路必须安全，并且不影响借用道路的车辆行驶；
4. 超车的速度应大于被超车的速度，超车的时间尽可能短；
5. 前车遇有后车发出超车信号时，在条件许可的情况下，应当降低车速、靠右让路；
6. 在超越被超车辆后，应与被超车辆拉开必要的安全距离，开启右转向灯驶回原道。
7. 机动车不准超车的情形是：
（1）与对面来车有会车可能时；
（2）前车正在超越其他车辆时；
（3）前车示意左转弯或掉头时；
（4）前车为执行紧急任务的特种车辆；
（5）遇有交叉路口、窄路、窄桥、隧道等其他特殊情况时。

### （六）掉头、倒车规则

所谓掉头，是指机动车变换行驶方向的情形；倒车则是机动车在进库、停放、驶离停车地点时，出现的倒向行驶的情形。机动车掉头、倒车的交通活动，如果时间、地点选择不适当，可能会干扰其他交通体的正常活动，也可能会对其他车辆和行人的正常行驶秩序造成一定的影响。因此机动车进行掉头、倒车时，应当遵守特定的规则。

1. 掉头规则。机动车在有禁止掉头或者禁止左转弯标志、标线的地点，以及在铁路道口、人行横道、桥梁、急弯、陡坡、隧道或者容易发生危险的路段，不得掉头。机动车在没有禁止掉头的地点，以及没有禁止左转弯标志、标线的地点，可以掉头；但前提是，不得妨碍正常行驶的其他车辆和行人的通行。

2. 倒车规则。机动车倒车时，应当察明车后的情况，确认安全后再行倒车。不得在铁路道口、交叉路口、单向路、桥梁、急弯、陡坡或者隧道中倒车。为确保安全，在复杂路段，或者大型超长车辆倒车时，驾驶员应当下车观察路况后，或有他人指挥的情况下，再行倒车。

### （七）通过交叉路口规则

平面交叉路口是不同方向交通流的集散点，各条道路上的交通流在这里汇集和转变方向。在交叉路口，不同方向的车辆汇集与分散、合流与分流，不可避免地会发生相互间的纵向、横向干扰，也会形成许多交通冲突点，容易产生交通危险，诱发交通事故。因此要对交叉路口的交通活动进行规范，特别是明确通过交叉路口的机动车的行驶规则。

1. 机动车在通过有交通信号控制的交叉路口时，遵守的通行规则是：
（1）在划有导向车道的路口，按所需行进方向驶入导向车道；
（2）准备进入环行路口的，让已在路口内的机动车先行；
（3）向左转弯时，靠路口中心点左侧转弯，转弯时开启转向灯，夜间行驶开启近光灯；
（4）遇放行信号时，依次通过；
（5）遇停止信号时，依次停在停止线以外；没有停止线的，停在路口以外；
（6）向右转弯遇有同车道前车正在等候放行信号时，依次停车等候；
（7）在没有方向指示信号的交叉路口，转弯的机动车，让直行的车辆、行人先行；相对方向行驶的右转弯机动车，让左转弯车辆先行。

2. 机动车在通过没有交通信号灯控制，也没有交通警察指挥的交叉路口时，除遵守上列有关规则外，还应遵守以下规则：

（1）有交通标志、标线控制的，让优先通行的一方先行；

（2）没有交通标志、标线控制的，在进入路口前停车了望，让右方道路的来车先行；

（3）转弯的机动车让直行的机动车先行；

（4）相对方向行驶的右转弯的机动车，让左转弯的车辆先行。

另外，当机动车遇有前方交叉路口交通阻塞时，应当依次停在路口以外等候，不得进入路口。

**（八）交替行驶规则**

我国《道路交通安全法》中规定，在道路变窄车道减少的路段、路口，或者在没有交通信号灯、交通标志、交通标线以及交通警察指挥的交叉路口，遇有停车排队等候或缓慢行驶的情况时，机动车应当依次交替通行，即拉链式一左一右交替依次行驶通过。依次交替行驶是世界上大多数国家，在狭窄路段、拥堵路段调节机动车依次通过，规范驾驶行为的普遍做法，体现公平、有序和效率原则，既是一种交通理念和习惯，也是治理交通堵塞的行之有效的方法。这种习惯需要教育引导，也需要法律规范，使其成为人们普遍遵守的行为规则。目前，在一些地方有的驾驶员还缺乏这种意识和习惯，抢先行驶、遇堵不排队、不遵守拉链式顺序通过的现象比较普遍。因此，交替行驶不仅靠的是驾驶人的自觉性，而且也要交通法予以规范，违反者应当受到追究和处罚。

**（九）行经漫水路、桥和渡口规则**

机动车行经漫水路或者漫水桥时，应当停车查明水情，确认安全后，低速通过。机动车行经渡口，应当服从渡口管理人员指挥，按照指定地点依次待渡。机动车上下渡船时，应当低速慢行。

**（十）行经铁路道口规则**

机动车通过铁路道口时，应当按照交通信号或者管理人员的指挥通行；没有交通信号或者管理人员的，应当减速或者停车，在确认安全后通过。机动车载运超限物品行经铁路道口的，应当按照当地铁路部门指定的铁路道口、时间通过。

**（十一）行经人行横道规则**

机动车行经人行横道时，应当减速行驶；遇人正在通过人行横道，应当停车让行。机动车行经没有交通信号的道路时，遇行人横过道路，应当避让。这里所指的"没有交通信号"既包括没有任何交通信号灯、交通标志标线和交通警察的指挥，也包括虽有某些交通信号，但未能明确指示道路上行驶的机动车与横过道路的行人路权的情形。

**（十二）机动车灯光、喇叭使用规则**

《道路交通安全法实施条例》规定：机动车向左转弯、向左变更车道、准备超车、驶离停车地点或者掉头时，应当提前开启左转向灯；向右转弯、向右变更车道、超车完毕驶回原车道、靠路边停车时，应当提前开启右转向灯。在夜间没有路灯、照明不良或者遇有雾、雨、雪、沙尘、冰雹等低能见度情况下行驶时，应当开启前照明灯、示廓灯和后位灯；同方向行驶的后车，与前车近距离行驶时，不得使用远光灯；机动车雾天行驶，应当开启雾灯和危险报警闪光灯；机动车在夜间通过急弯、坡路、拱桥、人行横道或者没有交通信号灯控制的路口时，应当交替使用远近光灯示意。机动车在道路上发生故障或者发生交通事故，妨碍交通又难以移动的,应当按照规定开启危险报警闪光灯,并在车后设置警告标志(普通公路 50 米至 100 米,高速公路 100 米至 150 米),夜间还应当同时开启示廓灯和后位灯。

机动车驶近急弯、坡道顶端等影响安全视距的路段以及超车或者遇有紧急情况时,应当减速慢行,并鸣喇叭示意。

**(十三)安全带、安全头盔的使用规定**

为了确保机动车驾驶员和乘客的人身安全,机动车行驶时,驾驶人和所有乘坐人员,都应当按规定使用安全带。目前,有些大客车的乘客、小型车后排的乘客,麻痹大意,坐车不使用安全带的情况比较普遍,因此,加强机动车乘客的安全教育,认识乘车使用安全带重要性,依照交通法使用安全带。根据交通法的规定,摩托车驾驶人及乘坐人员,应当按规定佩戴安全头盔。

## 四、机动车行驶速度的管理

**(一)控制行驶速度的意义**

机动车的行驶速度即运行速度,是机动车行驶路程与有效行车时间之比;有效行车时间不包括停车时间和损失时间。机动车的行驶速度与道路交通安全畅通的关系极为密切,也是衡量与评价道路交通管理水平和交通秩序状况的主要参数之一。随着道路条件的改善,机动车制造业水平的提高,特别是机动车性能的优异,机动车的速度越来越快,由此带来驾驶过程中的超速现象比较普遍;与此同时,由于机动车速度过快或者超速的原因,造成交通事故的数量明显增长。因此控制机动车行驶速度显得尤为必要,直接关系着道路交通安全与畅通,关系着人身、财产和每个家庭的平安幸福。控制机动车行驶速度的意义在于:

1. 抑制交通事故的发生。由于交通事故的严重程度与行车速度有很大关系,行驶速度越高,发生事故所造成的损失越重,高速行驶会导致安全性降低,事故率增加;因此,控制行驶速度,就是减少交通事故的发生。

2. 保持交通流的稳定。在没有行驶速度规制的情况下,机动车驾驶员仅根据安全程度、道路状况、时间损失以及行驶的舒适性等因素来选择行车速度;当高速车与低速车混行时,高速车辆的超车,破坏了道路交通流的均一性;一般情况下,行驶速度的离散性越大,道路的通行能力越低,而交通事故的发生率则越高;因此保持交通流的稳定、均衡意义重大。

3. 维护良好的交通环境。道路交通与人民群众的生活环境密切相关,机动车排放的废气污染、运动形成的震动、噪音等交通公害,对环境危害很大;而废气、噪音等交通公害与车辆的行驶速度有关,需要进行速度控制。

**(二)影响行驶速度的因素**

1. 驾驶员的生理心理状态。机动车的行驶速度除了与驾驶员的操作技术熟练程度、处理紧急情况的应变能力有着密切的关系外,与驾驶员的生理特性和精神心理状态有着直接的影响;驾驶员的反应特性、视觉机能、饮酒和药物的作用、精神状态以及疲劳程度等因素,驾驶员的驾驶习惯、速度感觉能力、车距判断能力、冲动驾驶等,都会影响机动车的行驶速度。在驾驶过程中,驾驶员通过感知、思维、判断、操作行为等一系列的活动,使车辆在道路上按照其意志运行,如果生理心理出现异常,导致其中任何一个环节出现错误,就可能出现机动车行驶速度过快或超速现象,可能引发交通事故。因此驾驶员的状态是影响车辆行驶速度的一个重要因素。为使驾驶员放慢速度,利用巧妙的心理学技巧非常有效,国外交通研究实验发现,将路面涂上不同颜色、转角视线范围内种上植物,使道路看上去显得更窄些,或崎岖不平，或弯弯曲曲；对此驾驶员会感觉不安全，促使驾驶员的脚离开油门，从而减慢速度。这是一种心理交通减速措施。①

2. 车辆的技术性能。各类机动车的技术性能差异较大，车辆技术性能的好坏，不仅对行驶速度有影响，而且对行车安全起着重要的作用。车辆的动力、转向、制动、传动等系统，以及照明、喇叭、雨刷器等附属装置的技术状况，都会影响着车辆的行驶速度。此外，车辆由于受到使用和保修条件的影响，在不同的使用期限，其技术性能也会发生变化。

3. 道路的通行条件。道路是车辆行驶的基础，道路条件从根本上限制了车辆的行驶速度。确定机动车的行驶速度，应当根据道路的宽度、路面的平整度、最小转弯半径、最大纵坡度、行车视距、道路安全设施、路面的附着系数等多种因素。目前我国的道路条件差异较大，应当根据道路的实际状况，将道路条件作为确定机动车行驶速度的一项主要因素。

4. 道路交通环境。道路交通环境是由道路条件、交通设施以及交通管理水平等要素所形成的综合环境。交通环境的优劣状况，对机动车行驶速度会产生一定的影响；通过观察机动车速度波动大小情况的变化，了解交通环境的影响程度，速度波动越小，说明交通环境越好，反之，速度波动大，交通环境差。

（三）安全距离的限制

所谓安全距离，是指同车道行驶的机动车，后车应当根据道路条件、行驶速度、行车视距等情况，同前车保持足以采取紧急制动措施的空间距离，以便能够在紧急情况下停车，避免与前车发生追尾碰撞。

安全距离与车辆的运行速度、制动性能，以及驾驶员的反应速度等有着密切的关系；一般情况下，车速越快要求车辆之间的安全距离就应越大；由于机动车的制动迟滞过程和制动增长过程需要 0.2~0.9 秒的时间，车辆的制动性能相对越差，前后车辆之间的安全距离就应当越大；驾驶员的反应速度一般在 0.3~1.0 秒之间，反应速度越慢，前后车辆之间的安全距离就应越大。与此相反，车辆的速度越慢，运行车辆之间的距离就相对越小；车辆的制动性能越好，运行车辆之间的距离就可以适当缩短；驾驶员的反应速度越快，运行车辆之间的安全距离就可以相对减小。也就是说，车速快、刹车性能差，驾驶员反应速度慢，与安全距离成正比；否则，就与安全距离成反比。尽管如此，在机动车行车过程中，驾驶员都必须注意保持与前、后车辆之间的安全距离，一旦发生情况，就可以有足够的反应时间采取措施，确保行车安全。②

（四）行驶速度的限制

根据安全行驶的原则，并从道路交通的实际情况出发，在我国道路交通管理中，实行限制机动车最高行驶速度的做法，《道路交通安全法》及其实施条例明确规定了在不同情况下，各种机动车的行驶速度。通常以道路条件作为限制机动车行驶速度的基本依据。

1. 一般道路条件。道路条件良好和确保安全的原则下，对于不同车种规定了在不同道路上行驶的最高限制时速。通常采取设置限速标志、标线，用以标明机动车可以达到的最高时速；在没有限速标志、标线的道路上，机动车的最高行驶速度应当为：没有施划道路中心线的道路，城市道路为 30 公里/小时，公路为 40 公里/小时；如果同方向只有一条机动车道路的，机动车的最高行驶速度为，城市道路 50 公里/小时，公路 70 公里/小时。

---

① 参见《心理游戏让驾驶者减速》，载《参考消息》2005 年 11 月 8 日第 7 版。
② 马三瑞主编：《公安道路交通管理》，中国人民公安大学出版社 2000 年版，第 50 页。

2. 特殊道路条件。道路情况复杂，机动车行驶条件不利的情况下，对不同车种规定了最高限制时速。机动车在行驶中遇有掉头、转弯、下陡坡时，通过道口、急弯、窄路、窄桥时，能见度在50米以内时，在冰雪、泥泞道路上行驶时，以及进出非机动车道，牵引故障车辆时，最高时速不得超过30公里/时，其中拖拉机、电瓶车、轮式专用机械车不得超过15公里/时。

3. 其他特殊情况。交通法规定了某些特殊情况下，不受行驶速度限制的车辆。不受行驶速度限制的车辆主要是特种车辆，因抢险救灾、抢救生命、执行特殊任务等，应当在确保安全的原则下行驶。

机动车行驶速度的限制，不仅是限制最高速度，也有对最低车速的限制。《道路交通安全法》规定，进入高速公路的机动车，设计时速不得低于70公里；高速公路应当标明车道的行驶速度，最高车速不得超过120公里/小时，最低车速不得低于60公里/小时。限制机动车行驶速度，既要保证人身财产安全，又要兼顾道路交通的畅通。

**（五）全过程动态速度限制**

行驶全过程动态速度限制，也称动态速度限制，是指机动车在运行过程中，根据运行距离，设定完成运行过程的时间，要求全程平均速度在一个适当的范围内。

1. 区间动态速度。道路设定的区间速度，机动车在通过某一路段时，从开始测速到结束测速，规定不得少于一定的时间，否则即为超速行驶。

2. 全程动态速度。为加强道路运输车辆动态监督管理，交通运输部、公安部和国家安全生产监督管理总局于2013年联合制定了《道路运输车辆动态监督管理办法》，从2014年7月1日起施行。适用于道路运输车辆安装、使用具有行驶记录功能的卫星定位装置，以此进行相关的动态安全监督管理。对于道路运输车辆的某些特殊车辆，范围包括用于公路营运的载客汽车、危险货物运输车辆、半挂牵引车以及重型载货汽车（总质量为12吨及以上的普通货运车辆），在交通运输过程中，为了确保安全，实行全程监控。要求道路旅客运输企业、道路危险货物运输企业、拥有50辆及以上重型载货汽车的企业以及拥有牵引车的道路货物运输企业，按照标准建设运输车辆动态监控平台，或使用符合条件的社会化卫星定位系统监控平台，对所属道路运输车辆和驾驶员运行过程，全程进行实时监控和管理。旅游客车、包车客车、三类以上班线客车和危险货物运输车辆，在出厂前应当安装符合标准的卫星定位装置。重型载货汽车和半挂牵引车，在出厂前应当安装符合标准的卫星定位装置，并接入全国道路货运车辆公共监管与服务平台。

## 五、机动车装载管理

**（一）机动车装载管理的概念**

机动车装载管理是行驶秩序管理的重要组成部分，是交通管理部门依法对于行驶中的机动车载人、载物以及超载行为所进行的组织、指挥、限制和查处的活动。机动车装载管理的内容可以分为载人的管理、载物的管理以及危险物品的装载管理三个方面。

目前，在机动车行驶秩序管理中，机动车超载现象十分严重，因超载而发生的安全问题和交通事故非常突出。机动车超载是指机动车装载货物时，超过了该车的核定装载质量；机动车载客时，载客人数超过了该车核定的载客数量。机动车由于类型的不同，每个车辆的核定装载质量和载客数量不同，机动车不能超过其核定的载质量和载客数量。如果机动车超载，会增加发动机和其他机械的负荷，加剧机件的磨损，致使抗拉、抗压等材料的性能降低，负荷增大，可能造成车辆的正常运行状态遭到破坏，导致车辆的动力性能、转向性能、制动性能等的降低或者失控，往往会造成动力不足、转向沉重、操纵困难、制动降低甚至失效等后果；从而极易引发交通事故，造成人身、财产的损失。机动车超载行驶，会严重破坏交通设施、道路条件；由于机动车的超载，对路面的压强增大，往往超过了道路、桥梁的设计承载能力，致使道路路面过早地遭到破坏，使用寿命下降。机动车的超载，严重干扰正常的交通秩序，严重危害人身、财产安全。

### （二）机动车载人的管理

机动车载人的管理，主要是对客车载人和货车载人的管理。不同种类的机动车承载人员的数量是不一样的，各类机动车应当按照核定的数量载人，如果机动车搭乘的人数超过核定人数，就属于超载，这是一种违反道路交通安全的行为，构成交通违法。机动车载人超载现象，对行车安全构成严重威胁，容易发生交通事故，而且一旦出现事故，会造成严重的人身伤亡和财产损失后果。鉴于目前机动车载人超载的现象比较普遍，一些驾驶员为追求经济效益，不顾乘客的生命财产安全，对超载行为漠然处之。为此，加强对机动车载人过程的管理非常必要，采取切实有效的管理措施，既要规范和约束机动车驾驶员的行为，严肃机动车的操作规程，禁止人员超载，切实保护乘车人的安全；又应当规范乘车人的行为，使其认识到安全风险和危害，使车辆驾驶员与乘客双方都明确各自的责任和后果、权利与义务。

根据交通管理法的规定，机动车载人不得超过核定的人数，每一机动车的行驶证都明确核定该车的载人数量，无论是客运机动车还是货运机动车，都必须在核定人数内载人；规定禁止货运机动车载客，货运机动车除了驾驶室内有为操作和乘坐所设定的座位外，一般情况下，车厢内不允许载人，如果出于押运、装卸的需要，货运机动车需要负载一定数量的作业人员随车时，应当设置必要的防护措施，确保他们在行车中的安全。机动车载人应当遵守以下规定：

1. 公路载客汽车不得超过核定的载客人数，但按照规定免票儿童除外，在载客人数已满的情况下，按照规定免票的儿童，不得超过核定载客人数的10%；其他车辆的核定载客人数包括儿童。

2. 载货汽车车厢不得载客。在城市道路上，货运机动车在留有安全位置的情况下，车厢内可以附载临时作业人员1人至5人；载物高度超过车厢栏板时，货物上不得载人。

3. 摩托车后座不得乘坐未满12周岁的未成年人，轻便摩托车不得载人。

### （三）机动车载物的管理

机动车在运输货物时，装载体积和装载质量除特殊情况外，应当符合核定的载物质量，严禁超载。载物的长、宽、高不得违反装载要求，装载物应当均匀平稳，捆扎牢固；装载易散落、飞扬、流漏的物品，须封盖严密，不得遗洒、飘散载运物。限制机动车载物的高度，基于两方面的考虑，一是机动车行驶的稳定性，若超过一定高度，车辆的重心则会提高，稳定性必然降低，容易发生侧翻；二是道路空间的局限性，机动车载物高度受到道路环境空间最低高度的制约，即道路桥梁的限高，载物过高会造成通行的不便。限制机动车载物的长度，出于保持行驶过程纵向重心的稳定，避免在坡路和转弯行驶过程中可能发生的翻倾或刮碰。机动车载物的宽度，与机动车行驶时重心的偏移、摆动等安全因素有关，还取决于道路两侧的安全间隙，影响和关系着车身与相邻车道、人行道侧面边缘的距离。机动车载物除了按照行驶证上核定的装载质量，还要注意装载长度、宽度不得超出车厢之外，应遵守以下规定：

1. 重型、中型载货汽车，半挂车载物，高度从地面起不得超过 4 米，运载集装箱的车辆不得超过 4.2 米。

2. 其他载货的机动车载物，高度从地面起不得超过 2.5 米。

3. 摩托车载物，高度从地面起不得超过 1.5 米，长度不得超过车身 0.2 米。两轮摩托车载物，宽度左右各不得超出车把 0.15 米；三轮摩托车载物，宽度不得超过车身。

载客汽车除车身外部的行李架和内置的行李箱外，不得载货。载客行李架载货，从车顶起高度不得超过 0.5 米，从地面起高度不得超过 4 米。

### （四）载运危险品的管理

危险品是指爆炸物品、易燃易爆化学物品、剧毒物品以及放射性物品等危险物品。机动车运载这些物品时，应当向当地公安机关提出申请，经公安机关批准、备案后，按许可指定的时间、路线、速度行驶，悬挂警示标志并采取必要的安全措施。运输危险物品的机动车，不准搭乘其他无关人员，不准与其他货物混装，不准穿越城市的中心区或人口稠密的街道，不准随意停车、超车；一般情况下，要选择白天运行，夜间行车要有充足的灯光照明；尽量选择良好的天气条件和道路条件。

## 六、机动车牵引管理

### （一）牵引挂车

根据《道路安全法实施条例》的规定，机动车牵引挂车应当符合下列规定：

1. 载货汽车、半挂牵引车、拖拉机，只允许牵引 1 辆挂车。挂车的灯光信号、制动、连接、安全防护等装置应当符合国家标准。

2. 小型载客汽车只允许牵引旅居挂车或者质量 700 千克以下的挂车，挂车不得载人。

3. 载货汽车所牵引的挂车的质量，不得超过载货汽车本身的载质量。

### （二）牵引故障车

根据实施条例规定，牵引发生故障的机动车时，必须限速行驶，不得超过每小时 30 公里；此外，牵引故障机动车还应当遵守以下规定：

1. 被牵引的机动车除驾驶员外不得载人，不得拖带挂车。

2. 被牵引的机动车宽度不得大于牵引机动车的宽度。

3. 使用软连接牵引装置时，牵引车与被牵引车之间的距离应当大于 4 米小于 10 米。

4. 对制动失效的被牵引车，应当使用硬连接牵引装置牵引。

5. 牵引车和被牵引车均应当开启危险报警闪光灯。

汽车吊车和轮式专用机械车不得牵引车辆。转向或者照明、信号装置失效的机动车，应当使用专用清障车拖拽。摩托车不得牵引车辆或者被其他车辆牵引。

牵引发生故障的机动车行驶，属于非正常行驶，无论是采用硬连接还是软连接，驾驶员必须考虑到被牵引车辆，与在同一道路上行驶的其他车辆的安全，应当慢速行驶，以避免发生紧急制动时，被牵引车辆追尾牵引车，以及出现转弯、掉头时被牵引车难以紧随牵引车的情况。

## 七、特种车辆的管理

特种车辆是指装置有报警器及标志灯具的特殊车辆，如警车及其护卫的车队、消防车、工程救险车、救护车等。这些车辆在执行紧急任务时，可以使用警报器、标志灯具；在确保安全的前提下，不受行驶路线、行驶方向、行驶速度和信号灯的限制，其他车辆和行人应当让行。非执行紧急任务时，则不得使用，且不享有优先通行权。

特种车辆在执行紧急任务遇交通受阻时，可以断续使用警报器，并遵守以下规定：

1. 不得在禁止使用警报器的区域或路段使用警报器。
2. 夜间在市区不得使用警报器。
3. 列队行驶时，前车已使用警报器的，后车不再使用。

### 八、机动车停放和临时停车管理

机动车停放和临时停车不仅影响道路的畅通，有时还影响交通安全。因此在交通秩序管理中，在关注机动车行驶秩序管理的同时，不容忽视对机动车停放和临时停车秩序的管理。我国交通法规定，机动车应当在规定地点停放；禁止在人行道上停放机动车，在人行道上依法施划的停车泊位除外；机动车停放地点可能是停车场，也可能是道路两旁和人行道上依法施划的停车泊位。

在道路上临时停车的，不得妨碍其他车辆和行人通行。机动车在道路上发生故障，需要停车排除故障时，驾驶人应当立即开启危险报警闪光灯，将机动车移至不妨碍交通的地方停放；难以移动的，应当持续开启危险报警闪光灯，并在来车方向设置警告标志等措施，扩大示警距离，必要时迅速报警。机动车在道路上临时停车，应当遵守下列规定：

1. 在设有禁停标志、标线的路段，在机动车道与非机动车道、人行道之间设有隔离设施的路段，以及人行横道、施工地段，不得停车；
2. 交叉路口、铁路道口、急弯路、宽度不足 4 米的窄路、桥梁、陡坡、隧道，以及距离上述地点 50 米以内的路段，不得停车；
3. 公共汽车站、急救站、加油站、消防栓或者消防队（站）门前，以及距离上述地点 30 米以内的路段，除使用上述设施的以外，不得停车；
4. 车辆停稳前不得开车门和上下人员，开关车门不得妨碍其他车辆和行人通行；
5. 路边停车应当紧靠道路右侧，机动车驾驶人不得离车，上下人员或者装卸物品后，立即驶离；
6. 城市公共汽车不得在站点以外的路段停车上下乘客。

## 第三节　非机动车行驶秩序管理

### 一、非机动车行驶秩序管理的意义

目前，我国道路交通呈多样化交通的特点，混合交通的状况依然存在，特别是城市道路和普通公路，以平面交叉为主的道路形态，仍然是交通体活动的主要载体，各种不同交通形式、不同速度的车辆和行人，共存于这种道路形式之中，难免形成相互冲突、相互干扰，影响着人们的出行安全，也制约着道路的畅通。作为道路交通重要参与者——非机动车，是道路交通活动中的特殊交通体，在交通活动中占有重要地位。尤其是经济实用、方便灵活、节能环保的自行车等非机动车，这种传统的代步工具，是人们不可缺少的交通方式；近年来，电动自行车的发展迅猛，成为城市道路交通重要的出行方式，但其数量大，有的城市达到数百万辆，其行驶速度相对较快，灵活便捷，价格实惠，在一定程度上替代了传统自行车，成为目前城市普通群众常用的交通工具。最近以来，随着网络技术和网络经济的出现，共享单车蓬勃兴起，到处可见，方便时尚，使用价格低廉，解决了城市交通最后一公里的出行问题，成为当下最为时尚的交通方式。

由于非机动车的形式多样，有传统自行车、电动自行车、共享自行车等多样化的方式，还有其他人力车、畜力车、助力车等，参与交通活动的数量巨大，加之有些交通方式缺乏规范，存在着随意性，不安全隐患多，驾驶人的交通法律意识淡漠，违法现象突出，导致交通事故时有发生，造成人身财产损失的后果严重，影响着道路交通环境与交通秩序。因此，对于非机动车行驶秩序的管理非常必要，交通管理部门必须加强对非机动车的管理，特别是对电动自行车的管理，采取有效措施，努力改善非机动车交通秩序，减少非机动车导致的交通事故。

根据我国道路交通管理的实际情况，非机动车按照驱动力的不同，大致划分为三大类；一是人力驱动的非机动车，主要有自行车、三轮车、手动残疾人车等；二是畜力驱动车，包括各种牲畜拉挂的车辆，有马车、牛车等；三是助动力驱动的车辆，包括电动自行车、助力残疾人车等。

## 二、非机动车行驶管理

目前，非机动车在行驶过程中存在的主要问题是：违反质量标准，超过限定重量和限定时速的电动自行车；违法改装非机动车；不遵守分道行驶的规则，在机动车道路行驶；随意闯红灯，违反交通标志、交通标线等交通规则；缺乏交通安全意识，高速行驶，强超猛拐，逆向行车；违规载人载物等。因此导致的交通事故数量较多，一些地方的交通事故中，因非机动车而引发的占1/3以上。近年来，在城市的非机动车中，自行车逐渐退出，电动自行车即助力车，日渐成为新的代步工具，越来越庞大的电动自行车队伍已成为道路交通管理的热点和难点。此外，一些改装电动车、残疾人机动轮椅车等，也存在不同程度的安全隐患和违法现象，成为非机动车管理的难点之一。

根据道路交通安全管理法律、法规的规定，驾驶自行车、三轮车必须年满12周岁，驾驶助力车必须年满16周岁，驾驭畜力车应当年满16周岁。非机动车在道路上行驶，应当遵守有关交通安全的规定；非机动车应在非机动车道内行驶，没有非机动车道的道路，应当靠车行道的右侧行驶；不得醉酒驾驶非机动车；助力车在非机动车道内行驶时，最高时速不得超过15公里；驾驭畜力车横过道路时，驾驭人应当下车牵引牲畜。

### （一）交通信号控制的路口

非机动车通过有交通信号控制的交叉路口时，应当按以下规则通行：

1. 转弯的非机动车让直行的车辆、行人优先通行。
2. 遇有前方路口交通阻塞时，不得进入路口。
3. 向左转弯时，靠路中心点的右侧转弯。
4. 遇有停止信号时，应当依次停在路口以外。
5. 向右转弯遇有同方向前车正在等候放行信号时，在本车道内能够转弯的，可以通行；不能转弯的，依次等候。

### （二）没有交通信号控制的路口

非机动车通过没有交通信号控制和指挥的交叉路口时，还应遵守以下规则：

1. 有交通标志、标线控制的，让优先通行的一方先行。

2. 没有交通标志、标线控制的，在路口外慢行或停车瞭望，让右方道路的来车先行。

3. 相对方向行驶的右转弯的非机动车让左转弯的车辆先行。

驾驶自行车、电动自行车、三轮车在路段上横过机动车道，应当下车推行，有人行横道或者行人过街设施的，应当从人行横道或者行人过街设施通过；没有行人过街设施或者不便使用行人过街设施的，应当在确认安全后直行通过。因非机动车道被占用，无法在本车道内行驶的非机动车，可以在受阻的路段，在确保安全前提下，借用相邻的机动车道行驶，并在驶过该路段后，迅速驶回非机动车道。机动车遇此情况应当减速让行。

### 三、非机动车装载管理

非机动车载物时，应当遵守以下规则：

1. 自行车、助力车载物，高度从地面起不得超过 1.5 米，宽度左右各不得超出车把 0.15 米，长度前端不得超出车轮，后端不得超出车身 0.3 米。

2. 三轮车、人力车载物，高度从地面起不得超过 2 米，宽度左右各不得超出车身 0.2 米，长度不得超出车身 1 米。

3. 力车载物，高度从地面起不得超过 2.5 米，宽度左右各不得超出车身 0.2 米，长度前端不得超出车辕，后端不得超出车身 1 米。

有关自行车载人的规定，各地情况不一，按照《道路交通安全法实施条例》规定，可由省级人民政府根据当地实际情况，制定相关的地方政府法规，规定具体办法。

## 第四节 行人和乘车人交通秩序管理

### 一、行人交通秩序管理

#### （一）行人交通秩序管理的意义

在道路交通活动中，人们的步行交通也是一种交通方式。行人是道路交通活动的参与者，维护良好的交通秩序，一定程度上取决于行人遵守交通法，维护良好交通秩序的状况。应当指出，行人在道路交通活动和交通事故中，是各种交通体中最容易受到伤害的弱者，需要给予特别的关照和保护，同时也需要行人提高自我防范和自我保护意识。

目前，行人在交通活动中存在的主要问题是，一些人的交通安全意识差，交通法律意识淡漠，不遵守交通安全规范，不遵守交通法律、法规，交通违法现象比较普遍。因此，首先应当加强对行人遵守交通法规的教育，明确作为交通参与者，既享有参与交通活动的权利，也负有遵守交通法的义务；增强行人的交通安全意识，规范其参与交通活动的行为；培养行人文明交通，礼貌让行的习惯。同时，应当规范其他交通体的交通活动，在与行人发生交通冲突时，双方的权利与义务，加强对行人的安全保护，特别对步行交通秩序的管理，这是交通管理部门的重要职责。

我国《道路交通安全法》及其实施条例，是保障行人交通安全的基础。应当强化人们的交通法治意识，树立交通法制观念，做到依法参与交通，依法维护交通，依法管理交通；交通管理部门要加强交通安全宣传教育，培养行人良好的交通意识，依法规范人们参与道路交通的行为。

## (二)行人交通秩序管理的基本内容

根据《道路交通安全法》及其实施条例的规定，行人应当在人行道内行走，没有人行道的靠路边行走；行人通过路口或横过道路时，应当走人行横道或其他过街设施；通过设有交通信号灯的人行横道，应当按照交通信号灯指示通行；通过不设交通信号灯的人行横道路口，应当在确认安全后通过。学龄前儿童或者不具有行为能力的人在道路上通行，应当由其监护人带领。

行人不得跨越、骑坐道路隔离设施，不得扒车、强行拦车或实施妨碍道路安全的其他行为；行人不得在道路上使用滑板、旱冰鞋等滑行工具；不得在车行道内坐卧、停留、嬉闹；不得有追车、抛物击车等行为。

行人横过机动车道，应当从行人过街设施通过；没有行人过街设施的，应当从人行横道通过；没有人行横道的，应当观察来往车辆的情况，确认安全后直行通过，不得在车辆临近时，突然加速横穿或者中途倒退、折返。行人列队在道路上通行，每横列不得超过2人。

## 二、乘车人交通秩序管理

乘车人是指在道路交通活动中，以乘坐机动车代替步行的人员，也就是机动车的乘客。道路交通活动中，乘车人也是交通参与者，他们的交通行为一定程度会影响到交通安全。根据道路交通安全法律、法规的规定，乘车人不得携带易燃易爆等危险物品，不得向车外抛洒物品，不得将身体各部位伸出车外，不得作出影响驾驶人安全驾驶的行为等。乘坐机动车应当遵守以下规定：

1. 不得在机动车道上拦乘机动车。
2. 在机动车道上不得从机动车左侧上下车。
3. 开关车门不得妨碍其他车辆和行人通行。
4. 机动车行驶中，不得干扰驾驶，不得跳车或将身体任何部分伸出车外。
5. 乘坐两轮摩托车应当正向骑坐，佩戴安全帽。

交通管理部门依据道路交通安全法的规定，为建立良好的乘车环境，加强对乘车人的乘车行为进行规范，调整乘车活动中，乘车人与其他人之间的交通关系，制止和纠正乘车人的交通安全违法行为，从而保证乘车活动的安全，维护乘车人的权益，保护其他交通参与人的合法权益。

# 第九章　高速公路交通管理

## 第一节　高速公路概述

### 一、高速公路的概念

(一) 高速公路的含义

高速公路，是指经国家公路主管部门验收认定，符合高速公路技术标准，多车道、全封闭、全立交，设有中央分隔带，控制出入、集中管理，具有完备的安全监控设施、管理设施和服务设施，专供汽车高速行驶的公路。根据我国《公路工程技术标准》(JTGB 01—2003)的规定，高速公路一般能适应按各种汽车（包括摩托车）折合成小汽车的年平均昼夜交通量为 25000 辆以上，是专供汽车分向、分车道高速行驶，并全部控制出入的多车道公路。高速公路采取限制出入、分割行驶、立体交叉以及采用较高的管理标准和完善的交通设施，从而为汽车的大量、快速、安全、舒适、连续地运行创造了条件，成为公路交通的主干线和大动脉，对国家的经济建设和社会发展起着十分重要的作用。

公路交通运输与其他交通运输相比较，从建设的角度来看，具有建设投资少，修建时期短，投资回报快，并可以机动灵活进行分期修建；从运输效益的意义上来说，具有道路覆盖面广，运输中间环节少，运输成本较低，方便灵活，运输工具类型多等特点。因而，公路交通运输方式是中短距离交通运输活动的主要选择；随着社会经济的发展和人民生活水平的提高，汽车已成为现代社会生活的基本交通工具。但是，随之出现的是汽车保有量增多，道路交通运输量猛烈增长，交通运输活动对道路的要求越来越高，希望提供行车速度快，通行能力大，设施安全舒适，管理现代化的道路条件。要提高交通运输的效益，就需要提高交通运输的速度，而提高速度必须有良好的道路条件和可靠的安全保障，要解决好速度与安全的矛盾，实现通行量大、速度快、安全性能好的目的，就需要建设高速公路。

社会经济发展的状况如何，在很大程度上依赖于人与物的流通、移转方式和手段是否先进、快捷；而高速公路具有将人与物从起点直接运送到达目的地的连贯性、迅速性和时空的便捷性，这是其他运输方式无法比拟的。因此，当今世界各国重视高速公路的发展，高速公路的建设与国家的经济建设密切相关，已成为一个国家经济实力的体现，是经济社会发展程度的重要标志。

(二) 高速公路的构成

高速公路主要由以下部分构成：

1. 主车道。主车道是指由中央分隔带分开的上行车道和下行车道，两个不同方向的上下行车道均为主车道。上下行双向主车道为 4 条，或者 4 条以上；每条车道宽 3.75 米（山岭地区道路宽 3.5 米）。每个方向的主车道以机动车行驶方向，靠左边第一条车道称为内侧车道，或称为超车道，供超车时使用；第二、第三或其他车道（单向两车道的靠右侧车道）为外侧车道，或称为行车道，是车辆正常行驶的车道。在纵向坡度超过4%的路段，最外侧设有3米宽的爬坡车道，专供慢速上坡的车辆行驶。在高速公路进出口附近的行车道外侧，还设有3米宽的变速车道，专供车辆减速驶出或者加速并入行车道使用。

2. 中央分隔带。中央分隔带是高速公路的上下行车道之间设置的一条长条形隔离带，用来分隔双向车辆，防止车辆驶入对向车道；此外，可以引导驾驶员的视线，阻止车辆转弯、掉头，阻挡夜间车灯相对照射、减轻车灯眩目。中央分隔带通常采用植物绿化带，或者专门的隔离设施。

3. 路肩和紧急停车带。路肩是路幅的一部分，与行车道衔接；包括右侧的路缘带、硬路肩和土路肩三个部分。路肩的作用是，保护路面，引导视线，为车辆提供侧向余宽，提高行车的安全性；此外，发生事故或出现故障时，可供临时停车使用。硬路肩如果允许车辆临时停放，宽度应为3米以上；当硬路肩的宽度小于2.5米时，为保证行车安全，使故障车辆避让其他车辆，尽快离开行车道，应设置紧急停车带。紧急停车带在车道的右侧路肩上，间隔一定距离加宽路幅，留出一定宽度、长度专供车辆紧急停车使用；通常它的宽度为3米以上，长度为30米以上；间隔距离平原地区为300米，山岭地区为500米；原则上在双向车道对称设置，每个可停放3辆小车或1辆半挂车。

4. 加速、减速车道和匝道。加速车道是在高速公路的入口处，紧靠主车道的最右侧，供车辆并入主车道前的加速时使用。减速车道是在高速公路的出口处，紧靠主车道的最右侧，供车辆驶离高速公路前的减速时使用。匝道是连接高速公路与其他道路之间的公路，引导车辆进入高速公路的收费管理控制设施和出入口，起着串接两条道路的纽带和引导车辆出入高 速公路的作用。

除了以上高速公路的基本构成部分外，高速公路还需要建立各种封闭设施，建设立体交叉道路系统，从而避免其他路外机动车辆、非机动车和行人的干扰，防止发生交通冲突，提高行车的安全性和有效速度。此外，在高速公路范围内，需设置相应的交通标志标线、信息设施、照明设备、防护装置、植被绿化、边坡、边沟等交通安全设施和交通管理设施。

为了保证高速公路行车安全、快速、便捷、舒适的目的，完善各种功能齐全的交通设施是非常必要的。为此，高速公路设有各种加油、修理、通讯、餐饮、休息、购物等服务设施以及紧急救援设施。

## 二、高速公路的特征

### （一）高速公路的结构特征

高速公路的结构特征，即形式特征。与普通道路相比较，高速公路在基本结构和外在表现形式上具有以下特征：

1. 汽车专用。高速公路是专门为汽车行驶而建设的公路，并且只允许一定种类、一定车速以上的汽车进入通行，其他类型的机动车诸如拖拉机、轮式专用机动车、铰接式客车、全挂拖斗车以及摩托车等车辆不允许进入高速公路行驶，非机动车和行人也不得在高速公路通行。

2. 分隔行驶。高速公路设置的中央分隔带，可以避免对向行车的冲突和干扰，消除了相对向车辆的会车危险，实现相对向车流的有效分离；从而增加交通活动的安全性，降低交通事故率，提高道路的通行能力。据国外统计资料，高速公路的交通事故和死亡率，只有一般公路的30%和50%左右。① 同向行驶的车辆设有超车道和行车道，可以减少超车以及其他同向车速差造成的干扰；在特殊路段设置爬坡、加速、减速等车道，实现局部路段的车辆分离，可以避免同向车辆行驶中的干扰。

3. 控制出入。高速公路沿线全部封闭，与其他道路实行立体交叉，严格控制车辆的出入，只有符合规定机动车才能由出入口驶离或进入高速公路；这种与外界的隔离、封闭，形成了高速公路快速、稳定、安全、可控的交通流，能够保证良好的行车环境。

4. 设定车速。高速公路对汽车行驶速度有专门的限制和要求，我国高速公路的准入速度和行驶速度，根据《道路交通安全法》的规定，设计最高时速低于70公里的机动车不得进入，在高速公路行驶的机动车最低时速不得低于60公里；此外，还规定高速公路限速标志标明的最高时速不得超过120公里。在高速公路上限制一定速度的车辆通行，不允许低速车辆驶入，可以缩小高速公路上行驶车辆之间的速度差，因而减少超车的次数以及不必要的加速、减速、停车等现象，降低行驶过程中的纵向干扰，提高道路的通行能力。

5. 技术标准高。高速公路的设计是根据国家颁布的行业标准《公路工程技术标准》规定的技术指标，在道路的路基、路面、视距、景观，纵向的曲线半径、坡度、坡长，横向的幅度、宽度，以及桥梁、隧道等人工构建物方面的技术标准都比较高。在建设上尽可能避免长直线路段，以降低在长直线道路驾驶注意力松弛导致事故的危险，采用大半径曲线形，根据地形以圆曲线或缓和曲线为主，既增加了道路的曲线美感，又利于调整驾驶员的视线，提高注意力。此外，高速公路的各种安全设施、管理设施和服务设施也比较完善，能够保证行驶安全、快捷、低耗，可以降低运输成本，提高效率。

**（二）高速公路的功能特征**

高速公路的功能特征，即实质特征。高速公路在使用过程中具有普通道路无法比拟的优越性，它的基本功能和主要作用表现为：

1. 行驶速度快。高速公路具有双向四个以上的车道，设有中央隔离带，全部封闭，全部立交，不受对向车辆干扰；而且，高速公路的道路线形好，建设标准高，具有较为完善的交通安全设施、管理设施和服务设施，能够保证车辆在设计范围内的快速行驶。根据我国《道路交通安全法》的规定，行人、非机动车、拖拉机、轮式专用机械车、铰接式客车、全挂拖斗车以及其他设计最高时速低于70公里的机动车不得进入高速公路，高速公路只允许汽车通行，以保证充分发挥其高速度的优势。高速公路的设计最高时速为120公里，汽车在高速公路上的行驶速度应当在时速60~120公里的范围内。

2. 通行能力强。高速公路实现了双向分隔行驶，采用了全封闭、全立交结构，严格划分了行车道、超车道和应急车道，并规定了最低行驶速度，因此具有很强的道路通行能力。据统计，双向四车道高速公路的年平均昼夜交通量，折合为小客车可以达到30000~50000辆；双向六车道高速公路的交通量，可以达到50000~80000辆；双向八车道高速公路的交通量，可以达到100000辆左右。可见高速公路的通行能力很强，较普通公路高出几倍甚至几十倍，② 在一定程度上解决了道路交通的拥堵问题，体现了高速公路的优越性。

3. 安全性能好。高速公路除采取了高标准的设计机构，合理的车道划分和严格的速度限制等一系列保证行车安全的措施外，还设置有较为完备的安全设施、管理设施和服务设

---

① 中国道路交通安全协会编：《中国高速公路安全行车必读》，中国计划出版社2001年版，第1页。
② 管满泉等：《道路交通秩序管理教程》，中国人民公安大学出版社2005年版，第175页。

施。路面中央设有中央分隔带，路基两侧设有隔离栅，使高速公路封闭起来，以形成快速、稳定的车速；中央分隔带上装有防眩板，防范对向灯光的照射，还有保障夜间行车安全的发光和反光装置等；高速公路设有完善的服务设施，如旅馆、饭店、加油站和停车场等，沿线上设有紧急电话，从行车条件和技术上为安全行驶提供了多种可靠、有效的保障。由于高速公路能够有效地排除和减少交通干扰和冲突，大大降低了交通事故的发生及其事故损失；世界各国的统计资料表明，高速公路是安全度最高的公路。据统计，高速公路的事故率和死亡人数仅为普通公路的三分之一至一半左右，① 有的国家高速公路的事故率甚至仅为一般公路的十分之一。② 但是，我国近几年高速公路发生的交通事故不容乐观，事故率和死亡人数均居高不下，主要原因在于驾驶员对高速公路的特性认识不足，没有严格遵守交通安全法规。

4. 运输效益高。高速公路与普通公路相比较可以极大地缩短运行时间，降低运输成本，减少机动车的消耗和磨损，提高了运输效率和车辆周转率；可以节约能源，节省时间和燃料，减少费用，提高经济效益。高速公路不受时间限制，全天候行车，道路利用率高；它的运输成本较一般公路低，收回建设投资的时间却比较短。而且高速公路对于社会经济发展起着重要的带动作用，可以使生产与流通、生产与交换的周期缩短，市场流通速度加快，有效地带动和促进沿线经济的繁荣和发展。此外，由于高速公路的安全性能好，交通事故率低，加之实行的集中统一管理，杜绝了人为的行车困难，在一定程度上提高了运输效率和车辆的周转率，所造成的人身伤害和财产损失相对小，减少了损失、损害，也可以产生良好的社会效益。

（三）高速公路发展中存在的局限性

高速公路在建设发展过程中有其局限性，有以下弱点：

1. 建设投资大。高速公路的造价比较高，一般情况下，每公里的建设资金达数千万元；在人口密集地区、河流密布地区以及山区，高速公路的建设造价每公里高达上亿元。目前我国建设高速公路采取国家、地方、企业等多方投资、融资或者银行贷款的形式，多渠道筹集高速公路建设资金，特别是调动社会各方面的积极因素参与高速公路建设，一些社会力量和企业也看好投资高速公路建设有着稳妥可观的投资回报，因而这几年我国高速公路的建设速度得到了迅猛的发展。由于高速公路的投资大，需要一定的时间收回投资、获得回报，所以，高速公路均实行车辆通行收费。

2. 占用土地多。高速公路较普通公路所占用的土地多，用地面积大，最低的双向四车道高速公路用地宽度一般也在25～30米左右，③ 有的为了扩建时增加车道数量，还要预留一定范围的空地；双向六车道的用地宽度在35米以上，双向八车道的用地宽度在42米以上；如果要建设一座高速公路全互通式立交桥，则需占用土地4万～10万平方米。④ 由此可见，高速公路所需的土地资源是非常大的。

3. 技术、建设难度大。高速公路建设的标准要求高，路面系统结构复杂，技术、设备、材料要求严格，建设施工难度大；特别是建设山区和地形起伏较大的高速公路，由于对高速公路的纵坡、平曲线半径和视距的要求很高，往往需要修建隧道和架设桥梁。

---

① 丁立民主编：《道路交通管理》，警官教育出版社1999年版，第420页。
② 管满泉等：《道路交通秩序管理教程》，中国人民公安大学出版社2005年版，第175页。
③ 马三瑞主编：《公安道路交通管理》，中国人民公安大学出版社2000年版，第164页。
④ 管满泉等：《道路交通秩序管理教程》，中国人民公安大学出版社2005年版，第176页。

4. 管理养护工作量大。高速公路的管理采用现代通讯技术、电子监控、信息控制系统，各种交通安全设施、服务设施和管理设施数量多，技术性能复杂，实行联网一体化管理，构成一个庞大的运行系统；而且，高速公路实行全天候、大流量、高速度的负荷运转，需要大量的管理人员和技术力量；加之道路的养护和维修也需要相应的人员和技术。所以说，高速公路的管理是一个复杂的系统工程。

5. 限制影响支线交通。在高速公路周边的支线交通，要穿越高速公路必须行经数量有限的立体交通，才可能实现联系，一般需绕行一段路程；这样使得支线交通的沟通和交往增加了难度，需要付出更多的时间和行驶更远的路程。因此，高速公路对支线交通带来了许多不便。

### 三、高速公路发展概况

#### （一）国外高速公路的发展

汽车工业和汽车运输业的发展，极大地带动了道路交通的发展。由于汽车数量的迅速增长，必然要求增加道路；加之交通事故的剧增，给公路提出了新的要求，当人们认识到混合交通的安全性能差、限制了机动车性能发挥，进而影响人流物流速度和经济发展时，便提出建设汽车专用道路的设想。世界上最早的汽车专用道路是 1921 年在德国柏林修建的中间分隔式 10 公里长的汽车专用道路，被认为是现代高速公路的雏形；到了 20 世纪 30 年代，德国修建了多条高速公路。从 20 世纪中叶起，世界各国纷纷开始修建高速公路，高速公路由此得到了快速发展。

20 世纪到 21 世纪初，美国是高速公路路网较发达、设施完善、线路里程长的国家。美国在 20 世纪的 50 年代到 80 年代，平均每年修建高速公路达 3000 公里，覆盖全国国土的 80%，高等级公路已形成网络。1993 年 10 月美国建成了一条当时最先进和具有多功能的高速公路，有 10 个车道和设施齐全的交通管制系统，包括交通指挥中心、路面感应圈、可变标志、交流道进口及其控制、紧急电话、故障巡逻、监视直升机、闭路监视系统、路况咨询电台、导路机等机构和应急设施。[①] 日本从 20 世纪 50 年代开始发展高速公路，并于 1957 年颁布了《高速公路干道法》，相继建成了以东京为中心的多条高速公路，形成了纵贯南北国土的高速公路网。荷兰也是高速公路密度最大的国家，平均每 1000 平方公里的面积就有 44 公里的高速公路。

随着汽车数量的迅速增长和公路运输的发展，以及交通事故的剧增，给公路提出了新的要求，需要寻求新的交通运输手段；要从根本上提高公路运输的能力，解决落后的运输方式与连续、大量、安全、快速的现代运输不相适应的矛盾，现实的做法就是通过采用高速公路这种新型的交通形式，高速公路已成为当今公路运输发展的一个重要特征。

#### （二）我国高速公路的发展

我国最早建设的高速公路是台湾省修建的贯穿全岛南北高速公路，北起高雄市，南至基隆市，全长 373 公里，于 1978 年 10 月建成，交通设施和控制系统于 1984 年建设完成。我国大陆高速公路的建设从 20 世纪 80 年代开始起步，到 20 世纪 90 年代有了较大的发展，在 21 世纪的头几年得到了快速发展，以每年数千公里的建设速度增长，截至 2016 年底，作为世界第二大经济体，不仅经济发展总量位居世界前列，而且我国的高速公路的总长度超过

---

① 丁立民主编：《道路交通管理》，警官教育出版社 1999 年版，第 414 页。

13万公里，位居世界第一，目前仍以每年5千公里以上的速度增长，全国高速公路路网已经形成。

早在1981年交通部根据我国国情，制定了发展高速公路的主要技术标准，并确定了第一批高速公路建设项目；1984年开始了沈大高速公路和沪嘉高速公路的建设，1988年10月，全长20.5公里的上海至嘉定高速公路率先建成通车，实现了内地高速公路通车里程零的突破，这是我国现代化高速公路发展的重要起点；从此，我国高速公路进入了一个持续稳步快速发展的历史时期。随后相继建成了沈阳至大连的高速公路，跨省市的京津塘高速公路，以及南京至合肥、北京至石家庄、济南至青岛、广州至深圳等数十条连接城市之间、省际之间的高速公路。经过多年的建设发展，到2003年底我国高速公路的总长度突破3万公里，仅次于美国列世界第二位。① 2013年达到10万公里，名列世界第一。在这期间，许多城市还修建了城市高速公路，如绕城的环线高速公路，连接机场、码头、车站的高速公路等。

我国高速公路建设的基本思路是，按照"统筹规划，条块结合，分级负责，联合建设"的方针；在资金投入上，实行"国家投资，地方筹资，社会集资，利用外资"，以及"贷款修路，收费还贷，滚动发展"的投资政策；在工程建设上，严格执行国家基本建设程序，积极推行项目业主负责制、招投标制、工程监理制和合同管理制等项制度，确保工程质量和建设速度。随着我国经济的快速发展，高速公路也得到了持续、快速、健康的发展，势头迅猛，具有巨大的潜力和良好的发展前景。目前，我国的70多条公路国道中，将其中连接各省会城市和主要出境口岸，以及连接重要经济开发区的国道，列为国道主干线，这些主干线都已建成高速公路。在新建高速公路的同时，为了增加原有道路的交通量，提高通行能力，对于20世纪建设的一些双向四车道的高速公路，扩建为6~8车道的高速公路，以适应当前道路交通发展的需要。

目前，我国已建成通车的高速公路，连同已经建成通车的一级、二级汽车专用公路，构成了我国公路交通网络中的主动脉，形成一个结构较为完整的道路网络体系。根据国家高速公路网规划，我国的高速公路将形成由中心城市向外辐射，建成横贯东西，纵贯南北的交通大动脉。高速公路网主要由北京向外的辐射线，南北纵向线和东西横向线组成；将覆盖10亿以上人口，直接服务的范围超过90%；许多省份已经达到县县通高速。高速公路作为经济动脉的作用已越来越被人们所重视，它不仅是现代公路运输发展的一个重要特征，也是国民经济和社会进步与发展的一个重要标志。

## 第二节　高速公路基本设施

### 一、高速公路交通安全设施

#### （一）护栏

高速公路交通安全设施中的护栏，可以分为路侧护栏、中央分隔带护栏和桥梁护栏。护栏以其特有的物理性能，对高速公路的道路和车道实行强制分隔，从而达到保证安全和限制交通流的目的。高速公路的护栏是设置在路肩的外侧边缘以及分隔带等处，采用钢板防撞材

---

① 管满泉等：《道路交通秩序管理教程》，中国人民公安大学出版社2005年版，第170页。

料、金属缆索和混凝土材料等制作；包括波形梁钢护拦、缆索护拦、混凝土护拦等类型。它的主要目的是为了防止车辆冲出路外，或者冲向对向车道。发生交通事故时，护拦可以吸收、转移、延缓和释放撞击所产生的能量，有效减轻碰撞而导致的损害后果，起到保护车辆和人员安全和降低损失的作用。此外，护拦还可以诱导驾驶员的视线，提高其注意力；并能够起到限制行人穿行，保护人员安全的作用。

**（二）隔离设施**

高速公路的隔离设施设置在分隔带等处，采用金属钢质材料或混凝土材料制作；包括隔离墩、隔离栅、隔离钢板等类型。此外，有的地方还采用速生灌木植物——刺篱等作为隔离道路使用。设置隔离设施的目的与护拦基本相同，作用在于强制分隔车道，保证行车安全。

**（三）防护网**

高速公路的防护网主要设置在道路护坡的外缘地带，大多采用金属材料或其他复合材料制作，有一定的强度和韧性，包括铁栅栏、铁蒺藜网、铁丝编织网以及其他制成的防护网。设置防护网的目的在于防止行人、非机动车或其他牲畜及野生动物穿越高速公路；也可用来防止物品抛洒落入道路，以保证行车安全。此外，也有利用路边开掘沟渠、池塘等屏障进行隔离防护的。

**（四）照明、防噪、防眩设施**

高速公路的交通安全设施还包括照明设施、防噪音设施、防眩目设施、发光反光装置，以及视线诱导和反光镜装置等。高速公路在经过隧道、人口稠密地区、交通要道、交叉路口等处，设有照明设备；照度的标准依据道路等级、交通量大小、路面类型等情况而定，以达到提高行车可见度和视觉舒适感的效果。

在通过生活居住密集区等特殊路段，高速公路交通活动产生的噪音，影响人们的工作和生活，危害身体健康；为了控制和减少噪音的危害，采取一些防噪措施，通常采用设置隔音墙、遮音堤、遮音林带等防噪音设施。

为了保障夜间行车安全，在高速公路桥梁的中央防护柱上，以及中央分隔带不足以遮挡对向车辆灯光的路段，设置能够遮挡对向车辆灯光照射的防眩板、金属防眩栅，以及采用植树来防眩。

**（五）诱导标、反光装置**

夜间特别是雨夜天气，驾驶员难以看清道路标线，车辆容易发生偏离行车道的事故。因此，在道路边沿以及中央分隔带两侧，每隔一定距离设置视线诱导标志，经车辆灯光的反射，可以使驾驶员看清道路的情况。沿高速公路车道两侧设置的视线诱导标，是由反光材料制成，用以指示道路方向、车道边界以及危险路段位置等情况；使驾驶员在夜间行车时，可以看清道路状况，识别道路引导车向，以便及时采取措施，保证行车安全。视线诱导设施按照功能可分为：以指示道路线形轮廓为主要目标的轮廓标，以指示交通流汇合和分岔的分流、合流诱导标，以指示或警告改变行驶方向为目标的线形诱导标，它们分别从不同的侧重点来诱导驾驶员的视线，使行车更加安全、舒适。

在高速公路的路面上敷设发光和反光装置，夜间车灯照射后能够发光、反光。在高速公路山区道路的转弯处，交通事故多发路段，设置道路反光镜，以便驾驶员及时发现盲角的情况，采取必要的措施。

高速公路管理机构和经营单位应当保证高速公路安全防护设施的齐全有效，及时清除路面影响交通安全的障碍物，制止行人和禁行车辆从收费站或服务区进入高速公路。

## 二、高速公路管理设施

高速公路的管理设施主要有交通标志、交通标线、可变信息标志等。

### (一) 交通标志、标线

道路交通标志、标线是交通管理的重要设施，按照国家标准制作和设置，高速公路标志、标线的制作与为一般道路设置的标志、标线有所不同，特别是标志的种类、外形规格尺寸以及文字图案等，要充分考虑高速公路行车速度快、视认距离短的特点，因为车速越快，视认距离越短；标志及文字的尺寸越大，视认距离越远。为了保证驾驶员在高速行车时，能够清晰地看清标志内容，高速公路采取了加大标志及其文字尺寸的办法；高速公路的标志一般距离危险地点在200~250米以上，按照设计时速大于100公里的视认距离加以确定。高速公路标线为车辆行驶起到导向作用，是保证行车安全的重要措施。在高速公路主线上，路面应标有车行道的路缘线（白实线）及车道分界线（白虚线）。设置标志以及路面标记的原则是，位置合理，数量适当，在可设可不设的情况下，以不设为宜。

高速公路主线上所使用的标志与一般道路相比，在种类上较为单一，分为主标志和辅助标志；高速公路标志、标线的设置分为主线与辅道两部分，辅道的标志、标线根据立交的类型进行设置。设置标志以及路面标记的原则是，位置合理，数量适当，在可设可不设的情况下，以不设为宜。标志牌的颜色选用绿底、白图案、白边，便于驾驶人识别。为保证高速公路上交通标志牌昼夜清晰可见，标志采用灯光标志或反光标志。

### (二) 可变信息标志

可变信息标志是一种因交通、道路、气候等情况的变化而显示改变内容的标志。一般可用作速度限制、车道控制、道路状况、交通状况、雨雾状况及其他内容的显示。可变信息标志的显示方式主要有电子屏幕式、翻版字幕式等。目前，高速公路基本上安装有可变信息标志，能够及时将道路交通情况、事故障碍情况、天气气候情况等信息，及时告知驾驶员，使得驾驶员可以选择最佳的行驶路线、速度以及行驶、等候时间，减少交通拥堵，预防交通事故的发生。

### (三) 出入口通道

高速公路的出入口通道是出入口的并行设施，设置在连接引线的出入口附近。出入口是由安全岛以及设在其上的收费亭等构建物所组成。

高速公路应当设置电子监控设施、闭路监视系统以及道路信息显示装置等管理设施；高速公路管理机构应当保证这些设施和装置的正常使用，及时发布道路路况运行信息和交通管制信息。

## 三、高速公路服务设施

高速公路服务设施包括服务区和停车场。

### (一) 服务区

由于高速公路实行全封闭，凡进入高速公路的车辆、人员不能随意出入；而且高速公路远离城市，不能向一般公路那样可为人们随时提供各种服务。设置服务区就是为了给驾驶员和乘车人提供便利条件，使他们能够消除疲劳，恢复精神和体力，补充燃料，从而保证交通安全。高速公路一般每隔50公里左右设置一处服务区，大多实行双侧设置，但也有单侧设置的；服务区内设有加油、修理、餐饮、厕所、休息处、小卖部以及公共通讯设施等，这些是高速公路交通活动所必须的条件。服务区的设置，可以在高速公路的控制体系内，满足人们的出行需要，也可避免疲劳驾驶，保证行车安全。

**（二）停车场**

停车场的设计应该以高峰时所占比重大的车型为设计车型，应保证车辆能合理停放和自由进出，并充分利用占地面积。停车场的规模要小于服务区，一般设在高速公路主线的两侧。停车场车位的布置应便于驾驶员识别并安全停放车辆。

### 四、高速公路紧急救援设施

**（一）紧急电话**

在高速公路上，一般情况下每隔一公里左右设置一对紧急电话。当车辆出现故障或发生交通事故时，驾驶员可以使用道路旁的紧急电话报警；紧急电话可以直接与高速公路控制中心取得联系，迅速报告故障或交通事故的详细情况，以便高速公路当局及时采取措施开展紧急救援。

**（二）紧急通道**

高速公路的紧急通道有两种情况，一种是设置在中央分隔带上，供两个行车带之间通行使用；另一种是设置在高速公路高架桥的两侧，供上下避难时使用。高速公路的中央分隔带分离了对向车流，这种分隔对于交通安全具有重要作用；但是，分隔对于交通管理及道路维护却带来不便，妨碍道路一侧进入另一侧抢救伤员、处理事故、清除路障、实施救援和维护等业务活动的开展。为了克服这一缺陷，在距互通式立交比较远的地方，每隔一定距离在中央分隔带上设一个紧急通道，平时用活动铁栅封闭，紧急时可打开通行。另外，为了防止高速公路高架桥路段在遇到地震、火灾等紧急情况，或者车辆发生故障、事故时，车上的人员能够迅速离开高速公路，为此，高架桥每隔一公里左右应当设置一个逃离的安全口，即为紧急通道。

## 第三节　高速公路运行管理

### 一、高速公路行车管理

机动车在高速公路行驶，要求驾驶员具有良好的驾驶技术，熟悉有关高速公路行车的法律规范，以及高速公路管理的有关规定；掌握所驾驶车辆的性能，了解高速公路的有关情况，制定完善的行车计划。

**（一）行车前的准备**

进入高速公路之前，应当熟悉高速公路的管理规定和行车方法；了解高速公路的各种设施以及行驶的方向、途径的主要站点、出入口；掌握天气情况，合理安排行车计划；检查车辆技术状况和装载情况等。在高速公路上行车时，驾驶员的各种适应性不同于一般公路，特别是反应特性、操纵特性、疲劳特性等，都会发生一些变化；因此驾驶员经过充分准备和履行行车前的检查义务后，方可进入高速公路。

**（二）驶入高速公路**

1. 入口处的通行方法。首先确认车辆的行驶路线，注意指路标志，沿正确方向驶入高速公路入口；进入高速公路入口路段后，要遵守限速规定；注意其他方向驶来的合流车辆，注意各种标志与可变信息通报的当时道路及交通状况。

2. 收费处的注意事项。接近收费站时,要降低车速,选择合适的收费通道交费;停车的位置要尽量靠近收费窗口,减少停车时间。

3. 由匝道驶入行车道。通过收费通道后,车辆要由匝道驶入加速车道,然后驶入行车道;机动车从匝道驶入高速公路时,应当开启左转向灯,注意左侧行车道的车流情况,同时注意后方情况,尽快提高车速,在不妨碍已在高速公路内的机动车正常行驶的情况下,确认安全后,平顺地进入行车道。

### (三) 正常状态行驶

1. 分车道行驶。高速公路大部分为双向四车道、六车道,也有八车道的;沿机动车行驶方向左侧算起,第一条车道为超车道,其他车道为行车道。机动车在高速公路上通行时,应当在行车道上行驶;根据机动车设计时速的不同,按照由高到低的顺序,即沿超车道由左到右的顺序,分别在不同车道上行驶。车辆行驶时,应在行车道内稍微靠右,这样被后车超越时就可以保持较大的横向间距,以防发生事故。

2. 保持行车间距。机动车在高速公路上行驶,需要保持足够的行车间距,因为机动车高速行驶时,从驾驶员获得制动信号开始,立即采取制动措施,到机动车停住,这段距离比较长,包括反应距离和制动距离。正常情况下,时速为100公里时,行车间距为100米以上;时速70公里时,行车间距为70米以上;遇有雨雪天气或路面结冰时,应当加大行车间距。

### (四) 弯道行驶

高速公路由于地形的原因或设计需要,有许多弯道;机动车在弯道上行驶会产生离心力,如果离心力达到横向附着极限时,就会发生侧滑或侧翻。为了保证机动车转弯时的安全,一般情况下,高速公路的曲线半径比较大,另外还设计了弯道外侧的超高。即便如此,机动车在弯道上行驶仍然存在着侧滑、侧翻的可能性。为此,弯道行驶应当注意:转动方向不要过急,尽可能不使用制动,不要超车;装载货物摆放平稳捆扎牢固;严格按照规定的速度行驶,不能超速。

### (五) 坡道行驶

高速公路的纵坡坡度一般为5%以内,车辆上坡时,由于行驶阻力的作用,车速下降,大型车辆会感到动力不足,达不到规定的最低限速,成为后车行驶的障碍;因此设有爬坡路段的,慢速车辆应在爬坡道行驶。车辆下坡时,受重力加速度的作用,车速会提高,危险也会增加;因此下坡时应注意速度表的变化,将车速控制在安全范围内。严禁在下坡转弯路段变更车道或超车。

### (六) 超车

在高速公路行驶时,机动车行驶的速度比较快,在确有必要超车时,一是要注意判断前车的速度,如果与前车的速度差不多,超车需要的时间较长,危险性大,故不可超车;必须在大于前车速度的较多的情况下,才可超车。二是要观察周围情况,超车前,必须确认超车道上没有车辆,并且没有车辆企图超越自己,确认前后方安全的情况下,开启左转向灯,平稳进入超车道,车辆驶入超车道后,应加速超越前车。待超过前车后,开启右转向灯发出信号,当超出被超车辆达到必要的安全距离时,平稳地驶回行车道。超车只能在规定的车道、路段内进行,不准在匝道、加速车道或减速车道上超车,不准从右侧超车;超车时方向盘应当平稳,不可猛打方向。

### （七）停车

在高速公路上行驶的车辆，速度很高，如果突然停车，具有危险性；因此高速公路停车有严格的规定。机动车在高速公路上正常行驶时，除遇有障碍、发生故障等必须停车的情况外，不准随意停车，更不准上下人员或装卸货物。机动车因故障需要临时停车修理时，应当提前开启转向灯，驶离行车道，停在紧急停车带或右侧路肩上，禁止在行车道上修车。停车时必须立即开启应急灯，并在后方150米以外设置警告标志；车上人员应当从右侧车门下车，迅速转移到右侧路肩上或者应急车道内，并迅速报警。

### （八）驶离高速公路

机动车驶离高速公路时，应当按照出口预告标志，在确定出口后，开启右转向灯，控制车速驶入减速车道，随后进入与出口相连接的匝道，降低车速后驶离；不准在减速车道和匝道上超车、停车。

## 二、高速公路流量管理

根据高速公路的具体情况，对于车流量的管理一般采用以下管理控制方式：

### （一）主线控制

主线控制的目的是为了保证最佳的车流速度，防止撞车、追尾事故，提高道路的通行能力。主线控制的主要形式是，利用可变信息、可变标志、路侧通讯广播等信息媒介，指导车辆安全行驶。还可采用限制车道使用的办法，即根据道路路面情况、气候条件等因素，适时关闭一条或几条车道，禁止车辆驶入，提高安全性及使用效率。此外，还有开辟交通走廊和可逆车道等方法，在交通量大、车辆排队阻塞时，不得已可关闭主线的某一部分，开辟出一个交通走廊；在高峰时段，单向交通量特别大的情况下，使用可逆车道。

### （二）进出口控制

进出口控制是高速公路控制出入的最主要形式。入口控制是将可能引起主线阻塞的车流封闭在入口之前；出口控制是利用出口迅速疏导已发生的阻塞。由于出口控制比入口控制的安全性差，因而，大多采用入口控制的方法。主要控制形式有：

1. 完全封闭入口，通过设置信号或可变信息标志，以及关闭收费处栅栏的方法，实现完全封闭入口。

2. 定周期封闭入口。在高速公路入口匝道处利用信号灯周期性的变换信号，调节主线上的交通流不超过通行能力。

3. 感应式封闭入口。在与高速公路相连接的道路入口处，设置车辆检测器用来测量进入高速公路的交通量，或测量主线上的行车速度、车道占有率，通过控制中心进行数据处理，从而决定是否封闭入口。通常采用区间平均速度作为决定阻塞的标准，时速大于40公里为正常；时速在20~40公里期间，出现黄色警告；时速限于20公里时，出现红色信号，表示阻塞并发出控制入口的信息。

4. 合流控制。当高速公路主线上的车流出现可插空当时，此时显示信号，匝道车辆可以驶入高速公路，对合流车辆实施有规则控制。通常采用的方式是，在主线上设置车辆监测器，合流处匝道上的信号变换显示，提醒驾驶员进行合流；也有在匝道路侧边缘设置信号标志，制造绿波带，提供合流车辆一定车头间距信号。

### （三）交通走廊控制

这种控制方法不单是封闭高速公路，而是通过车辆检测器测得的车速和交通量，对高速公路与疏散道路实行总和控制，充分利用各种信号设施，诱导车流方向，为车辆提供优化线路。交通走廊控制的目的在于，使开辟的交通走廊的通行能力与交通需要之间达到最佳平衡。

**（四）其他辅助控制措施**

为了更好地解决高速公路的交通拥堵问题，通过采用综合治理的措施，达到预防交通拥堵，节约能源消耗，提高通行能力的效果。具体措施有，设置公共交通的专用车道，至少在高峰期间指定专用车道；高峰时段利用反向车道作为专用车道，在入口处设置专用的饶行车道；禁止小汽车空驶，采用合乘小汽车的办法，并对使用公共交通、合乘小汽车实行优惠的、等。

### 三、高速公路管制措施

**（一）管制措施的类型**

高速公路的管制措施包括：限制车速、调换车道、暂时中断通行、关闭高速公路等。高速公路的管制措施由公安交警部门与高速公路管理机构应当配合依法采取，在采取管制措施时，应当设置交通标志，通过媒体发布通报。

**（二）管制措施的实施条件**

在遇到自然灾害、恶劣气象条件以及道路施工或者发生交通事故等严重影响交通安全的情形时，当采取其他措施难以保证交通安全的情况下，高速交警部门和高速公路管理机构应当及时互通情报，采取交通管制措施。

### 四、高速公路监控系统

高速公路实行系统控制管理，引入先进的管理理念和手段，采用现代电子技术、通讯技术等科学方法，对动态的交通流实行合理的引导、限制、分流、控制等活动，使高速公路运行的车辆达到运行时间短、费用消耗低、流通速度快、交通事故少、经济效益高的目的。高速公路监控系统主要由路政、养护、救援、通讯以及公安交警构成的管理控制体系，对高速公路的整体运行过程实行集中、统一、高效的交通管理。高速公路的交通管理及控制系统包括：信息收集系统、信息提供系统、信息处理及控制系统（中央控制室）、通讯系统等部分，具体的工作部门和子系统，以及控制装置、监测装置有，交警巡逻、路政巡逻、救护救援、收费系统、气象观测装置、通讯广播装置、车辆监测装置、可变信息装置等。

**（一）信息收集系统**

信息收集系统由车辆检测器、气象检测器、轴重计及超重录像系统、电子摄像装置以及辅助设施组成。该系统定时采集各路段、匝道口和收费站的交通参数和其他数据，通过视频传输方式传送有关区段的图像信号，定时汇报送至控制中心。

1. 车辆检测器主要用于测量主干线上和匝道区行驶车辆的交通参数，诸如交通量、平均速度、车道占有率、车辆时距等，作为控制中心分析、判断、提出控制方案的主要依据。常用的车辆检测器主要有环形线圈、超声波、雷达、红外线、磁性、摩擦电、发光等类型的检测器。

2. 气象检测器是用来观测气温，道路表面及以下不同深度的温度，以及测量浓雾、风力、风向、雨量、路面积雪、冰冻状态等。最重要的检测内容是雾和结冰情况，因为大雾和道路结冰是引起高速公路上发生交通事故的最主要的气候原因。对于高速公路能见度的检测尤为重要，即在白天从水平方向可观测到一个大目标的最大距离；根据测得的能见度推算出高速公路上的车辆行驶的最高速度，并且将数值及时显示在可变限速信息标志上，告诫驾驶员保持车距，控制车速，保证安全行驶。

3. 为了检查超重车，在收费站和入口处设置轴重计，限制超重车辆进入高速公路。有的高速公路设置了自动测重装置，并采用摄像系统加以自动录像；有的轴重计可在车辆不减速的情况下，测定并自动记录。

4. 视频监视系统是采集信息的重要方式，在高速公路的一些特殊路段和事故易发地段，安装电子监视装置，利用图像通讯监视该路段的交通情况。电子摄像装置一般安装在车流量大、车辆密度大的路段以及收费口、隧道口、桥梁等地方；也有摄像装置覆盖整个区段，监视高速公路全线的交通运行情况。

**（二）信息处理系统**

信息处理系统根据采集和监控到的各种数据、信息资料，通过处理、分析、判断，提出交通控制方案，并通过必要的设施，对有关路段的交通运行情况作出相应的限制、疏导、分流、调整等措施。控制中心将检测器采集到的信息通过传输系统定时地汇集，进行处理、加工、包装，并加以保送显示。经过控制中心计算机的处理，推算和判断出各区段的交通状况、路面状况，进行整理、记录，并显示出各类信息，提供决策参考。主控制台是信息处理系统的核心部分，其主要功能是发布各种操作和控制命令，接收紧急报告并发布指令，输入事故等信息。

**（三）信息提供系统**

信息提供系统的主要任务是向高速公路的交通参与者提供各区段内的交通、气象、事故、道路情况以及速度限制等情报信息，辅助调节道路主干线上的交通流，参与交通管理与调度。信息提供系统通过道路模拟屏幕、可变道路情报版、可变限速标志和路侧广播等方式加以显示和公告。道路模拟屏幕与控制中心计算机相连接，接收中心计算机提供的有关系统运行的总体信息并在屏幕上显示，由此可以看出系统中各设备的运行情况，并能从视屏上观察交通状况，以便进行统一调度。高速公路除了使用静态的标志、标线提供信息情况外，还有可变情报版、可变标志等信息发布手段，随时发出指令，提供有关道路的气象情况、施工情况、事故以及交通拥堵等情况。

## 第四节　高速公路行驶秩序管理

### 一、高速公路行驶规则

**（一）一般禁止性规定**

我国《道路交通安全法》及其《道路交通安全法实施条例》针对安全行驶规定，禁止行人、非机动车、拖拉机、轮式专用机械车、铰接式客车、全挂拖斗车等进入高速公路；最高设计时速低于60公里的机动车，不得进入高速公路。机动车在高速公路上行驶，不得有以下行为：

1. 在高速公路上倒车、逆行、穿越中央分隔带掉头或者在车道内停车；
2. 在匝道、加速车道或者减速车道上超车；
3. 骑、轧车行道分界线或者在路肩上行驶；

4. 非紧急情况时在应急车道行驶或者停车；
5. 在高速公路上试车或者学习驾驶机动车；
6. 载货汽车车厢载人；
7. 两轮摩托车在高速公路行驶以及载人。

（二）特殊情况的规定

1. 道路施工。为保障高速公路的行车安全，高速公路管理部门经常进行养护、维修、施工等作业。根据有关高速公路养护工程作业交通控制的规定，对施工道路实行交通安全控制。诸如限制车速、调换车道、暂时中断通行等。机动车在高速公路行驶过程中，通过施工作业路段时，应当注意警示标志，减速行驶。

2. 车辆故障。机动车在高速公路上发生故障，需要停车排除故障时，应当开启危险报警闪光灯，将机动车应急停车带或路肩上，并应在故障车来车方向150米以外设置警告标志。

3. 故障、事故救援。机动车在高速公路上发生故障或者交通事故，无法正常行驶的，应当由救援车、清障车拖拽、牵引。

4. 不受干扰。除了公安机关人民警察依法执行紧急公务外，任何单位、个人不得在高速公路上拦截检查行驶的车辆。

## 二、高速公路速度管理

（一）行驶速度

1. 限速范围。设计时速低于70公里的机动车，不得驶入高速公路；这是对进入高速公路的车辆性能所作的限制性规定。高速公路还规定了最高限速和最低限速，要求在高速公路上应当标明各车道的行驶速度，最高车速不得超过每小时120公里，最低车速不得低于每小时60公里。确定了高速公路的行驶速度应当在每小时60~120公里之间。

2. 限速车型。高速公路上行驶的小型载客汽车的最高时速不得超过120公里；其他机动车的最高时速不得超过100公里。

3. 限速车道。高速公路同方向有2条车道的，左侧车道即超车道的最低时速为100公里；同方向有3条以上车道的，最左侧车道的最低时速为110公里，中间车道的最低时速为90公里。

4. 限速规定不一致时的适用。如果道路限速标志标明的车速与以上车道行驶车速的规定不一致的，按照道路限速标志标明的车速行驶。

高速公路行车速度需要驾驶员依据速度表来确认，行驶过程中驾驶员应当不断观察速度表，绝不可过分相信自己对车速的估计，否则，会出现超速。在高速公路行驶过程中，如果经常改变车速，不仅会妨碍其他车辆的行驶，而且也容易引发交通事故；所以，应当根据车辆的性能和技术状况，充分考虑当时的气象条件，以及道路交通情况和路面状况等因素，正确选择合理的行驶速度，以确保行车安全。

（二）减速行驶的情形

机动车在高速公路上行驶，遇有雾、雨、雪、沙尘、冰雹等低能见度气象条件时，应当遵守以下减速规定：

1. 能见度限于200米时，开启雾灯、近光灯、示廓灯、前后位灯，车速不得超过每小时60公里。

2. 能见度小于 100 米时，开启雾灯、近光灯、示廓灯、前后位灯和危险报警闪光灯，车速不得超过每小时 40 公里。

3. 能见度小于 50 米时，开启雾灯、近光灯、示廓灯、前后位灯和危险报警闪光灯，车速不得超过每小时 20 公里，并从最近的出口尽快驶离高速公路。

遇有以上情形时，高速公路管理部门应当通过显示屏等方式发布速度限制、保持车距等提示信息。

### 三、高速公路行车间距

#### （一）行车间距的一般规定

机动车在高速公路上行驶，需要保持足够的行车间距，车速超过每小时 100 公里时，应当与同车道前车保持 100 米以上的距离，车速低于每小时 100 公里时，与同车道前车距离可以适当缩短，但最小距离不得少于 50 米。遇有雨雪天气或路面结冰时，应当加大与同车道前车的行车间距。

#### （二）行车间距的特殊规定

机动车在高速公路上行驶，遇有雾、雨、雪、沙尘、冰雹等低能见度气象条件时，应当遵守以下行车间距规定：

1. 能见度限于 200 米时，机动车与同车道前车保持 100 米以上的距离。

2. 能见度小于 100 米时，机动车与同车道前车保持 50 米以上的距离。

3. 能见度小于 50 米时，机动车应当尽快驶出高速公路，立即关闭高速公路，禁止其他车辆进入高速公路。

在高速公路上行车之所以要保持足够的行车间距，是因为车辆高速行驶过程中，出现刹车制动的情形时，从驾驶员获得制动信号开始，采取制动措施，到机动车停止；这个过程需要一定的时间，需要经历一定的距离，包括驾驶员的反应时间和距离，制动动作开始到产生制动效果的迟滞时间和迟滞距离，以及形成制动到完成制动机动车停止的时间和距离。因此，整个制动过程和制动距离比较长。另外，道路附着系数不同，各种机动车的载质量不同，所以停车制动的距离相差较大。

驾驶员在高速公路行车时，应当根据道路上专门设置的确认行车间距的标志，在该路段上检验和调整自己的行车间距。

### 四、高速公路特殊情况的安全行驶

#### （一）雾天行驶

一般情况下，每年的年底和第二年初会发生大雾天气；山区、盆地等空气不易流通的地区，在春、秋季节或雨天过后，常有雾气产生。雾天能见度下降，妨碍驾驶员的视线，影响观察、判断，容易发生交通事故。雾天除了使视距变短，视力下降很多。在高速公路上，由于交通流量大，车辆行驶速度快，因雾天能见度差，行车间距不足，容易导致交通事故。因此，雾天行车应当注意以下事项：

1. 能见度小于 500 米大于 200 米时，须开启防眩目近光灯、示宽灯和前后位灯，时速不得超过 80 公里；与同一车道行驶的前车必须保持在 150 米以上的行车间距。

2. 能见度小于 200 米大于 100 米时，须开启雾灯、防眩目近光灯、示宽灯、前后位灯，时速不能超过 60 公里；与同一车道行驶的前车必须保持在 100 米以上的行车间距。

3. 能见度小于 100 米大于 50 米时，须开启雾灯、防眩目近光灯、示宽灯和前后位灯，时速不能超过 40 公里；与同一车道行驶的前车必须保持在 50 米以上的行车间距。

4. 能见度小于 50 米时，高速公路管理部门依照规定，采取局部或全部封闭高速公路的交通管制措施。

实施高速公路交通管制后，除了执行任务的警车和救援车辆外，其他机动车禁止驶入高速公路；此时已经进入高速公路的车辆，必须按规定开启雾灯和防眩目近光灯、示宽灯、前后位灯，在保证安全的前提下，以不得超过每小时 20 公里的速度驶离雾区。暂时不能驶离高速公路的机动车辆，必须就近驶入应急停车带或路肩，并按规定开启危险报警闪光灯和设置故障车警告标志。停车以后，车上人员应立即下车到右侧防护拦外等候。

### （二）雨天行驶

雨天高速公路行驶的能见度下降，可视距离缩短；加之路面雨水的光线反射作用，标志、标线等交通设施的文字图案不易看清，整体视野降低。此外，前车或超车时抛溅的雨水沾附在挡风玻璃上，驾驶员的视野受到限制。雨天车辆的轮胎与路面的附着系数明显下降，制动距离发生很大变化，一般增加一至二倍；而且，车速越高，附着系数越低。路面还会出现水滑现象，遇到大暴雨时，路面上会形成一层水膜，如果机动车高速行驶，将使车轮上浮，轮胎与道路表面失去附着力，造成车辆在积水路面上滑行。此时，机动车的制动、转向都将失效，会出现无法控制的危险情况。因此，雨天行驶应注意以下事项：

1. 严格控制车速，要减速行驶，把车速降低 1/3。
2. 增加与前车的行车间距，应当是干燥路面行车间距的 2 倍以上。
3. 尽量避免制动或猛打方向；减少变更车道的次数；一般不要超车。
4. 遇到大暴雨或冰雹时，应当停驶，就近在服务区躲避；来不及驶入服务区时，应当选择应急停车带或者路肩等安全的地方停车，并开启危险报警闪光灯、示宽灯，以引起来车的注意。

### （三）冰雪天行驶

雪天和结冰路面对高速公路行车安全的影响很大，主要表现为：下雪会使驾驶员的视线受到干扰和影响，特别是雪后的光线反射产生眩目，会造成视力下降；冰雪路面会使机动车制动距离加长，车辆容易溜滑。机动车在冰雪路面行车时，轮胎与路面的附着系数很小，车轮容易滑溜，车辆不易控制，对本车或其他车辆形成威胁。因此，雪天和路面结冰时，高速公路行车应当注意以下事项：

1. 雪天和路面结冰时，尽量不要上高速公路行驶。
2. 注意高速公路信息版和其他警示标志提供的交通信息，控制速度，减速行驶。
3. 加大与前车的行车间距，应当是干燥路面时的 2 至 3 倍以上。
4. 在弯道、坡路行驶时，应当提前减速，避免中途变速、停车或熄火。
5. 沿着前车的车辙行驶，一般情况下，不要超车、急转弯和紧急制动；需要停车时，要提前采取措施，多用换挡，少用制动。

### （四）夜间行驶

据研究资料表明，人的夜间视力下降，要比白天降低约二分之一；夜间视野也会受到限制；而且，夜间视力还与行车速度有关，速度越快，视力下降。加之在夜间物体反射出来的光线较弱，驾驶员不易发现前方的物体和障碍，容易发生交通事故。因此，夜间在高速公路行车应当注意以下事项：

1. 严格控制车速，应当低于白天的行车速度。
2. 注意与前车保持足够的安全距离，应当大于白天的行车间距；并注意前车尾灯和其他反光物提供的信息。
3. 应当尽量减少超车；在保持安全行车间距的情况下，可采取跟随前车行驶的办法。
4. 不得随意停车；因故障必须停车时，应当停在紧急停车带或路肩上，开启危险报警闪光灯、示宽灯、尾灯，并在车后设置故障车警告标志。

### （五）隧道行驶

高速公路设计行车速度高，要求平面线形平缓、坡度小，因此在山区、丘陵地区修建许多隧道。高速公路隧道比一般公路隧道的设计标准高，双向独立隧道，通行条件好；照明、通风、消防、报警、监控等设施比较完善。但是，高速公路隧道相对于其他路段，仍然存在着事故发生率高，特别是雨雪天气事故更加突出。主要原因在于，一方面是驾驶人违法行车，或者超速行驶，或者与前车的间距过近；另一方面交通环境的变化造成驾驶员的不适应，路面铺设的材料发生了改变，车辆由沥青路面进入混凝土路面后，附着系数降低，出现打滑；还有的隧道照明设施不足，光线不够，造成暗适应程度降低，驾驶人进入隧道后，一时难以看清道路情况。因此在高速公路隧道行车时，应当控制车速，严禁超速行驶；要与前车保持安全距离，避免发生追尾；在隧道内严禁超车。高速公路管理机构应当完善隧道内的各种设施，最大限度地消除暗适应和光适应现象带来的行车安全隐患。

## 第五节　高速公路紧急救援

### 一、高速公路紧急救援的意义

#### （一）高速公路紧急救援的必要性

所谓紧急救援，是指机动车在高速公路上发生了交通事故或者机械故障，救援机构实施救护伤员、排除故障、协助处理事故、清理现场等有效的救援措施，尽快恢复道路畅通的一系列活动。高速公路相对于一般道路来说，它的安全性要高一些，事故率则要低一些；但是，高速公路一旦发生交通事故，其事故的规模以及损害程度要比一般道路严重得多。另外，长时间在高速公路上行驶，机动车辆也往往会因机械故障无法继续行驶而抛锚停车。在这些情况下，就需要高速公路紧急救援系统提供帮助。

从统计资料表明，在交通事故的死亡人数中，只有10%左右是事故发生时当场死亡的，绝大部分死亡者是由于救助不及时，耽误了抢救时间造成的。可见，交通事故的救助、救援非常重要。如果交通事故发生后，能够及时采取救援措施，迅速抢救受伤人员，可以最大限度地减少损失，特别是减少死亡人数。所以说，紧急救援活动，体现了人性化的理念和对人的生命的关爱与重视。鉴于高速公路交通事故造成的人员伤亡和财产损失、损害后果的严重性，以及它所引起的一系列连锁反应和间接损失的严重性，需要高度重视高速公路的紧急救援工作，应当建立起完善的高速公路交通事故紧急救援体系，从而尽可能降低交通事故损失，减少伤亡人数，使交通事故造成的经济损害降到最低程度。

#### （二）高速公路紧急救援的组织

高速公路的紧急救援活动是由高速公路管理机构设置的专业救援组织具体负责实施，需要由多个部门共同参与、相互配合的综合性活动。参与高速公路紧急救援活动的机构主要有，高速公路管理机构、公安交警部门、医疗救护单位、消防部门、通讯保障部门以及专业救援队伍。公安交警部门在紧急救援活动中，主要承担现场警戒、勘察和事故处理等专门性工作，负责防止连环事故的发生以及现场其他涉及交通安全的事项。对于事故发生后排障不及时，不能够保证高速公路的正常运行，不能保证高速行车安全的，交警部门可以采取降等级管理，可按照一般公路的运行进行管理。

### （三）高速公路紧急救援的任务

高速公路紧急救援的任务主要是，通过高速公路设置的信息网络系统，监视高速公路的运行情况，及时获取高速公路上发生的交通事故、交通故障和其他交通障碍的信息，尽快协调、配合有关机构迅速采取紧急救援行动；开展全方位地提供发生交通事故后的紧急服务，包括人员抢救、消防灭火、医疗救护、环保消毒、重物起吊、车辆牵引、车辆维修、燃油供应、清理障碍、道路清洁、通讯服务和其他相关的保障和服务。

### （四）高速公路紧急救援的措施

高速公路的具体救援措施包括：提供紧急救援服务，提供安全、防护、消防、救护等方面的紧急救助；实施现场维修和牵引事故车辆离开现场；实施交通管制，一旦发生重大、特大交通事故，严重影响高速公路运行的，根据情况全部或部分实施交通管制；提供高速公路交通事故情况信息，及时协调、配合各有关机构的救援行动。

## 二、高速公路交通故障的排除

### （一）高速公路交通故障的类型

机动车在高速公路行驶的过程中，由于各种原因，可能会出现故障，造成不能继续行驶。发生故障的车辆从修复情况来看，分为可自行修复的和不可自行修复的两种类型，不可自行修复的车辆以及可自行修复的车辆但没有停入紧急停车带的，都需要进行援救，要由排障车进入现场进行牵引，或者牵引出高速公路，或者牵引到紧急停车带进行修理。

### （二）高速公路交通故障的基本处置

机动车在高速公路上发生故障时，驾驶员要尽量利用车辆运动的惯性，将车滑入紧急停车带，只要不是方向操纵系统失灵，故障车辆一般都能够自行滑入紧急停车带。车辆停稳后，应当开启危险报警闪光灯，并在车后规定距离设置故障车警告标志。在夜间，还应开启示宽灯、尾灯。此时，切不可拦截正在高速公路上行驶的车辆以求帮助；而是迅速通过紧急电话向高速公路的控制中心报警，报告自己所在的位置，车辆故障的情况，车辆的基本参数状况，能否自行修复，需要什么帮助以及需要提供什么配件、材料、燃料等。

### （三）高速公路交通故障的救援

在高速公路上，对于不能自行修复的车辆，必须等待专业清障组织的牵引车进行拖带，其他车辆不得牵引，即使过往车辆愿意提供帮助，也不能由其牵引。公安交警部门一方面是将巡逻过程中发现的故障车辆的情况及位置，及时通报给高速公路控制中心；另一方面在排障过程中，应当督促高速公路管理机构以及所属的紧急救援组织，或者路政管理部门，安全、有效地将故障车辆强制拖带出高速公路。

车上人员在车辆停靠后，应当立即离开故障车，撤离到防护拦以外的路肩上，不得在高速公路上随意走动。

### 三、高速公路交通事故救援

#### （一）高速公路交通事故的基本处置

机动车在高速公路上发生交通事故后，驾驶员先不要下车查看车辆受损情况，而是首先应当向后续车辆发出紧急危险信号，开启危险报警闪光灯，以防止二次事故的发生。随后，应当立即将车上人员疏散到防护拦以外的路肩上，不得在高速公路上逗留。驾驶员应当在车后150米以外设置危险标志，并立即向高速公路控制中心报警，报告事故发生的地点、时间、规模状况、人员伤亡情况等；同时采取必要的措施，救护伤员，保护现场。如果需要立即送往医院的伤员，可以向过往车辆发出求救信号，但不能强行拦车；过往车辆有义务拯救危难、抢救伤员，应将车辆停在应急安全带或路肩上，开启危险报警闪光灯，只限于把伤员送往医院。其他车辆通过发生交通事故的路段时，不要停车围观，否则会影响车辆的通行以及现场救援活动的开展和勘察，而且还会增加再次发生交通事故的危险性。

#### （二）高速公路交通事故的救援过程

高速公路控制中心接到有关交通事故的报案后，立即启动救援程序，根据事故车辆的数量、受损程度、人员伤亡情况，以及事故对高速公路交通的影响程度等，制订出紧急救援方案。具体内容包括：派出救援队伍的规模，救援车辆和设施的类型；需要采取的交通管制措施，立即指示执行单位；遇有人员伤亡时，与急救机构取得联系，通报伤员情况，通知事故地点；通知高速公路交警部门发生事故的具体位置以及进入现场的路线，并通告其他有关部门。

高速公路交警部门在获得发生交通事故的报告后，立即就近调动巡逻警车赶赴事故现场，并随时与控制中心保持联系，掌握事故的进展情况。交警进入事故现场后，立即查看现场，首先抢救伤员，仍有困在车内的人员，应设法救出；同时，应在交通事故发生地段实行交通管制；如果能够继续维持交通通行的，应限速通行并设置相应的标志。

#### （三）高速公路交通事故救援进入现场

高速公路事故勘察车、牵引排障车、吊车、救护车、消防车等救援车辆，沿着先期到达现场的交警疏通的通道进入现场，行进的主要方式有：①

1. 顺着车流的方向进入现场，此时必须是该方向至少有一个车道能维持交通运行，没有发生堵塞，救援车可以在辟出的硬路肩上或者超车道上迅速进入现场。

2. 如果道路已经被肇事车辆封死，但交通秩序良好，超车道或硬路肩没有被车辆占用，此时，事故勘察车、救护车、消防车、牵引排障车等仍可以采取顺流而上的方法，进入现场；这时必须指定超车道为进入现场的车道，硬路肩为撤离现场车道。以免进得去，出不来。如果已有车辆占用了超车道，只能从事故现场下行的入口进入高速公路，逆行进入事故现场。

3. 如果道路已经被肇事车辆封死，而且事故现场距下一个出入口很远，事故勘察车、救护车、排障车等只能借用对向车道逆行进入现场；借道行驶要有警车配合开道，并只能短时间借道。

#### （四）高速公路交通事故现场处置

确立现场指挥系统，形成分级负责的指挥体系，逐级负责，责任到人，避免多头指挥。

---

① 杨钧主编：《公安交通管理教程》，中国人民公安大学出版社1997年版，第320页。

确定事故现场的范围、区域和损害情况，以此划分各部门工作任务，明确各责任人的工作范围。对于现场较大的多车事故，可划分为几个区域，根据不同的区域和工作任务，确定相应的人员进入现场处理。对于事故中的死亡、受伤人员，应安排专人处理；对于施救过程应按实际情况考虑，要根据施救车辆进出现场是否简便；在封闭双向交通的情况下，依照就近赶赴的原则，或者选择两个方向同时进行，统一调动施救车辆、设备。在施救过程中，确保安全的前提下，各种施救吊、拖、驳等设备同时展开施救，快速高效地完成施救，尽快恢复交通。施救、勘察结束后，及时向控制中心报告说明。

### 四、高速公路特殊情况的处置

**（一）处置原则①**

机动车在高速公路运行过程中，遇到紧急危险情况时，需要沉着头脑冷静，及时正确地判明情况，采取相应的措施。基本处置原则是：

1. 先人后物。遇到险情必须避让时，迅速判明是否会伤害到人员，如果避让会伤害到人员时，应当首先保护人，切不可以为避免物品损失而造成人员的伤亡。
2. 避重就轻。遇到险情时，应当选择损失小的方案和措施，避开损失较大的方案。
3. 先减速后打方向。遇到紧急情况，首先应制动减速，使车辆在碰撞前处于低速或停止状态，以减小碰撞程度。只有在制动后仍要导致碰撞时，可采取打方向的措施。
4. 先人后己。遇到险情时，驾驶员首先应当考虑到他人的安危，先抢救处在危险中的人员，不能只为自己，不顾他人。

**（二）制动失灵的处置**

机动车在高速公路上突然制动失灵，正确的处理方法是，打开危险报警闪光灯，鸣喇叭，向周围车辆发出信号；立即松开油门踏板，抢挂低速挡，利用发动机制动控制车速，然后均匀地拉手制动；查明右后方无来车时，将车平稳地驶入路肩或应急停车带内逐渐停下。其他机动车在高速公路上行驶时，尽量减少使用制动，特别是遇有制动失灵的机动车，更要与其保持距离，不要占据其行驶车道，并为其让开右侧靠边的行驶线路，这样制动失灵的车辆就有充分的时间和空间逐步使速度降下来。

**（三）爆胎的处置**

机动车轮胎突爆时，车身会迅速发生倾斜，车辆向爆胎的一侧急转。如果立即紧急制动，有可能会导致翻车。此时，驾驶员需要沉着，全力控制住方向盘，尽量保持车身正直向前；并迅速抢挂低速挡，利用发动机制动车辆，当控制住车速后，将车平稳地驶入路肩或应急停车带，制动停车。

**（四）碰撞时的处置**

在高速公路上行驶的机动车，如果发生侧面挂擦或碰撞事故时，由于汽车两侧面的围板防碰撞能力较弱，在刮擦、碰撞时极易变形或破损，对乘坐在侧面的人员会造成很大的致伤可能。因此，当机动车与其他车辆或隔离带护栏等物体发生碰撞时，驾驶员应当保护乘车人，告诉其避开车厢外侧，迅速向车厢内侧靠拢，以防车厢变形伤害乘车人。

**（五）翻车时的处置**

机动车在翻车前，一般会有先兆的感觉，如急转弯或躲避险情猛打方向，此时，车身向

---

① 中国道路交通安全协会编：《中国高速公路安全行车必读》，中国计划出版社2001年版，第88页。

外侧倾斜,有向外侧飘的感觉;如果在路肩外的边沟坡横向翻车时,车身先慢慢倾斜,然后才发生翻车;纵向翻车时,车辆首先会出现前倾或后倾的情况,车辆前倾时会有头下沉,车尾翘起的感觉,车辆后倾会发生车头提起的感觉,然后翻车。在出现翻车先兆的情况下,乘车人要握紧固定扶手等物件,借以固定身体;或者用手臂抱住头部,尽量往座位下躲缩,避免身体在车内滚动而受伤。车辆翻转过程中,人的身体要随车体一起翻转,尽力避免被甩出车外被碾压。

# 第十章　道路交通事故预防

## 第一节　道路交通事故概述

### 一、交通事故的概念

**（一）交通事故的含义**

21世纪以来，随着社会的进步和经济的迅速发展，我国机动车和非机动车的数量得到快速增长。交通运输业的发展和车辆的迅速增长，在给予人们生产、生活带来便利的同时，也随之发生的交通事故带来死亡、伤害，直接威胁着人们的生命健康和财产安全。交通事故被认为是除了战争以外的人类社会最大的安全威胁和杀手。

所谓交通事故，通常是指车辆驾驶人员、行人以及其他在道路上进行与交通活动有关的人员，因违反交通法规或者意外，发生的车辆碰撞、碾压、翻覆、着火等造成人身伤亡和财产损失的情形。2004年5月1日实施的《中华人民共和国道路交通安全法》以及有关道路交通事故处理法规、规章，是交通管理部门认定和处理交通事故的法律依据；《道路交通安全法》对道路交通事故规定为，"交通事故是指车辆在道路上因过错或者意外造成的人身伤亡或者财产损失的事件"。这是道路交通事故的法律概念，从法律上对道路交通事故特征的综合概括。

**（二）交通事故的构成要素**

1. 道路。交通事故必须是发生在特定的道路上，在特定的空间地域范围内。我国《道路交通安全法》在附则中规定，道路范围是公路、城市道路以及虽然在单位管辖范围，但允许社会机动车通行的地方，包括广场、公共停车场等用于公众通行的场所。

2. 车辆。通常情况下，交通事故是由车辆引发的。车辆包括各种机动车和非机动车，即通常所说的肇事车。如果没有车辆，仅是行人与行人在行进中相互发生的碰撞，造成了伤亡或损失，不作为交通事故。

3. 运动状态。交通事故发生于运动状态下，是车辆、行人在运动行进的过程中发生的。运动就是车辆、行人相对于道路的位置，处于移动的状态。交通是人或物进行空间移动的过程，这就决定了交通事故也必须是在运动状态中发生，即车辆、行人在运动过程中发生的事故。如果车辆在静止状态下，停放时造成的损失，比如被坠落的物体撞击造成损失，则不属于交通事故，按照一般损害赔偿处理。如果乘车人在车辆行驶过程中，从车上跳下发生伤亡的，当然属于交通事故；但如果他是在车辆停稳后，从车上跳下发生伤亡的，就不属于交通事故了。

4. 主观过错或者意外。交通事故通常情况下是当事人主观意识支配下、有过错造成的，其主观心理状态出于过失，因而造成了人身伤亡或者财产损失的，属于交通事故。所谓过失，是指行为人应当预见自己的行为可能产生危害社会的后果，因疏忽大意而没有预见，或者应当预见、能够预见自己的行为可能产生危害社会的后果，但轻信可以避免，以致造成了危害后果。交通事故行为人的主观过失，包括疏忽大意的过失与过于自信的过失两种情况。实践证明，行为人对于违反交通法规往往是故意违反，有时甚至是明知故犯；但行为人对于发生交通事故的结果通常是无意的，不是故意的，即过失造成的，并非有意追求或希望发生交通事故。如果行为人主观上出于故意，利用机动车作为侵害他人的工具和方法，或者利用交通工具自杀等，则不属交通事故。

除了主观过失之外，交通事故还可能是因当事人意志以外的原因造成的，由于发生不可抗力的意外事件所造成事故；例如，车辆在行驶中遇到地震、山洪、台风、雷电、泥石流灾害等情况，造成了机动车及乘车人的人身伤亡或财产损失的，既不是当事人主观上的故意，也不是其主观上的过失造成的；是因不可抗力的意外而造成事故，也应列入交通事故范畴。

5. 损害后果。交通事故必须要有损害后果，即产生了人身伤亡或者财产损失的客观事实，如果没有实际损害的后果，则不构成交通事故。

(三) 不以交通事故论处的几种情况

1. 在不为公众通行的道路上发生的事故。这是指在机关、学校、单位大院内，车站、港口、货场内以及住宅区楼群之间，不作为提供给社会公众通行的道路上所发生的事故，通常不属于交通事故，而作为意外伤害、损害事故处理。由发生事故所在地的公安机关负责处理，但参照交通事故处理办法的有关规定，解决有关损害赔偿事宜。

2. 体育竞赛、军事演习等特殊活动在道路上发生的事故。因举行这些特殊活动在道路上造成竞赛人员、演习人员、工作人员伤亡的或者财产损失的，不属于交通事故，通常由活动举办单位或主管军事部门根据相关规定处理。

3. 工程车辆在道路上施工作业时，发生工作人员的伤亡事故。这种事故属于工伤意外事故，由有关部门按照工伤事故处理规定予以处理，不属于交通事故。

4. 火车与车辆、行人在铁路道口发生的交通事故。这种交通事故根据《火车与其他车辆碰撞和铁路外人员伤亡事故处理规定》进行处理，属于路外伤亡事故。凡在铁路列车运行和调度作业中，发生的火车撞轧行人，或与其他车辆碰撞等情况，致使人员伤亡或其他车辆破损的，均为路外伤亡事故。对于路外伤亡事故的处理，由专门成立的事故调查委员会负责调查处理。一般由路外伤亡事故调查委员会主持，铁路公安部门和有关铁路业务单位以及伤亡者所属单位代表参加组成；对于多人伤亡重大事故，由铁路局主持，铁路公安部门和有关业务单位，以及伤亡者所属单位的代表参加组成；火车与机动车相撞事故，当地交通管理部必须参加，组成事故调查处理委员会，查明事故原因，分析确定事故责任，研究防止事故的措施，按照路外伤亡事故处理规定，作出处理决定。

## 二、交通事故分类

### (一) 按照事故后果划分

根据2017年9月19日发布的《道路交通事故处理程序规定》（2018年5月1日起施行），道路交通事故分为财产损失事故、伤人事故和死亡事故。

1. 财产损失事故，是指造成财产损失，尚未造成人员死亡的道路交通事故。
2. 伤人事故，是指造成人员受伤，尚未造成人员死亡的道路交通事故。
3. 死亡事故，是指造成人员死亡的道路交通事故。

**（二）按照损害程度划分**

按照交通事故造成人身伤亡或者财产损失的程度和数额，交通事故划分为轻微事故、一般事故、重大事故和特大事故四个等级。根据公安部关于修订道路交通事故等级划分标准的通知，从 1992 年 1 月 1 日起实行的标准如下：

1. 轻微事故。指一次造成轻伤 1 至 2 人，或者财产损失机动车事故不足 1000 元，非机动车事故不足 200 元的交通事故。

2. 一般事故。指一次造成重伤 1 至 2 人，或者轻伤 3 人以上，或者财产损失不足 3 万元的交通事故。

3. 重大事故。指一次造成死亡 1 至 2 人，或者重伤 3 人以上 10 人以下，或者财产损失 3 万元以上不足 6 万元的交通事故。

4. 特大事故。指一次造成死亡 3 人以上，或者重伤 11 人以上；或者死亡 1 人，同时重伤 8 人以上；或者死亡 2 人，同时重伤 5 人以上；或者财产损失 6 万元以上的交通事故。

我国对交通事故死亡的计算时间限制标准为 7 天，通常情况下，在此时限内死亡的，列入交通事故死亡统计数字。

我国对重伤、轻伤的划分，是根据司法部、最高法院、最高检察院、公安部联合制定的《人体重伤鉴定标准》和《人体轻伤鉴定标准》的规定执行。重伤包括：肢体残废、毁人容貌、丧失听力、丧失视觉、严重骨折、颅脑损伤、内脏损伤以及丧失其他器官功能，或者其他对于人身健康有重大伤害的损伤等。达不到或不符合这些标准的为轻伤，一般是指表皮挫裂伤、皮下溢血、轻度脑震荡等。

**（三）按照责任当事方划分**

根据交通事故责任当事方进行分类，可以分为机动车事故、非机动车事故、行人事故和其他方事故。

1. 机动车事故，指交通事故当事方中，机动车负主要责任的事故。但在机动车与非机动车或行人发生的事故中，机动车负同等责任的，也视为机动车事故；因为，在道路上运动的交通体中，机动车相对于非机动车或行人来说，机动车为强者。

2. 非机动车事故，指自行车、助力车、三轮车、人力车、畜力车、残疾人乘用车等按照非机动车管理的车辆，负主要以上责任的事故。在非机动车与行人发生的事故中，非机动车负同等责任的，应视为非机动车事故；因为在道路上行驶运动的双方，非机动车相对于行人而言，非机动车为强者。

3. 行人事故，指行人负主要以上责任的事故。

4. 其他方事故，指在道路上进行与交通活动有关的其他人员，负主要以上责任的事故。例如，因违章占用道路造成的事故，占用道路的单位或个人负主要责任等。

**（四）按照事故各方关系划分**

根据交通事故当事方形成的各种关系进行分类，可以分为机动车之间发生的事故，机动车与非机动车之间发生的事故，机动车与行人之间发生的事故，机动车单独事故；以及非机动车之间发生的事故，非机动车与行人之间发生的事故等。

**（五）按照事故发生地域划分**

根据交通事故发生的区域或地点的不同，可以分为城市道路交通事故、普通公路交通事故、乡村道路交通事故、高速公路交通事故等；以及平直路段事故、交叉口事故、弯道事故、坡道事故等。

此外，交通事故还可以根据研究和统计的目的不同进行分类。如按照事故性质，可以分为责任事故、意外事故、机械事故等；按照人员伤亡程度，可以分为死亡事故、重伤事故、轻伤事故等；按照事故发生的时间，可以分为白天事故、夜间事故等；按照事故车辆隶属关系，可以分为公用车事故、私用车事故、军警车事故等；按照事故车辆用途，可以分为客运车辆事故、货运车辆事故、公交车辆事故等；按照肇事车辆车型，可以分为大型货车事故、大型客车事故、小型客车事故、摩托车事故、拖拉机事故等。

### 三、交通事故形态

所谓交通事故形态，是指道路交通事故的外在表现形式，也称为交通事故现象。

#### （一）交通事故形态的类型

按照交通事故统计的常规要求以及道路交通事故登记的事故形态，交通事故分为碰撞、碾压、刮擦、翻车、坠车、爆炸、起火等表现形态。①

1. 碰撞。这是指交通体中的强者的正面部分与他方接触。在道路上运动中的各种交通体相对而言，有强者与弱者之分，机动车相对于非机动车和行人而言为强者，非机动车相对于行人而言为强者，大型车相对于小型车而言为强者。交通事故中的碰撞主要发生在机动车之间、机动车与非机动车或行人之间，以及机动车辆与其他物体之间。

2. 碾压。这是指作为交通体中的强者的机动车对于交通体中的弱者，如非机动车、行人等，给予的推碾或压过。通常机动车在碾压之前，大多有碰撞的现象，但是习惯上一般称为碾压。

3. 刮擦。这是指交通体中的强者的侧面部分与他方接触。一般情况下，对于刮擦与碰撞的判别，是以交通体中的强者的接触部位为依据，是以其侧面部位与他方的接触为前提。有时对于刮擦与碰撞的判别，是以违章车辆的行驶状态为根据，即违章车辆是侧面部分接触的为刮擦，违章车辆是正面部分接触的为碰撞。

4. 翻车。这是指车辆没有发生其他形态，仅表现为两个以上的侧面车轮同时离开地面。如果车辆在碰撞或刮擦以后的翻车，一般称为碰撞后翻车或刮擦后翻车。翻车分为侧翻和大翻两种，侧翻是指两个车轮离开地面，大翻则为四个车轮均离开地面。根据车辆滚翻的情况不同，翻车可分为90度、180度、270度、360度、720度翻车。

5. 坠车。这是指车辆驶出路外，跌落到与路面有一定高差的地方，并且在跌落过程中有一个离开地面的落体过程。比如车辆坠落桥下，坠入山涧。判别坠车与翻车主要在于，分析车辆驶出路外的过程中，是否始终与地面接触；如果始终与地面接触，即为翻车；如果其中有一个离开地面的落体过程，则为坠车。坠车前若有碰撞或刮擦的现象，一般称为碰撞后坠车或刮擦后坠车。

6. 爆炸。这是指车内有易爆物品，车辆在行驶过程中，由于振动、摩擦、明火等原因而引起爆炸造成事故。如果辆在行驶中由于轮胎爆炸引起事故，不能认为是爆炸事故。

7. 起火。这是指车辆在行驶过程中没有出现其他事故形态，只是由于人为的原因或者车辆的原因引起火灾。人为引起火灾的原因主要有吸烟、明火、违反操作规程等，车辆引起火灾的原因主要有发动机回火，排气系统过热引燃附近可燃物，电路系统漏电产生火花引起火灾等。如果起火前车辆发生碰撞或刮擦等现象，一般称为碰撞后起火或刮擦后起火。

---

① 丁立民主编：《道路交通管理》，警官教育出版社1999年版，第292页。

### (二) 交通事故的复合形态及其确认

交通事故发生的形态有单一的，即没有同时发生其他事故现象，也有出现两种以上事故形态并存的情况。对于两种以上形态并发的事故，一般采用下列原则来确认交通事故的形态。

1. 按照事故最终形态确认。这是指交通事故形成过程存在着两种或两种以上的外部表现形式，以该事故过程的最终形态来确认这一起事故的形态。比如翻车前可能有过碰撞或刮擦，一般按最终翻车来认定这起事故的形态。

2. 按照事故的主要形态确认。这是指一起交通事故有多种形态并存，而且各种事故形态有轻有重，一般按照事故形态中程度较重的一种作为主要形态来确认。比如机动车碰撞行人后，又将行人碾压致死，对此应认定为碾压事故。

## 第二节　交通事故原因分析

### 一、分析交通事故原因的意义

#### （一）认识交通事故原因

交通事故是多种因素综合作用的结果，既有主观原因，又有客观原因；既有直接原因，又有间接原因；有发生事故的起因，也有引起后果的原因。因此，分析交通事故原因，必须从多方面考虑，分清主要原因与次要原因，主观原因与客观原因，直接原因与间接原因。探寻交通事故发生的规律性原因，总结经验教训。

#### （二）提出有效预防对策

分析查明交通事故原因，是公安交警部门确认事故当事人责任的关键，也是采取预防交通事故对策的根据。一般情况下，行为人的交通违法是交通肇事的前因，交通肇事是交通违法的后果；从交通事故构成要件来看，交通违法是发生交通事故的重要原因，但是，不能简单地把行为人的交通违法无条件地作为事故的原因，并作为判断当事人责任的依据。因为交通违法与交通肇事之间并不存在必然的因果关系；比如有的交通事故的直接原因是由于车辆机械原因造成的，而且现实中还存在着当事人有明显的交通违法行为却没有发生事故的情况。因此，不可简单地认为交通违法就是交通事故的直接原因。

#### （三）探索规律完善措施

研究交通事故原因，既要从各类事故的客观统计上进行分析，从中发现造成交通事故的规律，为采取防范措施提供依据；又要从微观上对事故个案进行分析，从而鉴定事故责任，便于及时、有效地处理事故。此外，还应当从道路工程设计、建设，车辆机械、技术性能，当事人的心理因素等方面研究事故原因。对于交通事故原因的分析，要从因果关系的角度出发，从人、车、路、环境和交通管理多方面加以分析研究。

### 二、人的原因

在道路交通系统中人是其中最主要的要素，同时，人也是诱发交通事故的主要因素。因为人是最具有能动性的，道路上的车辆是由人来操作控制的，道路及环境等交通信息是由人来收集利用的，人在整个交通过程中起着决定性的作用。道路交通诸元素中的人，应当包括机动车驾驶人、非机动车驾驶人、行人和乘车人。

（一）机动车驾驶人的原因

在机动车交通事故中，由于驾驶员的失误、不当原因造成的交通事故，占70%以上；其中属于驾驶员的责任造成的交通事故死亡人数，也占到总死亡人数的70%左右。实事证明，驾驶员在这类事故中，是导致事故最主要的原因，具体可分为判断错误、措施不当、心理素质差、身体条件差，以及交通违法原因等几个方面；机动车驾驶人的违法行为，是造成道路交通事故的主要原因，例如，超速行驶、占道行驶、无证驾驶、酒后驾驶、违法超车、疲劳驾驶等。

（二）非机动车驾驶人的原因

非机动车驾驶人包括电动自行车驾驶人、骑自行车人和三轮车、人力车、畜力车驾驶人；目前，对交通安全影响较大的主要是骑电动自行车的人。近年来，我国电动自行车的拥有量很大，一些大城市电动自行车的数量可达200万~300多万，在交通事故中，与电动自行车和自行车有关的事故占40%以上；在非机动车驾驶人责任的事故中，骑人的原因约占其中的80%以上。骑电动自行车危及交通安全的主要表现是：闯红灯、在机动车道行驶、争道抢行、超速、截头猛拐、改装加装、载人载货等，非机动车的交通事故责任人都存在着违反交通法的行为。目前非机动车驾驶人交通安全意识淡漠，自我防范意识差，无视交通法规是造成交通事故的重要原因之一。

（三）行人的原因

行人交通事故主要是由于行人过失和违反交通法而发生的。行人违反交通法行为主要表现在无视交通指挥与交通信号，随意横穿道路，不走人行道，儿童在道路上玩耍，行人在道路上作业、打闹以及走路时精神不集中忽视交通事故的危险等。行人违反交通法行为产生的原因主要在于交通法规意识和交通安全意识淡漠，缺乏现代道路交通安全常识以及交通管理部门对行人管理不严执法不力等。

（四）乘车人的原因

乘车人造成交通事故主要表现在把身体伸出车外和车辆没有停稳就上下车等。造成这类事故的原因主要是乘车人缺乏交通安全常识以及宣传教育不够等。

三、车辆原因

车辆包括机动车与非机动车。非机动车导致的交通事故，一般情况下与驾驶人的原因密不可分，亦可属于非机动车驾驶人的原因。车辆原因中主要是指机动车因素导致的交通事故。

由于车辆的原因而引发的交通事故是交通事故的一个重要方面，因交通事故中机动车是交通活动的强势者，因而也是交通事故中的强势一方，事故财产损害或人身伤害的程度，均与机动车密切相关。一般情况下，机动车原因造成交通事故主要问题是：车辆性能差、机件失灵和带病行驶等，机件失灵和性能差主要是设计、制造、保修和使用方面造成的，如车辆的制动性和操作稳定性不符合国家有关机动车运行安全技术条件标准。

据统计，因车辆性能造成交通事故的比例虽然不大，可是一旦发生车辆机械故障，事故的致死率极高，后果十分严重。车辆的关键安全部件一旦出现故障，将极易导致恶性道路交通事故的发生。例如，制动系统失灵、车辆不能停止、转向系统失灵、无法控制行驶方向、轮胎爆裂等，导致车辆失控，以至发生撞车、撞人、坠沟、翻车等恶性道路交通事故。车辆在行驶过程中各种机件承受的交变载荷，超过一定量后就会突然发生疲劳断裂而酿成交通事故。因车辆装载超高、超宽、超载,货物绑扎不牢固等,引起的道路交通事故也不在少数。因此从预防入手,确保车辆的安全性能,是十分必要的。

## 四、道路原因

道路是保证行车安全的基本条件和物质基础,道路设施条件的良锈与交通事故率的增减密切相关。道路的几何线形、路面状况、道路交叉和横断面等方面的因素,对引发交通事故有着很大影响;道路设施条件对于判断事故发生的过程,分析事故原因,都具有重要意义。道路原因引发的交通事故主要表现为:混合交通、平面交叉、标志不全、路面保障和道路不符合标准等,道路不符合标准主要是设计、施工和养护等方面的因素造成的。

道路条件对于交通事故有较大的影响,道路几何线形结构是否合理,线形组合是否协调,平曲线的曲率半径的大小,都与交通事故率的高低密切相关;如果道路竖曲线半经过小,驾驶员的视野就会变小,视距变短,容易发生事故;据统计,当纵坡度大于4%时,交通事故率会增加。尽管直线、曲线和坡度等线型都符合标准规范,但线形突变,如长直线末端或者下坡路段末端接小半径曲线等现象,仍为线形组合的不协调,可能导致事故率的增加。实践证明,交通事故多发点和多发段与道路线形组合不协调有关。此外,路面不平和路面状态发生变化,也是引起交通事故的原因之一,如路面湿润、覆雪、结冰时,交通事故率分别为干燥路面的2至8倍。很多情况下,不符合安全技术条件的道路非常容易引发道路交通事故。

近年来,由于机动车数量增长迅速,远远超过交通基础设施建设的速度。如果道路安全技术标准不能满足车辆行驶安全的要求,容易埋下道路交通安全隐患。早在20世纪七八十年代修建的一些国道、省道,有的地方没有设置分隔带、安全防护栏,交通标志、标线的设置不规范,难以辨认,客观上增加了道路交通事故发生的可能性。对此,在道路规划、设计、养护和管理中,对道路因素可能引发的交通安全问题,要引起足够的重视,对已有公路存在的安全隐患要加以改进完善,同时在新建道路的过程中,总结经验,遵循规律,消除隐患,尽可能地减少因道路造成的道路交通事故。

## 五、交通环境原因

道路交通环境是指交通参与者的活动空间,以及周围的建筑设施、树木景观和废气、噪音等各种交通现象所构成的静态与动态氛围,是交通量、混合交通程度与行车速度、交通信息传送、天气状况、道路安全设施、噪音污染,以及道路交通参与者之间的相互影响等。[①]道路环境虽然只是一个外部条件,却对驾驶员的行为有着很大影响,对交通安全起着举足轻重的作用。在实践中,交通环境对交通事故的影响主要表现在:一是路面车流量的影响。一般而言,车流量越密集,对驾驶员驾驶技术、心态、情绪等的影响越大,越容易引发交通事故。二是道路情况的影响。道路越狭窄,起伏越大,越容易引发交通事故。三是道路周围环境。优美的风景能够有效预防驾驶员疲劳驾驶,避免交通事故。

道路周围的环境对于诱发交通事故有一定的影响,一般情况下,城市交通干道两侧商业化浓重的路段以及公路通过村镇、街道化严重的路段,通常交通事故高于其他路段。道路周围环境不良主要表现为:车辆通过能力低、交通秩序混乱、发生碰撞机会增大,以及一些平

---

① 路峰、汤三红:《道路交通管理学》,中国人民公安大学出版社2014年版,第197页。

面交叉口的道口标准较低等。由于混合交通、平面交叉、交通工具繁杂等因素，是目前常见的实际交通状况，各种交通体随时可能因不良交通环境，而遇到突如其来难以应付的交通事故。因此道路周围的交通环境是当前引发交通事故不可忽视的原因之一。

在交通环境中，由于不良气候现象的出现，对交通事故率也有较大的影响。诸如风、雪、雨、雾等气候原因，会影响车辆正常行驶和驾驶员的判断和操作，在这种气候条件下，容易导致交通事故的发生。一般来说，恶劣天气时的事故率和死亡率明显高于正常天气，应当重视不良天气情况下的交通事故预防。

## 第三节　交通事故预防对策

### 一、交通事故预防的概念

道路交通预防是指在道路交通管理过程中，有效维护交通秩序、及时查处和消灭安全隐患，有效防止交通事故的发生，从而保障驾驶员和行人的人身和财产安全。对于这一概念，可以从如下几方面理解：

1. 对于道路交通秩序而言，重在预防，而非事后处置，因此在整个道路交通管理秩序中，预防是立足点。

2. 预防的目的是为了保障驾驶员及不特定的行人的人身和财产安全，最终保障道路交通管理秩序的正常运行。

3. 预防的实现手段在于及时查处和消灭安全隐患，将各种安全隐患消灭在萌芽状态。

### 二、交通事故预防的原则

在道路交通秩序管理中，交通事故的预防要坚持一定的原则，做到有的放矢，中心工作突出，具体措施得力，为道路交通事故的预防提供方向和指导。具体而言，道路交通事故的预防要坚持以下原则。

#### （一）可预防性原则

路交通事故可预防性原则，是指除不可抗力的自然因素引发的交通事故，因人为原因引发的交通事故，是完全可以预防或避免的。① 其基本内涵包括两方面：一是道路交通事故的原因是可以识别的。尽管交通事故的致因具有随机性和潜伏性，但这些致因会在事故发生的过程中显现出来，运用系统分析或交通事故案例分析的方法，可以识别出系统内部存在的交通事故诱因。二是道路交通事故的原因也是可以控制或消除的。② 在识别了交通事故的原因之后就可采取有针对性的措施，控制乃至消除影响道路交通系统安全的危险因素，包括控制或消除物的不安全状态和人的不安全行为，从而有效阻断人和物的不安全运动的轨迹，使得交通事故发生的可能性降到最低限度。可预防性原则是道路交通事故预防和处理的总原则，也是开展其他预防工作的前提和基础，只有首先承认道路交通事故的可预防性，其他的预防原则和措施才有存在的必要和发挥作用的空间。

---

① 路峰、汤三红：《道路交通管理学》，中国人民公安大学出版社2014年版，第202页。
② 路峰、汤三红：《道路交通管理学》，中国人民公安大学出版社2014年版，第202页。

### (二) 以人为本原则

以人为本就是要尊重人、理解人、关心人，就是要把不断满足人的全面需求、促进人的全面发展，作为发展的根本出发点。人类生活的世界是由自然、人、社会三个部分构成的，以人为本的新发展观，从根本上说就是要寻求人与自然、人与社会、人与人之间关系的总体性和谐发展。在道路交通事故的预防过程中，必须坚持以人为本的主导思想，即在预防措施的选择、预防预案的制定、预防思想的提出等方面都要坚持以人为本，将人作为所有工作的出发点和立足点。在道路交通管理中坚持以人为本原则，国外的很多做法值得借鉴，例如美国成立"国家公路安全局"，负责制定和颁布有关交通安全的全国性统一标准，负责统筹全国有关交通安全的研究、计划和人员培训工作。又如法国成立了"公路交通安全圆桌会议"，该圆桌会议下设"道路设施"、"驾驶员"、"车辆"、"伤员救护"、"情报"5个专业委员会和"道路交通资料分析中心"，将道路交通中出现的责任细化，有效维护交通秩序。这些制度虽然不能照搬，但所蕴含的理念值得我国在道路交通中学习。

### (三) 综合治理原则

在道路交通管理中，预防工作需坚持综合治理原则。综合治理最初是党和国家为了解决社会治安问题而提出的战略方针，它是指在各级党委和政府的统一领导下，以政法机关为骨干，依靠人民群众和社会各方面的力量，分工合作，综合运用法律、政治、经济、行政、教育、文化等各种手段，惩罚犯罪，改造罪犯，教育挽救失足者，预防犯罪，达到维护社会治安，保障人民幸福生活，保障社会主义现代化建设顺利进行的目的。道路交通管理中的综合治理体现在以下几方面：一是预防主体的多元才参与。《道路交通安全法》规定道路交通管理的主体为公安机关，但随着社会的发展，单凭公安机关维护交通秩序已经捉襟见肘，因此新时期道路交通管理需要走群众路线，发动多主体共同参与。二是预防手段的综合运用。综合治理的另一层含义是治理手段的综合运用，实践中预防手段多种多样，不能偏废某一种手段而忽视其他手段，应该统筹各手段的利弊，协同运用，寻求功能之和，将预防工作推向新的局面。

### (四) 科学考核原则

道路交通事故的预防一定要配置相应的责任考核机制，才能真正见效。责任考核制度是指凭着对照工作目标或绩效标准，采用一定的考评方法，评定员工的工作任务完成情况、员工的工作职责履行程度和员工的发展情况，并将上述评定结果反馈给员工的一种制度。科学的考评机制需要坚持以下几个要求：一是一致性，即在一段连续时间之内，考评的内容和标准不能有大的变化，应保持一定时期内考评的方法具有一致性；二是客观性，即考评要客观的反映员工的实际情况，避免由于光环效应、新近性、偏见等带来的误差；三是公平性，即对于同一岗位的员工使用相同的考评标准；四是公开性，即员工要知道自己的详细考评结果。

### (五) 科技支撑原则

道路交通管理需要与时俱进，紧跟时代的发展，将先进的科学技术转换为道路交通管理的有利支撑。新时期，尤其要注重新媒体在公共关系中的运用。人类社会的每一项进步，都伴随着科学技术的进步。尤其是现代科技的突飞猛进，为社会生产力发展和人类的文明开辟了更为广阔的空间，有力地推动了经济和社会的发展。科学技术的进步已经为人类创造了巨大的物质财富和精神财富。随着知识经济时代的到来，科学技术永无止境的发展及其无限的创造力，必定还会继续为人类文明作出更加巨大的贡献。在新时期，道路交通管理中尤其要注重新媒体的运用，新媒体是建基于计算机网络技术之上的，以个性化信息的传播和接收为内容的，意在实现双向互动和参与的媒介。尤其要注重新媒体在处理道路交通管理中的公共关系时作用的发挥，着重从三方面着手：一是保证公共关系理论具有足够的敏感度。即公共关系理论对于新媒体的发展变化要有灵敏的嗅觉，能够在相应的新媒体出现之后积极采纳，并加以应用，同时跟进理论研究。事实上近年来在各地政府职能的改革过程中，有些地方已经很好地做到了这一点，它们在新的媒体方式产生之后能够及时采纳，推动自身公共关系的发展，并辅以理论创新。实践证明，保证公共关系理论具有足够的敏锐度是推动公共关系发展的重要条件。二是保证公共关系理论具有积极态度。只保证公共关系理论具有足够的敏感度是不够的，还必须保证公共关系理论具有接纳新媒体的积极态度，这方面政府应向企业学习，无论是我国还是欧美，企业在公共关系理论方面对新媒体的研究和应用较之于政府要积极得多，政府必须保持运用新媒体及其理论的自觉性。三是保证公共关系理论具有开放性。公共关系理论要适应新媒体时代的特点，必须保证公共关系理论研究本身具有开放性，这是由新媒体的开放性决定的，尽管当前新媒体的表现形式已足够多样，但其发展还远未饱和，如果对未来新媒体的发展趋势做一预测的话，其表现形式的多样性应当是首当其冲的，尽管没人能确切说明具体有哪些表现形式，但我们却能够预期这些形式的尽快到来，对于公共关系理论研究来说，既然要保证其尽可能地适应新媒体形式，而新媒体又是一个开放的系统，那么公共关系的理论体系自然也应该是一个开放的系统。

## 三、交通事故预防对策

### （一）对已有道路交通安全网进行安全隐患排查与消除

对国省干线公路上急弯、陡坡、视距不良、路侧险要等危险路段实施综合治理，并将公路安全保障工程逐步向农村公路延伸。对重大隐患实行挂牌督办，限期整改。要注重加强人行道、自行车道、行人过街设施、公交港湾、公交专用车道（路）的建设，减少行人、自行车与机动车的互相影响，防止产生新的安全隐患。建立道路安全隐患动态警查处交通运输企业超员、超限、超负荷运营和非法载客运货现象。排查出的交通事故多发点段和险桥险段，要逐一进行登记，载明隐患的种类、隐患造成的后果、隐患的主管单位。要及时将隐患上报政府和有关部门。争取政府和相关部门的重视和支持，使事故多发的重点路段和险桥险段及时得到整治。要严格检查验收。对治理情况，明确专人跟踪督办，确保治理质量。对已经完成隐患整改的项目，要组织相关部门和人员进行验收，对整改验收未达到标准的，要责成有关部门限期整改达标，确保整改措施落到实处。同时，对道路交通网安全隐患的排排查与处置，要建立健全分级负责、责任清晰、评优评先指标挂钩等连带机制，确保这项工作切实可行、落到实处。

### （二）规范和严格驾驶执照取得制度

前几年我国的驾驶执照取得制度不甚严格，存在漏洞，导致驾驶执照的取得不能代表驾驶人员的真实操作水平，无形中给道路安全驾驶埋下了隐患。近几年，我国不断改进驾照考试制度，及时将先进科技成果为我所用，做到了自动化考试，驾照的含金量较之以前大大提高,也避免了一系列因考试漏洞而产生的安全隐患。在肯定这一制度的作用的基础上,还要做好其他相关工作,在日常管理工作中要加强对车辆驾驶人和管理人员的教育培训。驾驶人要具备专业资格,车辆使用单位要有专门负责人,确保安全教育活动正常。① 不定期地组织从业人员学习相关的法律、法规和管理精神,提高从业人员的素质。要建立和完善各项规章制度,制订合理工作措施,定人定责,用制度管理和规范客运车辆的使用,确保车辆定期保养和维修。交通违法记分满 12 分的驾驶人集中教育,经严格考试合格后的方准继续驾驶,此一制度虽有法律规定,但重在落实,实践中一定要严格把关,严格考核,坚决避免形式主义。同时路面民警要强化对驾驶人的监督管理,及时发现、纠正和查处驾驶人的交通违法行为。要优化道路交通民警与车辆和车主的联动机制,将有限的警力与整个道路交通网衔接起来,实现资源整合社会效益最大化,此外要通报和分析典型交通事故实例的形成原因及教训,做好安全宣传与教育常态化,并确保实际效果。

（三）加强对各种车辆的安全管理

首先,要加强对机动车的安全管理。在道路交通管理中,运行量最大、也是最常见的就是机动车。因此加强对机动车的管理能从根本上减少道路安全隐患,避免发生交通事故。实践中常见的机动车有如下几类:大型汽车（总质量大于 4500 千克,或车长大于等于 6 米,或乘坐人数大于等于 20 人的各种汽车）、小型汽车（总质量在 4500 千克以下,车长在 6 米以下,或乘坐人员不足 20 人的汽车）、专用汽车（指专门设备且有专项用途的汽车包括扫地汽车、仪器车、邮政汽车、汽车吊车等）、特种车（指有特殊专门用途的紧急用车辆包括消防汽车、救护汽车、工程车抢险车、警备车、交通事故勘查车等）电瓶车（指以电动机驱动,以电瓶为电源的车辆）、三轮摩托车（总质量在 750 千克以下的三个车轮的机动车）。对于这些车辆的管理,一方面要做到车辆性能的检查与整改,另一方面要强化驾驶员和车辆所有人的安全责任意识。其次,要加强对非机动车的安全管理。现阶段,我国常见的非机动车有自行车、三轮车、电动自行车、残疾人机动轮椅车等。对于非机动车的管理,首先要消除认识误区,在以往的道路交通管理中,无论是交警也好、行人也好、还是机动车非机动车的驾驶员也好,普遍认为道路交通管理中,非机动车的管理处于次要地位,只要管理好机动车辆,就能保证交通安全。事实上,此处有一个辩证关系被忽视了,那便是非机动车并未与机动车行驶在两个道路系统,二者总有交叉和互动,只要存在交叉和互动,就存在安全隐患。因此,相关人员一定要正确认识问题,进而做好预防工作,其次便是要严格按照法律法规的要求具体做好非机动车的安全管理工作。

（四）规范与强化道路交通安全执法

一要严厉查处道路交通违法行为。加强公路巡逻管控,加大客运、旅游包车、危险品运输车等重点车辆检查力度,严厉打击和整治超速、超员、超载、疲劳驾驶、酒后驾驶、吸毒后驾驶、货车违法占道行驶、不按规定使用安全带等各类交通违法行为,严禁三轮汽车、低速货车和拖拉机违法载人。② 二要适时做好交通管制。遇有雾、雨、雪等恶劣天气、自然灾害性事故以及治安、刑事案件时,交通警察应当及时向上级报告,由上级根据工作预案决定实施限制通行的交通管制措施。实施交通管制,公安机关交通管理部门应当提前向社会公告车辆、行人绕行线路,并在现场设置警示标志、绕行引导标志等,做好交通指挥疏导工作。

---

① 路峰、汤三红：《道路交通管理学》，中国人民公安大学出版社 2014 年版，第 204 页。
② 路峰、汤三红：《道路交通管理学》，中国人民公安大学出版社 2014 年版，第 206 页。

无法提前公告的，交通警察应当做好交通指挥疏导工作，维护交通秩序。对机动车驾驶人提出异议或者不理解的，应当做好解释工作。具体而言，在高速公路执勤遇恶劣天气时，交通警察应当采取以下措施：①迅速上报路况信息，包括雾、雨、雪、冰等恶劣天气的区域范围、能见度、车流量等情况；②根据路况和上级要求，采取发放警示卡、间隔放行、限制车速、巡逻喊话提醒、警车限速引导等措施；③加强巡逻，及时发现和处置交通事故，严防发生次生交通事故；④关闭高速公路时，要通过设置绕行提示标志、电子显示屏或者可变情报板、交通广播等方式发布提示信息。车辆分流应当在高速公路关闭区段前的站口进行，交通警察要在分流处指挥疏导。在高速公路执勤遇恶劣天气时，交通警察应当采取以下措施：①迅速上报路况信息，包括雾、雨、雪、冰等恶劣天气的区域范围、能见度、车流量等情况；②根据路况和上级要求，采取发放警示卡、间隔放行、限制车速、巡逻喊话提醒、警车限速引导等措施；③加强巡逻，及时发现和处置交通事故，严防发生次生交通事故；④关闭高速公路时，要通过设置绕行提示标志、电子显示屏或者可变情报板、交通广播等方式发布提示信息。车辆分流应当在高速公路关闭区段前的站口进行，交通警察要在分流处指挥疏导。三要建立健全道路交通安管执法责任机制。一方面对道路交通管理的领导要设置管理责任，另一方面对执法民警要设置执行责任，责任之间既要明确又要有牵制，通过责任设置保障道路交通执法效果。

总而言之，对于道路交通事故的预防，要从人的因素、车的因素、道路因素、交通环境因素等多个方面着手，从引发道路交通事故的因素入手，综合治理，多手段预防，才能从根本上做到未雨绸缪，从而构建安全、和谐、有序的道路交通管理秩序。

# 第十一章　交通事故处理

## 第一节　交通事故现场保护

### 一、交通事故现场的概念

#### （一）交通事故现场的含义

交通事故现场是指发生事故后的车辆、人员和与事故有关的物品、痕迹等所占有的路段或地点的空间范畴。① 交通事故现场实质上是事故当事人的肇事行为，与特定的时间、地点，以及车、人、物品所形成的各种关系的总和。因此，一般认为时间、地点、车辆、人员和物品是交通事故现场的五个基本要素，任何一个交通事故现场，都必须具备这五个要素。

通过综合分析各类交通事故现场，可以发现它们都有这样一些特点：

1. 客观性。交通事故现是客观存在的，是判定交通事故发生过程的依据，是分析交通事故原因的依据。

2. 关联性。交通事故现场的各个要素之间是相互联系、不可分割的整体，它们之间互为印证、彼此构成交通事故的证据链，具有关联性。

3. 易变性。交通事故现场从外在形式来看，是暴露开放的，而且容易受到外部环境因素的侵入而发生改变，具有易变性。

4. 阶段性。交通事故现场是分阶段形成的，各个要素之间相互促成，是一个分层次的连续过程，具有阶段性。

因此，交通事故现场所具有的上述特征和诸多情况表明，对于分析事故原因，认定事故责任，进而依法正确处理交通事故具有十分重要的意义。

#### （二）交通事故现场的分类

根据交通事故现场的形成过程以及事故现场的完整状态和真实程度，可分为原始现场和变动现场。

1. 原始现场。原始现场是指交通事故发生后至现场勘查前，现场的车辆、伤亡人员以及与事故有关的痕迹、物品没有受到破坏或变动，仍然保持事故发生过程的原有状况。

2. 变动现场。变动现场也称移动现场，是指交通事故发生后至现场勘查前，由于自然的或者人为的原因，改变了现场原有状况的一部分或全部面貌，使交通事故发生后的原始状态受到改变的现场。变动现场一般可以划分为自然变动现场、人为非故意变动现场、破坏现场。

（1）自然变动现场。是指由于受到自然环境因素的影响，诸如刮风、下雨、下雪等自

---

① 陈文荦编著：《道路交通事故处理知识问答》，人民交通出版社 1992 年版，第 17 页。

然现象，造成事故现场的车辆、道路、物品与物质表面遗留的事故痕迹部分或全部消失的情形。

（2）人为非故意变动现场。这是指由于人为非故意的原因，使现场的车辆、伤亡人员、物品、路面痕迹发生位置变动，失去原貌，部分或全部消失的情形。这种人为非故意变动现场的主要原因有：一是为了抢救伤者，变动了现场上的车辆或者有关物品的位置；二是因保护不善或不及时，使现场上的痕迹、物品被过往车辆或行人辗踏、抚摸、移动而失去原貌；三是由于肇事车辆为特种车，如消防车、救护车、工程抢险车等，因执行任务需要而驶离了现场；四是由于道路有临时特殊通行的需要，不宜保留现场。此外，有时也可能出现肇事车辆由于声响、颠簸的原因，驾驶员不知道发生了事故而驶离了现场。

（3）破坏现场。这是指交通事故发生后，肇事者故意将现场的痕迹、物证等予以破坏，以逃避责任、妨碍侦查勘验的情形。根据破坏现场的情节、目的不同，破坏现场又可分为逃逸现场和伪造现场。逃逸现场是指肇事者为了逃避法律责任，在明知发生事故后，故意驾车逃逸而造成现场的破坏。伪造现场是指肇事者为了逃避责任，毁灭证据或达到嫁祸于人的目的，有意改变或布置的现场。另外，有些现场还可能出现肇事者先伪造现场然后逃逸的情况，这种情形属于伪造逃逸现场，是一种情节最为恶劣的破坏现场。

3. 再现现场。再现现场是指由于自然或人为的原因，事故现场受到了破坏或变动，出于分析事故的原因或处理事故的需要，现场勘查人员重新恢复或布置的现场。恢复现场是根据现场勘查记录，调查询问、讯问笔录等材料，重新恢复的现场。布置现场是指在原发现场不存在的情况下，办案人员根据目击证人或当事人的指认、陈述，重新布置的现场。

## 二、交通事故现场保护

### （一）交通事故现场保护的意义

保护事故现场是将交通事故现场维护、保持在原始状态，避免现场的痕迹、物证遭到破坏，这是对交通事故现场采取的保全措施。根据道路交通法的规定，发生交通事故后，车辆必须立即停车，当事人必须保护现场，抢救受伤人员，并迅速报警，听候处理。因此，保护现场是事故当事人依法应尽的义务，也是公安交通管理部门依法应负的职责。事故现场的其他乘车人、过往车辆、行人应当依法予以协助。

### （二）交通事故现场报警

发生死亡事故、伤人事故的，或者发生财产损失事故且有下列情形之一的，当事人应当保护现场并立即报警：

1. 驾驶人无有效机动车驾驶证或者驾驶的机动车与驾驶证载明的准驾车型不符的；
2. 驾驶人有饮酒、服用国家管制的精神药品或者麻醉药品嫌疑的；
3. 驾驶人有从事校车业务或者旅客运输，严重超过额定乘员载客，或者严重超过规定时速行驶嫌疑的；
4. 机动车无号牌或者使用伪造、变造的号牌的；
5. 当事人不能自行移动车辆的；
6. 一方当事人离开现场的；
7. 有证据证明事故是由一方故意造成的。

驾驶人必须在确保安全的原则下，立即组织车上人员疏散到路外安全地点，避免发生次生事故。驾驶人已因道路交通事故死亡或者受伤无法行动的，车上其他人员应当自行组织疏散。

发生财产损失事故且有下列情形之一，车辆可以移动的，当事人应当组织车上人员疏散到路外安全地点，在确保安全的原则下，采取现场拍照或者标划事故车辆现场位置等方式固定证据，将车辆移至不妨碍交通的地点后报警：

1. 机动车无检验合格标志或者无保险标志的；
2. 碰撞建筑物、公共设施或者其他设施的。

载运爆炸性、易燃性、毒害性、放射性、腐蚀性、传染病病原体等危险物品车辆发生事故的，当事人应当立即报警，危险物品车辆驾驶人、押运人应当按照危险物品安全管理法律、法规、规章以及有关操作规程的规定，采取相应的应急处置措施。

机动车与机动车、机动车与非机动车发生财产损失事故，当事人应当在确保安全的原则下，采取现场拍照或者标划事故车辆现场位置等方式固定证据后，立即撤离现场，将车辆移至不妨碍交通的地点，再协商处理损害赔偿事宜，但驾驶人无有效机动车驾驶证或者驾驶的机动车与驾驶证载明的准驾车型不符的情形除外。

非机动车与非机动车或者行人发生财产损失事故，当事人应当先撤离现场，再协商处理损害赔偿事宜。对应当自行撤离现场而未撤离的，交通警察应当责令当事人撤离现场；造成交通堵塞的，对驾驶人处以200元罚款。

**(三) 当事人对现场的保护**

交通事故当事人与交通事故的发生和处理有着直接的关系，在事故发生后，有关车辆必须立即停车，否则，属于有意变动现场的行为。当事人在事故处理人员尚未达到现场之前，必须主动出示证件，证明身份，以防有人为逃避责任乘乱溜走，避免给现场勘查和事故处理造成困难。交通事故现场如果不采取保护措施，就有可能由于各种原因而受到破坏、变动；事故现场如果保护得不好，也可能会对勘查带来困难，影响到事故责任的认定。因此，交通事故现场的保护非常必要。当事人保护现场的主要做法是：

1. 确定现场范围，进行封闭保护。交通事故一般都会遗留有大量的痕迹和物证，如路面的制动印痕，车辆的碾压印痕，刮擦撞击印痕，行人鞋底搓痕等，这些都是证明车辆行驶状态、行驶位置的证据；各种玻璃、碎片、物品等散落物，也是现场勘查的物证。因此，当事人要对这些痕迹、物证加以保护，用粉笔、白灰、砂石、树枝、草绳等物将现场圈画，阻止车辆和行人进入。

2. 为了避免事故现场受到人为的变动、破坏，当事人要劝导行人不要围观，想方设法疏散过往行人和车辆。

3. 遇有刮风、下雨、下雪等自然现象，对事故现场可能造成破坏时，当事人可利用塑料布、席子等物，将现场上的尸体、血迹、印痕和其他散落物等遮盖起来。

4. 造成人员伤亡的，当事人应当立即抢救受伤人员，因救人要移动车辆或其他物品需变动现场的，应当标明位置，作出标记，用以证明现场的变动情况。

**三、现场保护的具体方法**

交通警察到达现场后，要划定现场保护范围，维护现场秩序，不允许无关人员进入，及时疏散行人，疏导车辆。一般采取以下现场保护方法：

1. 封锁现场，做好标记。首先要检查现场情况，确定现场范围并进行封闭保护。要指定专人看守保护区域，除现场勘查人员外，禁止一切车辆和行人进入现场。现场上的任何微小痕迹，都关系到事故的分析和责任的认定。因此，现场保护人员对于尸体、血迹，车辆形成的有关痕迹，被破坏的物体以及其他物体上的遗留物，均要加以保护。

2. 抢救伤员。现场有受伤人员的，应当立即施救，拦截征用过路车辆，或者通知救护车前来急救。伤员在现场进行急救或送往医院前，应将其原来所处的位置和姿态标记清楚，并注意保护好伤员身上、衣服上的痕迹和财物。护送伤员去医院的途中，如果伤员神志清醒，能够讲话的，要及时询问其基本情况，获取笔录材料，以防伤情恶化，导致无法提取证言。

3. 监护肇事人。发生一般交通事故，交通警察应当扣留肇事人的证件和车辆，不准其随意离开现场；发生重大事故或无证驾驶发生的事故，应将肇事人送往其他地点，并有专人监护。采取这种措施的目的在于：一是防止肇事人逃跑；二是稳定肇事人的情绪，防止事故伤亡者的亲友殴打肇事人或防止其他意外事件的发生；三是防止肇事人与其他人员串供，禁止肇事人与他人谈论事故情况。

4. 寻找证人。事故现场证人是指与发生交通事故无关的，并且目击事故发生的一部分或全部过程的人员。一般情况下，在发生交通事故时，周围会有人目击到事故的情况。作为与交通事故没有利害关系的证人，其证言对于分析事故原因，认定事故责任有着重要的作用。因此，交通警察在现场应及时寻找证人，并将其姓名、单位、联系方式记录下来；当时可以简要询问证人有关事故情况，如果发生肇事车辆逃逸的，要迅速了解询问肇事车的牌号、车型和其他特征，以及逃逸方向，以利于及时通知有关部门拦截。

5. 疏导交通。在不损坏事故现场痕迹的前提下，尽可能的疏导交通，要求无关人员和人车辆离开现场；如果车辆通行有可能破坏现场或危及安全时，可以暂时封闭现场，中断交通，及时指挥车辆绕行。

6. 保管好有关财物。事故发生后，对散落在现场的财物及伤亡人员身上的财物，要及时加以收集、登记和保管，以防丢失或发生哄抢事件。

机动车发生交通事故，造成道路、供电、通讯等设施损毁的，驾驶人应当报警等候处理，不得驶离。机动车可以移动的，应当将机动车移至不妨碍交通的地点。交通管理部门应当将事故有关情况通知有关部门。

## 第二节 协商处理与简易程序

### 一、协商处理的含义

交通事故协商处理是指当事人根据道路交通法律法规的规定，对于发生的财产损失交通事故，根据事实和法律规定，按照自愿平等的原则和交通事故责任认定的规则，经过自行协商达成协议，解决事故纠纷的活动。

根据道路交通法律法规的规定，财产损失事故可以由当事人自行协商处理，但另有规定的除外。当事人可以通过互联网在线自行协商处理；当事人对事实及成因有争议的，可以通过互联网共同申请公安机关交通管理部门在线确定当事人的责任。当事人报警的，交通警察、警务辅助人员可以指导当事人自行协商处理。当事人要求交通警察到场处理的，应当指派交通警察到现场调查处理。

当事人自行协商达成协议的，制作道路交通事故自行协商协议书，并共同签名。道路交通事故自行协商协议书应当载明事故发生的时间、地点、天气、当事人姓名、驾驶证号或者身份证号、联系方式、机动车种类和号牌号码、保险公司、保险凭证号、事故形态、碰撞部位、当事人的责任等内容。当事人自行协商达成协议的，可以按照下列方式履行道路交通事故损害赔偿：

1. 当事人自行赔偿；
2. 到投保的保险公司或者道路交通事故保险理赔服务场所办理损害赔偿事宜。

当事人自行协商达成协议后未履行的，可以申请人民调解委员会调解或者向人民法院提起民事诉讼。

## 二、协商处理的方式

交通事故协商处理是对于不涉及人员伤亡，仅造成车辆财产损失，且事故双方或多方当事人对事故责任无争议的道路交通事故，由当事人自行协商处理，或者由交警部门快速处理中心进行处理。

凡机动车按规定投保第三者责任强制保险（交强险）且在有效之内，驾驶证行驶证有效期内，车辆能自行移动，无人员伤亡，不牵扯第三方以及公共设施的交通事故。机动车与机动车、机动车与非机动车之间发生的事故，仅造成财产损失，不涉及人身伤亡、各方车辆可以移动的道路交通事故，适用协商处理。协商处理的方式有以下两种：一是当事人自行协商快速处理；二是交通事故保险理赔服务场所快速处理。

有下列情况之一的财产损失道路交通事故，不适用快速处理：

1. 机动车无号牌、无检验合格标志、无交强险标志的；
2. 载运爆炸物品、易燃易爆化学物品以及毒害性、放射性、腐蚀性、传染病病原体等危险物品车辆的；
3. 碰撞建筑物、公共设施及其他设施的；
4. 驾驶人无有效机动车驾驶证的；
5. 驾驶人有饮酒、服用国家管制的精神药品或者麻醉药品嫌疑的；
6. 当事人不能自行移动车辆的。

财产损失道路交通事故有 1 至 3 项情形之一的，当事人可以在确保安全的原则下对现场拍照或者标划停车位置，将车辆移至不妨碍交通的地点，报警后等候处理。有 4、6 项情形之一的，当事人应当保护现场并立即报警。

## 三、协商处理的流程

财产损失道路交通事故的当事人，可以按照下列流程自行协商处理：

### （一）确认证据

开启危险报警闪光灯相互查验驾驶证、行驶证和保险凭证，应当在确保安全的原则下，采用摄像、拍照或者标划事故车辆现场位置的方式固定事故现场及损失部位等证据；

1. 拍照，一是全景照：车头及车尾（两张），以整个现场和现场周围环境为拍摄对象，反映道路交通事故现场所处的位置及其周围事物关系的专门照相。视角应覆盖整个现场，能准确表达事故的发生地以及车辆周边的各种交通标志标线等重要证据。二是中心照：车身左右两侧（左右两张），需要拍下全视野两辆车的相应摆布以及车辆在道路上的相对位置，车辆在画面的占比达到 3/4 比较合适。三是细目照：视现场情况（至少一张），主要包括：碰撞点、刹车痕迹、散落物等。拍摄碰撞点需要对碰撞点放大进行拍摄，照片一定要清晰，切记要能看清楚碰撞的深度或划痕的长度等；拍摄刹车痕迹要清晰记录停车的位置和刹车痕迹的长度，这能说明车辆在事故中的行车轨迹，对于事故处理有决定性作用。车辆碰撞后会在路面形成散落物：比如：泥土、漆片等，拍摄散落物能准确反映事故发生时的瞬间情况，但注意拍摄时要能反映散落物的相对位置，要有参照物。

2. 摄像。以整个现场和现场中心为拍摄内容反映现场全貌及现场有关交通标志标线和车辆、痕迹、散落物的位置及相互关系。

**（二）标划位置**

主要反映碰撞一侧车轮的停止位置，必要时把另一侧的车轮位置也进行标划。根据现场情况也可标划制动印痕起点和散落物的位置。

**（三）保险报案**

自行将车辆移至不妨碍交通的地点，当事人应向各自保险公司报案。

**（四）自行协商**

当事人对事故责任在自愿、平等、合法、公正的原则下，对财产损失赔偿进行协商，达成协议。保险公司现场查勘完毕且不需要出具道路交通事故认定书的，当事人自行维修车辆并进行赔付。需要道路交通事故认定书或当事人对事故成因、损害赔偿有争议的当事人报警，报警后按照交通警察的引导前往快速处理中心。

对应当自行撤离现场而未撤离，造成交通堵塞的，依据《道路交通事故处理程序规定》对驾驶人处以200元罚款。驾驶人和其他道路交通安全违法行为的，依法一并处罚。

一方当事人未按约定到快速处理机构，经交通警察通知，无正当理由，一个工作日内仍不到，导致事故无法正常处理的，案件移交至有管辖权的公安机关交通管理部门按照一般程序处理。公安机关交通管理部门应当将该事故车辆标注为道路交通事故未处理完毕，限制其办理车辆检验、变更、转移登记等相关业务。如发现故意制造或虚构道路交通事故涉嫌保险欺诈的违法行为，由公安机关依法处理，构成犯罪的，依法追究刑事责任。

## 四、交通事故处理简易程序

**（一）简易程序适用的范围**

公安机关交通管理部门适用简易程序处理以下道路交通事故，但有交通肇事、危险驾驶犯罪嫌疑的除外：

1. 财产损失事故；
2. 受伤当事人伤势轻微，各方当事人一致同意适用简易程序处理的伤人事故。

适用简易程序的，可以由一名交通警察处理。交通警察适用简易程序处理道路交通事故时，应当在固定现场证据后，责令当事人撤离现场，恢复交通。拒不撤离现场的，予以强制撤离。当事人无法及时移动车辆影响通行和交通安全的，交通警察应当将车辆移至不妨碍交通的地点。

**（二）简易程序的基本内容**

当事人撤离现场后，交通警察应当根据现场固定的证据和当事人、证人陈述等，认定并记录道路交通事故发生的时间、地点、天气、当事人姓名、驾驶证号或者身份证号、联系方式、机动车种类和号牌号码、保险公司、保险凭证号、道路交通事故形态、碰撞部位等，并根据交通事故处理程序，确定当事人的责任，当场制作道路交通事故认定书。不具备当场制作条件的，交通警察应当在 3 日内制作道路交通事故认定书。

道路交通事故认定书应当由当事人签名，并现场送达当事人。当事人拒绝签名或者接收的，交通警察应当在道路交通事故认定书上注明情况。

**(三) 简易程序当场调解**

当事人共同请求调解的，交通警察应当当场进行调解，并在道路交通事故认定书上记录调解结果，由当事人签名，送达当事人。

有下列情形之一的，不适用调解，交通警察可以在道路交通事故认定书上载明有关情况后，将道路交通事故认定书送达当事人：

1. 当事人对道路交通事故认定有异议的；
2. 当事人拒绝在道路交通事故认定书上签名的；
3. 当事人不同意调解的。

## 第三节　交通事故调查

### 一、交通事故调查的概念

交通事故调查，是指公安机关交通管理部门交通警察依法搜集交通事故证据，对有关人员进行询问，开展现场调查、实地勘验，对有关证据提取、固定的活动过程。

除简易程序外，公安机关交通管理部门对道路交通事故进行调查时，交通警察不得少于二人。交通警察调查时应当向被调查人员出示《人民警察证》，告知被调查人依法享有的权利和义务，向当事人发送联系卡。联系卡载明交通警察姓名、办公地址、联系方式、监督电话等内容。

交通警察调查道路交通事故时，应当遵循合法、及时、客观、全面地收集证据的原则。对发生一次死亡三人以上道路交通事故的，公安机关交通管理部门应当开展深度调查；对造成其他严重后果或者存在严重安全问题的道路交通事故，可以开展深度调查。

### 二、交通事故现场处置

**(一) 交通事故现场警戒、救护**

交通警察到达事故现场后，应当立即进行下列工作：

1. 按照事故现场安全防护有关标准和规范的要求划定警戒区域，在安全距离位置放置发光或者反光锥筒和警告标志，确定专人负责现场交通指挥和疏导。因道路交通事故导致交通中断或者现场处置、勘查需要采取封闭道路等交通管制措施的，还应当视情在事故现场来车方向提前组织分流，放置绕行提示标志；

2. 组织抢救受伤人员；

3. 指挥救护、勘查等车辆停放在安全和便于抢救、勘查的位置，开启警灯，夜间还应当开启危险报警闪光灯和示廓灯；

4. 查找道路交通事故当事人和证人，控制肇事嫌疑人；

5. 道路交通事故造成人员死亡的，应当经急救、医疗人员或者法医确认，并由具备资质的医疗机构出具死亡证明。尸体应当存放在殡葬服务单位或者医疗机构等有停尸条件的场所。

### 三、交通事故现场勘查

交通事故现场勘查，是现场勘查人员依法运用科学方法和技术手段，对与交通事故有关的时间、地点、道路、车辆、物品、人员等进行现场调查和实地勘验，并将所得的结果客观、准确、完整地记录下来，对有关证据加以提取、固定的整个活动过程。现场勘查的主要内容包括：勘查事故现场，查明事故车辆、当事人、道路及其空间关系和事故发生时的天气情况；固定、提取或者保全现场证据材料；询问当事人、证人并制作询问笔录；现场不具备制作询问笔录条件的，可以通过录音、录像记录询问过程。

**（一）现场勘查的作用**

1. 现场勘查是处理交通事故的基础和前提。准确认定事故责任，正确处理交通事故，必须首先明确事故发生、发展的原因和全部过程，通过对事故现场的实地勘验、调查，提取、检验现场存在的各种事物和现象，获取现场第一手资料，将现场的痕迹、物证和其他证据综合起来加以分析，才能查明事故发生的全过程和事实真相，以便为认定交通事故责任，正确处理交通事故提供可靠的证据。

2. 现场勘查是获取证据的重要手段。交通事故现场存在着大量的痕迹、物证，通过运用科学方法和现代技术手段，将现场的各种痕迹物证加以提取，进行检验鉴定，使这些痕迹物证成为证据。现场勘查获取的证据，在为正确判断案情，准确处理交通事故过程中，起着至关重要的作用。

3. 现场勘查为侦破逃逸案件、伪造现场案件提供线索和证据。交通事故发生后，有一些肇事者为逃避责任或为达到嫁祸于人的目的，故意将现场痕迹、物证加以破坏，或者驾车逃逸。一般情况下，逃逸的行为在交通事故现场必然会留下痕迹物证，也会在现场目击人或其他当事人中留下印象和线索。因此，通过现场勘查，可以发现和证实肇事者逃逸或破坏事故原始现场的行为和事实，从而为侦破交通逃逸案件、伪造破坏现场案件，提供线索和证据。

**（二）现场勘查的目的**

1. 确认事故的性质。交通管理部门接到交通事故报案后，只能知道事故发生的地点和简单情况。但究竟属于何种性质的事件或案件，是交通事故，还是其他类别的事故？属于刑事案件，还是交通逃逸案件、伪造破坏现场案件？只有进行现场勘查之后，才能查明和确认。

2. 发现和提取现场证据。交通事故现场存在着大量有价值的痕迹、物证，是事故证据的主要来源。通过现场勘查寻找各种痕迹、物证，并加以固定和提取，经过检验、鉴定和审核，使之成为证据。发现和提取现场痕迹、物证是现场勘查的主要目的。

3. 查明和确认事故损害后果。通过现场勘查，可以查明交通事故损害的真实情况，既可以查明被害人伤亡的事实和程度，又可以查明车辆及物品的损失情况，确定财产损失程度，以便确定事故的等级和损害后果。

4. 查明事故发生的过程及原因。通过现场勘查和综合分析各种证据，可以查清事故发生的全部过程，以及造成事故的各种原因，包括主要原因和次要原因，主观原因和客观原因，直接原因和间接原因。

**（三）现场实地勘查**

道路交通事故造成人员伤亡和财产损失需要勘验、检查现场的，公安机关交通管理部门应当按照勘察现场工作规范进行。现场实地勘查是勘查人员通过自身感官和应用科学技术手段,对与事故现场有关的场地、车辆、物品、痕迹、尸体等进行的勘验、检查和记录。现场实地勘查是以查明事故过程,发现和收集痕迹、物证为主要目的,包括对刹车印痕、轮胎宽度及花纹的形状、车体上易碎装置和泥土的落下位置等的测量、提取,作为判断肇事车辆的行车速度,确定事故撞击点的依据。

现场勘查的主要内容有:收集物证、照相、丈量、绘图、车辆检查、道路鉴定、尸体检验,以及进行肇事时间、后果和其他情况的调查等。

### 四、现场调查一般方法

**(一)现场照相**

交通警察勘查道路交通事故现场,应当按照有关法规和标准的规定,拍摄现场照片;发生一次死亡三人以上事故的,应当进行现场摄像。

1. 现场照相的特点。交通事故现场照相,是现场调查的主要内容,现场照片可以直观、真实、形象地反映出现场的情况。现场照相将交通事故发生的地点、事故有关场景,以及现场的状况、痕迹物证,现场内各种物体之间的位置和相互关系等,按照交通事故现场勘查的要求和规定,迅速、准确、真实无误地拍摄固定下来,为分析事故发生过程,研究事故发生原因,提供可靠的依据。其特点在于:

(1) 内容要客观真实,如实反映现场的客观真实情况;

(2) 拍摄及时、迅速,准确记录现场情况;

(3) 符合规范标准,现场照相的内容和现场照片制作表都应当符合《道路交通勘验照相》的规范要求。

现场照相的一般顺序是:先拍原始的,后拍变动的;先拍重点部位,后拍一般部位;先拍容易拍的部位,后拍困难拍的部位;先拍容易消失和容易被破坏的部位,后拍不容易消失和不容易被破坏的部位。

2. 现场照相的分类。现场照相分为:

(1) 方位照相。用来反映和确定交通事故现场的位置、全貌,反映现场的轮廓和周围的地形、地貌、地物,反映事故现场的地理位置、道路线形情况,以及现场与周围环境关系一种现场照相方式。能够反映交通事故现场的车辆、人员、建筑物、道路、树木、标志、电杆、坡沟以及它们之间的相互位置关系。方位照相一般采取较远距离俯视角度拍摄交通事故发生地周围环境特征和现场所处的位置,尽可能用一张照片反映出来,若因地理条件限制,也可采取回转连续拍摄法或平行连续拍摄法,通过多张照片反映出来。

(2) 中心照相。在较近距离拍摄交通事故现场中心重要局部、痕迹的位置,以及它们与有关物体之间关系的照相方式。主要反映现场的重要物体的特征、状况、痕迹及其相互关系,诸如车辆、尸体、接触点、接触部位、刹车印痕、血迹等以及相互之间的关系。

(3) 细目照相。采用近距离或微距离拍摄交通事故现场路面、车辆、人员等物品上面的痕迹及有关物体特征的照相方式。目的在于固定、提取现场的痕迹、物证,反映这些痕迹、物证的大小、形状、位置特征等,以及变动方向、深度、颜色、质感等细节特征。能够表明事故碰撞、刮擦、碾压、爆炸、失火等类型和情节;侧重反映物体的痕迹、尸体表面上的伤痕、尸体致死原因等微小物证。

**（二）现场测绘**

现场测绘是现场勘查人员运用特定的测量方法和绘图技术，对交通事故现场和现场内事故的诸元素所处的位置及其相互之间的空间关系进行定位、测量，并且绘制现场图的活动过程。现场测绘是交通事故现场调查的一项重要内容，主要包括：现场定位、现场测量、现场图的绘制等。

1. 现场定位。就是确定交通事故现场的空间位置，包括对现场方向的确定，对现场主要测定点或主要物体位置的固定。现场方向的确定就是事故现场道路方向的确定，测定道路中线或中线的切线与基本方向的角度，一般以指北针方向作为基本方向。

首先应确定基准点，基准点是事故现场上原有的相对固定的物体的某一点，这是一个永久性的固定点。一般选择现场附近的相对固定不易移动或消失的点，如电杆、里程碑、建筑物、交通标志、树木等作为固定点。以固定点为基准测量点或为基准坐标系的原点，以便准确测定整个事故现场在路段上的方位以及准确测定事故现场中每个物体的位置。在现场测绘时，根据现场的具体情况，可以选择一个或几个基准点。现场定位的方法主要有以下三种：

（1）三点定位法。三点定位法也称三角定位法，选定事故现场附近的一个固定点为基准点，由该点向道路中心作垂线，与道路中心线有一个交点，将基准点与交点这两个点相连接，再与现场的一个主要点连接起来，形成一个三角形，量出距离，从而固定现场的位置。选择固定基准点时应注意：该点距离肇事车辆停放位置不远，便于测量；选择明显突出的点，切记不要以过大的面作为固定点，以保证现场方位的准确性；注意固定点的永久性，以便在较长时间能复位还原现场。

（2）垂直定位法。垂直定位法也称直角定位法，将现场的一个主要点（如车辆的一个主要点）向道路的边线做垂线，再由选定的基准固定点向这条垂线做垂线形成交点，将上述的主要点、固定点、交点这三个点连接起来，形成一个直角三角形，分别量出三个边的距离，即可固定现场的位置。

（3）极坐标定位法。极坐标定位法是把选定的基准坐标点与事故现场的主要点连接起来，测出距离，并且测量出该连线与指北方向坐标线之间的夹角，即可固定现场的位置。

2. 现场测量。交通事故现场测量的实质是对现场各个元素点的定位。由于现场各个元素都具有多个主要点，因此规范现场各元素的测量点，确定现场物体的主要点，是现场测量的关键。

第一，确定测量点。为避免现场测量中的随意性，保证现场图的测绘做到规范、准确，通常对现场各种物体的测量点，采用下列方法加以确定。

（1）机动车位置测量点的确定。分别取车辆的前后轴同侧轮胎的外缘与轴心处于同一垂线的接地点。对于翻车事故，则以车体四角对地面的投影点作为测量点；如果以车体的接地点为测量点，应在图中注明。

（2）自行车倒地位置测量点的确定。分别取自行车的前后轴心为测量点。如果自行车被撞压变形，还应测量出前后轴心之间的距离。两轮摩托车的测量点，可参照自行车的测量方法。

（3）人体倒地位置测量点的确定。分别取人体的头、颈、髋、膝、脚跟五个测点，也可根据现场情况选定其中的几个测点。

（4）现场痕迹测量点的确定。现场痕迹包括地面痕迹、车体痕迹和其他物体上的痕迹，其形状主要分为条状和块状两种类型。条状痕迹可分为直条状、弧状和不规则条状，根据痕迹的形状不同,分别选择不同的测量点。通常对于直条状痕迹,以长度两端为测点,如地面轮胎印痕,应分别取其外侧起止端点为测量点;弧状和不规则条状痕迹,可以选择多个测点进行测量。块状痕迹一般取其中心为测点,对于碰撞形成的块状痕迹,取其力的作用点为测点。

(5) 散落物位置测量点的确定。对于整体的散落物体,可取其形状中心为测点;对于集中散落物,一般取其分布中心或长轴端点为测点;对于分散散落物,可以分为几个相对集中部分来测量。

(6) 分道线、中心隔离带测量点的确定。分道线取其中心为测点,双黄线以及隔离带取两条线的中心为测点,硬质隔离带取路缘石的外缘或车道线的中心为测点。

第二,道路的测量。测量道路首先要勘查道路走向、附近的交通标志、安全设施、停车视距,测量路面、路肩、边沟的宽度和深度。

(1) 规则的平直路段测量。要测量可行路面、两侧路宽或人行道、车行道的宽度。

(2) 有隔离带设施路段的测量。应分别测量车行路面和隔离带,并标出各车道、隔离带的具体情况和宽度。

(3) 对于不规则路段的测量。应分别测量现场两端的路宽及测量断面之间的距离。

第三,测量主要物体、痕迹。固定肇事车辆停放的位置及方向,分别测量车辆的左右、前后轮胎的外缘与地面接触中心到道路边缘的垂直距离,从而固定车辆的停放位置。现场勘查中主要测量以下几种痕迹:

(1) 刹车痕迹。车辆制动后,轮胎与地面摩擦形成的碳墨拖印。测量地面轮胎痕迹的起、止点,痕迹的长度。

(2) 接触双方留下的痕迹。车辆与车辆、车辆与人、车辆与其他物体相接触后留下的接触痕迹,以及双方的其他散落痕迹。

(3) 微小痕迹。车辆撞人后,一般会在车身或其他某些部位上,留有的指纹、毛发、血迹、纤维或其他肉眼不易发现的痕迹。

(4) 遗留物痕迹。在现场留下的轮胎花纹、车身漆皮、玻璃渣、脱落的汽车零件、泥土、装载物,以及其他遗留物体。

第四,测量肇事接触点。确定肇事接触点是处理事故的关键;接触点是形成事故的焦点,也是判断事故责任的重要证据。交通事故的接触部位的表现形式多种多样,需要认真勘查,发现问题,经过全面细致地分析后,在确认无误的情况下才能进行测量。通常要测量车与车、车与人或其他物体上相对应的部位,距离地面的高度、形状大小、受力面积大小等。

判断肇事接触点的主要依据是:事故现场的物理现象,双方损坏的部位以及受力情况,事故现场的散落物,刹车印迹,运动学和动力学的理论等。

3. 现场绘图。交通事故现场图是根据正投影和中心透视原理,利用标准的图例和线型,按照一定比例,将交通事故现场的地形、地貌、道路、交通设施、交通元素、遗留痕迹、散落物体等,绘制在图纸上的示意图。

根据现场图的制作原理、成图过程以及表达的内容的不同,交通事故现场图可分为现场记录图、现场比例图、现场断面图、现场主体图和现场分析图等。实践中,通常绘制的现场图主要是现场记录图和现场比例图两种。

第一,现场记录图。也称现场草图,是对现场环境、事故形态,有关车辆、人员、物体、痕迹的位置及其相互关系所作的图形记录。现场记录图是在现场勘查时,边测量边绘制的未规范化的草图，绘制要求是：

（1）反映现场的地形特点，包括路面、路肩、边沟、电杆、路树、交通标志、标线、分离带、信号灯、护栏、建筑物、视距障碍物等的位置特点。

（2）反映现场的人、物关系特点，包括车辆、人员、痕迹、物证等各元素的位置、相互关系，痕迹的走向、形状、面积、长度等。

（3）清楚标明现场各元素的定位数据，包括道路数据，痕迹的长、宽、面积数据，车辆的数据等。

（4）现场图上应有当事人、见证人、测量绘图人员的签名。

第二，现场比例图。根据现场记录图和其他勘查记录材料，按照一定比例和基本绘图要求，重新绘制而成的现场平面正规图形。现场比例图可以更加形象、准确地表现事故形态和现场车辆、物体、痕迹。绘制现场比例图的要求是：

（1）注明图的名称、测量方法、比例、方位、图例以及其他说明，要有绘图人签名，标明绘图日期。

（2）现场图例要符合国家标准《道路交通事故现场图形符号》（GB111797—89）的要求。

（3）现场图的图纸和图线规格符合《道路交通事故现场图绘制》（GB49—93）规定的标准和要求。

**（三）制作现场勘查笔录**

交通事故现场勘查人员应当制作现场勘查笔录，现场勘查笔录应当由参加勘查的交通警察、当事人和见证人签名。当事人、见证人拒绝签名或者无法签名以及无见证人的，应当记录在案。

现场勘查过程中发现当事人涉嫌利用交通工具实施其他犯罪的，应当妥善保护犯罪现场和证据，控制犯罪嫌疑人，并立即报告公安机关主管部门。

**（四）现场调查访问**

现场调查访问是勘查人员对事故当事人、目击事故发生的人和事故知情人，在现场进行的讯问和询问。现场调查访问对于迅速查明发生事故的基本情况，收集证人证言，查清事故事实，开辟线索来源；特别对于逃逸事故现场，了解逃逸车辆的有关情况，以便采取紧急措施，具有重要意义。交通警察根据有关人员提供的事故发生经过和情况，实地巡视现场，确定现场勘查的范围和方法。

**（五）提取、采集物证**

及时提取、采集与案件有关的痕迹、物证等，痕迹、物证等证据可能因时间、地点、气象等原因导致改变、毁损、灭失的，交通警察应当及时固定、提取或者保全。

对涉嫌饮酒或者服用国家管制的精神药品、麻醉药品驾驶车辆的人员，公安机关交通管理部门应当按照《道路交通安全违法行为处理程序规定》及时抽血或者提取尿样等检材，送交有检验鉴定资质的机构进行检验。

车辆驾驶人员当场死亡的，应当及时抽血检验。不具备抽血条件的，应当由医疗机构或者鉴定机构出具证明。

**（六）核查证件、标志**

交通警察应当核查当事人的身份证件、机动车驾驶证、机动车行驶证、检验合格标志、保险标志等。

对交通肇事嫌疑人可以依法传唤。对在现场发现的交通肇事嫌疑人，经出示《人民警察证》，可以口头传唤，并在询问笔录中注明嫌疑人到案经过、到案时间和离开时间。

### （七）现场调查后的处理

事故现场调查结束后，交通警察应当清点并登记现场遗留物品，迅速组织清理现场，尽快恢复交通。对现场的事故车辆、散落物、被破坏的道路设施等，及时安排吊车、拖车等将有关车辆、物品拖离现场，通知有关部门修复道路设施，尽快恢复道路正常通行。对于事故死亡尸体应联系存放地点，妥善保管，然后再进行必要的法医检验和其他处理。

现场遗留物品能够当场发还的，应当当场发还并做记录；当场无法确定所有人的，应当登记，并妥善保管，待所有人确定后，及时发还。

## 五、专门调查措施

### （一）调取记录资料

因调查需要，公安机关交通管理部门可以向有关单位、个人调取汽车行驶记录仪、卫星定位装置、技术监控设备的记录资料以及其他与事故有关的证据材料。

### （二）辨认

因调查需要，公安机关交通管理部门可以组织道路交通事故当事人、证人对肇事嫌疑人、嫌疑车辆、尸体等进行辨认。辨认应当在交通警察的主持下进行，主持辨认的交通警察不得少于二人。多名辨认人对同一辨认对象进行辨认时，应当由辨认人个别进行。辨认时，应当将辨认对象混杂在特征相类似的其他对象中，不得给辨认人任何暗示。

1. 辨认嫌疑人。辨认肇事嫌疑人时，被辨认的人数不得少于七人；对肇事嫌疑人照片进行辨认的，不得少于十人的照片。对肇事嫌疑人的辨认，辨认人不愿意公开进行时，可以在不暴露辨认人的情况下进行，并应当为其保守秘密。

2. 辨认嫌疑车辆。辨认嫌疑车辆时，同类车辆不得少于五辆；对肇事嫌疑车辆照片进行辨认时，不得少于十辆的照片。

3. 辨认尸体等特定辨认对象。对尸体等特定辨认对象进行辨认时，辨认人能够准确描述肇事嫌疑人、嫌疑车辆独有特征的，不受数量的限制。

对辨认经过和结果，应当制作辨认笔录，由交通警察、辨认人、见证人签名。必要时，应当对辨认过程进行录音或者录像。

### （三）扣留事故车辆

因收集证据的需要，公安机关交通管理部门可以扣留事故车辆，并开具行政强制措施凭证；扣留的车辆应当妥善保管。但不得扣留事故车辆所载货物。

对扣留事故车辆所载货物在核实重量、体积及货物损失后，通知机动车驾驶人或者货物所有人自行处理。无法通知当事人或者当事人不自行处理的，按照《公安机关办理行政案件程序规定》的有关规定办理。

严禁公安机关交通管理部门指定停车场停放扣留的事故车辆。

### （四）扣押证件、物品

当事人涉嫌犯罪的，因收集证据的需要，公安机关交通管理部门可以依据《中华人民共和国刑事诉讼法》《公安机关办理刑事案件程序规定》，扣押机动车驾驶证等与事故有关的物品、证件，并按照规定出具扣押法律文书。扣押的物品应当妥善保管。

对扣押的机动车驾驶证等物品、证件，作为证据使用的，应当随案移送，并制作随案移送清单一式两份，一份留存，一份交人民检察院。对于实物不宜移送的，应当将其清单、照片或者其他证明文件随案移送。待人民法院作出生效判决后，按照人民法院的通知，依法作出处理。

（五）移送案件

经过调查，不属于公安机关交通管理部门管辖的案件，应当将案件移送有关部门并书面通知当事人，或者告知当事人处理途径。

公安机关交通管理部门在调查过程中，发现当事人涉嫌交通肇事、危险驾驶犯罪的，应当按照《中华人民共和国刑事诉讼法》《公安机关办理刑事案件程序规定》立案侦查。发现当事人有其他违法犯罪嫌疑的，应当及时移送有关部门，移送不影响事故的调查和处理。

（六）通知有关部门

投保机动车交通事故责任强制保险的车辆发生道路交通事故，因抢救受伤人员需要保险公司支付抢救费用的，公安机关交通管理部门应当书面通知保险公司。

抢救受伤人员需要道路交通事故社会救助基金垫付费用的，公安机关交通管理部门应当书面通知道路交通事故社会救助基金管理机构。

道路交通事故造成人员死亡需要救助基金垫付丧葬费用的，公安机关交通管理部门应当在送达尸体处理通知书的同时，告知受害人亲属向道路交通事故社会救助基金管理机构提出书面垫付申请。

## 六、交通肇事逃逸查缉

（一）交通肇事逃逸的构成

交通肇事逃逸是指发生交通事故后，当事人企图规避责任，故意逃离事故现场的行为。交通事故逃逸者在发生交通事故后，为逃避责任，既不向公安机关报案，也不采取措施抢救伤者和公私财产，而故意逃离现场的交通事故当事人，包括发生事故后弃车逃逸的当事人。

1. 行为人逃逸的主观动机，一般是逃避抢救义务以及逃避责任追究。虽然交通肇事是过失行为，但就逃逸行为而言，具有直接的行为故意。行为人对肇事行为明知，同时又有逃逸的直接故意，就构成交通肇事后逃逸。所以无论何种情形，行为人在逃逸时都是明知自己的行为造成了交通事故，并对逃逸行为有直接的故意。

2. 行为人客观上实施了交通肇事逃逸行为。即当事人交通肇事后逃逸，包括逃离事故现场或者在交通肇事后虽然没有逃离现场，但在等待交警部门处理时逃跑。

交通肇事后逃逸认定的前提条件是，当事人为逃避法律追究，交通肇事逃逸并没有时间和场所的限定，不应仅理解为逃离事故现场，对于肇事后未逃离或未能逃离事故现场，而是在将伤者送至医院后或者等待交通管理部门处理的时候逃跑的，也应视为交通肇事后逃逸。

（二）查缉措施

1. 制定查缉预案。公安机关交通管理部门应当根据管辖区域和道路情况，制定交通肇事逃逸案件查缉预案，并组织专门力量办理交通肇事逃逸案件。发生交通肇事逃逸案件后，公安机关交通管理部门应当立即启动查缉预案，布置警力堵截，并通过全国机动车缉查布控系统查缉。

2. 发布协查通报。案发地公安机关交通管理部门可以通过发协查通报、向社会公告等方式要求协查、举报交通肇事逃逸车辆或者侦破线索。发出协查通报或者向社会公告时，应当提供交通肇事逃逸案件基本事实、交通肇事逃逸车辆情况、特征及逃逸方向等有关情况。

中国人民解放军和中国人民武装警察部队车辆涉嫌交通肇事逃逸的，公安机关交通管理部门应当通报中国人民解放军、中国人民武装警察部队有关部门。

3. 堵截排查。接到协查通报的公安机关交通管理部门，应当立即布置堵截或者排查。发现交通肇事逃逸车辆或者嫌疑车辆的，应当予以扣留，依法传唤交通肇事逃逸人或者与协查通报相符的嫌疑人，并及时将有关情况通知案发地公安机关交通管理部门。案发地公安机关交通管理部门应当立即派交通警察前往办理移交。

公安机关交通管理部门查获交通肇事逃逸车辆或者交通肇事逃逸嫌疑人后，应当按原范围撤销协查通报，并通过全国机动车缉查布控系统撤销布控。

4. 告知情况。侦办交通肇事逃逸案件期间，交通肇事逃逸案件的受害人及其家属向公安机关交通管理部门询问案件侦办情况的，除依法不应当公开的内容外，公安机关交通管理部门应当告知并做好记录。

道路交通事故社会救助基金管理机构已经为受害人垫付抢救费用或者丧葬费用的，公安机关交通管理部门应当在交通肇事逃逸案件侦破后，及时书面告知道路交通事故社会救助基金管理机构交通肇事逃逸驾驶人的有关情况。

## 第四节　交通事故检验鉴定

### 一、交通事故检验鉴定的概念

#### （一）交通事故检验鉴定的含义

交通事故检验鉴定，是指在交通事故处理过程中，具有技术检验鉴定资格的专业人员，为查明交通事故的肇事行为与事故损害后果之间的真实关系，针对交通事故现场发现、固定和提取的痕迹物证，依照法定程序，运用专门理论知识、技术和科学检验方法，进行的技术识别和评析判断活动。交通事故技术鉴定过程，包括对交通事故现场物证的发现、固定、提取、分析、鉴别、判定等环节的工作内容。交通事故现场的任何痕迹物证，只有经过技术鉴定，才能作为具有法律意义和法定证明效力的证据。

需要进行检验、鉴定的，公安机关交通管理部门应当按照有关规定，自事故现场调查结束之日起三日内委托具备资质的鉴定机构进行检验、鉴定。尸体检验应当在死亡之日起三日内委托。对交通肇事逃逸车辆的检验、鉴定自查获肇事嫌疑车辆之日起三日内委托。对现场调查结束之日起三日后需要检验、鉴定的，应当报经上一级公安机关交通管理部门批准。对精神疾病的鉴定，由具有精神病鉴定资质的鉴定机构进行。

#### （二）交通事故检验鉴定的特征

1. 技术性。交通事故检验鉴定的主体，是具有专业技术资格的人员，鉴定人应当具备相应的技术鉴定资格，具有解决交通事故中某些专门性技术问题的能力。如法医、痕迹检验和化验人员等。鉴定人应当公正、客观地进行事故鉴定，具备良好的职业道德和实事求是的科学精神。根据法律规定，交通事故的当事人、承办人，以及与交通事故有利害关系可能影响公正鉴定的人，不能作为交通事故的检验鉴定人。

2. 专门性。交通事故检验鉴定的对象是待查清和证明的事实，针对事故自身情节和处理事故使用的证据所涉及的专门性问题，目的在于查清交通事故真相，证明肇事行为与损害后果之间的关系，为认定事故责任，正确处理交通事故提供科学依据。

3. 程序性。交通事故检验鉴定必须严格依照法定程序和技术鉴定的规律进行，依照法定时限和检验鉴定规则进行，如果违反法定鉴定程序和技术规程，则不可能取得有效的鉴定结果。

4. 规范性。交通事故检验鉴定以鉴定书或检验报告等形式，作为最终形态和检验鉴定最终的结果，形成规范性的书面建议鉴定结论，以此集中反映交通事故的认定价值和证明作用。

## 二、交通事故检验鉴定的程序

### （一）检验鉴定程序的意义

为了查明事故原因和事故的其他情况，解决交通事故中的某些专门性问题，交通事故处理部门应当指派或聘请具有检验鉴定资格的人员进行鉴定。交通事故检验鉴定一般由公安机关技术部门或其他专业人员进行；需要其他专门知识的人员进行鉴定的，经公安机关交警部门负责人批准后聘请。送交检验鉴定的部门应当为检验鉴定人的活动提供必要条件，及时送交有关检材和比对样本等原始材料，介绍有关的情况，明确检验鉴定需要解决的问题；但不得暗示或强迫检验鉴定人作出某种结论。检验鉴定人应当按照规则，运用科学方法进行检验鉴定，并出具结论。检验鉴定活动应由两名以上具有资格的人员进行，并在结论上签名，经复核方可生效。

检验、鉴定费用由公安机关交通管理部门承担，但法律法规另有规定或者当事人自行委托伤残评定、财产损失评估的除外。公安机关交通管理部门应当与鉴定机构确定检验、鉴定完成的期限，确定的期限不得超过30日。超过30日的，应当报经上一级公安机关交通管理部门批准，但最长不得超过60日。

鉴定机构应当在规定的期限内完成检验、鉴定，并出具书面检验报告、鉴定意见，由鉴定人签名，鉴定意见还应当加盖机构印章。检验报告、鉴定意见应当载明以下事项：

1. 委托人；
2. 委托日期和事项；
3. 提交的相关材料；
4. 检验、鉴定的时间；
5. 依据和结论性意见，通过分析得出结论性意见的，应当有分析证明过程。

检验报告、鉴定意见应当附有鉴定机构、鉴定人的资质证明或者其他证明文件。

公安机关交通管理部门应当对检验报告、鉴定意见进行审核，并在收到检验报告、鉴定意见之日起5日内，将检验报告、鉴定意见复印件送达当事人，但有下列情形之一的除外：

1. 检验、鉴定程序违法或者违反相关专业技术要求，可能影响检验报告、鉴定意见公正、客观的；
2. 鉴定机构、鉴定人不具备鉴定资质和条件的；
3. 检验报告、鉴定意见明显依据不足的；
4. 故意作虚假鉴定的；
5. 鉴定人应当回避而没有回避的；
6. 检材虚假或者检材被损坏、不具备鉴定条件的；
7. 其他可能影响检验报告、鉴定意见公正、客观的情形。

检验报告、鉴定意见有前款规定情形之一的，经县级以上公安机关交通管理部门负责人批准，应当在收到检验报告、鉴定意见之日起 3 日内重新委托检验、鉴定。

当事人对检验报告、鉴定意见有异议，申请重新检验、鉴定的，应当自公安机关交通管理部门送达之日起 3 日内提出书面申请，经县级以上公安机关交通管理部门负责人批准，原办案单位应当重新委托检验、鉴定。同一交通事故的同一检验、鉴定事项，重新检验、鉴定以一次为限。重新检验、鉴定应当另行委托鉴定机构。

自检验报告、鉴定意见确定之日起 5 日内，公安机关交通管理部门应当通知当事人领取扣留的事故车辆。因扣留车辆发生的费用由作出决定的公安机关交通管理部门承担，但公安机关交通管理部门通知当事人领取，当事人逾期未领取产生的停车费用由当事人自行承担。经通知当事人 30 日后不领取的车辆，经公告 3 个月仍不领取的，对扣留的车辆依法处理。

### （二）交通事故检验鉴定的步骤

1. 受理鉴定。检验鉴定机构和鉴定人依法接受鉴定委托，鉴定人应当听取有关的事故情况介绍，明确鉴定要求，查验检材和样本及其来源和收集方法，判断是否具有检验比对条件，并根据查验情况决定是否接受委托，或修改鉴定要求，或补送鉴定所需材料。决定接受委托的，由送检人填写委托鉴定登记表。

2. 分别检验。在对检材和样本进行初步了解的基础上，分别对检材和样本进行观测，按照先一般特征，后细节特征；先清晰特征，后模糊特征；先检材，后样本的次序，寻找、发现、确定检材和样本特征以及进行分类鉴定的过程。

3. 比对检验。鉴定人按照检材和样本的特征次序，将分别检验中发现和确定的检材与样本的所有特征进行比较鉴别，寻找和确定检材与样本特征间的符合点和差异点的鉴定过程。

4. 综合评断。鉴定人在比对检验的基础上，对于比对检验中发现和确定的检材与样本特征的符合点和差异点的数量、质量进行全面科学的综合分析，确认符合点和差异点的性质，作出鉴定结论的鉴定过程。

5. 制作鉴定书。检验报告、鉴定书的内容包括：收检时间，送检单位，送检人，简要案情，鉴定要求，检材的名称、种类、数量、提取方法等，检材和样本的形态、色质、大小，检验实验的步骤、方法、手段、数据、特征图形，以及对检验发现的特征、数据进行综合评断，论述结论的科学依据。鉴定人、复核人应签名或盖章，并经负责人审批签发。

## 三、交通事故车辆鉴定

### （一）车辆鉴定范围

交通事故技术鉴定的车辆检验，主要针对事故车辆的安全部件是否有效，能否成为交通事故的原因。为了证实这种可能性，需要对车辆的主要安全部件进行检验。通常的做法是怀疑某个部件失效，则重点检验该部件。除了检验灯光、喇叭、雨刷器等部件是否齐全有效外，车辆检验主要是对转向系和制动系部件进行检验。

### （二）车辆转向系的检验

车辆转向系是由转向器和转向传动机构两部分组成。它是用来操纵机动车前轮同一方向转动，以改变行车方向或调整停车位置的系统。

1. 检查方向盘的自由行程。方向盘的自由行程是指汽车转向轮在静止不动的情况下，方向盘所能自由转动的角度。检查方向盘的自由行程，可采用方向盘自由行程测量仪，以及人工检查的方法。人工检查是在车辆停止的状态下，将前轮转到直线行驶的位置上，通过转动方向盘,同时观察前轮的位置角度变化情况。具体做法是:在前轮开始转动时,记下方向盘上某一点的位置,然后回转方向盘,在前轮开始动时停止,这时方向盘上的标志点转过的角度,就是方向盘的自由行程。方向盘的自由行程过大,会影响操纵的灵敏度,一般情况下,不超过15度。

2. 检查转向系的性能。机动车的方向盘应转动灵活,操纵轻便,无阻滞现象,车轮转到极限位置时,不得与其他部件有接触干涉现象。车辆的转向轮在转动后,应有自动回正能力,以保持机动车稳定的直线行驶。车辆在平坦、硬实、干燥和清洁的道路上行驶,方向盘不得有摆振、路感不灵、路偏或其他异常现象。车辆的转向节及转向臂,转向横、直拉杆及球销,无裂纹和损伤,球销不得松动,横、直拉杆不得拼焊。车辆前轮定位值应符合该车整车有关技术条件的规定,用测滑仪检验前轮侧滑量的值不得超过 5m/km。

(二) **车辆制动系的检验**

车辆制动系是使得车辆在行驶中能够减速或停车的安全设备系统,也是使停止中的车辆不致溜滑的安全设备系统。目前,制动系分为气压制动和液压制动两种类型。气压制动系统包括压缩机、贮气筒、制动阀、制动压力表、制动踏板、前后制动气室、摩擦片、制动鼓及制动管路等;液压制动系统是由制动踏板、制动总泵、制动分泵、制动蹄、摩擦片、制动鼓及管路等组成。发生交通事故后,检验制动系统的目的在于该制动系是否安全有效。

1. 检查行车制动装置。车辆在处于停止状态,踏下制动踏板时,无漏气、漏油、发卡发软等现象,回弹敏捷,一脚有效。制动距离应当符合标准(参见制动距离理论参考值表),不跑偏;制动器自由行程符合规定,最大制动效能应在踏板全行程的五分之四内达到。车辆在运行过程中,不应出现自行制动现象。可以用仪器对行车制动装置进行检查。

2. 检查驻车制动装置。驻车制动也称手刹制动。驻车制动操纵装置的安装位置要适当,操纵必须有一定的储备行程,一般应在操纵杆全行程的四分之三处产生最大的制动效能;驻车时在20%的坡道上不溜车为合格。

3. 制动过程及持续制动距离。通常所指的制动过程包括三个部分,即制动系统的传动时间,制动系统的协调时间和制动持续作用时间。在交通事故现场所遗留的刹车印迹,主要是第三阶段时间内留下的。一般根据持续制动距离即刹车印痕,可以大致推算出车辆在发生事故时的初速度。

表 11-1　　　　　　　　　　汽车持续制动距离理论参考值表[1]

| 制动点距离(米)　　车速(千米/小时) | 10 | 20 | 30 | 40 | 50 | 60 | 70 | 80 | 90 | 100 |
|---|---|---|---|---|---|---|---|---|---|---|
| 路面及其附着系数 | | | | | | | | | | |
| 积雪、冰路(0.1) | 4 | 16 | 35 | 63 | 98 | 142 | 193 | 252 | 320 | 390 |
| 结冰路面(0.2) | 2 | 8 | 17 | 31 | 49 | 71 | 96 | 126 | 160 | 197 |
| 湿粘土路(0.3) | 1.3 | 5.2 | 11.8 | 21 | 32.8 | 47.2 | 64.2 | 84 | 106 | 131 |
| 湿碎石路面(0.4) | 1 | 3.9 | 8.8 | 15.7 | 24.6 | 35.4 | 48.2 | 63 | 80 | 98 |

---

[1] 马三瑞主编:《公安道路交通管理》,中国人民公安大学出版社2000年版,第139页。

续表

| 制动点距离(米) \ 车速(千米/小时) \ 路面及其附着系数 | 10 | 20 | 30 | 40 | 50 | 60 | 70 | 80 | 90 | 100 |
|---|---|---|---|---|---|---|---|---|---|---|
| 干土路、卵石路(0.5) | 0.78 | 3.2 | 7.1 | 12.6 | 19.7 | 28.3 | 38.6 | 50 | 69 | 79 |
| 干碎石路(0.6) | 0.7 | 2.6 | 5.9 | 10.5 | 16.4 | 23.6 | 32 | 42 | 53 | 66 |
| 沥青路、混凝土路(0.7) | 0.56 | 2.2 | 5 | 9 | 14 | 20.3 | 27.5 | 36 | 45.5 | 56 |

**(三) 车轮印痕的检验**

勘查检验车轮印痕，是判断交通事故发生前，车辆的速度、行驶路线、制动效能和驾驶员采取措施是否及时、有效的重要依据。车辆在行驶中发现危险情况后，驾驶员一般都要采取制动措施，制动停车后，车轮与路面因摩擦会留有炭黑的车轮印痕。车轮印痕中有的表现为拖印，这是车辆紧急制动后车轮被抱死，在惯性力作用下，轮胎与路面摩擦呈现的拖印；有的表现为压印，这是车辆制动已开始但车轮尚未完全抱死时，车轮在滚动中与路面摩擦而形成的轮胎花纹印。车辆在制动过程中，由于路面的坚实程度不同，轮胎规格及气压量，以及车载重量的不同，因而制动效能及制动力大小等就会不同，就会使路面上形成的制动印痕呈现出轻、重、虚、实、长、短，以及侧重和断续等不同现象。对于这些不同程度的制动印痕，在测量时，一般从轻拖印的始端开始，到后轮轴头为止来计算距离。

1. 根据制动印痕，判断行驶路线。车辆制动印痕的走向，从制动开始到停车位置的连续线，就是该车在发生事故时的行驶路线。判断行驶路线正确与否，应勘查该车辆是否在交通规则规定的车道上或道路部位上行驶。对此，可以从制动印痕的起讫点到车辆停住后，前后轮至路边的距离中得到证实。

2. 根据制动印痕，判断驾驶员采取措施是否得当。车辆在紧急制动的情况下车轮抱死，这时即使车辆制动性能良好，但在惯性力作用下，车轮与路面形成滑动摩擦，呈现拖印，这种现象表明驾驶员采取了紧急措施。如果没有拖印，则证明驾驶员虽然采取了措施，但不够适当得力。如果出现制动印痕斜向右边，可说明驾驶员向左打方向，企图避让或绕过对方。当然，判断驾驶员采取措施是否及时、有力，还要根据证人证言，以及车辆行驶方向、距离、速度，结合当时的视线条件、道路条件等因素进行综合分析判断，以便查明事故能否避免。

3. 根据制动印痕，判断行驶速度和制动性能。车辆的制动距离必须符合国家规定的机动车检验标准，通过检验车辆在不同路面上，以一定的速度行驶，采取制动措施后所留下的车轮印痕，可以判断该车的制动性能和行驶速度。所谓制动距离，是指机动车在行驶中，驾驶员发现危险情况，从有意识停车开始，到脚踩制动器，直至车辆完全停止，所行经的路程。这个路程包括驾驶员的反应距离，车辆的迟滞距离，以及车轮的拖印距离。关于机动车制动距离的计算方法如下。[①]

（1）反应距离。反应距离是指车辆在行驶中，驾驶员发现前方危险情况，意识到要停车开始，到脚踩制动踏板，但制动踏板尚未踩下时，车辆在瞬间行经的路程。其计算方法

---

[①] 陈文荦编著：《道路交通事故处理知识问答》，人民交通出版社1992年版，第26页。

为：

$$\text{反应距离（米）} = \text{驾驶员的反应时间（秒）} \times \text{车辆行驶速度（千米/时）}$$

驾驶员的反应时间一般设定为0.75秒，当然驶驾员如果思想集中、发现险情快，反应时间会缩短；否则，反应时间会延长。车辆行驶速度千米/时，应化简为米/秒。

（2）迟滞距离。迟滞距离是指车辆在行驶中紧急制动时，脚踩制动踏板开始下移，直至移动到车轮被抱死之前，车辆所行经的路程。其计算方法为：

$$\text{迟滞距离（米）} = \text{迟滞的时间（秒）} \times \text{车辆行驶速度（千米/时）}$$

迟滞的时间一般为0.3~0.5秒，一般是液压传递的时间。

（3）拖印距离。拖印距离是指车轮在经过迟滞距离阶段，最终抱死车轮后在路面上摩擦行经的路程。水平路面上的拖印距离与上下坡路面上的拖印距离是不一样的；而且同是水平路面或上下坡路面，由于路面的铺装质量不同和路面干湿状态不同，拖印距离也会有所区别。通常情况下，水平路面拖印距离的计算方法为：

$$\text{拖印距离}(S) = \text{车辆行驶速度的平方}(V^2) \div \text{常数}(254) \times \text{摩擦系数}$$

坡道上的拖印距离的计算方法为：

$$\text{拖印距离}(S_{上下}) = V^2 \div 254 \times (\text{摩擦系数} \pm \sin\alpha)$$

$S_{上}$为上坡时的拖印距离，$S_{下}$为下坡时的拖印距离，V是车辆行驶速度，254为常数，$\sin\alpha$为坡度$\alpha$角度的正弦；上坡取+，下坡取-。

### 四、交通事故道路鉴定

交通事故技术鉴定中的道路鉴定，指针对事故发生路段的各种情况进行检验，以查明该道路是否对交通事故的发生及行车安全造成影响，是否成为这起交通事故的因素。

**（一）路面状况**

路面状况是指道路的面层材料条件以及路面的损坏情况。道路面层材料主要有水泥、沥青、渣油、砂石等；其状况主要指干燥、潮湿、光滑、粗糙等程度；路面是否存在破损、隆起、凹凸不平、泥泞等情况。

**（二）路线状况**

路线状况是指道路的弯道半径、坡度、视距、通视条件、曲线、平面交叉等，是否符合有关标准、要求，各种组合是否规范、适当，其优劣程度对行车安全产生的影响。路线状况主要包括：

1. 通视条件。有无足够的视距，对行车安全具有重要影响；根据地形条件的不同，通常情况下，平原地带的高速公路、一级公路、二级公路、三级公路，行车视距应分别大于210米、160米、110米和75米；在山地丘陵地带，高速、一级、二级、三级公路的行车视距，应分别大于110米、75米、40米和30米。

2. 弯道半径。变道曲率半径是影响和决定车辆稳定行驶和允许最大速度的重要因素。通常情况下，平原地带的高速、一级、二级、三级公路，其弯道极限最小半径分别为650米、400米、250米和125米；山地丘陵地带的高速、一级、二级、三级公路，其弯道极限最小半径分别为250米、125米、60米和30米。

3. 坡度。道路的纵向坡度大小，关系到车辆的制动距离和车辆受重力影响速度变化的重要因素。道路平曲线半径小于规定的最小半径时，应在曲线上设置超高。超高的横坡大小，按照设计行车速度、半径大小，并结合路面种类和自然条件情况来确定。通常在高速公路和一级公路上的横坡度不应超过10%，其他各等级公路不超过8%。

4. 平面交叉。平面交叉的路线应为直线并尽可能正交；必须斜交时，交叉角度应大于45度。平面交叉的地点，一般应设在水平地段，紧接水平地段的纵坡一般不大于3%，困难地段不大于5%。车辆在距离交叉点前后，相当于交叉公路的行车视距范围内，应当能够互相看到；如受条件限制，行车视距可减少30%，并在适当位置设置限速标志。

### （三）道路宽度

道路宽度包括行车路面的宽度，路肩的宽度，以及路面宽度在某一路段内的变化情况，如弯道加宽、"瓶颈"地段、路肩崩塌、路面隆起等。

## 五、交通设施及路面障碍检验

检查交通事故地段有无交通标志、标线、标示、护栏等；查验肇事路段有无障碍，包括停放车辆是否符合规定，有无设置危险标志，有无堆放物体等。此外，该路段有无施工，是否占用路面作业；施工标志与照明是否完备，施工过程交通管理是否完善。对于路面堆积物应具体说明堆积物的长、宽、高和侵占路面的宽度，对视距的影响等；对于施工作业者，还应调查是否经过审批，有无明显的标志等。

## 六、交通事故痕迹鉴定

交通事故现场痕迹，是指在交通事故发生过程中，由于驾驶员采取了避险措施，或者发生了碰撞等情况，从而改变了物体原来的运动状态，在事故现场留下的各种印迹。这些痕迹是事故发生过程的客观记录，对于分析事故发生过程，找出事故发生原因，进行事故责任认定的主要证据。交通事故现场痕迹主要有：

### （一）地面轮胎痕迹

1. 地面轮胎痕迹的类型。交通事故现场遗留下的地面轮胎痕迹通常有：

（1）滚印。这是轮胎相对于地面做滚动遗留下的痕迹；表现为轮胎的花纹特征，可以根据立体的滚印判断车辆行驶方向，痕迹的宽度与轮胎面宽度大致相同。

（2）压印。这是轮胎在地面上半滚半滑，滑移率小于30%时遗留下的痕迹；表现为轮胎花纹沿着行驶方向逐渐拉长，痕迹宽度与轮胎面宽度大致相同。

（3）拖印。这是轮胎在地面上做纯滑动时遗留下的痕迹；这种痕迹呈现为黑色带状，可以看出轮胎花纹的间隔及花纹的条数，痕迹宽度与轮胎宽度大致相同。

（4）侧滑印。这是车轮受到侧向力的作用，发生横向的滑移时遗留下的痕迹；这种痕迹的宽度一般大于轮胎面的宽度。

2. 轮胎痕迹的分析鉴别。根据轮胎痕迹分析交通事故的不同情况：

（1）根据轮胎痕迹鉴别车型。各种型号的机动车因其用途、载重量的不同，轮距、轴距及其使用轮胎的规格和花纹不相同。因此，可以根据轮胎的痕迹，推断出轮胎的规格、车辆的轮距和轴距，并根据这些数据推断出车辆的类型。测量机动车的轮距应从轮胎面的中心处丈量，对于后轮双胎的，应从两只轮胎的中间丈量。通常轮胎拖印的宽度即胎面的宽度，一般的轮胎体的宽度与高度相同，用胎面的宽度乘以0.5，即是胎体的宽度。根据胎体的高度可以判断出轮胎的型号。

（2）根据轮胎痕迹分析车辆运动状况。一般情况下，当轮胎的印迹有宽度变化时，表明车辆在做旋转运动。当车辆转弯时，由于受到横向力的作用，内侧轮胎的荷重变轻，外侧轮胎的负荷变重。当车辆发生正面碰撞或侧面碰撞时，在路面上会留下明显的印迹转折，通过印迹转折可以分析确定接触点。当车辆紧急制动时，荷重从后轮向前轮转移，前轮印迹略宽且加重，后轮印迹则相对窄而轻。

（3）根据轮胎痕迹分析车辆负荷与胎压情况。车辆轮胎印迹的形状与轮胎气压和负荷关系密切，在轮胎的气压正常、负荷正常的情况下，轮胎花纹均匀接触地面；当轮胎气压低或车辆超载的情况下，轮胎面向里弯曲产生桥矢效应，负荷被分布在轮胎两侧，边缘印迹加重且清晰；当轮胎气压过高，负荷小的情况下，轮胎面向外弯曲，负荷分布在轮胎中间，整个轮胎印迹变窄，只有少数分沟槽与地面接触。

（4）根据轮胎痕迹分析制动跑偏和侧滑情况。制动跑偏是指车辆制动时，发生自动向左或向右的偏驶，这种现象大多是由于车辆的左右车轮制动力不等而引起的。制动跑偏的印迹是一条比较圆滑的弧线，没有曲率发生突变的区域；一般情况下，车轮两边印迹不等长，前后轮胎印迹不重合。侧滑是指车辆制动时，某一轮或全部轮被抱死，因而产生横向滑移的现象。车辆侧滑通常会发生急剧的回转运动，在车速较高或滑溜路面的情况下，车辆制动可能发生后轮侧滑现象。侧滑表现为左右轮的印迹曲率发生突变，突变点即为侧滑的开始，且车轮印迹变宽。

（二）**车体痕迹**

检查车体痕迹是分析交通事故发生时车辆的行驶角度、双方的接触部位的主要依据。车辆的破损痕迹，可以反映事故开始时接触的方位，以及接触后双方继续运行至完全停止时的变化情况。通常情况下，检查肇事车辆接触部位和碎片剥离方向，就可以判断撞击的受力方向，以及双方的运行角度。当人体被车辆撞击时，车体上可能粘连有人的血迹、表皮、毛发及衣着纤维等；当车辆之间发生撞擦时，双方车体上可能粘有对方的油漆、木屑、金属屑等。这些都可以作为判断肇事时双方接触部位的依据。

1. 碰撞痕迹。它是以冲力形式作用于车体表面，使承受面产生塑性变形而形成的痕迹。碰撞痕迹一般遗留在塑性、韧性较好的部位上，能明显地反映出接触部位的大小和外部形状。

2. 刮擦痕迹。它是因受到摩擦力的作用而形成的线状、片状、带状的平面或凹陷类的痕迹。一般出现在车辆的侧面突出部位，可以反映出双方接触时的位置高度和接触时的运动状态。

3. 其他痕迹。主要是指车辆零部件的断裂、爆裂等痕迹，以及在车门、把手和方向盘上遗留下的指纹痕迹等。这些痕迹有助于分析交通事故的成因，以及判定事故的当事人情况。

（三）**人体痕迹**

人体痕迹主要包括人的衣着外表痕迹和人体的体表痕迹。

1. 人体衣着外表痕迹。这是指人身衣着被车辆物体碰撞或被车轮碾压后形成的痕迹，以及人体衣着表面沾附的油漆、油污等痕迹。当车辆碾压人体时，会在人体的外表衣着上造成搓滑痕迹，以此可以判断车辆肇事时的行车方向。当人被车辆碰撞倒地后，轮胎推移人体在地面上搓滑，外衣会呈现皱褶痕迹，并且，车轮轧压在人体外衣上，呈现的花纹痕迹，可作为判断肇事车型的重要根据，证明人体与车辆相接触的事实。

2. 人体体表痕迹。这是指因交通事故形成的裸体状态下人体表面痕迹。这类痕迹可以证明人体在碰撞过程中所处的状态。交通事故中的伤亡者倒卧地面的位置、状态，以及呕吐物、血迹等痕迹,是分析判断尸体是否被移动的重要根据。

### 七、微量物证的鉴定

**(一)油漆**

在交通事故现场,油漆是最常见的微量物证,鉴定油漆的作用在于,可以证实交通事故相关车辆与现场事故的另一物体之间是否发生接触;油漆出现的位置可以证明交通事故双方或与其他物体之间的接触部位;油漆附着或残留的形态,可以反映事故发生时,相关车辆或其他物体在接触瞬间的相对运动方向。

1. 油漆的发现和提取。交通事故车辆之间或与其他物体接触时,必然会产生表皮油漆的脱落擦挂,在受力相对较大的擦划部位、突起部位、轮廓的边缘等部位,容易发现擦落的油漆。油漆提取的方法有:

(1) 直接提取法。针对现场脱落的油漆、漆片,量较大时,可以直接夹取。

(2) 刮取法。对于残留物较小,难以直接提取,或粘附在车体和其他物体上的油漆,可用刀片刮取,装入袋中;在提取之前,需先拍照并用文字记录,必要时需提供比对样本。

(3) 粘取法。对于微量油漆残留物,用透明胶带纸粘取,并将其粘在平板玻璃上保存。

(4) 溶剂提取法。用脱脂棉蘸有机溶剂擦拭附着油漆的部位,然后放入密闭的玻璃瓶中,在瓶外贴明标签。

2. 油漆的检验。油漆的颜色和漆层的种类因车辆种类、型号的不同而有所区别,一般分为底漆、面漆和罩光漆。通过油漆检验,能够证明交通事故相关车辆或物体之间是否发生过接触,证明双方的接触部位。检验方式主要有:

(1) 外观检验。在立体显微镜下比对两个漆片的颜色和表面特征,区分出不同的颜色和色调;如果油漆微粒大小的分布,颜色的浓淡、明暗和深浅,以及杂质颜色和凸结、爆片都是相似的,通过外观检验即可证明这两个漆片的来源是相同的。

(2) 有机成分检验。可用红外光谱分析的方法,以及气相色谱分析法,对油漆的成膜物质进行检验。

(3) 无机成分检验。可用发射光谱分析法,原子吸收光谱分析法,对油漆的颜料进行检验。目前,对油漆的检验主要是对两个油漆片的有机成膜物质或所含的无机成分的种类,以及相对含量进行比较,从而对油漆作出种属认定。

**(二)酒精**

1. 酒精危及驾驶。酒精对人的神经系统会产生强烈的刺激,可以使人的意识混乱,甚至发生昏迷,使人的行为动作产生迟缓和不协调。酒后驾驶被认为是一种严重的交通违法行为,极易导致交通事故,会对人身安全造成严重威胁和伤害。酒后驾驶的危害表现在,一是触觉能力降低,精神亢奋。饮酒后驾车,由于酒精的刺激和麻醉作用,人的手、脚的触觉较平时降低,往往无法正常控制油门、刹车及转向系统,并且容易兴奋,过分地自信。二是判断能力和操作能力降低。饮酒后,对光、声刺激反应时间延长,本能反射动作的时间也相应延长,感觉器官和运动器官如眼、手、脚之间的配合功能发生障碍,无法正确判断距离、速度。三是视觉模糊。饮酒后可使视力暂时受损,视像不稳,辨色能力下降,因此不能发现和正确判断交通信号、标志和标线。同时饮酒后视野大大减少,视像模糊,眼睛只盯着前方目标，对处于视野的危险隐患难以发现，易发生事故。

2. 酒驾的后果。对于酒后驾驶量化标准的确定，世界各国的做法不尽一致，普遍的做法是采取检验驾驶员血液中酒精含量的多少，以此来确定是否属于酒后驾驶。有的国家规定驾驶员每百毫升血液中酒精含量超过 30mg，就属于酒后驾车。我国将酒后驾车规定为绝对禁止的行为，并对这种行为的制裁比较严厉。醉酒驾驶机动车（血液酒精含量高于 80ml），将由《道路交通安全法》修改前处暂扣 3 到 6 个月机动车驾驶证，并处 500 元以上 2000 元以下罚款，治安拘留 15 日处罚，修改为由交通管理部门约束至酒醒，吊销机动车驾驶证，5 年内不得重新取得机动车驾驶证，按"危险驾驶罪"定罪依法追究刑事责任，处以拘役、并处罚金，即"醉驾入刑"。目前，饮酒驾驶属于违法行为，醉酒驾驶属于犯罪行为。酒驾醉驾处罚，主要内容如下：

（1）饮酒驾车。饮酒驾车判断标准：车辆驾驶人员血液中的酒精含量大于或者等于 20mg/100mL，小于 80mg/100mL 的驾驶行为。根据计算，一般情况下饮用 350mL（约相当于 1 小瓶）啤酒或半两白酒（20ml）后，血液酒精浓度就可达 0.02（20mg/100mL），即达到饮酒驾驶的处罚条件。按照道路交通法规定：饮酒后驾驶机动车的，处暂扣 1 个月以上 3 个月以下机动车驾驶证，并处 200 元以上 500 元以下罚款，记 6 分。饮酒后驾驶营运机动车的法律处罚更加严厉：饮酒后驾车，处暂扣 3 个月机动车驾驶证，并处 500 元罚款，记 12 分。

（2）醉酒驾车。醉酒驾车判断标准：车辆驾驶人员血液中的酒精含量大于或者等于 80mg/100mL 的驾驶行为。根据国家《车辆驾驶人员血液、呼气酒精含量阈值与检验》规定，100mL 血液中酒精含量达到 20~80mg 的驾驶员即为酒后驾车，80mg 以上认定为醉酒驾车。

3. 酒精提取。酒精检材的提取分为活体和尸体两种情况。对于活体提取检材，由医务人员为其抽取静脉血液 3~5mL，或采集尿液 5~10mL。对于尸体的提取，可由法医或现场勘查人员提取其心包血液，胃内容物，大脑或肝脏作为检材。提取到的检材，应根据不同种类选择适当容器封口保存，尽快送检。

4. 酒精检验。在道路检查中，交通警察使用酒精检测仪，现场检测驾驶员是否饮酒，以及酒精含量的多少。对提取的血液检材进行检验，首先用蒸馏法和蛋白沉淀法进行处理，取其上清液。定性检验是采用化学试剂检验检材中是否有乙醇存在；定量检验是通过采用分光光度法、气相色谱法，以便精确地检验出每毫升血液中的酒精的毫克数。现场酒精检测仪吹气检测，不纳入醉驾鉴定的最终结论。按照刑事案件取证的标准，对于有醉驾嫌疑的司机必须进行抽血取证。查酒驾中的酒精监测仪器数据，仅是交警前期判断醉驾的方法，通过对嫌疑人体内酒精含量的比对，依血液酒精含量，出具鉴定结论。

### （三）毛发和纤维

交通事故中的毛发和纤维，主要是人体毛发和人身附着的衣物纤维。

1. 提取。对于易采取的，肉眼可见的毛发和纤维，可用镊子提取放入包装袋中。对于粘附在其他物体上的毛发、纤维，不易夹取的，可用胶带纸粘取，贴在干净的玻璃片上。对于散落在地面上的纤维，可用"吸集器"进行吸取。对于死者头发的提取，应从其头部的前、后、左、右、中央各部位各取数根，分别包装并写明部位。

2. 检验。对于毛发和纤维的检验方法主要有：显微镜法、燃烧法、小角度激光散射法、红外光谱法、裂解气相色谱法、热分析法和 X 射线衍射法等。

### 八、尸体检验鉴定

尸体检验是由法医技术人员对交通事故死亡尸体进行的检查勘验，以确定死因和死亡性质，以及查明与死亡有关问题为目的的尸体外表检验和尸体解剖检验。尸体检验的主要任务是确定死亡原因，明确死亡方式，推断死亡时间和死亡过程，分析和认定致伤工具。尸体检验不得在公众场合进行。

**（一）尸体外表检验**

1. 衣着检验。检查衣着是否完整，有无破损，破损的部位、形态及血迹分布；衣着的质料、颜色、式样、件数、新旧程度，有无特殊标记等；衣袋内有无证件、财物等；应逐一进行登记。

2. 尸体体表检验。人死亡后，不再产生热量，尸体因散热而逐渐变冷，形成尸冷，尸冷可以判断死亡时间的长短。人死亡后，血液循环随之停止，血液因受重力作用沉积于尸体的低下部位，在相应的皮肤表面呈现出尸斑。尸体经过一段时间，人体肌肉开始僵化变硬，关节固定，形成一定的姿势，呈现为尸僵现象。

3. 身体各部位检验。主要检验致伤部位，伤势情况，伤口创痕的深度、宽度、长度等形状。尸体外表检验后，应在现场做好尸体检验记录并拍照。

**（二）尸体解剖检验**

为了确定死因需要解剖尸体的，应当征得死者家属同意。死者家属不同意解剖尸体的，经县级以上公安机关或者上一级公安机关交通管理部门负责人批准，可以解剖尸体，并且通知死者家属到场，由其在解剖尸体通知书上签名。

死者家属无正当理由拒不到场或者拒绝签名的，交通警察应当在解剖尸体通知书上注明。对身份不明的尸体，无法通知死者家属的，应当记录在案。

**（三）尸体处理**

尸体检验报告确定后，应当书面通知死者家属在 10 日内办理丧葬事宜。无正当理由逾期不办理的应记录在案，并经县级以上公安机关或者上一级公安机关交通管理部门负责人批准，由公安机关或者上一级公安机关交通管理部门处理尸体，逾期存放的费用由死者家属承担。

对于没有家属、家属不明或者因自然灾害等不可抗力导致无法通知或者通知后家属拒绝领回的，经县级以上公安机关或者上一级公安机关交通管理部门负责人批准，可以及时处理。

对身份不明的尸体，由法医提取人身识别检材，并对尸体拍照、采集相关信息后，由公安机关交通管理部门填写身份不明尸体信息登记表，并在设区的市级以上报纸刊登认尸启事。登报后 30 日仍无人认领的，经县级以上公安机关或者上一级公安机关交通管理部门负责人批准，可以及时处理。

因宗教习俗等原因对尸体处理期限有特殊需要的，经县级以上公安机关或者上一级公安机关交通管理部门负责人批准，可以紧急处理。

## 第五节　交通事故责任认定

### 一、交通事故责任的概念

#### （一）交通事故责任的含义

交通事故责任是交通管理部门在查明交通事故原因后，依据道路交通管理法律法规，对当事人在交通事故中所起的作用，并因此引起的后果，作出定性、定量的结论。定性是指确认交通事故当事人在交通事故中有无违法行为，以及违法行为与交通事故之间有无因果关系，从而认定当事人有无责任。定量是指确认当事人的交通违法行为在交通事故中所起作用的大小，以及当事人应当承担多少责任。

道路交通事故认定应当做到事实清楚、证据确实充分、适用法律正确、责任划分公正、程序合法。公安机关交通管理部门应当根据当事人的行为对发生道路交通事故所起的作用以及过错的严重程度，确定当事人的责任。

#### （二）交通事故责任的构成要件

1. 责任主体。交通事故责任的主体是指参与道路交通活动的公民、法人和其他组织。凡是具有交通活动能力的人，只要能够参与在道路上行走、骑车、乘车、驾车等交通活动，均可成为交通事故责任的主体，可以成为承担交通事故责任的责任人，即责任主体。交通事故责任主体与其他法律责任主体的重要区别在于，责任人一般不受年龄、智力条件的限制，即没有责任年龄和责任能力的限制。

2. 主观方面。交通事故责任人实施交通违法行为，其主观心理状态只能是过失；行为人的过失作为交通事故责任的主观要件。

3. 交通违法性。交通事故责任主体实施的交通行为，违反了道路交通管理法律规范，具有交通违法性。如果当事人的行为不属于交通违法行为，则不构成交通事故责任。

4. 因果关系。当事人的交通违法行为与交通事故之间存在因果关系，这是构成交通事故责任的决定性要件。交通事故责任是由于当事人实施了交通违法行为，导致了交通事故的发生和损害后果的出现，应当以此来确定责任。如果当事人的违法行为与交通事故之间不存在因果关系，则不应承担交通事故责任。

#### （三）交通事故责任与法律责任的联系与区别

1. 交通事故责任与法律责任的联系。一般情况下，当事人承担交通事故责任，是其承担法律责任的前提，只有承担了交通事故责任，才能进而承担行政、刑事、民事等法律责任。但在特定情况下，交通事故责任与法律责任又不具有必然的联系和递进关系，就是说，承担交通事故责任的当事人，不一定必然会直接承担法律责任。因为交通事故责任主体，一般不受年龄、智力的限制，没有规定责任年龄和责任能力，凡具有交通活动能力的人，均可以成为交通事故责任人，应当承担交通事故责任。而法律责任的主体必须是达到法定责任年龄和具有责任能力的人，否则，不承担法律责任。对于限制行为能力或无行为能力的人，因交通违法行为造成他人损失或伤害的，虽然依法可以免除其涉及限制人身权利的法律责任，不负刑事、行政责任，但应当承担民事赔偿责任，对于本人无力赔偿或负担损害赔偿费用的，由其监护人依法负责承担。

2. 交通事故责任与法律责任的主要区别。一是责任主体的要求不同：交通事故责任人一般没有责任年龄和责任能力的要求；而当事人承担的法律责任必须达到法定责任年龄，具有责任能力。二是主观心理状态不同：交通事故责任人主观上只能是过失，其违法行为是在疏忽大意或过于自信的过失心理支配下实施的；而当事人因违法行为承担法律责任的主观心理状态，可能是故意，也可能是过失。三是责任后果不同：由于交通事故责任是公安机关对当事人在交通事故中的作用，所作的定性、定量的结论，在此结论的基础上，当事人进而依法承担相应的刑事、民事、行政法律责任；因此，交通事故责任是承担其他法律责任的前提，相应的法律责任则是交通事故责任的最终后果；同时，法律责任也是交通违法行为人，对其违法行为应承担的并受到国家强制力约束的义务和后果。

**（四）交通事故责任的种类**

根据《道路交通安全法》以及有关交通事故处理的规定，交通事故责任分为全部责任、主要责任、同等责任和次要责任四种。公安机关交通管理部门应当根据当事人的行为对发生道路交通事故所起的作用以及过错的严重程度，确定当事人的责任。因一方当事人的过错导致道路交通事故的，承担全部责任；因两方或者两方以上当事人的过错发生道路交通事故的，根据其行为对事故发生的作用以及过错的严重程度，分别承担主要责任、同等责任和次要责任；各方均无导致道路交通事故的过错，属于交通意外事故的，各方均无责任。一方当事人故意造成道路交通事故的，他方无责任。

1. 全部责任。全部责任是指一方当事人有过错，交通事故完全由该当事人的违法行为造成的，而其他当事人无过错；因此，该当事人应负事故的全部责任。其他当事人由于没有过错及无交通违法行为，或者虽然有违法行为，但违法行为与交通事故没有因果关系，因而不负事故责任。

2. 主要责任。主要责任是指在交通事故中，双方当事人都有过错，都存在交通违法行为，并且违法行为与事故之间都存在因果关系；但其中一方的过错大，其违法行为在交通事故中起主要作用，是造成交通事故的主要方面，应负主要责任。

3. 同等责任。同等责任是指交通事故双方当事人都有过错，都存在交通违法行为；而且双方的过错及违法行为在事故中的作用基本相当，此时，双方当事人负同等责任。

4. 次要责任。次要责任是指交通事故的双方当事人都有过错，也都存在交通违法行为，并且违法行为与事故之间都有因果关系；但其中一方的过错及违法行为在事故中所起的作用相对较小，不是造成交通事故的主要原因，应当承担事故的次要责任。

5. 无责任。无责任是指在交通事故中，一方当事人无过错，不存在交通违法行为，不负事故责任。此外，当发生交通事故后，无法确定各方当事人有过错或者属于交通意外事件的，各方均无责任。交通事故是由一方故意造成的，其他方无责任。

在交通事故中，若有三方以上当事人的交通违法行为共同作用而造成交通事故的，应当根据各自的违法行为在交通事故中所起作用的大小，按照规定的交通事故等级，分别认定和划分各方的交通事故责任。交通事故当事人有下列情形之一的，承担全部责任：

（1）发生道路交通事故后逃逸的；

（2）故意破坏、伪造现场、毁灭证据的。

为逃避法律责任追究，当事人弃车逃逸以及潜逃藏匿的，如有证据证明其他当事人也有过错，可以适当减轻责任，但同时有证据证明逃逸当事人有破坏、伪造现场、毁灭证据情形的，不予减轻。

## 二、交通事故责任认定

**(一) 交通事故责任认定的含义**

交通事故责任认定是公安机关交通管理部门在查明交通事故原因后，依法对当事人的违法行为在交通事故中所起的作用，作出定性、定量结论的一项专门活动。交通事故责任认定的特征在于：

1. 交通事故责任认定是公安机关交通管理部门的一项专门活动。只能由交通管理部门作出，其他机关不具有交通事故责任的认定权，不能作出交通事故责任认定。

2. 交通事故责任认定是警察公共安全处理行为之一。公安机关交通管理部门依据道路交通管理法律规范作出的责任认定，具有法律效力和公定力，对当事人具有拘束力。

3. 交通事故责任认定是在查明交通事故原因后作出的。责任认定就是对当事人的行为在事故中所起的作用，作出的定性、定量结论；认定的依据是交通事故的事实和当事人在其中所起的作用，当事人的行为是否引起交通事故，以及是否造成严重后果；并以此来划分事故责任的种类，区别交通事故中各方行为的性质和作用的大小。

**(二) 交通事故责任认定的一般原则**

交通事故责任认定的原则，是交通管理部门在认定交通事故责任时应当遵循的行为准则。交通事故责任认定的原则可以划分为一般原则和特有原则，一般原则适用于交通事故责任认定的全部过程，特有原则适用于交通事故责任认定的具体事项。认定交通事故责任应当遵循以下一般原则：

1. 依法定责的原则。这项原则要求交通管理机关应当依照道路交通管理法律规范来认定交通事故责任。对于交通事故责任的认定要有法律依据，认定事故责任的程序和方法必须符合法律的规定。目前认定交通事故责任的法律规范主要有：《道路交通安全法》、《道路交通安全法实施条例》、《道路交通安全违法行为处理程序规定》、《交通事故处理程序规定》、《机动车登记规定》以及《刑法》、《民法通则》、《公路法》、《高速公路管理办法》等法律、法规中的有关规定。

2. 以事实为依据的原则。交通事故现场发生的事实是认定事故责任的基础，认定事故责任应当坚持以事实为依据，不能有任何的主观臆断和凭空推测。客观事实必须通过现场调查获得，现场存在的痕迹、物证、现场勘查记录、技术鉴定材料以及证人证言、当事人的陈述等，是现场调查的主要内容。

3. 分析因果关系的原则。在查明事故原因后，应当根据当事人的违法行为与交通事故之间的因果关系，以及违法行为在交通事故中的作用，来认定当事人的交通事故责任。当事人是否承担交通事故责任，必须查明当事人是否具有违法行为，并且当事人的违法行为与交通事故的发生是否存在因果关系。必须明确由于当事人的违法行为而导致交通事故的发生以及损害后果出现的因果关系，并且是交通事故直接的、必然的、内在的和主要的因果关系。

4. 全面分析综合评断的原则。交通事故责任的大小，是由当事人的违法行为在事故发生过程中所起作用的大小以及过错的严重程度来决定的。应当全面分析当事人的违法行为在交通事故中的作用，不能简单地认为违反法定内容严重的、违反条款较多的，责任就一定大；而是在交通事故的众多原因中找出主要原因和主要方面，不能仅以违法情节的严重程度来划分责任。《道路交通安全法实施条例》规定，应当根据当事人的行为对发生交通事故所起的作用以及过错的严重程度，确定当事人的责任。

### (三) 交通事故责任认定的特有原则

除了一般原则外，认定交通事故责任还应遵循路权原则和安全原则。这是在处理交通事故中需要坚持的两个特有的原则，是确定道路交通安全违法行为的作用大小的重要原则。在交通事故责任认定中，坚持适用这两项特有原则。①

1. 路权原则。路权是指道路的使用权、通行权、优先权，路权原则可以分解为各行其道的原则、先后通行的原则；各种交通体包括车辆、行人必须各行其道，借道通行的车辆或行人，应当让在其本道内通行的车辆或行人优先通行；车辆、行人应当根据道路的划分，按照交通法规所规定的属于谁的路，就由谁行走，这是交通参与者享有的法定道路通行权利和资格。行人走人行道，车辆走车行道，交通参与者如果违反各行其道的通行规则，就是侵犯了他人的道路通行权。

路权原则是认定交通事故责任大小的一项具体原则，在交通事故责任认定中起着主导和重要的作用。为了明确车辆与行人、车辆与车辆之间各行其道的界限，以便保障交通参与者的通行路权，有关部门根据道路的宽度和交通流的情况，按照低速置右的规则，采用交通标志、标线等交通设施，划分出人行道、人行横道、车行道等线路。对于没有划分人行道、车行道的道路，交通法规也作了行人靠边走，非机动车靠右边通行，机动车在中间通行的规定。这些都是保障车辆和行人充分行使路权的具体表现。

路权原则作为认定交通事故责任大小的主导性原则是因为：由于交通事故是双方在空间上能够接触而形成的，如果遵守各行其道的路权原则，就可以使双方在空间上脱离接触，从而避免交通事故的发生。如果违反了各行其道的路权原则，就会侵犯他人的路权，对交通秩序和安全畅通形成威胁，必然构成违反交通法规的行为。因此交通参与者按照路权原则通行，没有路权的交通参与者给予享有路权的参与方承担义务，对于维护良好的交通秩序和保障安全畅通的至关重要，也是认定事故责任大小的关键所在。

2. 安全原则。根据交通安全法的规定，车辆、行人必须在确保安全的原则下通行，特别是在法规没有具体规定的情况下，必须坚持安全第一，交通参与者应当在确保安全的前提下通行。安全原则同样是认定交通事故责任的一项具体原则，是衡量当事人违法作用大小的标准之一。安全原则与路权原则相辅相成，相互补充，互为条件；交通参与者在享有路权的情况下，仍须确保安全行驶，比如车辆之间要有安全距离，会车、超车时必须在确认安全的前提下，严格按规程操作，保持安全速度，注意非机动车和行人的安全等。在处理和认定交通事故责任时，如果出现一方违反路权，另一方违反安全原则的情况，也就是违反路权原则的违法行为与违反安全原则的违法行为导致发生事故时，一般情况下，由于路权原则在交通事故责任认定中起主导作用，而且违反路权原则也意味着违反了安全原则，因此违反路权原则的违法行为应负主要责任。

### (四) 交通事故认定的程序和方法

1. 审核材料。在认定事故之前，应对全部调查所得的证据材料进行全面、认真的审核。一是审核证据材料是否齐全，各种证据材料之间是否能够相互印证，形成证据链，各种证据材料构成一个系统性的组合；二是审核证据材料是否具有合法性，是不是依法形成的证据文书，是否能够成为法律意义上的证据。

2. 分析因果关系。在查明事故原因后，应当根据当事人的违法行为与交通事故之间的

---

① 陈文莘编著：《道路交通事故处理知识问答》，人民交通出版社1992年版，第58页。

因果关系，以及违法行为在交通事故中的作用，来分析认定当事人的事故责任。首先认定违法行为，然后分析违法行为与交通事故之间存在的因果关系，是否由于违法行为而导致的交通事故。这种因果关系应当是直接的，而不是间接的。一般应当首先明确当事人有无责任，再分清责任大小。当事人有违法行为的，且违法行为与交通事故有因果关系，应当负事故责任。当事人没有违法行为，或者虽有违法行为，但违法行为与交通事故无因果关系的，不负事故责任。

3. 集体研究综合评断。公安交通管理部门适用一般程序处理的交通事故，应采取集体研究的形式认定交通事故责任，避免个人主观臆断。

4. 上级审批。办案人员填写审批表，根据审批权限上报有权机关或主管负责人。上级通过审批可以监督下级的办案质量，防止和及时纠正错案的发生。

5. 制作法律文书。交通事故认定经审查批准后，由办案人员负责制作《交通事故认定书》，交通事故认定书应当载明交通事故的基本事实、成因和当事人的责任；一式多份，分别发送事故有关当事人和存档。

6. 公布事故认定。由办案人员向当事人宣布交通事故认定，并给当事人予以解释说明，使各方当事人能够接受应当承担的责任。

7. 交通事故认定期限。公安机关交通管理部门应当自现场调查之日起10日内制作道路交通事故认定书。交通肇事逃逸案件在查获交通肇事车辆和驾驶人后10日内制作道路交通事故认定书。对需要进行检验、鉴定的，应当在检验报告、鉴定意见确定之日起5日内制作道路交通事故认定书。

有条件的地方公安机关交通管理部门可以试行在互联网公布道路交通事故认定书，但对涉及的国家秘密、商业秘密或者个人隐私，应当保密。发生死亡事故以及复杂、疑难的伤人事故后，公安机关交通管理部门应当在制作道路交通事故认定书或者道路交通事故证明前，召集各方当事人到场，公开调查取得的证据。

证人要求保密或者涉及国家秘密、商业秘密以及个人隐私的，按照有关法律法规的规定执行。当事人不到场的，公安机关交通管理部门应当予以记录。道路交通事故认定书应当载明以下内容：

(1) 道路交通事故当事人、车辆、道路和交通环境等基本情况；
(2) 道路交通事故发生经过；
(3) 道路交通事故证据及事故形成原因分析；
(4) 当事人导致道路交通事故的过错及责任或者意外原因；
(5) 作出道路交通事故认定的公安机关交通管理部门名称和日期。

道路交通事故认定书应当由交通警察签名或者盖章，加盖公安机关交通管理部门道路交通事故处理专用章。

道路交通事故认定书应当在制作后3日内分别送达当事人，并告知申请复核、调解和提起民事诉讼的权利、期限。

当事人收到道路交通事故认定书后，可以查阅、复制、摘录公安机关交通管理部门处理道路交通事故的证据材料，但证人要求保密或者涉及国家秘密、商业秘密以及个人隐私的，按照有关法律法规的规定执行。公安机关交通管理部门对当事人复制的证据材料应当加盖公安机关交通管理部门事故处理专用章。

### 三、交通事故责任推定

#### （一）交通事故责任推定的含义

交通事故责任推定是指在法律、法规预先设定的某种情况下，当事人应负某种责任，只要当事人的行为符合法定的情形，就应当推定当事人为交通事故责任者，而不论其是否实际上负有责任。因此，推定的责任有可能和当事人实际存在的行为与所负的责任存在不一致。

#### （二）交通事故责任推定的条件

在适用责任推定原则之前，首先要明确责任推定的适用情况和条件，《道路交通安全法实施条例》以及有关法规的规定，责任推定的适用情况为：

1. 发生交通事故后当事人逃逸的；造成现场变动、证据灭失，公安交警部门无法查证交通事故事实的，逃逸的当事人承担全部责任。但是，有证据证明对方当事人也有过错的，可以减轻责任。

2. 当事人故意破坏、伪造现场，毁灭证据的，负全部责任。责任推定适用的基本条件是，由于上述责任推定情况的出现，造成交通事故责任无法认定。

另外，造成人员伤亡或者较大财产损失的交通事故发生后，当事人未立即停车保护现场，有条件报案而不报案或者不及时报案，致使交通事故基本事实无法查清的。如果一方当事人有该行为的，有一方当事人承担全部责任。如果各方当事人均有该行为的，共同承担责任；但是，机动车与非机动车、行人发生交通事故的，由机动车一方承担事故的主要责任。

机动车驾驶人酒后驾车造成交通事故的，承担全部责任。但有证据证明另一方当事人有引发交通事故的违法行为的，减轻其责任。

### 四、特殊情形责任认定

1. 交通肇事逃逸案件。交通肇事逃逸案件尚未侦破，受害一方当事人要求出具道路交通事故认定书的，公安机关交通管理部门应当在接到当事人书面申请后10日内，根据交通事故处理程序，确定各方当事人责任，制作道路交通事故认定书，并送达受害方当事人。道路交通事故认定书应当载明事故发生的时间、地点、受害人情况及调查得到的事实，以及受害方当事人的责任。

交通肇事逃逸案件侦破后，已经按照上述规定制作道路交通事故认定书的，应当依法重新确定责任，制作道路交通事故认定书，分别送达当事人。重新制作的道路交通事故认定书除应当载明有关规定的内容外，还应当注明撤销原道路交通事故认定书。

2. 事故成因无法判定的案件。道路交通事故基本事实无法查清、成因无法判定的，公安机关交通管理部门应当出具道路交通事故证明，载明道路交通事故发生的时间、地点、当事人情况及调查得到的事实，分别送达当事人，并告知申请复核、调解和提起民事诉讼的权利、期限。

3. 中止认定的案件。由于事故当事人、关键证人处于抢救状态或者因其他客观原因导致无法及时取证，现有证据不足以认定案件基本事实的，经上一级公安机关交通管理部门批准，道路交通事故认定的时限可中止计算，并书面告知各方当事人或者其代理人，但中止的时间最长不得超过60日。

当中止认定的原因消失，或者中止期满受伤人员仍然无法接受调查的，公安机关交通管理部门应当在5日内，根据已经调查取得的证据制作道路交通事故认定书或者出具道路交通事故证明。

4. 快速处理的案件。伤人事故符合下列条件，各方当事人一致书面申请快速处理的，经县级以上公安机关交通管理部门负责人批准，可以根据已经取得的证据，自当事人申请之日起 5 日内制作道路交通事故认定书：

（1）当事人不涉嫌交通肇事、危险驾驶犯罪的；

（2）道路交通事故基本事实及成因清楚，当事人无异议的。

对尚未查明身份的当事人，公安机关交通管理部门应当在道路交通事故认定书或者道路交通事故证明中予以注明，待身份信息查明以后，制作书面补充说明送达各方当事人。

### 五、责任认定复核

#### （一）复核提出

交通事故当事人对公安机关交通管理部门作出的道路交通事故认定或者出具道路交通事故证明有异议的，可以自道路交通事故认定书或者道路交通事故证明送达之日起 3 日内提出书面复核申请。当事人逾期提交复核申请的，不予受理，并书面通知申请人。

复核申请应当载明复核请求及其理由和主要证据。对于同一事故的复核以一次为限。

复核申请人通过作出道路交通事故认定的公安机关交通管理部门提出复核申请的，作出道路交通事故认定的公安机关交通管理部门应当自收到复核申请之日起 2 日内将复核申请连同道路交通事故有关材料移送上一级公安机关交通管理部门。

复核申请人直接向上一级公安机关交通管理部门提出复核申请的，上一级公安机关交通管理部门应当通知作出道路交通事故认定的公安机关交通管理部门自收到通知之日起 5 日内提交案卷材料。

除当事人逾期提交复核申请的情形外，上一级公安机关交通管理部门收到复核申请之日即为受理之日。

#### （二）复核内容

上一级公安机关交通管理部门自受理复核申请之日起 30 日内，对下列内容进行审查，并作出复核结论：

（1）道路交通事故认定的事实是否清楚、证据是否确实充分、适用法律是否正确、责任划分是否公正；

（2）道路交通事故调查及认定程序是否合法；

（3）出具道路交通事故证明是否符合规定。

复核原则上采取书面审查的形式，但当事人提出要求或者公安机关交通管理部门认为有必要时，可以召集各方当事人到场，听取各方意见。

办理复核案件的交通警察不得少于二人。

复核审查期间，申请人提出撤销复核申请的，公安机关交通管理部门应当终止复核，并书面通知各方当事人。

受理复核申请后，任何一方当事人就该事故向人民法院提起诉讼并经人民法院受理的，公安机关交通管理部门应当将受理当事人复核申请的有关情况告知相关人民法院。

受理复核申请后，人民检察院对交通肇事犯罪嫌疑人作出批准逮捕决定的，公安机关交通管理部门应当将受理当事人复核申请的有关情况告知相关人民检察院。

### （三）复核结论

上一级公安机关交通管理部门认为原道路交通事故认定事实清楚、证据确实充分、适用法律正确、责任划分公正、程序合法的，应当作出维持原道路交通事故认定的复核结论；认为调查及认定程序存在瑕疵，但不影响道路交通事故认定的，在责令原办案单位补正或者作出合理解释后，可以作出维持原道路交通事故认定的复核结论。

上一级公安机关交通管理部门认为原道路交通事故认定有下列情形之一的，应当作出责令原办案单位重新调查、认定的复核结论：

（1）事实不清的；

（2）主要证据不足的；

（3）适用法律错误的；

（4）责任划分不公正的；

（5）调查及认定违反法定程序可能影响道路交通事故认定的。

上一级公安机关交通管理部门审查原道路交通事故证明后，按下列规定处理：

（1）认为事故成因确属无法查清，应当作出维持原道路交通事故证明的复核结论；

（2）认为事故成因仍需进一步调查的，应当作出责令原办案单位重新调查、认定的复核结论。

### （四）复核结论的效力

上一级公安机关交通管理部门应当在作出复核结论后3日内将复核结论送达各方当事人。公安机关交通管理部门认为必要的，应当召集各方当事人，当场宣布复核结论。

上一级公安机关交通管理部门作出责令重新调查、认定的复核结论后，原办案单位应当在10日内依照本规定重新调查，重新作出道路交通事故认定，撤销原道路交通事故认定书或者原道路交通事故证明。

重新调查需要检验、鉴定的，原办案单位应当在检验报告、鉴定意见确定之日起5日内，重新作出道路交通事故认定。

重新作出道路交通事故认定的，原办案单位应当送达各方当事人，并报上一级公安机关交通管理部门备案。

上一级公安机关交通管理部门可以设立道路交通事故复核委员会，由办理复核案件的交通警察会同相关行业代表、社会专家学者等人员共同组成，负责案件复核，并以上一级公安机关交通管理部门的名义作出复核结论。

## 第六节　交通事故损害赔偿

### 一、交通事故损害赔偿的概念

#### （一）交通事故损害赔偿的含义

损害赔偿是指民事关系的当事人，由于自己的侵权行为造成他人人身、财产合法权利的损失，依法采用金钱财物赔偿的方法，以弥补受害人的损失。损害赔偿是承担民事责任的一种形式，是民法原则的具体体现。所谓民事责任，是指公民、法人由于过错侵害他人的人身权利、财产权利，或者违反合同、不履行其他民事义务，依照民事法律应当承担的责任后果。

交通事故损害赔偿是交通事故责任人，因交通违法或交通侵权行为，造成他人人身或财产损失，依法采用金钱或财物的形式，给予受害人进行的赔偿。交通事故损害赔偿属民事损害赔偿的一种形式，具有损害赔偿的民事性质。当事人的交通违法或交通侵权行为构成的交通事故损害赔偿责任，属民事责任，也是侵权责任。因交通活动关系当事人的过错或意外而造成交通事故，致使人身伤亡或财产损失的，依法应当给予受害者赔偿。

我国《道路交通安全法》及其配套的法规、规章，调整道路交通参与人的权利和义务，是交通参与人的行为规范。交通参与人的权利与义务依法应当是相对应的、平衡的、不可分离的，在享有权利的同时，应当承担义务，如果违反法定的义务，构成了侵权，必须承担相应的法律责任。发生交通事故造成人身伤亡或财产损失的，违反了法定的义务，构成了民事侵权，应当承担损害赔偿的民事责任。根据《道路交通安全法》以及《道路交通事故处理程序规定》，交通事故损害赔偿与以前相比有较大的变化，特别是赔偿标准的改变很大。相关的法律法规不再直接规定赔偿的数额和种类，而是参照司法机关民事损害赔偿标准。

**（二）交通事故损害赔偿的构成要件**

承担交通事故损害赔偿的当事人，一般是交通事故的责任人；损害赔偿是因当事人有过错，造成他人伤亡或财产损失，而对受害者承担的赔偿义务。此外，有些情况下虽然当事人没有过错，但处于高危作业的机动车，存在着对他人的生命财产造成损害的可能性，规定了无过错责任，对于某些意外而非过错造成的损害，也要承担赔偿义务，使受害人得到补偿。但是，任何一种损害赔偿责任都必须有特定的对象和特定的条件，交通事故损害赔偿也不例外，应当具备以下构成条件：

1. 损害事实。交通事故损害赔偿必须有人员伤亡或者财产损失的客观事实。交通事故所造成的损害后果，包括直接损失和间接损失；直接损失是指交通事故直接造成的车辆、财产、物品等物质的损失，直接造成人身伤害和死亡所产生的费用的支出，比如治疗费、赔偿金等。间接损失是交通事故间接产生的其他损失，如因车辆的毁损而影响的营业收入，因人员受伤而影响生产带来的经济损失等。不论是直接损失还是间接损失，都是实际损失；但间接损失应当限制在一定的范围内，如因交通事故撞坏电力设备而造成的工厂停工损失，因交通事故受伤休假不能完成某些工作损失等，这些间接损失一般不能包含在损害赔偿数额之内。

2. 侵权行为。交通事故损害赔偿必须是当事人一方具有交通侵权行为，是其实施的交通行为侵犯了他人的合法权利，造成了损害事实。当事人的交通侵权行为，包括积极的作为和消极的不作为，无论哪种交通侵权行为都可能产生损害后果。交通侵权行为与交通违法行为在大多数的情况下是重合的，即交通侵权行为也就是交通违法行为；但在某些特定的情形下，交通侵权行为并非交通违法行为，如机动车出现或遇到的意外情形，造成交通事故致使人员伤亡和财产损失的，虽未构成交通违法，但构成交通侵权。

3. 因果关系。原因与结果之间的联系称为因果关系，交通事故损害赔偿责任也有其因果关系，交通事故的损害事实必须有致害的原因，人身伤亡、财产损失的后果，是因交通侵权行为造成的，侵权行为是损害事实的原因。一般情况下，交通侵权行为与损害后果之间的因果关系不难认定，但在某些特殊情形下，由于交通事故的复杂性，在寻找事故发生的原因和条件上比较困难，容易将没有必然联系的因果关系当成存在必然联系的因果关系。如自行车驾驶人在光线极差的机动车道路上，被多辆大小型汽车、摩托车碰撞、碾压导致死亡；行人被机动车碰撞多日后，在医院治疗期间因手术死亡。对这些情况，在判断交通侵权行为与损害事实之间的因果关系时，应当注意区分主要原因和次要原因，区别是损害事实的原因还是条件。

4. 主观过错。交通事故损害赔偿责任人在主观上存在着过错，一般情况下，交通事故是因当事人的主观过失造成的，出于疏忽大意或过于自信，实施了交通违法或交通侵权行为，从而导致交通事故的发生，引起人身伤亡或财产损失的后果。当然，某些交通事故是当事人主观意志以外的因素造成的，属于当事人不可预见的、不以其意志为转移的意外事件，如机动车行驶中道路塌陷、山石坠落等造成的人身伤亡或财产损失等情形。

## 二、损害赔偿的规则

### （一）归责原则

1. 过错责任原则。过错责任以当事人的过错作为承担赔偿责任的构成要件，并以过错作为确定行为人赔偿责任的范围和责任大小的主要依据。根据法律规定，公民、法人由于过错侵害国家、集体的财产，侵害他人财产、人身的，应当承担民事责任。明确指出当事人只有存在过错才承担民事责任，确立了过错责任原则是承担民事损害赔偿的普遍适用的原则。过错责任原则，体现了过错与责任之间的因果关系，使人明确领会到法律的规范性和可预见性，有利于分清是非，惩戒违法行为，有效地防范类似违法行为的发生。

交通事故损害赔偿属于民事性质的赔偿，应当遵循过错原则。我国《道路交通安全法》第76条第1项规定，机动车之间发生交通事故的，由过错一方承担赔偿责任；双方都有过错的，按照各自过错的比例分担责任。《道路交通安全法实施条例》第91条规定，应当根据交通事故当事人的行为对发生交通事故所起的作用以及过错的严重程度，确定当事人的事故责任。虽然这是在交通事故责任认定时所确定的原则，但交通事故责任却是赔偿责任的前提和基础，当事人是按照交通事故责任来承担相应的损害赔偿责任的。按照过错责任原则来确定交通事故赔偿责任的具体规定，明确了必须以过错定责，以过错的大小来确定赔偿责任的大小。

2. 无过错责任原则。无过错责任是指行为人主观上没有过错，但客观上却造成他人损害的后果，依法应当承担赔偿责任。我国民法中有关从事对周围环境有高度危险的作业造成他人损害的，应当承担民事责任。道路上行驶的机动车被认为是属于高度危险的作业活动。在交通事故赔偿的归责原则中，规定过错承担民事责任的同时，也规定了没有过错，即无过错责任原则；对此，法定应当承担民事责任的情形，就应承担民事责任。

我国《道路交通安全法》第76条第2项的规定，属于机动车无过错责任条款，即机动车与非机动车驾驶人、行人之间发生交通事故的，由机动车一方承担责任；但是，有证据证明非机动车驾驶人、行人违反道路交通安全法律、法规，机动车驾驶人已经采取必要的处置措施的，减轻机动车一方的责任，而不能完全免除，承担10%的无过错责任。

3. 公平责任原则。公平责任是指当事人双方对于事故造成的损害均无过错的情况下，由当事人双方公平合理地分担损失，共同承担责任。此外，对于交通事故的发生是由双方当事人共同造成的，均有过错，应当公平地分担事故损害赔偿责任。《道路交通安全法》第76条第2项规定的机动车与非机动车驾驶人、行人之间发生交通事故的，如果有证据证明非机动车驾驶人、行人违法的，机动车驾驶人已经采取必要的处置措施的，减轻机动车一方的责任。该规定表明，交通参与者应当对各自的交通行为负责，非机动车驾驶人、行人违法也要追究责任，各负其责，适当赔偿才是公平的体现；如果仅要求机动车替非机动车驾驶人、行人的违法行为负责,是违背道路交通安全法的立法精神和公平原则的。

**(二) 交通事故损害赔偿的基本规则**

1. 协商解决损害赔偿。我国《道路交通安全法》第70条规定,在道路上发生交通事故,未造成人身伤亡,当事人对事实及成因无争议的,可以即行撤离现场,恢复交通,自行协商处理损害赔偿事宜。《道路交通安全法实施条例》等有关配套的法规、规章,均规定了机动车与机动车、机动车与非机动车,以及非机动车之间、非机动车与行人之间发生交通事故,未造成人身伤亡,且基本事实和成因清楚的,当事人应当先撤离现场,再自行协商处理损害赔偿事宜。明确对这类交通事故的损害赔偿可以通过自行协商处理来解决,当事人在公正平等的前提下,本着实事求是,互谅互让的精神,双方进行协商处理损害赔偿的事宜。协商处理交通事故,是道路交通发展的必然要求,符合交通管理的实际情况,有利于及时疏导,保证道路畅通;使损害赔偿及时得到处理,减少事故处理环节和时间,提高效率。

2. 责任确定损害赔偿。交通事故的当事人应按照自己所负的交通事故责任,承担相应的损害赔偿责任。即交通事故损害赔偿应当以责论处,体现公平合理的原则;对交通事故责任者除了按照责任大小和后果严重程度来追究其相应的刑事、行政惩戒责任外,还应按照交通事故责任的大小来承担损害赔偿责任。只有这样,才能贯彻交通安全法的精神,制裁交通违法行为,保护当事人的合法权益。

3. 货币财产计算支付为基本形式。以财产赔偿的方式作为交通事故损害赔偿的基本形式,就是说,对于因交通侵权行为造成的人身损害、财产损失,以及由此而引起的精神损害,都可以财产的方式进行赔偿;以确定交通事故损害赔偿的类型范围和基本形式。

4. 人身伤害赔偿结合损失补偿。在交通事故中,对人身造成伤害而引起的直接物质损失,应当予以相应的赔偿,一般是以货币财产的方式进行全部赔偿;除此以外,对人身伤害的赔偿还应当根据伤害的具体情况,对于未纳入赔偿范围的部分损失,以及治疗终结后的一些不可预见的损失,给予适当的补偿。

5. 财物损失以恢复原状结合折价赔偿。对于交通事故造成车辆、设施、物品等损坏的,能够修复的应当修复,不能修复的折价赔偿;但修复必须以能够恢复原状为限,使用功能和价值与受损前相比没有大的变化。折价赔偿是对于不能修复的,即不能通过修复恢复其原有的功能、形态及其价值的,应当折价赔偿;折价赔偿包括全部折价赔偿和部分折价赔偿,应当根据受损前的使用年限、新旧程度等情况,由鉴定机构作价,全部损害无法修复的,依照作价全部赔偿;部分受损修复后仍可使用的,依照作价赔偿部分损失。

6. 特定情形的机动车无过错赔偿。确立机动车无过错赔偿的规则,是对以责论处即按照事故责任确定损害赔偿规则的必要补充。由于在机动车与非机动车驾驶人、行人之间的事故中,双方的强弱关系明显,机动车为强者;因此在特定情形下机动车即使无过错,不负交通事故责任,但也要承担部分赔偿责任;在具体适用时,应当确定适用的条件和最高赔偿额的限制。一些地方立法把机动车无过错赔偿责任限定为赔偿总额的5%~20%;或者限定最高赔偿额等。

### 三、损害赔偿的范围和标准

**(一) 损害赔偿范围的确定**

交通事故损害赔偿的范围以及当事人赔偿责任的划分,《道路交通安全法》第76条作了原则性的规定,基本内容是:机动车发生交通事故造成人身伤亡、财产损失的,由保险公司在机动车第三者责任强制保险责任限额的范围内予以赔偿。对于超过责任限额的部分，按照交通事故过错责任的原则承担赔偿责任，具体划分为两种情况：一是机动车之间发生交通事故的，由过错的一方承担责任；双方都有过错的，按照各自过错的比例分担责任。二是机动车与非机动车驾驶人、行人之间发生交通事故的，由机动车一方承担责任；但是，有证据证明非机动车驾驶人、行人违反道路交通安全法律、法规，机动车驾驶人已经采取必要处置措施的，减轻机动车一方的责任。如果交通事故的损失是由非机动车驾驶人、行人故意造成的，机动车一方不承担责任。

根据《道路交通安全法》规定，在强制保险责任限额内，机动车承担无过错责任，即发生交通事故时保险公司首先予以赔偿。但强制保险本质上属于责任保险，赔偿应当以被保险人依法承担的赔偿责任部分为依据；按照机动车第三者责任强制保险规定的有关强制保险的具体条款、强制保险费率、强制保险业务管理范围理赔，保证道路交通安全法的有关强制保险的实施。

**（二）损害赔偿的标准**

依据法律的授权，各地根据自身的实际情况，分别制定了适用于本地区的有关损害赔偿的规定。对于损害赔偿标准的确定是根据各地经济和社会发展的实际情况，较为具体、合理、科学地规定损害赔偿的项目及其标准；既要考虑到受害者的实际损失，又要考虑赔偿责任人的赔偿能力。对于有的项目赔偿标准不宜作硬性规定，而是与当地的社会经济发展及人民生活水平的提高相适应，并适时加以调整。为实施道路交通安全法，目前各地方对于交通事故损害赔偿的标准大致规定为：

1. 机动车之间发生交通事故，造成人身伤亡和财产损失的，超出商业保险和第三者责任强制保险限额的部分，一般按照以下比例承担赔偿责任；交通管理部门可按照以下比例，对当事人的损失进行调解：

（1）当事人负全部交通事故责任的，承担100%的赔偿责任；
（2）当事人负主要交通事故责任的，承担70%的赔偿责任；
（3）当事人负同等交通事故责任的，承担50%的赔偿责任；
（4）当事人负次要交通事故责任的，承担30%的赔偿责任。

非机动车之间、非机动车与行人之间发生交通事故的，参照上述规定承担赔偿责任。

2. 机动车与非机动车、行人之间发生交通事故，造成人身伤亡、财产损失的，由保险公司在商业保险和机动车第三者强制责任保险限额内予以赔偿；超过的部分，各地规定的情况有所不同，确定的大致标准比例是：

（1）机动车一方承担全部事故责任的，承担总损失100%。
（2）机动车一方负主要事故原因责任的，承担70%~90%；
（3）机动车一方负同等事故原因责任的，承担50%~60%；
（4）机动车一方负次要事故原因责任的，承担30%~40%；
（5）机动车一方无交通事故原因责任的，承担10%~20%。

一些地方规定，在高速公路、全封闭汽车专用公路等封闭道路上发生交通事故的，机动车无责任，只承担5%，赔偿金额最高不超过5000元；在其他道路上发生交通事故的，机动车无责任承担10%，赔偿金额最高不超过1万元。如果交通事故的损失是由非机动车、行人故意造成的，机动车一方不承担赔偿责任。

3. 无第三者保险的机动车与非机动车、行人发生交通事故，造成人身伤亡、财产损失，非机动车、行人一方无过错的,由机动车一方承担总损失100%的赔偿责任。对有证据证明非机动车、行人有过错的,机动车一方在承担自身全部损失后,按照以下规则确定赔偿比例:

(1) 在高速路、快速路等封闭道路上发生交通事故的,由机动车一方承担非机动车、行人一方50%的赔偿责任。

(2) 在其他道路上发生交通事故的,由机动车一方承担非机动车、行人一方60%的赔偿责任。

### (三) 交通事故处理费

交通管理部门处理的重大和特大交通事故,因进行现场的勘察、检验、鉴定所需费用较大,对当事人违法造成交通事故的处理费用全部由国家承担显然不合理;因此为了教育事故责任者,保证事故处理工作的顺利开展,实行交通事故处理费的收取制度。依据国家物价、财政部门制定的有关管理办法,在结案时,交通事故责任人应当向事故处理机关交纳交通事故处理费,处理轻微事故和一般事故不收费。具体收费的标准是:

1. 重大事故负全部责任者交纳800元,负主要责任者600元,负同等责任者400元,负次要责任者200元。

2. 特大事故负全部责任者交纳1000元,负主要责任者700元,负同等责任者500元,负次要责任者300元。

3. 发生重大、特大事故,事故责任者逃逸的,按交通事故等级收费标准的2倍收取。

4. 发生重大、特大事故,事故责任者故意破坏、伪造现场,毁灭证据的,或者有其他恶劣情节影响交通事故调查的,按交通事故等级收费标准的3倍收取。

对于确有实际困难,无力交纳交通事故处理费的,经上一级公安交通主管部门批准,可酌情减免。交通事故处理费由交纳人在交通事故处理结案时一次交清,逾期交纳的,按日增收应交费额5%的滞纳金。

## 四、损害赔偿的项目及计算方法

### (一) 医疗费

医疗费包括当事人为治疗伤疾而支付的挂号费、检查费、治疗费、手术费、医药费、住院费、康复费、整容费和后续治疗等费用。根据医疗结构出具的收款凭证,结合病历和诊断证明等相关证据确定。医疗费的赔偿数额,按照调解前实际发生的数额确定。器官功能恢复训练所必需的康复费、适当的整容费以及其他后续治疗费,可以参照调解结案时的时令标准进行计算。

### (二) 误工费

误工费根据当事人的误工时间和收入状况确定。误工时间根据当事人接受治疗的医疗机构出具的证明确定。当事人因伤致残持续误工的,误工时间可以计算至定残日的前一天。当事人有固定收入的,误工费按照实际减少的收入计算。当事人无固定收入的,按照当地上一年度职工的平均工资计算。

### (三) 护理费

护理费根据护理人员的收入状况和护理人数、护理期限确定。护理人员有收入的,按照实际减少的收入计算;护理人员没有收入或者雇佣护工的,参照同等级别护理的劳务报酬标准计算。护理人员原则上为一人,但医疗机构或者鉴定机构有明确意见的,可以参照确定护理人员的人数。护理期限应计算至受害人恢复生活自理能力为止。受害人因残疾不能恢复生活自立能力的，可以根据其年龄、健康状况等因素，确定合理的护理期限，但最长不超过20年。

**（四）交通费**

根据当事人和必要的陪护人员因就医或者转院治疗，以及参与死亡事故处理的死者亲属（不超过三人）实际发生的费用计算。交通费应当以正式票据为凭，有关凭据应当与就医的地点、时间、人数、次数相符合。

**（五）住宿费**

当事人本人及其陪护人员从外地到本地处理交通事故，实际发生的住宿费。

**（六）住院伙食补助费**

参照国家机关一般工作人员的出差伙食补助标准予以确定。

**（七）营养费**

营养费是指当事人为辅助治疗或使身体尽快康复而购买日常饮食以外的营养品所支出的费用。营养费根据当事人的伤残程度，参照医院意见及营养费的支出凭证确定。

**（八）残疾赔偿金**

残疾赔偿金根据当事人伤残等级，按照当地公布的上一年度城镇居民人均可支配收入或者农村居民人均纯收入标准，自定残之日起，按20年计算。但60周岁以上的，年龄每增加1岁，减少1年；75周岁以上的，按5年计算。

**（九）残疾辅助器具费**

残疾辅助器具费按照普通适用器具的合理费用标准计算。伤情有特殊需要的，可以参照辅助器具配制机构的意见，确定相应的合理费用标准。辅助器具的更换和赔偿期限，参照配制机构的意见确定。

**（十）丧葬费**

丧葬费按照上一年度职工月平均工资标准，以6个月总额计算。

**（十一）被抚养人生活费**

被抚养人生活费是根据抚养人丧失劳动能力的程度，按照当地上一年度城镇居民人均消费性支出和农村居民人均年生活消费支出标准计算。被抚养人为未成年人的，计算至18周岁；被抚养人无劳动能力又无其他生活来源的，计算20年。但60周岁以上的，年龄每增加1岁，减少1年；75周岁以上的，按5年计算。

被抚养人是指当事人依法应当承担抚养义务的为成年人或者丧失劳动能力又无其他生活来源的成年近亲属。被抚养人还有其他抚养人的，赔偿义务人只赔偿当事人依法应当负担的部分。被抚养人有数人的，年赔偿总额累计不超过上一年度城镇居民人均消费性支出额或者农村居民人均年生活消费支出额。

**（十二）死亡赔偿金**

死亡赔偿金按照上一年度城镇居民人均可支配收入或者农村居民人均纯收入标准，按20年计算。但60周岁以上的，年龄每增加1岁，减少1年；75周岁以上的，按5年计算。

另外，参加处理交通事故的当事人亲属所需交通费、误工费、住宿费参照有关标准规定计算，按照当事人的赔偿责任比例分担，但计算人数不得超过三人。交通事故的伤者和残者未经公安交警部门同意，无医院证明而擅自住院、转院，或者护理、自购药品，超过医院通知的出院日期拒不出院的，费用由自己承担。交通事故当事人或者死者近亲属要求赔偿精神损害抚慰金的，由当事人或者死者近亲属自行协商。

## 第七节　损害赔偿调解

### 一、损害赔偿调解的方式

交通事故损害赔偿调解，是有关调解机构或公安机关交通管理部门，根据当事人的申请，为了解决交通事故损害赔偿的争议，依法提出调解方案，通过说服教育方法，促使双方当事人自愿协商，达成损害赔偿协议的活动。根据《道路交通事故处理规定》，当事人可以采取以下三种方式解决道路交通事故损害赔偿争议：

**（一）人民调解委员会的调解**

当事人申请人民调解委员会调解，达成调解协议后，双方当事人认为有必要的，可以根据《中华人民共和国人民调解法》共同向人民法院申请司法确认。

当事人申请人民调解委员会调解，调解未达成协议的，当事人可以直接向人民法院提起民事诉讼，或者自人民调解委员会作出终止调解之日起三日内，一致书面申请公安机关交通管理部门进行调解。

**（二）公安机关交通管理部门的调解**

当事人申请公安机关交通管理部门调解的，应当在收到道路交通事故认定书、道路交通事故证明或者上一级公安机关交通管理部门维持原道路交通事故认定的复核结论之日起十日内一致书面申请。

当事人申请公安机关交通管理部门调解，调解未达成协议的，当事人可以依法向人民法院提起民事诉讼，或者申请人民调解委员会进行调解。公安机关交通管理部门应当按照合法、公正、自愿、及时的原则进行道路交通事故损害赔偿调解。道路交通事故损害赔偿调解应当公开进行，但当事人申请不予公开的除外。

**（三）向人民法院提起民事诉讼**

### 二、损害赔偿调解的参加人

**（一）调解参加人**

公安机关交通管理部门应当与当事人约定调解的时间、地点，并于调解时间三日前通知当事人。口头通知的，应当记入调解记录。调解参加人因故不能按期参加调解的，应当在预定调解时间一日前通知承办的交通警察，请求变更调解时间。参加损害赔偿调解的人员包括：

1. 道路交通事故当事人及其代理人；
2. 道路交通事故车辆所有人或者管理人；
3. 承保机动车保险的保险公司人员；
4. 公安机关交通管理部门认为有必要参加的其他人员。

委托代理人应当出具由委托人签名或者盖章的授权委托书。授权委托书应当载明委托事项和权限。参加损害赔偿调解的人员每方不得超过三人。

**（二）调解期限**

公安机关交通管理部门受理调解申请后，应当按照下列规定日期开始调解：

1. 造成人员死亡的，从规定的办理丧葬事宜时间结束之日起；
2. 造成人员受伤的，从治疗终结之日起；
3. 因伤致残的，从定残之日起；
4. 造成财产损失的，从确定损失之日起。

公安机关交通管理部门受理调解申请时已超过前款规定的时间，调解自受理调解申请之日起开始。

公安机关交通管理部门应当自调解开始之日起 10 日内制作道路交通事故损害赔偿调解书或者道路交通事故损害赔偿调解终结书。

### 三、损害赔偿调解的程序

#### （一）调解程序

交通警察调解道路交通事故损害赔偿，按照下列程序实施：

1. 告知各方当事人权利、义务；
2. 听取各方当事人的请求及理由；
3. 根据道路交通事故认定书认定的事实以及《中华人民共和国道路交通安全法》第七十六条的规定，确定当事人承担的损害赔偿责任；
4. 计算损害赔偿的数额，确定各方当事人承担的比例，人身损害赔偿的标准按照《中华人民共和国侵权责任法》《最高人民法院关于审理人身损害赔偿案件适用法律若干问题的解释》《最高人民法院关于审理道路交通事故损害赔偿案件适用法律若干问题的解释》等有关规定执行，财产损失的修复费用、折价赔偿费用按照实际价值或者评估机构的评估结论计算；
5. 确定赔偿履行方式及期限。

#### （二）确定数额

因确定损害赔偿的数额，需要进行伤残评定、财产损失评估的，由各方当事人协商确定有资质的机构进行，但财产损失数额巨大涉嫌刑事犯罪的，由公安机关交通管理部门委托。

当事人委托伤残评定、财产损失评估的费用，由当事人承担。

#### （三）调解书

经调解达成协议的，公安机关交通管理部门应当当场制作道路交通事故损害赔偿调解书，由各方当事人签字，分别送达各方当事人。

调解书应当载明以下内容：

1. 调解依据；
2. 道路交通事故认定书认定的基本事实和损失情况；
3. 损害赔偿的项目和数额；
4. 各方的损害赔偿责任及比例；
5. 赔偿履行方式和期限；
6. 调解日期。

#### （四）终止调解

经调解各方当事人未达成协议的，公安机关交通管理部门应当终止调解，制作道路交通事故损害赔偿调解终结书，送达各方当事人。

有下列情形之一的，公安机关交通管理部门应当终止调解，并记录在案：

1. 调解期间有一方当事人向人民法院提起民事诉讼的;
2. 一方当事人无正当理由不参加调解的;
3. 一方当事人调解过程中退出调解的。

有条件的地方公安机关交通管理部门可以联合有关部门,设置道路交通事故保险理赔服务场所。

# 第十二章 交通违法行为查处

## 第一节 交通违法行为概述

### 一、交通违法行为的概念

**（一）交通安全违法行为的含义**

交通违法行为，是指行为人违反道路交通法律、法规，扰乱道路交通秩序，危害道路交通安全，妨碍道路交通管理的正常进行，影响道路交通的运行与畅通，侵犯其他交通参与者合法权益的行为。

交通违法行为是由行为人故意或过失实施的交通安全违法行为，违反了道路交通安全法以及相关的法规、规章，具有违法性。交通违法行为干扰正常的交通秩序，对交通安全构成威胁；有的行为直接影响车辆和行人的通行速度，造成道路的使用率降低，甚至造成或引发交通事故，危害人民生命财产的安全。在道路交通活动中，交通违法行为直接损害了社会公共利益和其他交通参与者的合法权益，妨碍交通运输秩序和社会经济的发展，破坏了当地的交通环境。因此，开展道路交通安全的教育，提高人们的交通法制观念，加强道路交通安全意识，显得尤为重要；查处也是交通管理部门的职责。创造良好的交通环境，有效遏止交通违法行为，使道路交通运输更好地为经济建设服务，为人民群众的生产、生活服务。

**（二）交通违法行为的特征**

1. 危害道路交通秩序。交通违法行为从广义上来看，是对国家、社会公共利益和公民的合法权益造成了危害，对社会进步与经济发展造成了危害。具体来说，这种违法行为直接危害的是道路交通秩序，危及道路交通安全与畅通，损害公民道路交通活动的合法权益。交通违法行为侵犯的直接社会关系是道路交通秩序，是对已经形成的交通安全社会秩序的危害，致使道路交通秩序社会关系中的当事人合法权益受到了损害。包括了对社会公共利益和公民个人权益已经造成的损害，也包括可能造成的损害。所以，交通违法行为具有危害性，危害道路交通秩序，是其最本质的特征，也是道路交通管理实践中认定这种行为的基础。

2. 违反道路交通安全法律规范。交通违法行为就是违反道路交通安全管理法律、法规的行为，侵犯了道路交通安全法律、法规所维护的道路交通秩序，以及道路交通活动关系、道路交通管理关系，侵犯了道路交通法所保护的交通参与人的合法权益，具有违法性。确认当事人的行为是否构成交通违法行为，必须以道路交通法律、法规的规定为依据，确认行为人实施了道路交通法所禁止的事项，或者行为人没有履行道路交通安全法规定的义务。交通违法行为的社会危害性，即破坏道路交通秩序，是其违法性的前提，交通安全违法行为的违法性又是其社会危害性在法律上的表现。

3. 应承担法律责任。对于交通违法行为，依照有关法律、法规的规定，应当予以追究法律责任，受到查处和制裁。由于交通违法行为造成了社会危害，违反了法律、法规，损害了公共利益和公民个人的合法权益，因而必须承担相应的法律责任，受到法律的惩处。道路交通违法行为的法律责任包括：刑事法律责任、民事法律责任和行政法律责任。如果交通违法行为造成的社会危害不大，情节比较轻微，不构成犯罪，不追究刑事责任的；但应承担相应的民事责任和行政处罚的法律责任。公安机关交通管理部门，是查处交通违法行为的国家专门机关，是法律授权实施处罚具体违法的主体。交通管理部门应当依法对危害道路交通安全秩序，损害道路交通安全和畅通，侵犯公民交通活动权益的违法行为，追究法律责任，给予处罚制裁。

## 二、交通违法行为的构成

### （一）侵犯的客体

交通违法行为侵犯的特定客体，是交通秩序、交通安全，以及交通参与人的权益，是交通安全法律、法规所保护的特定的社会关系。每一种交通违法行为侵犯的客体，分别受到交通安全法律、法规所调整和保护的交通秩序、交通安全，以及交通参与人的权益等具体的社会关系；通常表现为交通参与人在道路交通活动中所形成的权利义务关系。交通参与人包括各种社会主体，既有国家机关、社会组织，也有各类法人和公民个人；他们在道路交通活动中享有交通法所赋予的权利，在道路交通秩序、道路交通安全方面，依法享有的通行权、保障权等权利。而交通违法行为则侵犯了交通参与人的合法权益。例如，机动车的超载行为，侵犯了交通法所保护的车辆装载安全、道路通行安全，是对交通安全秩序以及其他交通参与人合法权益的侵犯；电动自行车闯红灯的行为，侵犯了道路通行秩序、交通安全秩序，也是对公共安全和其他交通参与人权益的侵犯。

交通违法行为侵犯的客体与其侵犯的具体对象是不同的，交通违法行为侵犯的对象是具体的人和物，如车辆肇事造成的人身伤亡和财产损失；而交通违法行为侵犯的客体，则是具体对象所体现的特定的社会关系。

### （二）违反道路交通法的行为

交通违法行为必须要有客观存在的违反道路交通安全法律、法规的行为，并且这一行为是在当事人的思想意识支配下实施的，并且发生了违反道路交通法的客观具体事实。如果当事人仅有意识而没有行为，则不能构成交通违法行为；因为单纯的思想意识活动并非具体的行为活动，不能成为客观的行为。交通违法行为必须要有违反道路交通安全法律、法规的客观事实存在，致使道路交通法所调整、保护的特定的社会关系受到了损害。

交通违法行为表现为作为与不作为两种形式。作为的交通违法，是采用积极主动的行动，实施了交通法所禁止的行为。如违反禁令标志、标线；违反超车、停车规定等；大多数的交通违法行为采取的是积极作为的行为方式。不作为的交通违法，是指负有特定义务应当实施某种行为，并且能够履行这种义务的人，没有履行或没有正确履行该项义务，消极地不作为而造成危害社会的结果。例如，道路施工时，没有设置明显的安全警示标志，或者施工后没有迅速清除道路上的障碍物等，造成他人受伤的，违反了《道路交通安全法》第32条的规定，构成交通安全违法。

### （三）主体具有责任能力

交通违法行为的主体，是指违反交通安全法律规范，实施危害交通安全的行为，并且依法应当承担责任的人。自然人应当具备法定责任年龄，即法律规定的对于自己实施的交通安全危害行为承担法律责任所必须达到的年龄。未达到法定责任年龄的人，不能作为交通安全违法行为的责任主体，虽然其实施了违反交通安全法律规范的行为，并造成了危害后果，由于尚未达到法定责任年龄，不能追究其刑事责任和行政法律责任，即不能对其实施行政处罚。我国《行政处罚法》规定，不满十四周岁的人有违法行为的，不予行政处罚，责令监护加以管教；已满十四周岁不满十八周岁的人有违法行为的，从轻或者减轻行政处罚。但对于其交通违法行为造成的人身伤亡损失费用和财产损失损害，应当由其本人财产或监护人赔偿，应当承担民事责任。

交通违法行为的责任主体，是具有责任能力的人。行为人能够辨别自己行为的性质及其产生的后果，具有认识和控制自己行为的能力。无责任能力的自然人不能作为交通违法行为的责任主体，如没有正常思维能力的人、精神病人等，他们在不能辨认或者不能控制自己行为的时候，实施了交通违法行为的，依照法律规定不予处罚，不追究其法律责任。但应当责令其监护人严加看管和治疗，并承担民事损害赔偿责任。对于间歇性精神病人在精神正常的情况下，实施了交通违法行为的，应当给予处罚。

法人包括机关法人、事业单位法人、企业法人、社会团体法人，法人能够成为交通违法行为的责任主体，应当承担相应的法律后果。如法人可以承担财产罚的责任形式，但人身罚的处罚责任形式不适用于法人。虽然，法人的交通违法行为是通过自然人实施的，但并不能免除法人的责任，二者应当分别承担各自的法律责任。法人在承担其法律责任后，代表法人实施交通违法行为的直接责任人员，也应承担相应的责任，单位主管人员和直接责任人员依法应当分别承担法律责任。

**（四）主观有过错**

所谓主观过错，是指行为人对其实施的交通违法行为所具有的故意或者过失的心理状态。主观过错是人的有意识的活动，表现为两种形式，即故意和过失。故意实施的交通违法行为，是行为人明知自己的行为是违反交通安全法律、法规的，却有意识地实施了这种行为。如明知法律规定饮酒后不准驾驶机动车，却在酒后驾驶车辆的；故意行为表现为明知故犯。过失实施的交通违法行为，是指行为人应该知道实施某种行为是违反交通法的，但由于行为人的疏忽大意或者过于自信，而实施了这种行为，构成了交通违法。行为人过失违反交通法的行为，其主观上应当注意而没有注意，应当发现而没有发现，应当认识而没有认识。

如果行为人在主观方面没有过错，就不能构成交通违法行为，或者行为人的行为在客观上虽然实施了违反交通法的行为，造成了损失损害；但并非出于故意或过失，而是由于不可抗拒的原因所引起的，不能认定为交通违法行为。如紧急避险、自然灾害、意外事故等。

## 三、交通违法行为的类型

**（一）不同主体的交通违法行为**

根据交通违法行为的主体不同，可以分为自然人的交通违法行为和法人的交通违法行为。划分自然人与法人的交通违法行为的意义在于，可以明确区分二者的法律责任，确定不同主体承担不同的法律责任形式，便于交通管理部门有针对性地实施处罚，正确适用行政处罚的种类。自然人交通违法行为较为常见，如驾驶员闯红灯，酒后驾车，行人横过道路不走人行横道线等。法人组织的交通违法行为主要有，机动车安全技术检验机构不按照国家安全技术标准进行检验，出具虚假结果的；机动车所有人包括法人和自然人，不按规定投保机动车第三者责任强制保险的；伪造、变造或者使用伪造、变造的机动车登记证书、号牌、行驶证、检验合格标志、保险标志等行为。虽然法人的交通违法行为是通过自然人实施的，但是以法人名义实施的一种代理行为，并不能免除法人的法律责任。

### （二）不同主观状态的交通违法

根据当事人实施交通违法行为时的主观心理状态不同，可以分为故意违反交通法的行为和过失违反交通法的行为。划分故意与过失两种不同心理状态下的交通违法行为，有助于区别当事人的主观过错程度，以及违法行为的社会危害性程度；便于交通管理部门有目的地进行事故预防和查处不同主观过错的交通违法行为。

### （三）不同行为状态的交通违法

根据交通违法行为的客观行为状态的不同，可以分为积极作为的交通违法行为和消极不作为的交通违法行为。划分积极作为与消极不作为的交通违法行为，可以认识和区分两种不同行为状态下的违法形式，特别引起对不作为交通违法行为的重视，以及造成交通安全隐患和危害的认识。大多数的交通违法行为是通过作为的形式表现的，也有部分交通违法行为采取了不作为的方式，比如不按规定投保机动车第三者责任强制保险，道路施工不按规定设置警示标志、未采取防护措施的行为等。

### （四）不同侵害对象的交通违法

根据交通违法行为侵害的对象不同，可以分为危害交通安全的行为、妨碍交通秩序的行为、损害财产的行为、损害交通参与人人身权利的行为等。划分交通违法行为侵害的不同对象和损害特定的社会关系，有利于认识各种交通违法行为的表现形式以及危害程度，便于交通管理部门进行查处和归类，也有助于对不同类型的交通违法行为加以防范和遏制。

常见的危害交通安全的行为有，不按规定采取防护措施，机动车驾驶人超速行驶，机动车驾驶人酒后开车等。妨碍交通安全秩序的违法行为有，随意乱停放车辆，不按规定携带驾驶证、行驶证，未经许可占用道路等。损害财产的行为主要是指行为人在交通活动中，因实施了交通法禁止的，造成公共财产和交通参与人合法财产损害的行为；如故意毁损交通设施的行为，因交通肇事造成财产损失的行为等。损害交通参与人人身权利的行为是指交通违法行为人因其行为造成他人的人身伤害，包括交通肇事行为造成的人员伤亡，其他交通事故造成的人身伤害等。当然，上述各种类型的交通违法行为有时是交织在一起的，并不能截然分开，既是危害交通安全的行为，又是妨碍交通秩序的行为，同时也是损害财产和人身权利的行为；诸如机动车骑线行驶，机动车载人超过核定人数，机动车不按规定通过交叉路口等。

### （五）不同危害程度的交通违法

根据交通违法行为的危害程度不同，可以分为轻微交通违法行为、一般交通违法行为和严重交通违法行为。轻微交通违法行为，是指行为人的主观过错较小，且对交通安全和交通秩序的危害程度较轻，没有导致较大的交通事故和其他危害后果。比如不按规定开启转向灯，行人横过道路没有走人行横道，驾驶员未携带驾驶证等。一般交通违法行为，是指行为人的主观有过错，且已造成危害或有可能导致交通事故和其他危害后果。诸如机动车超速行驶，货运机动车超载30%以下的，机动车停放妨碍其他车辆通行的等。严重交通违法行为，是指行为人主观过错较大，违反交通法的有关严重情形的规定，已造成危害或者可能导致严重交通事故和其他损害后果。诸如醉酒后驾驶机动车，货运机动车超载30%以上的，客运机动车载客超过20%以上的，交通肇事后逃逸的等。

这种划分不同类型的交通违法行为，有助于区分各种交通违法行为的性质、情节和危害程度，有利于针对不同性质、情节和损害后果的交通违法行为给予相适应的处理惩戒。

## 第二节 交通违法行为查处原则

### 一、查处交通违法行为的意义

查处交通违法行为，是交通管理部门依法行使的道路交通管理的职权，也是法律赋予的职责。这是交通管理部门依法定程序和方法，对违反道路交通法的行为人所进行的监督检查、纠举教育和处罚惩戒的交通管理活动。

查处交通违法行为，是交通管理部门的法定职责，通过查处交通违法行为，可以有效地维护道路交通秩序，保障交通安全，预防和减少交通事故；能够更好地保护交通参与人的人身、财产安全，维护公共利益和其他交通参与人的合法权益；使得道路交通活动安全、有序、快捷，提高道路交通运行效率。交通管理部门对交通违法行为进行查处，对违法行为人实施处罚，主要作用在于：

**（一）教育惩戒**

交通管理部门通过对交通违法行为的查处，对行为人的处罚，可以使违法行为人认识自己的行为对社会造成的危害，特别是一些严重的交通违法行为造成的重大人身伤亡和财产损失，给国家、社会和受害人造成的严重损害后果。使其直接感受到违反交通安全法律、法规应当承受的后果，应当承担的法律责任，从而增强其交通安全法制观念，接受教训，不再重犯，促使其严格遵守道路交通安全法。

**（二）预防交通事故**

交通管理部门及时查处和遏制交通违法行为，可以产生警示教育其他交通参与人的效果，使他们有所感悟和预防。交通违法行为是造成交通事故的重要因素，也是破坏交通秩序，影响道路交通运行效率的因素。事实说明，交通违法行为导致交通事故发生，造成交通堵塞现象，发生交通混乱，使道路通行能力下降，行驶速度减低。因此查处交通违法行为，可以有效地防止交通事故的发生，提高道路通行能力。

### 二、查处交通违法行为的原则

查处交通违法行为是交通管理部门经常性的执法活动，要求执行主体及其交通警察在查处过程中，必须严格遵守宪法和有关交通管理的法律、法规，正确履行交通管理的职责，坚持为人民服务的宗旨，做到"有法必依、违法必究、执法必严"。在查处交通违法行为时，应当遵循以下原则：

**（一）依法查处的原则**

依法查处就是要求交通管理部门依照法律的规定，对道路交通违法行为给予检查监督、纠举教育、处罚制裁。查处交通违法行为是为了维护交通秩序，纠正交通违法，保障交通安全，制裁违法行为人，维护国家和社会公共利益，保护公民的合法权益。因此，在查处过程中，应当严格依据法律、法规有关查处的规定，做到有法可依，有法必依，执法必严，违法必纠。交通管理部门的所有查处活动，都应当依法进行，严格按照法定权限和程序查处。依法查处原则的基本要求是，实施查处的主体具有法定的资格，行使的查处职权是法定的，在其权限范围内进行查处；对交通安全违法行为查处的形式和种类是法定的，查处的依据和程序是合法的。

## （二）公开、公正的原则

交通管理就是依法公开管理，交警部门依法查处交通违法行为的活动应当公开进行，公之于众。按照交通管理的法律、法规的规定，依照法定程序，做到检查监督、宣传教育、纠正不当行为、处罚制裁违法等活动公开进行。查处交通违法行为的公开原则的基本要求是，对于交通违法行为进行检查监督和实施处罚时，执法主体及其人员应当表明身份，对交通违法行为给予处罚的，应当公开依据、公开程序，对交通违法行为在作出处罚之前，应当公开处罚的事实、理由和依据，公开告知被处罚人享有的权利，公开查处的结果。

对于交通违法行为的查处，应当做到公平、公正，这也是法律面前平等原则的具体表现。交通管理部门应当平等、毫无偏见地查处违法行为人，体现公平正义的社会准则；特别是在实施处罚的过程中，更要体现公正原则，不仅在处罚的内容上需要公正，而且在处罚的形式上也应当是公平的；在处罚的内容、幅度上，不仅体现了合法性，而且在处罚的目的上、程序上也是适当的，体现了合理性。坚持公正原则就是要以事实为依据，实施处罚的程度，违法行为人承担的责任，应当与其违法行为的事实、性质、情节以及社会危害性相适应。

## （三）处罚与教育相结合的原则

处罚与教育是查处交通违法行为过程中的两种重要的处理形式。交通管理部门在实施对交通违法行为的查处过程中，不能单纯以处罚为目的，一罚了之，为了处罚而处罚；应当在处罚的同时对被处罚人进行教育，指出其违法行为事实，以及对道路交通安全造成的危害，说明处罚的依据，帮助违法行为人认识错误，知道自己行为的违法性，及时纠正违法行为，增强交通安全意识，并保证以后自觉守法。这样才能达到处罚的真正目的，才能有效地保障交通法的实施。

教育和处罚相结合并不是让交通管理部门以法代教，或者以教代罚。二者虽然相辅相成，但毕竟是两种不同的行为方式，具有不同的功能；因此，两者不可偏废。对交通违法行为如果只教育不处罚，则会失去处罚应有的惩戒功能，也不能有效地保障道路交通法的实施。在道路交通管理活动中，对于违法行为，必须坚持教育和处罚相结合原则，既对违法行为晓之以理，重在教育；又要对违法行为给予必要的处罚惩戒，真正起到教育、警戒的作用。

## （四）处罚不能替代其他法律责任的原则

查处交通违法行为的一项重要形式，就是交通管理部门实施的行政处罚。这个原则所强调的是处罚不能替代民事、刑事法律责任；虽然处罚是一种法律责任，但与民事责任、刑事责任有着不同的法律性质和责任范围，它们之间不能相互替代。交通管理部门实施的处罚，是对交通违法行为给予的一种行政制裁，违法行为人承担的是行政法律责任；交通活动中的民事责任，是违法行为人侵害了他人的民事权利，造成了财产损失和人身损害，承担的是民事赔偿法律责任；而交通活动中的刑事法律责任，则是违法行为人触犯了刑事法律，构成了犯罪，应当承担的刑事制裁的刑罚责任。因此当事人的行为违反了哪一种法律规范，侵害了什么样的社会关系，就应当承担相应的法律责任；当行为人的行为同时违反了几种法律规范，侵害了几种客体时，就应当同时承担几种相应的法律责任，不能以行政处罚代替损害赔偿，也不能以行政处罚代替刑事责任。例如，驾驶员酒后驾车造成人员伤亡和财产损失的特大交通事故，其行为同时侵害了交通管理秩序、他人的生命健康权利和财产权，也侵犯了刑法保护的交通安全关系，构成危险驾驶罪、交通肇事罪等；因而，行为人应当同时承担行政处罚、民事赔偿和危险驾驶罪或交通肇事罪的法律责任。

### (五) 当事人救济原则

在查处交通违法行为的过程中，为了保障当事人的合法权利而设置的救济原则，主要是为被受到查处的当事人提供维护自己合法权利的救济方法和实现的途径。法律规定当事人在受到交通管理部门的处罚时，享有陈述权、申辩权；对处罚不服的，有权依法申请行政复议或行政诉讼；因处罚受到损害的，有权依法提出赔偿要求。交通管理部门在对交通违法行为实施处罚时，不仅要充分保障当事人的申辩权，为其提供陈述、申辩的机会和条件，给当事人陈述、申辩的时间，认真听取当事人的申辩；而且，还要充分保障当事人的复议权和诉讼权，告知当事人依法有权提请复议和提起行政诉讼，以确保当事人通过这些救济途径切实维护自己的合法权益。

## 第三节　交通管理强制措施

### 一、交通管理强制措施的概念

交通管理强制措施是指交通管理部门为维护道路交通秩序，预防和制止交通违法行为，以及为有效地控制违法行为人和相关物品，依法对交通安全违法行为人以及物品，采取的临时应急性约束、控制行为。交通管理强制措施具有以下特征：

1. 交通管理强制措施的主体，是交通管理部门。属于特定机关享有的专门性强制措施。其他机关、组织以及公民个人不得实施交通管理强制措施。

2. 交通管理强制措施的性质，具有强制性。属于独立的公共安全管理行为，强制性体现为交通管理部门运用国家警察力，采用刚性手段或刚性威胁的方式，强行实现实施主特定的状态，无论被强制人是否同意或接受。

3. 交通管理强制措施是暂时性的行为。这种行为是在出现了交通违法行为的特定情形下实施的，为了应对紧急情况临时采取的，一旦法定事由和紧急情况消除，强制措施则应予解除。

4. 交通管理强制措施具有目的性。实施强制措施的目的在于，预防和制止交通违法行为，防止损害后果的加重发展和扩大蔓延，保全物证避免交通违法行为的有关证据灭失，以及为了查明案件事情况。

### 二、交通管理强制措施的种类与适用

#### (一) 扣留交通违法车辆

在道路交通安全管理过程中，行为人有以下违法行为的，依法扣留车辆：

1. 上道路行驶的机动车未悬挂机动车号牌，未放置检验合格标志、保险标志，或者未随车携带机动车行驶证、驾驶证的；

2. 有伪造、变造或者使用伪造、变造的机动车登记证书、号牌、行驶证、检验合格标志、保险标志、驾驶证或者使用其他车辆的机动车登记证书、号牌、行驶证、检验合格标志、保险标志嫌疑的；

3. 未按照国家规定投保机动车交通事故责任强制保险的；

4. 公路客运车辆或者货运机动车超载的；

5. 机动车有被盗抢嫌疑的；
6. 机动车有拼装或者达到报废标准嫌疑的；
7. 未申领《剧毒化学品公路运输通行证》通过公路运输剧毒化学品的；
8. 非机动车驾驶人拒绝接受罚款处罚的。

对发生道路交通事故，因收集证据需要的，可以依法扣留事故车辆。

同时根据《中华人民共和国道路交通安全法》的规定，道路交通行为人如有下列情况，公安机关交通管理部门可对其违法车辆进行扣留：

1. 故意伪造、变造或者使用伪造、变造的机动车登记证书、号牌、行驶证、驾驶证的，由公安机关交通管理部门予以收缴、扣留该机动车，处 15 日以下拘留，并处 2000 元以上 5000 元以下罚款；构成犯罪的，依法追究刑事责任。

2. 伪造、变造或者使用伪造、变造的检验合格标志、保险标志的，由公安机关交通管理部门予以收缴，扣留该机动车，处 10 日以下拘留，并处 1000 元以上 3000 元以下罚款；构成犯罪的，依法追究刑事责任。

3. 使用其他车辆的机动车登记证书、号牌、行驶证、检验合格标志、保险标志的，由公安机关交通管理部门予以收缴，扣留该机动车，处 2000 元以上 5000 元以下罚款。

公安机关交通管理部门扣留机动车、非机动车，应当当场出具凭证，并告知当事人在规定期限内到公安机关交通管理部门接受处理。

逾期不来接受处理，并且经公告 3 个月仍不来接受处理的，对扣留的车辆依法处理。

## （二）扣留机动车驾驶证

执行职务的交通警察认为道路交通行为人有以下情节的，应依法扣留机动车驾驶证：

1. 饮酒后驾驶机动车的；
2. 将机动车交由未取得机动车驾驶证或者机动车驾驶证被吊销、暂扣的人驾驶的；
3. 机动车行驶超过规定时速百分之五十的；
4. 驾驶有拼装或者达到报废标准嫌疑的机动车上道路行驶的；
5. 在一个记分周期内累积记分达到 12 分的。

交通警察应当在扣留机动车驾驶证后 24 小时内，将被扣留机动车驾驶证交所属公安机关交通管理部门。

具有以上一至四项所列情形之一的，扣留机动车驾驶证至作出处罚决定之日；处罚决定生效前先予扣留机动车驾驶证的，扣留一日折抵暂扣期限一日。只对违法行为人作出罚款处罚的，缴纳罚款完毕后，应当立即发还机动车驾驶证。具有上述第五项情形的，扣留机动车驾驶证至考试合格之日。

交通警察在执行职务过程中，认为应当对道路交通违法行为人给予暂扣或者吊销驾驶证处罚的，可以先予扣留机动车驾驶证，并在 24 小时内将案件移交公安机关交通管理部门处理。

## （三）拖移机动车

违反机动车停放、临时停车规定，驾驶人不在现场或者虽在现场但拒绝立即驶离，妨碍其他车辆、行人通行的，公安机关交通管理部门及其交通警察可以将机动车拖移至不妨碍交通的地点或者公安机关交通管理部门指定的地点。

拖移机动车的，现场交通警察应当通过拍照、录像等方式固定违法事实和证据。

对违反道路交通安全法律、法规关于机动车停放、临时停车规定的机动车辆驾驶人，可以指出违法行为，并予以口头警告、令其立即驶离。如当事人不在现场或者虽在现场但拒绝立即驶离，妨碍其他车辆、行人通行的，处 20 元以上 200 元以下罚款，并可以将该机动车拖移至不妨碍交通的地点或者公安机关交通管理部门指定的地点停放。

公安机关交通管理部门应当公开拖移机动车查询电话，并通过设置拖移机动车专用标志牌明示或者以其他方式告知当事人。当事人可以通过电话查询接受处理的地点、期限和被拖移机动车的停放地点。

**（四）收缴车辆非法装置**

对非法安装警报器、标志灯具或者自行车、三轮车加装动力装置的，电动自行车加装货箱、挡雨棚遮阳伞的，大货车加高加长的，公安机关交通管理部门应当强制拆除，予以收缴，并依法予以处罚。

交通警察现场收缴非法装置的，应当在 24 小时内，将收缴的物品交所属公安机关交通管理部门。对收缴的物品，除作为证据保存外，经县级以上公安机关交通管理部门批准后，依法予以销毁。

**（五）检验当事人体内酒精、管制药品、麻醉药品的含量**

车辆驾驶人有下列情形之一的，应当检验其体内酒精、国家管制的精神药品、麻醉药品含量：

1. 对酒精呼气测试等方法测试的酒精含量结果有异议的；
2. 涉嫌饮酒、醉酒驾驶车辆发生交通事故的；
3. 涉嫌服用国家管制的精神药品、麻醉药品后驾驶车辆的；
4. 拒绝配合酒精呼气测试等方法测试的。

对酒后行为失控或者拒绝配合检验的，可以使用约束带或者警绳等约束性警械。

公安机关检验车辆驾驶人体内酒精、国家管制的精神药品、麻醉药品含量的，应当按照下列程序实施：

第一步由交通警察将当事人带到医疗机构进行抽血或者提取尿样；

第二步公安机关交通管理部门应当将抽取的血液或者提取的尿样及时送交有检验资格的机构进行检验，并将检验结果书面告知当事人。

检验车辆驾驶人体内酒精、国家管制的精神药品、麻醉药品含量的，应当通知其家属，但无法通知的除外。

**（六）强制排除妨碍**

当事人违法在道路两侧及隔离带上种植树木、其他植物或者设置广告牌、管线等，遮挡路灯、交通信号灯、交通标志，妨碍安全视距的，由公安机关交通管理部门责令行为人排除妨碍；拒不执行的，处 200 元以上 2000 元以下罚款，并强制排除妨碍，所需费用由行为人负担。

公安机关交通管理部门及其交通警察可以当场实施强制排除妨碍。无法当场实施的，应当按照下列程序实施：

1. 经县级以上公安机关交通管理部门负责人批准，可以委托或者组织没有利害关系的单位予以强制排除妨碍；
2. 执行强制排除妨碍时，公安机关交通管理部门应当派员到场监督。

### 三、交通管理强制措施的实施程序

公安机关交通管理部门在开展道路交通管理过程中，如要实施强制措施，也应当遵守下列规则：
**（一）实施强制措施的具体步骤**
1. 实施前须向公安机关负责人报告并经其批准；
2. 由两名以上交通警察实施；
3. 出示执法身份证件；
4. 通知当事人到场；
5. 当场告知违法行为人或者机动车所有人、管理人违法行为的基本事实、拟作出行政强制措施的种类、依据及其依法享有的权利；
6. 听取当事人陈述和申辩，当事人提出的事实、理由或者证据成立的，应当采纳；
7. 制作行政强制措施凭证，并告知当事人在十五日内到指定地点接受处理；
8. 行政强制措施凭证应当由当事人签名、交通警察签名或者盖章，并加盖公安机关交通管理部门印章；当事人拒绝签名的，交通警察应当在行政强制措施凭证上注明；
9. 行政强制措施凭证应当当场交付当事人；当事人拒收的，由交通警察在行政强制措施凭证上注明，即为送达；
10. 当事人不到场的，邀请见证人到场，由见证人和执法人员在现场笔录上签名或盖章；
11. 法律、法规规定的其他程序。

**（二）当场实施强制措施**
情况紧急的，需要当场实施强制措施的，可以由一名交通警察实施。执法人员实施当场强制措施后，应当在24小时内向机关负责人报告，并补办批准手续。公安机关负责人认为不应当采取强制措施的，应当立即解除。

## 第四节　交通违法行为的处罚

### 一、交通违法行为的处罚种类

**（一）警告**

交通警察对于当场发现的违法行为，情节轻微、未影响道路通行和安全的，口头告知其违法行为的基本事实、依据，向违法行为人提出口头警告，纠正违法行为后放行。

各省、自治区、直辖市公安机关交通管理部门可以根据实际确定适用口头警告的具体范围和实施办法。例如，2013年3月始至12月，杭州交警按照"治堵先治乱、治乱必治违"的思路，开展全市道路严重交通违法行为集中整治行动，严守、严管、严处8类严重影响交通的违法行为，对行人闯红灯将被警告或罚款5至50元罚款。

**（二）罚款**

道路交通行为人有下列行为之一的，由公安机关交通管理部门处200元以上2000元以下罚款：
1. 未取得机动车驾驶证、机动车驾驶证被吊销或者机动车驾驶证被暂扣期间驾驶机动车的；
2. 将机动车交由未取得机动车驾驶证或者机动车驾驶证被吊销、暂扣的人驾驶的；
3. 造成交通事故后逃逸，尚不构成犯罪的；

4. 机动车行驶超过规定时速百分之五十的；

5. 强迫机动车驾驶人违反道路交通安全法律、法规和机动车安全驾驶要求驾驶机动车，造成交通事故，尚不构成犯罪的；

6. 违反交通管制的规定强行通行，不听劝阻的；

7. 故意损毁、移动、涂改交通设施，造成危害后果，尚不构成犯罪的；

8. 非法拦截、扣留机动车辆，不听劝阻，造成交通严重阻塞或者较大财产损失的。

行为人有前述第 2 项、第 4 项情形之一的，可以并处吊销机动车驾驶证；有第 1 项、第 3 项、第 5 项至第 8 项情形之一的，可以并处 15 日以下拘留。

### （三）暂扣机动车驾驶证

饮酒后驾驶机动车的，处暂扣 6 个月机动车驾驶证，并处 1000 元以上 2000 元以下罚款。因饮酒后驾驶机动车被处罚，再次饮酒后驾驶机动车的，处 10 日以下拘留，并处 1000 元以上 2000 元以下罚款，吊销机动车驾驶证。

醉酒驾驶机动车的，由公安机关交通管理部门约束至酒醒，吊销机动车驾驶证，依法追究刑事责任；5 年内不得重新取得机动车驾驶证。

饮酒后驾驶营运机动车的，处 15 日拘留，并处 5000 元罚款，吊销机动车驾驶证，5 年内不得重新取得机动车驾驶证。

醉酒驾驶营运机动车的，由公安机关交通管理部门约束至酒醒，吊销机动车驾驶证，依法追究刑事责任；10 年内不得重新取得机动车驾驶证，重新取得机动车驾驶证后，不得驾驶营运机动车。

饮酒后或者醉酒驾驶机动车发生重大交通事故，终生不得重新取得机动车驾驶证。

### （四）吊销机动车驾驶证

醉酒驾驶机动车的，由公安机关交通管理部门约束至酒醒，吊销机动车驾驶证，依法追究刑事责任；5 年内不得重新取得机动车驾驶证。

醉酒驾驶营运机动车的，由公安机关交通管理部门约束至酒醒，吊销机动车驾驶证，依法追究刑事责任；10 年内不得重新取得机动车驾驶证，重新取得机动车驾驶证后，不得驾驶营运机动车。

饮酒后或者醉酒驾驶机动车发生重大交通事故，构成犯罪的，依法追究刑事责任，并由公安机关交通管理部门吊销机动车驾驶证，终生不得重新取得机动车驾驶证。

### （五）拘留

饮酒后驾驶营运机动车的，处 15 日拘留，并处 5000 元罚款，吊销机动车驾驶证，5 年内不得重新取得机动车驾驶证。并且，根据《中华人民共和国道路交通安全法》规定，行为人未取得机动车驾驶证驾驶机动车的，可由公安机关交通管理部门处 200 元以上 2000 元以下罚款，并可以并处 15 日以下拘留。

## 二、交通违法行为处罚的设定

道路交通违法行为处罚的设定是一种立法行为，是有权国家机关创设和规定处罚权力的活动。

### （一）法律的设定权

法律可以设定各种交通违法行为的处罚；限制人身自由的处罚只能由法律设定。

**(二) 行政法规的设定权**

行政法规可以设定除限制人身自由以外的道路交通违法行为的处罚。法律对违法行为已经作出处罚规定的,行政法规须在法律规定的给予处罚行为、种类、幅度范围内作出具体规定。

**(三) 地方性法规的设定权**

地方性法规可以设定除限制人身自由和吊销企业营业执照以外的行政处罚。法律、行政法规已经作出处罚规定的,地方性法规须在法律、行政法规给予的处罚行为、种类、幅度范围内作出具体规定。

**(四) 规章的设定权**

规章可以在法律、行政法规规定的处罚行为、种类、幅度范围内作出具体规定。尚未制定法律和行政法规的,规章可以设定警告或者一定数额罚款的行政处罚。对部门规章而言,罚款的限额由国务院规定;对地方政府规章而言,罚款的限额由省、自治区、直辖市的人民代表大会常务委员会规定。

此外,除法律、行政法规、规章以外的其他规范性文件,都不得设定有关交通违法行为的行政处罚。

### 三、交通违法行为的处罚规则

**(一) 不予处罚的法定情节**

1. 行为人不具备责任能力;
2. 行为人法定责任年龄不足;
3. 行为人的交通违法行为是不可抗拒或其他不能预见的原因引起的;
4. 当事人交通违法行为的发生是紧急避险引起的。

**(二) 从轻或减轻处罚的法定情节**

1. 交通违法行为人主动消除或者减轻违法行为危害后果的;
2. 行为人的交通违法行为是受他人胁迫的;
3. 违法行为人已满十四周岁不满十八周岁的;
4. 交通违法行为人违反交通法规、规定之后积极配合公安机关交通部门查处违法行为,并有立功表现的。

**(三) 从重处罚的法定情节**

1. 当行为人的交通违法行为造成了严重后果的;
2. 行为人胁迫、诱骗他人或者教唆未成年人实施违法行为的;
3. 对控告人、举报人、证人等进行打击报复的;
4. 交通违法行为人在一年内因同一种违法行为受过两次以上处罚的。

## 第五节 交通违法行为的查处程序

### 一、查处交通违法行为的管辖与权限

**(一) 交通违法行为的查处管辖**

1. 地域管辖。原则上,交通违法行为由违法行为发生地的县级公安机关交通管理部门

管辖。未设立县级公安机关交通管理部门的，由设区市公安机关交通管理部门管辖。

2. 特殊管辖。针对地域管辖、职能管辖中出现的某些特殊情况，所规定的管辖制度。特殊管辖的具体种类有：指定管辖、转移管辖和专门管辖。

（1）指定管辖。交通违法行为发生在两个以上管辖区域的，由事故起始点所在地公安机关交通管理部门管辖。对管辖权有争议的，由共同的上一级公安机关交通管理部门指定管辖。指定管辖前，最先发现或者最先接到报警的公安机关交通管理部门，应当先行救助受伤人员，进行现场前期处理。

（2）转移管辖。上级公安机关交通管理部门在必要的时候，可以处理下级交通管理部门管辖的道路交通事故，或者指定下级交通管理部门限时，将案件移送其他下级交通管理部门处理。案件管辖发生转移的，处理时限从移送案件之日起计算。

（3）专门管辖。军队、武警部队人员、车辆发生道路交通事故的，按照本规定处理。需要对现役军人给予行政处罚或者追究刑事责任的，移送军队、武警部队有关部门。

**（二）交通违法行为处罚的权限**

1. 对违法行为人处以警告、罚款或暂扣机动车辆证处罚的，由违法行为发生地的县级以上人民政府公安机关交通管理部门作出处罚决定。

2. 对违法行为人处以吊销机动车驾驶证处罚的，由违法行为发生地设区的市级公安机关交通管理部门作出处罚决定。

3. 对违法行为人处以行政拘留处罚的，由违法行为发生地的县、市公安局、公安分局或相当于县一级的公安机关作出处罚决定。

4. 专业运输单位的车辆六个月内两次发生一次死亡三人以上的道路交通事故的，且该单位或者车辆驾驶人，对事故承担全部责任或者主要责任的，事故发生地的县级公安机关交通管理部门，应当将专业运输单位的肇事情况录入全国公安交通信息系统，并将处理意见转递专业运输单位所在地县级公安机关交通管理部门；专业运输单位所在地的公安机关交通管理部门应当经设区市公安机关交通管理部门批准后，作出责令限期取消安全隐患的决定，禁止未消除安全隐患的机动车辆在道路上行驶，并通报道路交通事故发生地及运输单位属地的人民政府有关行政管理部门。该处罚应当制作《消除道路交通隐患通知书》。

## 二、交通违法行为的处罚决定程序

对行为人的道路道路交通违法行为，公安机关在处罚的过程中，可以使用简易程序和一般程序两种方式进行处罚。

**（一）简易程序**

对违法行为人处以警告或者200元以下罚款的，可以适用简易程序。适用简易程序处罚的，可以由一名交通警察作出，并应当按照下列程序实施：

1. 口头告知违法行为人违法行为的基本事实、拟作出的行政处罚、依据及其依法享有的权利；

2. 听取违法行为人的陈述和申辩，违法行为人提出的事实、理由或者证据成立的，应当采纳；

3. 制作简易程序处罚决定书；

4. 处罚决定书应当由被处罚人签名、交通警察签名或者盖章，并加盖公安机关交通管理部门印章；被处罚人拒绝签名的，交通警察应当在处罚决定书上注明；

5. 处罚决定书应当当场交付被处罚人；被处罚人拒收的，由交通警察在处罚决定书上注明，即为送达。

交通警察应当在二日内将简易程序处罚决定书报所属公安机关交通管理部门备案。

简易程序处罚决定书应当载明被处罚人的基本情况、车辆牌号、车辆类型、违法事实、处罚的依据、处罚的内容、履行方式、期限、处罚机关名称及被处罚人依法享有的行政复议、行政诉讼权利等内容。

(二) 一般程序

首先，实施一般程序的程序要求。按照一般程序作出处罚决定的，应当由两名以上交通警察按照下列程序实施：

1. 对违法事实进行调查，询问当事人违法行为的基本情况，并制作笔录；当事人拒绝接受询问、签名或者盖章的，交通警察应当在询问笔录上注明；

2. 采用书面形式或者笔录形式告知当事人拟作出的行政处罚的事实、理由及依据，并告知其依法享有的权利；

3. 对当事人陈述、申辩进行复核，复核结果应当在笔录中注明；

4. 制作行政处罚决定书；

5. 行政处罚决定书应当由被处罚人签名，并加盖公安机关交通管理部门印章；被处罚人拒绝签名的，交通警察应当在处罚决定书上注明；

6. 行政处罚决定书应当当场交付被处罚人；被处罚人拒收的，由交通警察在处罚决定书上注明，即为送达；被处罚人不在场的，应当依照《公安机关办理行政案件程序规定》的有关规定送达。

7. 对违法行为人处以200元（不含）以上罚款、暂扣或者吊销机动车驾驶证的，应当适用一般程序。不需要采取行政强制措施的，现场交通警察应当收集、固定相关证据，并制作违法行为处理通知书。

第二，制作发送违法行为处理通知书的要求：

1. 口头告知违法行为人违法行为的基本事实；

2. 听取违法行为人的陈述和申辩，违法行为人提出的事实、理由或者证据成立的，应当采纳；

3. 制作违法行为处理通知书，并通知当事人在15日内接受处理；

4. 违法行为处理通知书应当由违法行为人签名、交通警察签名或者盖章，并加盖公安机关交通管理部门印章；当事人拒绝签名的，交通警察应当在违法行为处理通知书上注明；

5. 违法行为处理通知书应当当场交付当事人；当事人拒收的，由交通警察在违法行为处理通知书上注明，即为送达；

6. 违法行为处理通知书应当载明当事人的基本情况、车辆牌号、车辆类型、违法事实、接受处理的具体地点和时限、通知机关名称等内容；

7. 交通警察应当在24小时内将违法行为处理通知书报所属公安机关交通管理部门备案。

第三，具体适用。具体适用过程：

对违法行为事实清楚，需要按照一般程序处以罚款的，应当自违法行为人接受处理之时起24小时内作出处罚决定；处以暂扣机动车驾驶证的，应当自违法行为人接受处理之日起三日内作出处罚决定；处以吊销机动车驾驶证的，应当自违法行为人接受处理或者听证程序结束之日起七日内作出处罚决定,交通肇事构成犯罪的,应当在人民法院判决后及时作出处罚决定。

**(三) 处罚决定书的制作**

一人有两种以上违法行为,分别裁决,合并执行,可以制作一份行政处罚决定书。一人只有一种违法行为,依法应当并处两个以上处罚种类且涉及两个处罚主体的,应当分别制作行政处罚决定书。

### 三、交通违法行为的处罚听证程序

**(一) 听证的范围**

根据《公安机关办理行政案件程序规定(公安部令第 125 号)》的规定,公安机关在作出下列行政处罚决定之前,应当告知违法嫌疑人有要求举行听证的权利:

1. 责令停产停业;
2. 吊销许可证或者执照;
3. 较大数额罚款;
4. 法律、法规和规章规定违法嫌疑人可以要求举行听证的其他情形。

前述第 3 项所称"较大数额罚款",是指对个人处以 2000 元以上罚款,对单位处以 1 万元以上罚款,对违反边防出境入境管理法律、法规和规章的个人处以 6000 元以上罚款。对依据地方性法规或者地方政府规章作出的罚款处罚,适用听证的罚款数额按照地方规定执行。

按照《交通法》规定,交通违法处罚最高限为 2000 元,因此,一旦交通违法行为人单次违法行为受到 2000 元的罚款,并主动要求复议的,可以提出听证申请。多项交通违法累计超过 2000 元不在听证范围之内。

**(二) 听证的告知、申请和受理**

1. 告知。对适用听证程序的交通违法行政案件,办案部门在提出处罚意见后,应当告知违法行为人拟作出的行政处罚和有要求举行听证的权利。

2. 申请。违法行为人要求听证的,应当在公安机关告知后 3 日内提出申请。违法行为人放弃听证或者撤回听证要求后,处罚决定作出前,又提出听证要求的,只要在听证申请有效期限内,应当允许。

3. 受理。公安机关收到听证申请后,应当在 2 日内决定是否受理。认为听证申请人的要求不符合听证条件,决定不予受理的,应当制作不予受理听证通知书,告知听证申请人。逾期不通知听证申请人的,视为受理。

公安机关受理听证后,应当在举行听证的 7 日前将举行听证通知书送达听证申请人,并将举行听证的时间、地点通知其他听证参加人。

**(三) 听证参加人的权利和义务**

1. 听证参加人的范围包括:当事人及其代理人;本案办案人民警察;证人、鉴定人、翻译人员;其他有关人员。

2. 听证参加人的权利包括:申请回避;委托一至二人代理参加听证;进行陈述、申辩和质证;核对、补正听证笔录;依法享有的其他权利。

与听证案件处理结果有直接利害关系的其他公民、法人或者其他组织,作为第三人申请参加听证的,应当允许。为查明案情,必要时,听证主持人也可以通知其参加听证。

3. 义务。听证参加人和旁听人员应当遵守听证会场纪律。对违反听证会场纪律的，听证主持人应当警告制止；对不听制止，干扰听证正常进行的旁听人员，责令其退场。

（四）听证的具体步骤

1. 听证公开。除涉及国家秘密、商业秘密、个人隐私的行政案件外，听证应当公开举行。

2. 听证期限。听证应当在公安机关收到听证申请之日起10日内举行；听证申请人不能按期参加听证的，可以申请延期，是否准许，由听证主持人决定。二个以上违法嫌疑人分别对同一行政案件提出听证要求的，可以合并举行。

同一行政案件中有二个以上违法嫌疑人，其中部分违法嫌疑人提出听证申请的，应当在听证举行后一并作出处理决定。

3. 听证的进行。听证开始时，听证主持人核对听证参加人、宣布案由、宣布听证员、记录员和翻译人员名单、告知当事人在听证中的权利和义务；询问当事人是否提出回避申请；对不公开听证的行政案件，宣布不公开听证的理由。

听证调查环节。首先由办案人民警察提出听证申请人违法的事实、证据和法律依据及行政处罚意见。办案人民警察提出证据时，应当向听证会出示。对证人证言、鉴定意见、勘验笔录和其他作为证据的文书，应当当场宣读。

其次听证申请人可以就办案人民警察提出的违法事实、证据和法律依据以及行政处罚意见进行陈述、申辩和质证，并可以提出新的证据。第三人可以陈述事实，提出新的证据。听证过程中，当事人及其代理人有权申请通知新的证人到会作证，调取新的证据。对上述申请，听证主持人应当当场作出是否同意的决定；申请重新鉴定的，按照相关规定办理重新鉴定或不予批准。

最后由听证申请人、第三人和办案人民警察可以围绕案件的事实、证据、程序、适用法律、处罚种类和幅度等问题进行辩论。

辩论结束后，听证主持人应当听取听证申请人、第三人、办案人民警察各方最后陈述意见。

4. 听证笔录。听证笔录应当载明下列内容：案由；听证的时间、地点和方式；听证人员和听证参加人的身份情况；办案人民警察陈述的事实、证据和法律依据以及行政处罚意见；听证申请人或者其代理人的陈述和申辩；第三人陈述的事实和理由；办案人民警察、听证申请人或者其代理人、第三人质证、辩论的内容；证人陈述的事实；听证申请人、第三人、办案人民警察的最后陈述意见；其他事项。

听证笔录应当交听证申请人阅读或者向其宣读。听证笔录中的证人陈述部分，应当交证人阅读或者向其宣读。听证申请人或者证人认为听证笔录有误的，可以请求补充或者改正。听证申请人或者证人审核无误后签名或者捺指印。听证申请人或者证人拒绝的，由记录员在听证笔录中记明情况。

听证笔录经听证主持人审阅后，由听证主持人、听证员和记录员签名。

5. 听证报告书。听证结束后，听证主持人应当写出听证报告书，连同听证笔录一并报送公安机关负责人。

## 四、交通违法处罚的执行

### (一) 警告的执行

公安机关交通警察在执行职务的过程中,对当场发现的违法行为,认为情节轻微、未影响道路通行和安全的,口头告知其违法行为的基本事实、依据,向违法行为人提出口头警告,纠正违法行为后放行。

### (二) 罚款的执行

对行人、乘车人、非机动车驾驶人处以罚款,交通警察当场收缴的,交通警察应当在简易程序处罚决定书上注明,由被处罚人签名确认。被处罚人拒绝签名的,交通警察应当在处罚决定书上注明。

交通警察依法当场收缴罚款的,应当开具省、自治区、直辖市财政部门统一制发的罚款收据;不开具省、自治区、直辖市财政部门统一制发的罚款收据的,当事人有权拒绝缴纳罚款。

当事人逾期不履行罚款处罚决定的,作出罚款处罚决定的公安机关交通管理部门可以采取下列强制执行措施:

1. 到期不缴纳罚款的,每日按罚款数额的百分之三加处罚款,加处罚款总额不得超出罚款数额;
2. 申请人民法院强制执行。

### (三) 暂扣或者吊销机动车驾驶证的执行

公安机关交通管理部门对非本辖区机动车驾驶人给予暂扣、吊销机动车驾驶证处罚的,应当在作出处罚决定之日起十五日内,将机动车驾驶证转至核发地公安机关交通管理部门。

违法行为人申请不将暂扣的机动车驾驶证转至核发地公安机关交通管理部门的,应当准许,并在行政处罚决定书上注明。

### (四) 拘留的执行

被处罚人不服行政拘留处罚决定,申请行政复议、提起行政诉讼的,可以向公安机关提出暂缓执行行政拘留的申请。公安机关认为暂缓执行行政拘留不致发生社会危险的,由被处罚人或者其近亲属提供担保人,或者按每日行政拘留200元的标准交纳保证金,行政拘留的处罚决定暂缓执行。

公安机关交通管理部门对违法行为人决定行政拘留并处罚款的,交通管理部门应当告知违法行为人可以委托他人代缴罚款。

附录一

# 中华人民共和国道路交通安全法

（2003年10月28日第十届全国人民代表大会常务委员会第五次会议通过 根据2007年12月29日第十届全国人民代表大会常务委员会第三十一次会议《关于修改〈中华人民共和国道路交通安全法〉的决定》第一次修正 根据2011年4月22日第十一届全国人民代表大会常务委员会第二十次会议《关于修改〈中华人民共和国道路交通安全法〉的决定》第二次修正 根据2021年4月29日全国人民代表大会常务委员会《关于修改〈中华人民共和国道路交通安全法〉等八部法律的决定》第三次修正）

## 目 录

第一章 总 则
第二章 车辆和驾驶人
　　第一节 机动车、非机动车
　　第二节 机动车驾驶人
第三章 道路通行条件
第四章 道路通行规定
　　第一节 一般规定
　　第二节 机动车通行规定
　　第三节 非机动车通行规定
　　第四节 行人和乘车人通行规定
　　第五节 高速公路的特别规定
第五章 交通事故处理
第六章 执法监督
第七章 法律责任
第八章 附则

## 第一章 总 则

**第一条** 为了维护道路交通秩序，预防和减少交通事故，保护人身安全，保护公民、法人和其他组织的财产安全及其他合法权益，提高通行效率，制定本法。

**第二条** 中华人民共和国境内的车辆驾驶人、行人、乘车人以及与道路交通活动有关的单位和个人，都应当遵守本法。

**第三条** 道路交通安全工作，应当遵循依法管理、方便群众的原则，保障道路交通有序、安全、畅通。

**第四条** 各级人民政府应当保障道路交通安全管理工作与经济建设和社会发展相适应。

县级以上地方各级人民政府应当适应道路交通发展的需要，依据道路交通安全法律、法规和国家有关政策，制定道路交通安全管理规划，并组织实施。

**第五条** 国务院公安部门负责全国道路交通安全管理工作。县级以上地方各级人民政府公安机关交通管理部门负责本行政区域内的道路交通安全管理工作。

县级以上各级人民政府交通、建设管理部门依据各自职责，负责有关的道路交通工作。

**第六条** 各级人民政府应当经常进行道路交通安全教育，提高公民的道路交通安全意识。

公安机关交通管理部门及其交通警察执行职务时，应当加强道路交通安全法律、法规的宣传，并模范遵守道路交通安全法律、法规。

机关、部队、企业事业单位、社会团体以及其他组织，应当对本单位的人员进行道路交通安全教育。

教育行政部门、学校应当将道路交通安全教育纳入法制教育的内容。

新闻、出版、广播、电视等有关单位，有进行道路交通安全教育的义务。

**第七条** 对道路交通安全管理工作，应当加强科学研究，推广、使用先进的管理方法、技术、设备。

## 第二章 车辆和驾驶人

### 第一节 机动车、非机动车

**第八条** 国家对机动车实行登记制度。机动车经公安机关交通管理部门登记后，方可上道路行驶。尚未登记的机动车，需要临时上道路行驶的，应当取得临时通行牌证。

**第九条** 申请机动车登记，应当提交以下证明、凭证：

（一）机动车所有人的身份证明；

（二）机动车来历证明；

（三）机动车整车出厂合格证明或者进口机动车进口凭证；

（四）车辆购置税的完税证明或者免税凭证；

（五）法律、行政法规规定应当在机动车登记时提交的其他证明、凭证。

公安机关交通管理部门应当自受理申请之日起五个工作日内完成机动车登记审查工作，对符合前款规定条件的，应当发放机动车登记证书、号牌和行驶证；对不符合前款规定条件的，应当向申请人说明不予登记的理由。

公安机关交通管理部门以外的任何单位或者个人不得发放机动车号牌或者要求机动车悬挂其他号牌，本法另有规定的除外。

机动车登记证书、号牌、行驶证的式样由国务院公安部门规定并监制。

**第十条** 准予登记的机动车应当符合机动车国家安全技术标准。申请机动车登记时，应当接受对该机动车的安全技术检验。但是，经国家机动车产品主管部门依据机动车国家安全技术标准认定的企业生产的机动车型，该车型的新车在出厂时经检验符合机动车国家安全技术标准，获得检验合格证的，免予安全技术检验。

**第十一条** 驾驶机动车上道路行驶，应当悬挂机动车号牌，放置检验合格标志、保险标志，并随车携带机动车行驶证。

机动车号牌应当按照规定悬挂并保持清晰、完整，不得故意遮挡、污损。

任何单位和个人不得收缴、扣留机动车号牌。

**第十二条** 有下列情形之一的，应当办理相应的登记：

（一）机动车所有权发生转移的；

（二）机动车登记内容变更的；

（三）机动车用作抵押的；

（四）机动车报废的。

**第十三条** 对登记后上道路行驶的机动车，应当依照法律、行政法规的规定，根据车辆用途、载客载货数量、使用年限等不同情况，定期进行安全技术检验。对提供机动车行驶证和机动车第三者责任强制保险单的，机动车安全技术检验机构应当予以检验，任何单位不得附加其他条件。对符合机动车国家安全技术标准的，公安机关交通管理部门应当发给检验合格标志。

对机动车的安全技术检验实行社会化。具体办法由国务院规定。

机动车安全技术检验实行社会化的地方，任何单位不得要求机动车到指定的场所进行检验。

公安机关交通管理部门、机动车安全技术检验机构不得要求机动车到指定的场所进行维修、保养。

机动车安全技术检验机构对机动车检验收取费用，应当严格执行国务院价格主管部门核定的收费标准。

**第十四条** 国家实行机动车强制报废制度，根据机动车的安全技术状况和不同用途，规定不同的报废标准。

应当报废的机动车必须及时办理注销登记。

达到报废标准的机动车不得上道路行驶。报废的大型客、货车及其他营运车辆应当在公安机关交通管理部门的监督下解体。

**第十五条** 警车、消防车、救护车、工程救险车应当按照规定喷涂标志图案，安装警报器、标志灯具。其他机动车不得喷涂、安装、使用上述车辆专用的或者与其相类似的标志图案、警报器或者标志灯具。

警车、消防车、救护车、工程救险车应当严格按照规定的用途和条件使用。

公路监督检查的专用车辆，应当依照公路法的规定，设置统一的标志和示警灯。

**第十六条** 任何单位或者个人不得有下列行为：

（一）拼装机动车或者擅自改变机动车已登记的结构、构造或者特征；

（二）改变机动车型号、发动机号、车架号或者车辆识别代号；

（三）伪造、变造或者使用伪造、变造的机动车登记证书、号牌、行驶证、检验合格标志、保险标志；

（四）使用其他机动车的登记证书、号牌、行驶证、检验合格标志、保险标志。

**第十七条** 国家实行机动车第三者责任强制保险制度，设立道路交通事故社会救助基金。具体办法由国务院规定。

**第十八条** 依法应当登记的非机动车，经公安机关交通管理部门登记后，方可上道路行驶。

依法应当登记的非机动车的种类，由省、自治区、直辖市人民政府根据当地实际情况规定。

非机动车的外形尺寸、质量、制动器、车铃和夜间反光装置，应当符合非机动车安全技术标准。

### 第二节 机动车驾驶人

**第十九条** 驾驶机动车，应当依法取得机动车驾驶证。

申请机动车驾驶证，应当符合国务院公安部门规定的驾驶许可条件；经考试合格后，由公安机关交通管理部门发给相应类别的机动车驾驶证。

持有境外机动车驾驶证的人，符合国务院公安部门规定的驾驶许可条件，经公安机关交通管理部门考核合格的，可以发给中国的机动车驾驶证。

驾驶人应当按照驾驶证载明的准驾车型驾驶机动车；驾驶机动车时，应当随身携带机动车驾驶证。

公安机关交通管理部门以外的任何单位或者个人，不得收缴、扣留机动车驾驶证。

**第二十条** 机动车的驾驶培训实行社会化，由交通主管部门对驾驶培训学校、驾驶培训班实行资格管理，其中专门的拖拉机驾驶培训学校、驾驶培训班由农业（农业机械）主管部门实行资格管理。

驾驶培训学校、驾驶培训班应当严格按照国家有关规定，对学员进行道路交通安全法律、法规、驾驶技能的培训，确保培训质量。

任何国家机关以及驾驶培训和考试主管部门不得举办或者参与举办驾驶培训学校、驾驶培训班。

**第二十一条** 驾驶人驾驶机动车上道路行驶前，应当对机动车的安全技术性能进行认真检查；不得驾驶安全设施不全或者机件不符合技术标准等具有安全隐患的机动车。

**第二十二条** 机动车驾驶人应当遵守道路交通安全法律、法规的规定，按照操作规范安全驾驶、文明驾驶。

饮酒、服用国家管制的精神药品或者麻醉药品，或者患有妨碍安全驾驶机动车的疾病，或者过度疲劳影响安全驾驶的，不得驾驶机动车。

任何人不得强迫、指使、纵容驾驶人违反道路交通安全法律、法规和机动车安全驾驶要求驾驶机动车。

**第二十三条** 公安机关交通管理部门依照法律、行政法规的规定，定期对机动车驾驶证实施审验。

**第二十四条** 公安机关交通管理部门对机动车驾驶人违反道路交通安全法律、法规的行为，除依法给予行政处罚外，实行累积记分制度。公安机关交通管理部门对累积记分达到规定分值的机动车驾驶人，扣留机动车驾驶证，对其进行道路交通安全法律、法规教育，重新考试；考试合格的，发还其机动车驾驶证。

对遵守道路交通安全法律、法规，在一年内无累积记分的机动车驾驶人，可以延长机动车驾驶证的审验期。具体办法由国务院公安部门规定。

### 第三章 道路通行条件

**第二十五条** 全国实行统一的道路交通信号。

交通信号包括交通信号灯、交通标志、交通标线和交通警察的指挥。

交通信号灯、交通标志、交通标线的设置应当符合道路交通安全、畅通的要求和国家标准,并保持清晰、醒目、准确、完好。

根据通行需要,应当及时增设、调换、更新道路交通信号。增设、调换、更新限制性的道路交通信号,应当提前向社会公告,广泛进行宣传。

**第二十六条** 交通信号灯由红灯、绿灯、黄灯组成。红灯表示禁止通行,绿灯表示准许通行,黄灯表示警示。

**第二十七条** 铁路与道路平面交叉的道口,应当设置警示灯、警示标志或者安全防护设施。无人看守的铁路道口,应当在距道口一定距离处设置警示标志。

**第二十八条** 任何单位和个人不得擅自设置、移动、占用、损毁交通信号灯、交通标志、交通标线。

道路两侧及隔离带上种植的树木或者其他植物,设置的广告牌、管线等,应当与交通设施保持必要的距离,不得遮挡路灯、交通信号灯、交通标志,不得妨碍安全视距,不得影响通行。

**第二十九条** 道路、停车场和道路配套设施的规划、设计、建设,应当符合道路交通安全、畅通的要求,并根据交通需求及时调整。

公安机关交通管理部门发现已经投入使用的道路存在交通事故频发路段,或者停车场、道路配套设施存在交通安全严重隐患的,应当及时向当地人民政府报告,并提出防范交通事故、消除隐患的建议,当地人民政府应当及时作出处理决定。

**第三十条** 道路出现坍塌、坑漕、水毁、隆起等损毁或者交通信号灯、交通标志、交通标线等交通设施损毁、灭失的,道路、交通设施的养护部门或者管理部门应当设置警示标志并及时修复。

公安机关交通管理部门发现前款情形,危及交通安全,尚未设置警示标志的,应当及时采取安全措施,疏导交通,并通知道路、交通设施的养护部门或者管理部门。

**第三十一条** 未经许可,任何单位和个人不得占用道路从事非交通活动。

**第三十二条** 因工程建设需要占用、挖掘道路,或者跨越、穿越道路架设、增设管线设施,应当事先征得道路主管部门的同意;影响交通安全的,还应当征得公安机关交通管理部门的同意。

施工作业单位应当在经批准的路段和时间内施工作业,并在距离施工作业地点来车方向安全距离处设置明显的安全警示标志,采取防护措施;施工作业完毕,应当迅速清除道路上的障碍物,消除安全隐患,经道路主管部门和公安机关交通管理部门验收合格,符合通行要求后,方可恢复通行。

对未中断交通的施工作业道路,公安机关交通管理部门应当加强交通安全监督检查,维护道路交通秩序。

**第三十三条** 新建、改建、扩建的公共建筑、商业街区、居住区、大(中)型建筑等,应当配建、增建停车场;停车泊位不足的,应当及时改建或者扩建;投入使用的停车场不得擅自停止使用或者改作他用。

在城市道路范围内,在不影响行人、车辆通行的情况下,政府有关部门可以施划停车泊位。

**第三十四条** 学校、幼儿园、医院、养老院门前的道路没有行人过街设施的,应当施划人行横道线,设置提示标志。

城市主要道路的人行道,应当按照规划设置盲道。盲道的设置应当符合国家标准。

## 第四章　道路通行规定

### 第一节　一般规定

**第三十五条**　机动车、非机动车实行右侧通行。

**第三十六条**　根据道路条件和通行需要，道路划分为机动车道、非机动车道和人行道的，机动车、非机动车、行人实行分道通行。没有划分机动车道、非机动车道和人行道的，机动车在道路中间通行，非机动车和行人在道路两侧通行。

**第三十七条**　道路划设专用车道的，在专用车道内，只准许规定的车辆通行，其他车辆不得进入专用车道内行驶。

**第三十八条**　车辆、行人应当按照交通信号通行；遇有交通警察现场指挥时，应当按照交通警察的指挥通行；在没有交通信号的道路上，应当在确保安全、畅通的原则下通行。

**第三十九条**　公安机关交通管理部门根据道路和交通流量的具体情况，可以对机动车、非机动车、行人采取疏导、限制通行、禁止通行等措施。遇有大型群众性活动、大范围施工等情况，需要采取限制交通的措施，或者作出与公众的道路交通活动直接有关的决定，应当提前向社会公告。

**第四十条**　遇有自然灾害、恶劣气象条件或者重大交通事故等严重影响交通安全的情形，采取其他措施难以保证交通安全时，公安机关交通管理部门可以实行交通管制。

**第四十一条**　有关道路通行的其他具体规定，由国务院规定。

### 第二节　机动车通行规定

**第四十二条**　机动车上道路行驶，不得超过限速标志标明的最高时速。在没有限速标志的路段，应当保持安全车速。

夜间行驶或者在容易发生危险的路段行驶，以及遇有沙尘、冰雹、雨、雪、雾、结冰等气象条件时，应当降低行驶速度。

**第四十三条**　同车道行驶的机动车，后车应当与前车保持足以采取紧急制动措施的安全距离。有下列情形之一的，不得超车：

（一）前车正在左转弯、掉头、超车的；

（二）与对面来车有会车可能的；

（三）前车为执行紧急任务的警车、消防车、救护车、工程救险车的；

（四）行经铁路道口、交叉路口、窄桥、弯道、陡坡、隧道、人行横道、市区交通流量大的路段等没有超车条件的。

**第四十四条**　机动车通过交叉路口，应当按照交通信号灯、交通标志、交通标线或者交通警察的指挥通过；通过没有交通信号灯、交通标志、交通标线或者交通警察指挥的交叉路口时，应当减速慢行，并让行人和优先通行的车辆先行。

**第四十五条**　机动车遇有前方车辆停车排队等候或者缓慢行驶时，不得借道超车或者占用对面车道，不得穿插等候的车辆。

在车道减少的路段、路口，或者在没有交通信号灯、交通标志、交通标线或者交通警察指挥的交叉路口遇到停车排队等候或者缓慢行驶时，机动车应当依次交替通行。

**第四十六条**　机动车通过铁路道口时，应当按照交通信号或者管理人员的指挥通行；没有交通信号或者管理人员的,应当减速或者停车,在确认安全后通过。

**第四十七条** 机动车行经人行横道时,应当减速行驶;遇行人正在通过人行横道,应当停车让行。

机动车行经没有交通信号的道路时,遇行人横过道路,应当避让。

**第四十八条** 机动车载物应当符合核定的载质量,严禁超载;载物的长、宽、高不得违反装载要求,不得遗洒、飘散载运物。

机动车运载超限的不可解体的物品,影响交通安全的,应当按照公安机关交通管理部门指定的时间、路线、速度行驶,悬挂明显标志。在公路上运载超限的不可解体的物品,并应当依照公路法的规定执行。

机动车载运爆炸物品、易燃易爆化学物品以及剧毒、放射性等危险物品,应当经公安机关批准后,按指定的时间、路线、速度行驶,悬挂警示标志并采取必要的安全措施。

**第四十九条** 机动车载人不得超过核定的人数,客运机动车不得违反规定载货。

**第五十条** 禁止货运机动车载客。

货运机动车需要附载作业人员的,应当设置保护作业人员的安全措施。

**第五十一条** 机动车行驶时,驾驶人、乘坐人员应当按规定使用安全带,摩托车驾驶人及乘坐人员应当按规定戴安全头盔。

**第五十二条** 机动车在道路上发生故障,需要停车排除故障时,驾驶人应当立即开启危险报警闪光灯,将机动车移至不妨碍交通的地方停放;难以移动的,应当持续开启危险报警闪光灯,并在来车方向设置警告标志等措施扩大示警距离,必要时迅速报警。

**第五十三条** 警车、消防车、救护车、工程救险车执行紧急任务时,可以使用警报器、标志灯具;在确保安全的前提下,不受行驶路线、行驶方向、行驶速度和信号灯的限制,其他车辆和行人应当让行。

警车、消防车、救护车、工程救险车非执行紧急任务时,不得使用警报器、标志灯具,不享有前款规定的道路优先通行权。

**第五十四条** 道路养护车辆、工程作业车进行作业时,在不影响过往车辆通行的前提下,其行驶路线和方向不受交通标志、标线限制,过往车辆和人员应当注意避让。

洒水车、清扫车等机动车应当按照安全作业标准作业;在不影响其他车辆通行的情况下,可以不受车辆分道行驶的限制,但是不得逆向行驶。

**第五十五条** 高速公路、大中城市中心城区内的道路,禁止拖拉机通行。其他禁止拖拉机通行的道路,由省、自治区、直辖市人民政府根据当地实际情况规定。

在允许拖拉机通行的道路上,拖拉机可以从事货运,但是不得用于载人。

**第五十六条** 机动车应当在规定地点停放。禁止在人行道上停放机动车;但是,依照本法第三十三条规定施划的停车泊位除外。

在道路上临时停车的,不得妨碍其他车辆和行人通行。

### 第三节 非机动车通行规定

**第五十七条** 驾驶非机动车在道路上行驶应当遵守有关交通安全的规定。非机动车应当在非机动车道内行驶;在没有非机动车道的道路上,应当靠车行道的右侧行驶。

**第五十八条** 残疾人机动轮椅车、电动自行车在非机动车道内行驶时,最高时速不得超过十五公里。

**第五十九条** 非机动车应当在规定地点停放。未设停放地点的，非机动车停放不得妨碍其他车辆和行人通行。

**第六十条** 驾驭畜力车，应当使用驯服的牲畜；驾驭畜力车横过道路时，驾驭人应当下车牵引牲畜；驾驭人离开车辆时，应当拴系牲畜。

### 第四节 行人和乘车人通行规定

**第六十一条** 行人应当在人行道内行走，没有人行道的靠路边行走。

**第六十二条** 行人通过路口或者横过道路，应当走人行横道或者过街设施；通过有交通信号灯的人行横道，应当按照交通信号灯指示通行；通过没有交通信号灯、人行横道的路口，或者在没有过街设施的路段横过道路，应当在确认安全后通过。

**第六十三条** 行人不得跨越、倚坐道路隔离设施，不得扒车、强行拦车或者实施妨碍道路交通安全的其他行为。

**第六十四条** 学龄前儿童以及不能辨认或者不能控制自己行为的精神疾病患者、智力障碍者在道路上通行，应当由其监护人、监护人委托的人或者对其负有管理、保护职责的人带领。

盲人在道路上通行，应当使用盲杖或者采取其他导盲手段，车辆应当避让盲人。

**第六十五条** 行人通过铁路道口时，应当按照交通信号或者管理人员的指挥通行；没有交通信号和管理人员的，应当在确认无火车驶临后，迅速通过。

**第六十六条** 乘车人不得携带易燃易爆等危险物品，不得向车外抛洒物品，不得有影响驾驶人安全驾驶的行为。

### 第五节 高速公路的特别规定

**第六十七条** 行人、非机动车、拖拉机、轮式专用机械车、铰接式客车、全挂拖斗车以及其他设计最高时速低于七十公里的机动车，不得进入高速公路。高速公路限速标志标明的最高时速不得超过一百二十公里。

**第六十八条** 机动车在高速公路上发生故障时，应当依照本法第五十二条的有关规定办理；但是，警告标志应当设置在故障车来车方向一百五十米以外，车上人员应当迅速转移到右侧路肩上或者应急车道内，并且迅速报警。

机动车在高速公路上发生故障或者交通事故，无法正常行驶的，应当由救援车、清障车拖曳、牵引。

**第六十九条** 任何单位、个人不得在高速公路上拦截检查行驶的车辆，公安机关的人民警察依法执行紧急公务除外。

## 第五章 交通事故处理

**第七十条** 在道路上发生交通事故，车辆驾驶人应当立即停车，保护现场；造成人身伤亡的，车辆驾驶人应当立即抢救受伤人员，并迅速报告执勤的交通警察或者公安机关交通管理部门。因抢救受伤人员变动现场的，应当标明位置。乘车人、过往车辆驾驶人、过往行人应当予以协助。

在道路上发生交通事故，未造成人身伤亡，当事人对事实及成因无争议的，可以即行撤离现场，恢复交通，自行协商处理损害赔偿事宜；不即行撤离现场的，应当迅速报告执勤的交通警察或者公安机关交通管理部门。

在道路上发生交通事故，仅造成轻微财产损失，并且基本事实清楚的，当事人应当先撤离现场再进行协商处理。

**第七十一条** 车辆发生交通事故后逃逸的，事故现场目击人员和其他知情人员应当向公安机关交通管理部门或者交通警察举报。举报属实的，公安机关交通管理部门应当给予奖励。

**第七十二条** 公安机关交通管理部门接到交通事故报警后，应当立即派交通警察赶赴现场，先组织抢救受伤人员，并采取措施，尽快恢复交通。

交通警察应当对交通事故现场进行勘验、检查，收集证据；因收集证据的需要，可以扣留事故车辆，但是应当妥善保管，以备核查。

对当事人的生理、精神状况等专业性较强的检验，公安机关交通管理部门应当委托专门机构进行鉴定。鉴定结论应当由鉴定人签名。

**第七十三条** 公安机关交通管理部门应当根据交通事故现场勘验、检查、调查情况和有关的检验、鉴定结论，及时制作交通事故认定书，作为处理交通事故的证据。交通事故认定书应当载明交通事故的基本事实、成因和当事人的责任，并送达当事人。

**第七十四条** 对交通事故损害赔偿的争议，当事人可以请求公安机关交通管理部门调解，也可以直接向人民法院提起民事诉讼。

经公安机关交通管理部门调解，当事人未达成协议或者调解书生效后不履行的，当事人可以向人民法院提起民事诉讼。

**第七十五条** 医疗机构对交通事故中的受伤人员应当及时抢救，不得因抢救费用未及时支付而拖延救治。肇事车辆参加机动车第三者责任强制保险的，由保险公司在责任限额范围内支付抢救费用；抢救费用超过责任限额的，未参加机动车第三者责任强制保险或者肇事后逃逸的，由道路交通事故社会救助基金先行垫付部分或者全部抢救费用，道路交通事故社会救助基金管理机构有权向交通事故责任人追偿。

**第七十六条** 机动车发生交通事故造成人身伤亡、财产损失的，由保险公司在机动车第三者责任强制保险责任限额范围内予以赔偿；不足的部分，按照下列规定承担赔偿责任：

（一）机动车之间发生交通事故的，由有过错的一方承担赔偿责任；双方都有过错的，按照各自过错的比例分担责任。

（二）机动车与非机动车驾驶人、行人之间发生交通事故，非机动车驾驶人、行人没有过错的，由机动车一方承担赔偿责任；有证据证明非机动车驾驶人、行人有过错的，根据过错程度适当减轻机动车一方的赔偿责任；机动车一方没有过错的，承担不超过百分之十的赔偿责任。

交通事故的损失是由非机动车驾驶人、行人故意碰撞机动车造成的，机动车一方不承担赔偿责任。

**第七十七条** 车辆在道路以外通行时发生的事故，公安机关交通管理部门接到报案的，参照本法有关规定办理。

## 第六章　执法监督

**第七十八条** 公安机关交通管理部门应当加强对交通警察的管理，提高交通警察的素质和管理道路交通的水平。

公安机关交通管理部门应当对交通警察进行法制和交通安全管理业务培训、考核。交通警察经考核不合格的，不得上岗执行职务。

第七十九条　公安机关交通管理部门及其交通警察实施道路交通安全管理，应当依据法定的职权和程序，简化办事手续，做到公正、严格、文明、高效。

第八十条　交通警察执行职务时，应当按照规定着装，佩带人民警察标志，持有人民警察证件，保持警容严整，举止端庄，指挥规范。

第八十一条　依照本法发放牌证等收取工本费，应当严格执行国务院价格主管部门核定的收费标准，并全部上缴国库。

第八十二条　公安机关交通管理部门依法实施罚款的行政处罚，应当依照有关法律、行政法规的规定，实施罚款决定与罚款收缴分离；收缴的罚款以及依法没收的违法所得，应当全部上缴国库。

第八十三条　交通警察调查处理道路交通安全违法行为和交通事故，有下列情形之一的，应当回避：

（一）是本案的当事人或者当事人的近亲属；

（二）本人或者其近亲属与本案有利害关系；

（三）与本案当事人有其他关系，可能影响案件的公正处理的。

第八十四条　公安机关交通管理部门及其交通警察的行政执法活动，应当接受行政监察机关依法实施的监督。

公安机关督察部门应当对公安机关交通管理部门及其交通警察执行法律、法规和遵守纪律的情况依法进行监督。

上级公安机关交通管理部门应当对下级公安机关交通管理部门的执法活动进行监督。

第八十五条　公安机关交通管理部门及其交通警察执行职务，应当自觉接受社会和公民的监督。

任何单位和个人都有权对公安机关交通管理部门及其交通警察不严格执法以及违法违纪行为进行检举、控告。收到检举、控告的机关，应当依据职责及时查处。

第八十六条　任何单位不得给公安机关交通管理部门下达或者变相下达罚款指标；公安机关交通管理部门不得以罚款数额作为考核交通警察的标准。

公安机关交通管理部门及其交通警察对超越法律、法规规定的指令，有权拒绝执行，并同时向上级机关报告。

## 第七章　法律责任

第八十七条　公安机关交通管理部门及其交通警察对道路交通安全违法行为，应当及时纠正。

公安机关交通管理部门及其交通警察应当依据事实和本法的有关规定对道路交通安全违法行为予以处罚。对于情节轻微，未影响道路通行的，指出违法行为，给予口头警告后放行。

第八十八条　对道路交通安全违法行为的处罚种类包括：警告、罚款、暂扣或者吊销机动车驾驶证、拘留。

第八十九条　行人、乘车人、非机动车驾驶人违反道路交通安全法律、法规关于道路通行规定的，处警告或者五元以上五十元以下罚款；非机动车驾驶人拒绝接受罚款处罚的，可以扣留其非机动车。

第九十条 机动车驾驶人违反道路交通安全法律、法规关于道路通行规定的,处警告或者二十元以上二百元以下罚款。本法另有规定的,依照规定处罚。

第九十一条 饮酒后驾驶机动车的,处暂扣六个月机动车驾驶证,并处一千元以上二千元以下罚款。因饮酒后驾驶机动车被处罚,再次饮酒后驾驶机动车的,处十日以下拘留,并处一千元以上二千元以下罚款,吊销机动车驾驶证。

醉酒驾驶机动车的,由公安机关交通管理部门约束至酒醒,吊销机动车驾驶证,依法追究刑事责任;五年内不得重新取得机动车驾驶证。

饮酒后驾驶营运机动车的,处十五日拘留,并处五千元罚款,吊销机动车驾驶证,五年内不得重新取得机动车驾驶证。

醉酒驾驶营运机动车的,由公安机关交通管理部门约束至酒醒,吊销机动车驾驶证,依法追究刑事责任;十年内不得重新取得机动车驾驶证,重新取得机动车驾驶证后,不得驾驶营运机动车。

饮酒后或者醉酒驾驶机动车发生重大交通事故,构成犯罪的,依法追究刑事责任,并由公安机关交通管理部门吊销机动车驾驶证,终生不得重新取得机动车驾驶证。

第九十二条 公路客运车辆载客超过额定乘员的,处二百元以上五百元以下罚款;超过额定乘员百分之二十或者违反规定载货的,处五百元以上二千元以下罚款。

货运机动车超过核定载质量的,处二百元以上五百元以下罚款;超过核定载质量百分之三十或者违反规定载客的,处五百元以上二千元以下罚款。

有前两款行为的,由公安机关交通管理部门扣留机动车至违法状态消除。

运输单位的车辆有本条第一款、第二款规定的情形,经处罚不改的,对直接负责的主管人员处二千元以上五千元以下罚款。

第九十三条 对违反道路交通安全法律、法规关于机动车停放、临时停车规定的,可以指出违法行为,并予以口头警告,令其立即驶离。

机动车驾驶人不在现场或者虽在现场但拒绝立即驶离,妨碍其他车辆、行人通行的,处二十元以上二百元以下罚款,并可以将该机动车拖移至不妨碍交通的地点或者公安机关交通管理部门指定的地点停放。公安机关交通管理部门拖车不得向当事人收取费用,并应当及时告知当事人停放地点。

因采取不正确的方法拖车造成机动车损坏的,应当依法承担补偿责任。

第九十四条 机动车安全技术检验机构实施机动车安全技术检验超过国务院价格主管部门核定的收费标准收取费用的,退还多收取的费用,并由价格主管部门依照《中华人民共和国价格法》的有关规定给予处罚。

机动车安全技术检验机构不按照机动车国家安全技术标准进行检验,出具虚假检验结果的,由公安机关交通管理部门处所收检验费用五倍以上十倍以下罚款,并依法撤销其检验资格;构成犯罪的,依法追究刑事责任。

第九十五条 上道路行驶的机动车未悬挂机动车号牌,未放置检验合格标志、保险标志,或者未随车携带行驶证、驾驶证的,公安机关交通管理部门应当扣留机动车,通知当事人提供相应的牌证、标志或者补办相应手续,并可以依照本法第九十条的规定予以处罚。当事人提供相应的牌证、标志或者补办相应手续的,应当及时退还机动车。

故意遮挡、污损或者不按规定安装机动车号牌的,依照本法第九十条的规定予以处罚。

**第九十六条** 伪造、变造或者使用伪造、变造的机动车登记证书、号牌、行驶证、驾驶证的，由公安机关交通管理部门予以收缴，扣留该机动车，处十五日以下拘留，并处二千元以上五千元以下罚款；构成犯罪的，依法追究刑事责任。

伪造、变造或者使用伪造、变造的检验合格标志、保险标志的，由公安机关交通管理部门予以收缴，扣留该机动车，处十日以下拘留，并处一千元以上三千元以下罚款；构成犯罪的，依法追究刑事责任。

使用其他车辆的机动车登记证书、号牌、行驶证、检验合格标志、保险标志的，由公安机关交通管理部门予以收缴，扣留该机动车，处二千元以上五千元以下罚款。

当事人提供相应的合法证明或者补办相应手续的，应当及时退还机动车。

**第九十七条** 非法安装警报器、标志灯具的，由公安机关交通管理部门强制拆除，予以收缴，并处二百元以上二千元以下罚款。

**第九十八条** 机动车所有人、管理人未按照国家规定投保机动车第三者责任强制保险的，由公安机关交通管理部门扣留车辆至依照规定投保后，并处依照规定投保最低责任限额应缴纳的保险费的二倍罚款。

依照前款缴纳的罚款全部纳入道路交通事故社会救助基金。具体办法由国务院规定。

**第九十九条** 有下列行为之一的，由公安机关交通管理部门处二百元以上二千元以下罚款：

（一）未取得机动车驾驶证、机动车驾驶证被吊销或者机动车驾驶证被暂扣期间驾驶机动车的；

（二）将机动车交由未取得机动车驾驶证或者机动车驾驶证被吊销、暂扣的人驾驶的；

（三）造成交通事故后逃逸，尚不构成犯罪的；

（四）机动车行驶超过规定时速百分之五十的；

（五）强迫机动车驾驶人违反道路交通安全法律、法规和机动车安全驾驶要求驾驶机动车，造成交通事故，尚不构成犯罪的；

（六）违反交通管制的规定强行通行，不听劝阻的；

（七）故意损毁、移动、涂改交通设施，造成危害后果，尚不构成犯罪的；

（八）非法拦截、扣留机动车辆，不听劝阻，造成交通严重阻塞或者较大财产损失的。

行为人有前款第二项、第四项情形之一的，可以并处吊销机动车驾驶证；有第一项、第三项、第五项至第八项情形之一的，可以并处十五日以下拘留。

**第一百条** 驾驶拼装的机动车或者已达到报废标准的机动车上道路行驶的，公安机关交通管理部门应当予以收缴，强制报废。

对驾驶前款所列机动车上道路行驶的驾驶人，处二百元以上二千元以下罚款，并吊销机动车驾驶证。

出售已达到报废标准的机动车的，没收违法所得，处销售金额等额的罚款，对该机动车依照本条第一款的规定处理。

**第一百零一条** 违反道路交通安全法律、法规的规定，发生重大交通事故，构成犯罪的，依法追究刑事责任，并由公安机关交通管理部门吊销机动车驾驶证。

造成交通事故后逃逸的，由公安机关交通管理部门吊销机动车驾驶证，且终生不得重新取得机动车驾驶证。

**第一百零二条** 对六个月内发生二次以上特大交通事故负有主要责任或者全部责任的专

业运输单位,由公安机关交通管理部门责令消除安全隐患,未消除安全隐患的机动车,禁止上道路行驶。

**第一百零三条** 国家机动车产品主管部门未按照机动车国家安全技术标准严格审查,许可不合格机动车型投入生产的,对负有责任的主管人员和其他直接责任人员给予降级或者撤职的行政处分。

机动车生产企业经国家机动车产品主管部门许可生产的机动车型,不执行机动车国家安全技术标准或者不严格进行机动车成品质量检验,致使质量不合格的机动车出厂销售的,由质量技术监督部门依照《中华人民共和国产品质量法》的有关规定给予处罚。

擅自生产、销售未经国家机动车产品主管部门许可生产的机动车型的,没收非法生产、销售的机动车成品及配件,可以并处非法产品价值三倍以上五倍以下罚款;有营业执照的,由工商行政管理部门吊销营业执照,没有营业执照的,予以查封。

生产、销售拼装的机动车或者生产、销售擅自改装的机动车的,依照本条第三款的规定处罚。

有本条第二款、第三款、第四款所列违法行为,生产或者销售不符合机动车国家安全技术标准的机动车,构成犯罪的,依法追究刑事责任。

**第一百零四条** 未经批准,擅自挖掘道路、占用道路施工或者从事其他影响道路交通安全活动的,由道路主管部门责令停止违法行为,并恢复原状,可以依法给予罚款;致使通行的人员、车辆及其他财产遭受损失的,依法承担赔偿责任。

有前款行为,影响道路交通安全活动的,公安机关交通管理部门可以责令停止违法行为,迅速恢复交通。

**第一百零五条** 道路施工作业或者道路出现损毁,未及时设置警示标志、未采取防护措施,或者应当设置交通信号灯、交通标志、交通标线而没有设置或者应当及时变更交通信号灯、交通标志、交通标线而没有及时变更,致使通行的人员、车辆及其他财产遭受损失的,负有相关职责的单位应当依法承担赔偿责任。

**第一百零六条** 在道路两侧及隔离带上种植树木、其他植物或者设置广告牌、管线等,遮挡路灯、交通信号灯、交通标志,妨碍安全视距的,由公安机关交通管理部门责令行为人排除妨碍;拒不执行的,处二百元以上二千元以下罚款,并强制排除妨碍,所需费用由行为人负担。

**第一百零七条** 对道路交通违法行为人予以警告、二百元以下罚款,交通警察可以当场作出行政处罚决定,并出具行政处罚决定书。

行政处罚决定书应当载明当事人的违法事实、行政处罚的依据、处罚内容、时间、地点以及处罚机关名称,并由执法人员签名或者盖章。

**第一百零八条** 当事人应当自收到罚款的行政处罚决定书之日起十五日内,到指定的银行缴纳罚款。

对行人、乘车人和非机动车驾驶人的罚款,当事人无异议的,可以当场予以收缴罚款。

罚款应当开具省、自治区、直辖市财政部门统一制发的罚款收据;不出具财政部门统一制发的罚款收据的,当事人有权拒绝缴纳罚款。

**第一百零九条** 当事人逾期不履行行政处罚决定的,作出行政处罚决定的行政机关可以采取下列措施:

(一)到期不缴纳罚款的,每日按罚款数额的百分之三加处罚款;

(二) 申请人民法院强制执行。

第一百一十条　执行职务的交通警察认为应当对道路交通违法行为人给予暂扣或者吊销机动车驾驶证处罚的，可以先予扣留机动车驾驶证，并在二十四小时内将案件移交公安机关交通管理部门处理。

道路交通违法行为人应当在十五日内到公安机关交通管理部门接受处理。无正当理由逾期未接受处理的，吊销机动车驾驶证。

公安机关交通管理部门暂扣或者吊销机动车驾驶证的，应当出具行政处罚决定书。

第一百一十一条　对违反本法规定予以拘留的行政处罚，由县、市公安局、公安分局或者相当于县一级的公安机关裁决。

第一百一十二条　公安机关交通管理部门扣留机动车、非机动车，应当当场出具凭证，并告知当事人在规定期限内到公安机关交通管理部门接受处理。

公安机关交通管理部门对被扣留的车辆应当妥善保管，不得使用。

逾期不来接受处理，并且经公告三个月仍不来接受处理的，对扣留的车辆依法处理。

第一百一十三条　暂扣机动车驾驶证的期限从处罚决定生效之日起计算；处罚决定生效前先予扣留机动车驾驶证的，扣留一日折抵暂扣期限一日。

吊销机动车驾驶证后重新申请领取机动车驾驶证的期限，按照机动车驾驶证管理规定办理。

第一百一十四条　公安机关交通管理部门根据交通技术监控记录资料，可以对违法的机动车所有人或者管理人依法予以处罚。对能够确定驾驶人的，可以依照本法的规定依法予以处罚。

第一百一十五条　交通警察有下列行为之一的，依法给予行政处分：

(一) 为不符合法定条件的机动车发放机动车登记证书、号牌、行驶证、检验合格标志的；

(二) 批准不符合法定条件的机动车安装、使用警车、消防车、救护车、工程救险车的警报器、标志灯具，喷涂标志图案的；

(三) 为不符合驾驶许可条件、未经考试或者考试不合格人员发放机动车驾驶证的；

(四) 不执行罚款决定与罚款收缴分离制度或者不按规定将依法收取的费用、收缴的罚款及没收的违法所得全部上缴国库的；

(五) 举办或者参与举办驾驶学校或者驾驶培训班、机动车修理厂或者收费停车场等经营活动的；

(六) 利用职务上的便利收受他人财物或者谋取其他利益的；

(七) 违法扣留车辆、机动车行驶证、驾驶证、车辆号牌的；

(八) 使用依法扣留的车辆的；

(九) 当场收取罚款不开具罚款收据或者不如实填写罚款额的；

(十) 徇私舞弊，不公正处理交通事故的；

(十一) 故意刁难，拖延办理机动车牌证的；

(十二) 非执行紧急任务时使用警报器、标志灯具的；

(十三) 违反规定拦截、检查正常行驶的车辆的；

(十四) 非执行紧急公务时拦截搭乘机动车的；

(十五) 不履行法定职责的。

公安机关交通管理部门有前款所列行为之一的,对直接负责的主管人员和其他直接责任人员给予相应的行政处分。

**第一百一十六条** 依照本法第一百一十五条的规定,给予交通警察行政处分的,在作出行政处分决定前,可以停止其执行职务;必要时,可以予以禁闭。

依照本法第一百一十五条的规定,交通警察受到降级或者撤职行政处分的,可以予以辞退。

交通警察受到开除处分或者被辞退的,应当取消警衔;受到撤职以下行政处分的交通警察,应当降低警衔。

**第一百一十七条** 交通警察利用职权非法占有公共财物,索取、收受贿赂,或者滥用职权、玩忽职守,构成犯罪的,依法追究刑事责任。

**第一百一十八条** 公安机关交通管理部门及其交通警察有本法第一百一十五条所列行为之一,给当事人造成损失的,应当依法承担赔偿责任。

## 第八章 附 则

**第一百一十九条** 本法中下列用语的含义:

(一)"道路",是指公路、城市道路和虽在单位管辖范围但允许社会机动车通行的地方,包括广场、公共停车场等用于公众通行的场所。

(二)"车辆",是指机动车和非机动车。

(三)"机动车",是指以动力装置驱动或者牵引,上道路行驶的供人员乘用或者用于运送物品以及进行工程专项作业的轮式车辆。

(四)"非机动车",是指以人力或者畜力驱动,上道路行驶的交通工具,以及虽有动力装置驱动但设计最高时速、空车质量、外形尺寸符合有关国家标准的残疾人机动轮椅车、电动自行车等交通工具。

(五)"交通事故",是指车辆在道路上因过错或者意外造成的人身伤亡或者财产损失的事件。

**第一百二十条** 中国人民解放军和中国人民武装警察部队在编机动车牌证、在编机动车检验以及机动车驾驶人考核工作,由中国人民解放军、中国人民武装警察部队有关部门负责。

**第一百二十一条** 对上道路行驶的拖拉机,由农业(农业机械)主管部门行使本法第八条、第九条、第十三条、第十九条、第二十三条规定的公安机关交通管理部门的管理职权。

农业(农业机械)主管部门依照前款规定行使职权,应当遵守本法有关规定,并接受公安机关交通管理部门的监督;对违反规定的,依照本法有关规定追究法律责任。

本法施行前由农业(农业机械)主管部门发放的机动车牌证,在本法施行后继续有效。

**第一百二十二条** 国家对入境的境外机动车的道路交通安全实施统一管理。

**第一百二十三条** 省、自治区、直辖市人民代表大会常务委员会可以根据本地区的实际情况,在本法规定的罚款幅度内,规定具体的执行标准。

**第一百二十四条** 本法自2004年5月1日起施行。

附录二

# 中华人民共和国道路交通安全法实施条例

(2004年4月30日国务院令第405号 根据2017年10月7日国务院令第687号《国务院关于修改部分行政法规的决定》修订)

## 第一章 总 则

**第一条** 根据《中华人民共和国道路交通安全法》(以下简称道路交通安全法)的规定,制定本条例。

**第二条** 中华人民共和国境内的车辆驾驶人、行人、乘车人以及与道路交通活动有关的单位和个人,应当遵守道路交通安全法和本条例。

**第三条** 县级以上地方各级人民政府应当建立、健全道路交通安全工作协调机制,组织有关部门对城市建设项目进行交通影响评价,制定道路交通安全管理规划,确定管理目标,制定实施方案。

## 第二章 车辆和驾驶人

### 第一节 机动车

**第四条** 机动车的登记,分为注册登记、变更登记、转移登记、抵押登记和注销登记。

**第五条** 初次申领机动车号牌、行驶证的,应当向机动车所有人住所地的公安机关交通管理部门申请注册登记。申请机动车注册登记,应当交验机动车,并提交以下证明、凭证:

(一)机动车所有人的身份证明;

(二)购车发票等机动车来历证明;

(三)机动车整车出厂合格证明或者进口机动车进口凭证;

(四)车辆购置税完税证明或者免税凭证;

(五)机动车第三者责任强制保险凭证;

(六)法律、行政法规规定应当在机动车注册登记时提交的其他证明、凭证。

不属于国务院机动车产品主管部门规定免予安全技术检验的车型的,还应当提供机动车安全技术检验合格证明。

**第六条** 已注册登记的机动车有下列情形之一的,机动车所有人应当向登记该机动车的公安机关交通管理部门申请变更登记:

(一)改变机动车车身颜色的;

(二)更换发动机的;

(三)更换车身或者车架的;

(四)因质量有问题,制造厂更换整车的;

（五）营运机动车改为非营运机动车或者非营运机动车改为营运机动车的；

（六）机动车所有人的住所迁出或者迁入公安机关交通管理部门管辖区域的。

申请机动车变更登记，应当提交下列证明、凭证，属于前款第（一）项、第（二）项、第（三）项、第（四）项、第（五）项情形之一的，还应当交验机动车；属于前款第（二）项、第（三）项情形之一的，还应当同时提交机动车安全技术检验合格证明：

（一）机动车所有人的身份证明；

（二）机动车登记证书；

（三）机动车行驶证。

机动车所有人的住所在公安机关交通管理部门管辖区域内迁移、机动车所有人的姓名（单位名称）或者联系方式变更的，应当向登记该机动车的公安机关交通管理部门备案。

**第七条** 已注册登记的机动车所有权发生转移的，应当及时办理转移登记。

申请机动车转移登记，当事人应当向登记该机动车的公安机关交通管理部门交验机动车，并提交以下证明、凭证：

（一）当事人的身份证明；

（二）机动车所有权转移的证明、凭证；

（三）机动车登记证书；

（四）机动车行驶证。

**第八条** 机动车所有人将机动车作为抵押物抵押的，机动车所有人应当向登记该机动车的公安机关交通管理部门申请抵押登记。

**第九条** 已注册登记的机动车达到国家规定的强制报废标准的，公安机关交通管理部门应当在报废期满的2个月前通知机动车所有人办理注销登记。机动车所有人应当在报废期满前将机动车交售给机动车回收企业，由机动车回收企业将报废的机动车登记证书、号牌、行驶证交公安机关交通管理部门注销。机动车所有人逾期不办理注销登记的，公安机关交通管理部门应当公告该机动车登记证书、号牌、行驶证作废。

因机动车灭失申请注销登记的，机动车所有人应当向公安机关交通管理部门提交本人身份证明，交回机动车登记证书。

**第十条** 办理机动车登记的申请人提交的证明、凭证齐全、有效的，公安机关交通管理部门应当当场办理登记手续。

人民法院、人民检察院以及行政执法部门依法查封、扣押的机动车，公安机关交通管理部门不予办理机动车登记。

**第十一条** 机动车登记证书、号牌、行驶证丢失或者损毁，机动车所有人申请补发的，应当向公安机关交通管理部门提交本人身份证明和申请材料。公安机关交通管理部门经与机动车登记档案核实后，在收到申请之日起15日内补发。

**第十二条** 税务部门、保险机构可以在公安机关交通管理部门的办公场所集中办理与机动车有关的税费缴纳、保险合同订立等事项。

**第十三条** 机动车号牌应当悬挂在车前、车后指定位置，保持清晰、完整。重型、中型载货汽车及其挂车、拖拉机及其挂车的车身或者车厢后部应当喷涂放大的牌号，字样应当端正并保持清晰。

机动车检验合格标志、保险标志应当粘贴在机动车前窗右上角。

机动车喷涂、粘贴标识或者车身广告的，不得影响安全驾驶。

**第十四条** 用于公路营运的载客汽车、重型载货汽车、半挂牵引车应当安装、使用符合国家标准的行驶记录仪。交通警察可以对机动车行驶速度、连续驾驶时间以及其他行驶状态信息进行检查。安装行驶记录仪可以分步实施，实施步骤由国务院机动车产品主管部门会同有关部门规定。

**第十五条** 机动车安全技术检验由机动车安全技术检验机构实施。机动车安全技术检验机构应当按照国家机动车安全技术检验标准对机动车进行检验，对检验结果承担法律责任。

质量技术监督部门负责对机动车安全技术检验机构实行计量认证管理，对机动车安全技术检验设备进行检定，对执行国家机动车安全技术检验标准的情况进行监督。

机动车安全技术检验项目由国务院公安部门会同国务院质量技术监督部门规定。

**第十六条** 机动车应当从注册登记之日起，按照下列期限进行安全技术检验：

（一）营运载客汽车5年以内每年检验1次；超过5年的，每6个月检验1次；

（二）载货汽车和大型、中型非营运载客汽车10年以内每年检验1次；超过10年的，每6个月检验1次；

（三）小型、微型非营运载客汽车6年以内每2年检验1次；超过6年的，每年检验1次；超过15年的，每6个月检验1次；

（四）摩托车4年以内每2年检验1次；超过4年的，每年检验1次；

（五）拖拉机和其他机动车每年检验1次。

营运机动车在规定检验期限内经安全技术检验合格的，不再重复进行安全技术检验。

**第十七条** 已注册登记的机动车进行安全技术检验时，机动车行驶证记载的登记内容与该机动车的有关情况不符，或者未按照规定提供机动车第三者责任强制保险凭证的，不予通过检验。

**第十八条** 警车、消防车、救护车、工程救险车标志图案的喷涂以及警报器、标志灯具的安装、使用规定，由国务院公安部门制定。

### 第二节 机动车驾驶人

**第十九条** 符合国务院公安部门规定的驾驶许可条件的人，可以向公安机关交通管理部门申请机动车驾驶证。

机动车驾驶证由国务院公安部门规定式样并监制。

**第二十条** 学习机动车驾驶，应当先学习道路交通安全法律、法规和相关知识，考试合格后，再学习机动车驾驶技能。

在道路上学习驾驶，应当按照公安机关交通管理部门指定的路线、时间进行。在道路上学习机动车驾驶技能应当使用教练车，在教练员随车指导下进行，与教学无关的人员不得乘坐教练车。学员在学习驾驶中有道路交通安全违法行为或者造成交通事故的，由教练员承担责任。

**第二十一条** 公安机关交通管理部门应当对申请机动车驾驶证的人进行考试，对考试合格的，在5日内核发机动车驾驶证；对考试不合格的，书面说明理由。

**第二十二条** 机动车驾驶证的有效期为6年，本条例另有规定的除外。

机动车驾驶人初次申领机动车驾驶证后的12个月为实习期。在实习期内驾驶机动车的，应当在车身后部粘贴或者悬挂统一式样的实习标志。

机动车驾驶人在实习期内不得驾驶公共汽车、营运客车或者执行任务的警车、消防车、救护车、工程救险车以及载有爆炸物品、易燃易爆化学物品、剧毒或者放射性等危险物品的机动车；驾驶的机动车不得牵引挂车。

**第二十三条** 公安机关交通管理部门对机动车驾驶人的道路交通安全违法行为除给予行政处罚外，实行道路交通安全违法行为累积记分（以下简称记分）制度，记分周期为12个月。对在一个记分周期内记分达到12分的，由公安机关交通管理部门扣留其机动车驾驶证，该机动车驾驶人应当按照规定参加道路交通安全法律、法规的学习并接受考试。考试合格的，记分予以清除，发还机动车驾驶证；考试不合格的，继续参加学习和考试。

应当给予记分的道路交通安全违法行为及其分值，由国务院公安部门根据道路交通安全违法行为的危害程度规定。

公安机关交通管理部门应当提供记分查询方式供机动车驾驶人查询。

**第二十四条** 机动车驾驶人在一个记分周期内记分未达到12分，所处罚款已经缴纳的，记分予以清除；记分虽未达到12分，但尚有罚款未缴纳的，记分转入下一记分周期。

机动车驾驶人在一个记分周期内记分2次以上达到12分的，除按照第二十三条的规定扣留机动车驾驶证、参加学习、接受考试外，还应当接受驾驶技能考试。考试合格的，记分予以清除，发还机动车驾驶证；考试不合格的，继续参加学习和考试。

接受驾驶技能考试的，按照本人机动车驾驶证载明的最高准驾车型考试。

**第二十五条** 机动车驾驶人记分达到12分，拒不参加公安机关交通管理部门通知的学习，也不接受考试的，由公安机关交通管理部门公告其机动车驾驶证停止使用。

**第二十六条** 机动车驾驶人在机动车驾驶证的6年有效期内，每个记分周期均未达到12分的，换发10年有效期的机动车驾驶证；在机动车驾驶证的10年有效期内，每个记分周期均未达到12分的，换发长期有效的机动车驾驶证。

换发机动车驾驶证时，公安机关交通管理部门应当对机动车驾驶证进行审验。

**第二十七条** 机动车驾驶证丢失、损毁，机动车驾驶人申请补发的，应当向公安机关交通管理部门提交本人身份证明和申请材料。公安机关交通管理部门经与机动车驾驶证档案核实后，在收到申请之日起3日内补发。

**第二十八条** 机动车驾驶人在机动车驾驶证丢失、损毁、超过有效期或者被依法扣留、暂扣期间以及记分达到12分的，不得驾驶机动车。

## 第三章 道路通行条件

**第二十九条** 交通信号灯分为：机动车信号灯、非机动车信号灯、人行横道信号灯、车道信号灯、方向指示信号灯、闪光警告信号灯、道路与铁路平面交叉道口信号灯。

**第三十条** 交通标志分为：指示标志、警告标志、禁令标志、指路标志、旅游区标志、道路施工安全标志和辅助标志。

道路交通标线分为：指示标线、警告标线、禁止标线。

**第三十一条** 交通警察的指挥分为：手势信号和使用器具的交通指挥信号。

**第三十二条** 道路交叉路口和行人横过道路较为集中的路段应当设置人行横道、过街天桥或者过街地下通道。

在盲人通行较为集中的路段，人行横道信号灯应当设置声响提示装置。

**第三十三条** 城市人民政府有关部门可以在不影响行人、车辆通行的情况下，在城市道路上施划停车泊位，并规定停车泊位的使用时间。

**第三十四条** 开辟或者调整公共汽车、长途汽车的行驶路线或者车站，应当符合交通规划和安全、畅通的要求。

**第三十五条** 道路养护施工单位在道路上进行养护、维修时，应当按照规定设置规范的安全警示标志和安全防护设施。道路养护施工作业车辆、机械应当安装示警灯，喷涂明显的标志图案，作业时应当开启示警灯和危险报警闪光灯。对未中断交通的施工作业道路，公安机关交通管理部门应当加强交通安全监督检查。发生交通阻塞时，及时做好分流、疏导，维护交通秩序。

道路施工需要车辆绕行的，施工单位应当在绕行处设置标志；不能绕行的，应当修建临时通道，保证车辆和行人通行。需要封闭道路中断交通的，除紧急情况外，应当提前5日向社会公告。

**第三十六条** 道路或者交通设施养护部门、管理部门应当在急弯、陡坡、临崖、临水等危险路段，按照国家标准设置警告标志和安全防护设施。

**第三十七条** 道路交通标志、标线不规范，机动车驾驶人容易发生辨认错误的，交通标志、标线的主管部门应当及时予以改善。

道路照明设施应当符合道路建设技术规范，保持照明功能完好。

## 第四章 道路通行规定

### 第一节 一般规定

**第三十八条** 机动车信号灯和非机动车信号灯表示：

（一）绿灯亮时，准许车辆通行，但转弯的车辆不得妨碍被放行的直行车辆、行人通行；

（二）黄灯亮时，已越过停止线的车辆可以继续通行；

（三）红灯亮时，禁止车辆通行。

在未设置非机动车信号灯和人行横道信号灯的路口，非机动车和行人应当按照机动车信号灯的表示通行。

红灯亮时，右转弯的车辆在不妨碍被放行的车辆、行人通行的情况下，可以通行。

**第三十九条** 人行横道信号灯表示：

（一）绿灯亮时，准许行人通过人行横道；

（二）红灯亮时，禁止行人进入人行横道，但是已经进入人行横道的，可以继续通过或者在道路中心线处停留等候。

**第四十条** 车道信号灯表示：

（一）绿色箭头灯亮时，准许本车道车辆按指示方向通行；

（二）红色叉形灯或者箭头灯亮时，禁止本车道车辆通行。

**第四十一条** 方向指示信号灯的箭头方向向左、向上、向右分别表示左转、直行、右转。

**第四十二条** 闪光警告信号灯为持续闪烁的黄灯，提示车辆、行人通行时注意瞭望，确认安全后通过。

**第四十三条** 道路与铁路平面交叉道口有两个红灯交替闪烁或者一个红灯亮时，表示禁止车辆、行人通行；红灯熄灭时，表示允许车辆、行人通行。

## 第二节 机动车通行规定

**第四十四条** 在道路同方向划有 2 条以上机动车道的，左侧为快速车道，右侧为慢速车道。在快速车道行驶的机动车应当按照快速车道规定的速度行驶，未达到快速车道规定的行驶速度的，应当在慢速车道行驶。摩托车应当在最右侧车道行驶。有交通标志标明行驶速度的，按照标明的行驶速度行驶。慢速车道内的机动车超越前车时，可以借用快速车道行驶。

在道路同方向划有 2 条以上机动车道的，变更车道的机动车不得影响相关车道内行驶的机动车的正常行驶。

**第四十五条** 机动车在道路上行驶不得超过限速标志、标线标明的速度。在没有限速标志、标线的道路上，机动车不得超过下列最高行驶速度：

（一）没有道路中心线的道路，城市道路为每小时 30 公里，公路为每小时 40 公里；

（二）同方向只有 1 条机动车道的道路，城市道路为每小时 50 公里，公路为每小时 70 公里。

**第四十六条** 机动车行驶中遇有下列情形之一的，最高行驶速度不得超过每小时 30 公里，其中拖拉机、电瓶车、轮式专用机械车不得超过每小时 15 公里：

（一）进出非机动车道，通过铁路道口、急弯路、窄路、窄桥时；

（二）掉头、转弯、下陡坡时；

（三）遇雾、雨、雪、沙尘、冰雹，能见度在 50 米以内时；

（四）在冰雪、泥泞的道路上行驶时；

（五）牵引发生故障的机动车时。

**第四十七条** 机动车超车时，应当提前开启左转向灯、变换使用远、近光灯或者鸣喇叭。在没有道路中心线或者同方向只有 1 条机动车道的道路上，前车遇后车发出超车信号时，在条件许可的情况下，应当降低速度、靠右让路。后车应当在确认有充足的安全距离后，从前车的左侧超越，在与被超车辆拉开必要的安全距离后，开启右转向灯，驶回原车道。

**第四十八条** 在没有中心隔离设施或者没有中心线的道路上，机动车遇相对方向来车时应当遵守下列规定：

（一）减速靠右行驶，并与其他车辆、行人保持必要的安全距离；

（二）在有障碍的路段，无障碍的一方先行；但有障碍的一方已驶入障碍路段而无障碍的一方未驶入时，有障碍的一方先行；

（三）在狭窄的坡路，上坡的一方先行；但下坡的一方已行至中途而上坡的一方未上坡时，下坡的一方先行；

（四）在狭窄的山路，不靠山体的一方先行；

（五）夜间会车应当在距相对方向来车 150 米以外改用近光灯，在窄路、窄桥与非机动车会车时应当使用近光灯。

**第四十九条** 机动车在有禁止掉头或者禁止左转弯标志、标线的地点以及在铁路道口、人行横道、桥梁、急弯、陡坡、隧道或者容易发生危险的路段，不得掉头。

机动车在没有禁止掉头或者没有禁止左转弯标志、标线的地点可以掉头，但不得妨碍正常行驶的其他车辆和行人的通行。

**第五十条** 机动车倒车时，应当查明车后情况，确认安全后倒车。不得在铁路道口、交

245

叉路口、单行路、桥梁、急弯、陡坡或者隧道中倒车。

第五十一条　机动车通过有交通信号灯控制的交叉路口,应当按照下列规定通行:

(一) 在划有导向车道的路口,按所需行进方向驶入导向车道;

(二) 准备进入环形路口的让已在路口内的机动车先行;

(三) 向左转弯时,靠路口中心点左侧转弯。转弯时开启转向灯,夜间行驶开启近光灯;

(四) 遇放行信号时,依次通过;

(五) 遇停止信号时,依次停在停止线以外。没有停止线的,停在路口以外;

(六) 向右转弯遇有同车道前车正在等候放行信号时,依次停车等候;

(七) 在没有方向指示信号灯的交叉路口,转弯的机动车让直行的车辆、行人先行。相对方向行驶的右转弯机动车让左转弯车辆先行。

第五十二条　机动车通过没有交通信号灯控制也没有交通警察指挥的交叉路口,除应当遵守第五十一条第(二)项、第(三)项的规定外,还应当遵守下列规定:

(一) 有交通标志、标线控制的,让优先通行的一方先行;

(二) 没有交通标志、标线控制的,在进入路口前停车瞭望,让右方道路的来车先行;

(三) 转弯的机动车让直行的车辆先行;

(四) 相对方向行驶的右转弯的机动车让左转弯的车辆先行。

第五十三条　机动车遇有前方交叉路口交通阻塞时,应当依次停在路口以外等候,不得进入路口。

机动车在遇有前方机动车停车排队等候或者缓慢行驶时,应当依次排队,不得从前方车辆两侧穿插或者超越行驶,不得在人行横道、网状线区域内停车等候。

机动车在车道减少的路口、路段,遇有前方机动车停车排队等候或者缓慢行驶的,应当每车道一辆依次交替驶入车道减少后的路口、路段。

第五十四条　机动车载物不得超过机动车行驶证上核定的载质量,装载长度、宽度不得超出车厢,并应当遵守下列规定:

(一) 重型、中型载货汽车,半挂车载物,高度从地面起不得超过4米,载运集装箱的车辆不得超过4.2米;

(二) 其他载货的机动车载物,高度从地面起不得超过2.5米;

(三) 摩托车载物,高度从地面起不得超过1.5米,长度不得超出车身0.2米。两轮摩托车载物宽度左右各不得超出车把0.15米;三轮摩托车载物宽度不得超过车身。

载客汽车除车身外部的行李架和内置的行李箱外,不得载货。载客汽车行李架载货,从车顶起高度不得超过0.5米,从地面起高度不得超过4米。

第五十五条　机动车载人应当遵守下列规定:

(一) 公路载客汽车不得超过核定的载客人数,但按照规定免票的儿童除外,在载客人数已满的情况下,按照规定免票的儿童不得超过核定载客人数的10%;

(二) 载货汽车车厢不得载客。在城市道路上,货运机动车在留有安全位置的情况下,车厢内可以附载临时作业人员1人至5人;载物高度超过车厢栏板时,货物上不得载人;

(三) 摩托车后座不得乘坐未满12周岁的未成年人,轻便摩托车不得载人。

第五十六条　机动车牵引挂车应当符合下列规定:

(一) 载货汽车、半挂牵引车、拖拉机只允许牵引1辆挂车。挂车的灯光信号、制动、连接、安全防护等装置应当符合国家标准；

（二）小型载客汽车只允许牵引旅居挂车或者总质量700千克以下的挂车。挂车不得载人；

（三）载货汽车所牵引挂车的载质量不得超过载货汽车本身的载质量。

大型、中型载客汽车，低速载货汽车，三轮汽车以及其他机动车不得牵引挂车。

**第五十七条** 机动车应当按照下列规定使用转向灯：

（一）向左转弯、向左变更车道、准备超车、驶离停车地点或者掉头时，应当提前开启左转向灯；

（二）向右转弯、向右变更车道、超车完毕驶回原车道、靠路边停车时，应当提前开启右转向灯。

**第五十八条** 机动车在夜间没有路灯、照明不良或者遇有雾、雨、雪、沙尘、冰雹等低能见度情况下行驶时，应当开启前照灯、示廓灯和后位灯，但同方向行驶的后车与前车近距离行驶时，不得使用远光灯。机动车雾天行驶应当开启雾灯和危险报警闪光灯。

**第五十九条** 机动车在夜间通过急弯、坡路、拱桥、人行横道或者没有交通信号灯控制的路口时，应当交替使用远近光灯示意。

机动车驶近急弯、坡道顶端等影响安全视距的路段以及超车或者遇有紧急情况时，应当减速慢行，并鸣喇叭示意。

**第六十条** 机动车在道路上发生故障或者发生交通事故，妨碍交通又难以移动的，应当按照规定开启危险报警闪光灯并在车后50米至100米处设置警告标志，夜间还应当同时开启示廓灯和后位灯。

**第六十一条** 牵引故障机动车应当遵守下列规定：

（一）被牵引的机动车除驾驶人外不得载人，不得拖带挂车；

（二）被牵引的机动车宽度不得大于牵引机动车的宽度；

（三）使用软连接牵引装置时，牵引车与被牵引车之间的距离应当大于4米小于10米；

（四）对制动失效的被牵引车，应当使用硬连接牵引装置牵引；

（五）牵引车和被牵引车均应当开启危险报警闪光灯。

汽车吊车和轮式专用机械车不得牵引车辆。摩托车不得牵引车辆或者被其他车辆牵引。

转向或者照明、信号装置失效的故障机动车，应当使用专用清障车拖曳。

**第六十二条** 驾驶机动车不得有下列行为：

（一）在车门、车厢没有关好时行车；

（二）在机动车驾驶室的前后窗范围内悬挂、放置妨碍驾驶人视线的物品；

（三）拨打接听手持电话、观看电视等妨碍安全驾驶的行为；

（四）下陡坡时熄火或者空挡滑行；

（五）向道路上抛撒物品；

（六）驾驶摩托车手离车把或者在车把上悬挂物品；

（七）连续驾驶机动车超过4小时未停车休息或者停车休息时间少于20分钟；

（八）在禁止鸣喇叭的区域或者路段鸣喇叭。

**第六十三条** 机动车在道路上临时停车，应当遵守下列规定：

（一）在设有禁停标志、标线的路段，在机动车道与非机动车道、人行道之间设有隔离设施的路段以及人行横道、施工地段，不得停车；

（二）交叉路口、铁路道口、急弯路、宽度不足4米的窄路、桥梁、陡坡、隧道以及距离上述地点50米以内的路段，不得停车；

（三）公共汽车站、急救站、加油站、消防栓或者消防队（站）门前以及距离上述地点30米以内的路段，除使用上述设施的以外，不得停车；

（四）车辆停稳前不得开车门和上下人员，开关车门不得妨碍其他车辆和行人通行；

（五）路边停车应当紧靠道路右侧，机动车驾驶人不得离车，上下人员或者装卸物品后，立即驶离；

（六）城市公共汽车不得在站点以外的路段停车上下乘客。

**第六十四条** 机动车行经漫水路或者漫水桥时，应当停车察明水情，确认安全后，低速通过。

**第六十五条** 机动车载运超限物品行经铁路道口的，应当按照当地铁路部门指定的铁路道口、时间通过。

机动车行经渡口，应当服从渡口管理人员指挥，按照指定地点依次待渡。机动车上下渡船时，应当低速慢行。

**第六十六条** 警车、消防车、救护车、工程救险车在执行紧急任务遇交通受阻时，可以断续使用警报器，并遵守下列规定：

（一）不得在禁止使用警报器的区域或者路段使用警报器；

（二）夜间在市区不得使用警报器；

（三）列队行驶时，前车已经使用警报器的，后车不再使用警报器。

**第六十七条** 在单位院内、居民居住区内，机动车应当低速行驶，避让行人；有限速标志的，按照限速标志行驶。

### 第三节 非机动车通行规定

**第六十八条** 非机动车通过有交通信号灯控制的交叉路口，应当按照下列规定通行：

（一）转弯的非机动车让直行的车辆、行人优先通行；

（二）遇有前方路口交通阻塞时，不得进入路口；

（三）向左转弯时，靠路口中心点的右侧转弯；

（四）遇有停止信号时，应当依次停在路口停止线以外。没有停止线的，停在路口以外；

（五）向右转弯遇有同方向前车正在等候放行信号时，在本车道内能够转弯的，可以通行；不能转弯的，依次等候。

**第六十九条** 非机动车通过没有交通信号灯控制也没有交通警察指挥的交叉路口，除应当遵守第六十八条第（一）项、第（二）项和第（三）项的规定外，还应当遵守下列规定：

（一）有交通标志、标线控制的，让优先通行的一方先行；

（二）没有交通标志、标线控制的，在路口外慢行或者停车瞭望，让右方道路的来车先行；

（三）相对方向行驶的右转弯的非机动车让左转弯的车辆先行。

**第七十条** 驾驶自行车、电动自行车、三轮车在路段上横过机动车道，应当下车推行，有人行横道或者行人过街设施的，应当从人行横道或者行人过街设施通过；没有人行横道、没有行人过街设施或者不便使用行人过街设施的,在确认安全后直行通过。

因非机动车道被占用无法在本车道内行驶的非机动车,可以在受阻的路段借用相邻的机动车道行驶,并在驶过被占用路段后迅速驶回非机动车道。机动车遇此情况应当减速让行。

**第七十一条** 非机动车载物,应当遵守下列规定:

(一) 自行车、电动自行车、残疾人机动轮椅车载物,高度从地面起不得超过 1.5 米,宽度左右各不得超出车把 0.15 米,长度前端不得超出车轮,后端不得超出车身 0.3 米;

(二) 三轮车、人力车载物,高度从地面起不得超过 2 米,宽度左右各不得超出车身 0.2 米,长度不得超出车身 1 米;

(三) 畜力车载物,高度从地面起不得超过 2.5 米,宽度左右各不得超出车身 0.2 米,长度前端不得超出车辕,后端不得超出车身 1 米。

自行车载人的规定,由省、自治区、直辖市人民政府根据当地实际情况制定。

**第七十二条** 在道路上驾驶自行车、三轮车、电动自行车、残疾人机动轮椅车应当遵守下列规定:

(一) 驾驶自行车、三轮车必须年满 12 周岁;

(二) 驾驶电动自行车和残疾人机动轮椅车必须年满 16 周岁;

(三) 不得醉酒驾驶;

(四) 转弯前应当减速慢行,伸手示意,不得突然猛拐,超越前车时不得妨碍被超越的车辆行驶;

(五) 不得牵引、攀扶车辆或者被其他车辆牵引,不得双手离把或者手中持物;

(六) 不得扶身并行、互相追逐或者曲折竞驶;

(七) 不得在道路上骑独轮自行车或者 2 人以上骑行的自行车;

(八) 非下肢残疾的人不得驾驶残疾人机动轮椅车;

(九) 自行车、三轮车不得加装动力装置;

(十) 不得在道路上学习驾驶非机动车。

**第七十三条** 在道路上驾驭畜力车应当年满 16 周岁,并遵守下列规定:

(一) 不得醉酒驾驭;

(二) 不得并行,驾驭人不得离开车辆;

(三) 行经繁华路段、交叉路口、铁路道口、人行横道、急弯路、宽度不足 4 米的窄路或者窄桥、陡坡、隧道或者容易发生危险的路段,不得超车。驾驭两轮畜力车应当下车牵引牲畜;

(四) 不得使用未经驯服的牲畜驾车,随车幼畜须拴系;

(五) 停放车辆应当拉紧车闸,拴系牲畜。

### 第四节 行人和乘车人通行规定

**第七十四条** 行人不得有下列行为:

(一) 在道路上使用滑板、旱冰鞋等滑行工具;

(二) 在车行道内坐卧、停留、嬉闹;

(三) 追车、抛物击车等妨碍道路交通安全的行为。

**第七十五条** 行人横过机动车道,应当从行人过街设施通过;没有行人过街设施的,应当从人行横道通过;没有人行横道的,应当观察来往车辆的情况,确认安全后直行通过,不得在车辆临近时突然加速横穿或者中途倒退、折返。

**第七十六条** 行人列队在道路上通行，每横列不得超过 2 人，但在已经实行交通管制的路段不受限制。

**第七十七条** 乘坐机动车应当遵守下列规定：

（一）不得在机动车道上拦乘机动车；

（二）在机动车道上不得从机动车左侧上下车；

（三）开关车门不得妨碍其他车辆和行人通行；

（四）机动车行驶中，不得干扰驾驶，不得将身体任何部分伸出车外，不得跳车；

（五）乘坐两轮摩托车应当正向骑坐。

第五节　高速公路的特别规定

**第七十八条** 高速公路应当标明车道的行驶速度，最高车速不得超过每小时 120 公里，最低车速不得低于每小时 60 公里。

在高速公路上行驶的小型载客汽车最高车速不得超过每小时 120 公里，其他机动车不得超过每小时 100 公里，摩托车不得超过每小时 80 公里。

同方向有 2 条车道的，左侧车道的最低车速为每小时 100 公里；同方向有 3 条以上车道的，最左侧车道的最低车速为每小时 110 公里，中间车道的最低车速为每小时 90 公里。道路限速标志标明的车速与上述车道行驶车速的规定不一致的，按照道路限速标志标明的车速行驶。

**第七十九条** 机动车从匝道驶入高速公路，应当开启左转向灯，在不妨碍已在高速公路内的机动车正常行驶的情况下驶入车道。

机动车驶离高速公路时，应当开启右转向灯，驶入减速车道，降低车速后驶离。

**第八十条** 机动车在高速公路上行驶，车速超过每小时 100 公里时，应当与同车道前车保持 100 米以上的距离，车速低于每小时 100 公里时，与同车道前车距离可以适当缩短，但最小距离不得少于 50 米。

**第八十一条** 机动车在高速公路上行驶，遇有雾、雨、雪、沙尘、冰雹等低能见度气象条件时，应当遵守下列规定：

（一）能见度小于 200 米时，开启雾灯、近光灯、示廓灯和前后位灯，车速不得超过每小时 60 公里，与同车道前车保持 100 米以上的距离；

（二）能见度小于 100 米时，开启雾灯、近光灯、示廓灯、前后位灯和危险报警闪光灯，车速不得超过每小时 40 公里，与同车道前车保持 50 米以上的距离；

（三）能见度小于 50 米时，开启雾灯、近光灯、示廓灯、前后位灯和危险报警闪光灯，车速不得超过每小时 20 公里，并从最近的出口尽快驶离高速公路。

遇有前款规定情形时，高速公路管理部门应当通过显示屏等方式发布速度限制、保持车距等提示信息。

**第八十二条** 机动车在高速公路上行驶，不得有下列行为：

（一）倒车、逆行、穿越中央分隔带掉头或者在车道内停车；

（二）在匝道、加速车道或者减速车道上超车；

（三）骑、轧车行道分界线或者在路肩上行驶；

（四）非紧急情况时在应急车道行驶或者停车；

（五）试车或者学习驾驶机动车。

**第八十三条** 在高速公路上行驶的载货汽车车厢不得载人。两轮摩托车在高速公路行驶时不得载人。

**第八十四条** 机动车通过施工作业路段时，应当注意警示标志，减速行驶。

**第八十五条** 城市快速路的道路交通安全管理，参照本节的规定执行。

高速公路、城市快速路的道路交通安全管理工作，省、自治区、直辖市人民政府公安机关交通管理部门可以指定设区的市人民政府公安机关交通管理部门或者相当于同级的公安机关交通管理部门承担。

## 第五章　交通事故处理

**第八十六条** 机动车与机动车、机动车与非机动车在道路上发生未造成人身伤亡的交通事故，当事人对事实及成因无争议的，在记录交通事故的时间、地点、对方当事人的姓名和联系方式、机动车牌号、驾驶证号、保险凭证号、碰撞部位，并共同签名后，撤离现场，自行协商损害赔偿事宜。当事人对交通事故事实及成因有争议的，应当迅速报警。

**第八十七条** 非机动车与非机动车或者行人在道路上发生交通事故，未造成人身伤亡，且基本事实及成因清楚的，当事人应当先撤离现场，再自行协商处理损害赔偿事宜。当事人对交通事故事实及成因有争议的，应当迅速报警。

**第八十八条** 机动车发生交通事故，造成道路、供电、通讯等设施损毁的，驾驶人应当报警等候处理，不得驶离。机动车可以移动的，应当将机动车移至不妨碍交通的地点。公安机关交通管理部门应当将事故有关情况通知有关部门。

**第八十九条** 公安机关交通管理部门或者交通警察接到交通事故报警，应当及时赶赴现场，对未造成人身伤亡，事实清楚，并且机动车可以移动的，应当在记录事故情况后责令当事人撤离现场，恢复交通。对拒不撤离现场的，予以强制撤离。

对属于前款规定情况的道路交通事故，交通警察可以适用简易程序处理，并当场出具事故认定书。当事人共同请求调解的，交通警察可以当场对损害赔偿争议进行调解。

对道路交通事故造成人员伤亡和财产损失需要勘验、检查现场的，公安机关交通管理部门应当按照勘查现场工作规范进行。现场勘查完毕，应当组织清理现场，恢复交通。

**第九十条** 投保机动车第三者责任强制保险的机动车发生交通事故，因抢救受伤人员需要保险公司支付抢救费用的，由公安机关交通管理部门通知保险公司。

抢救受伤人员需要道路交通事故救助基金垫付费用的，由公安机关交通管理部门通知道路交通事故社会救助基金管理机构。

**第九十一条** 公安机关交通管理部门应当根据交通事故当事人的行为对发生交通事故所起的作用以及过错的严重程度，确定当事人的责任。

**第九十二条** 发生交通事故后当事人逃逸的，逃逸的当事人承担全部责任。但是，有证据证明对方当事人也有过错的，可以减轻责任。

当事人故意破坏、伪造现场、毁灭证据的，承担全部责任。

**第九十三条** 公安机关交通管理部门对经过勘验、检查现场的交通事故应当在勘查现场之日起 10 日内制作交通事故认定书。对需要进行检验、鉴定的，应当在检验、鉴定结果确定之日起 5 日内制作交通事故认定书。

**第九十四条** 当事人对交通事故损害赔偿有争议，各方当事人一致请求公安机关交通管理部门调解的，应当在收到交通事故认定书之日起 10 日内提出书面调解申请。

对交通事故致死的，调解从办理丧葬事宜结束之日起开始；对交通事故致伤的，调解从治疗终结或者定残之日起开始；对交通事故造成财产损失的，调解从确定损失之日起开始。

**第九十五条** 公安机关交通管理部门调解交通事故损害赔偿争议的期限为 10 日。调解达成协议的，公安机关交通管理部门应当制作调解书送交各方当事人，调解书经各方当事人共同签字后生效；调解未达成协议的，公安机关交通管理部门应当制作调解终结书送交各方当事人。

交通事故损害赔偿项目和标准依照有关法律的规定执行。

**第九十六条** 对交通事故损害赔偿的争议，当事人向人民法院提起民事诉讼的，公安机关交通管理部门不再受理调解申请。

公安机关交通管理部门调解期间，当事人向人民法院提起民事诉讼的，调解终止。

**第九十七条** 车辆在道路以外发生交通事故，公安机关交通管理部门接到报案的，参照道路交通安全法和本条例的规定处理。

车辆、行人与火车发生的交通事故以及在渡口发生的交通事故，依照国家有关规定处理。

## 第六章　执法监督

**第九十八条** 公安机关交通管理部门应当公开办事制度、办事程序，建立警风警纪监督员制度，自觉接受社会和群众的监督。

**第九十九条** 公安机关交通管理部门及其交通警察办理机动车登记，发放号牌，对驾驶人考试、发证，处理道路交通安全违法行为，处理道路交通事故，应当严格遵守有关规定，不得越权执法，不得延迟履行职责，不得擅自改变处罚的种类和幅度。

**第一百条** 公安机关交通管理部门应当公布举报电话，受理群众举报投诉，并及时调查核实，反馈查处结果。

**第一百零一条** 公安机关交通管理部门应当建立执法质量考核评议、执法责任制和执法过错追究制度，防止和纠正道路交通安全执法中的错误或者不当行为。

## 第七章　法律责任

**第一百零二条** 违反本条例规定的行为，依照道路交通安全法和本条例的规定处罚。

**第一百零三条** 以欺骗、贿赂等不正当手段取得机动车登记或者驾驶许可的，收缴机动车登记证书、号牌、行驶证或者机动车驾驶证，撤销机动车登记或者机动车驾驶许可；申请人在 3 年内不得申请机动车登记或者机动车驾驶许可。

**第一百零四条** 机动车驾驶人有下列行为之一，又无其他机动车驾驶人即时替代驾驶的，公安机关交通管理部门除依法给予处罚外，可以将其驾驶的机动车移至不妨碍交通的地点或者有关部门指定的地点停放：

（一）不能出示本人有效驾驶证的；

（二）驾驶的机动车与驾驶证载明的准驾车型不符的；

（三）饮酒、服用国家管制的精神药品或者麻醉药品、患有妨碍安全驾驶的疾病，或者过度疲劳仍继续驾驶的；

（四）学习驾驶人员没有教练人员随车指导单独驾驶的。

**第一百零五条** 机动车驾驶人有饮酒、醉酒、服用国家管制的精神药品或者麻醉药品嫌疑的，应当接受测试、检验。

**第一百零六条** 公路客运载客汽车超过核定乘员、载货汽车超过核定载质量的，公安机关交通管理部门依法扣留机动车后，驾驶人应当将超载的乘车人转运、将超载的货物卸载，费用由超载机动车的驾驶人或者所有人承担。

**第一百零七条** 依照道路交通安全法第九十二条、第九十五条、第九十六条、第九十八条的规定被扣留的机动车，驾驶人或者所有人、管理人30日内没有提供被扣留机动车的合法证明，没有补办相应手续，或者不前来接受处理，经公安机关交通管理部门通知并且经公告3个月仍不前来接受处理的，由公安机关交通管理部门将该机动车送交有资格的拍卖机构拍卖，所得价款上缴国库；非法拼装的机动车予以拆除；达到报废标准的机动车予以报废；机动车涉及其他违法犯罪行为的，移交有关部门处理。

**第一百零八条** 交通警察按照简易程序当场作出行政处罚的，应当告知当事人道路交通安全违法行为的事实、处罚的理由和依据，并将行政处罚决定书当场交付被处罚人。

**第一百零九条** 对道路交通安全违法行为人处以罚款或者暂扣驾驶证处罚的，由违法行为发生地的县级以上人民政府公安机关交通管理部门或者相当于同级的公安机关交通管理部门作出决定；对处以吊销机动车驾驶证处罚的，由设区的市人民政府公安机关交通管理部门或者相当于同级的公安机关交通管理部门作出决定。

公安机关交通管理部门对非本辖区机动车的道路交通安全违法行为没有当场处罚的，可以由机动车登记地的公安机关交通管理部门处罚。

**第一百一十条** 当事人对公安机关交通管理部门及其交通警察的处罚有权进行陈述和申辩，交通警察应当充分听取当事人的陈述和申辩，不得因当事人陈述、申辩而加重其处罚。

## 第八章 附 则

**第一百一十一条** 本条例所称上道路行驶的拖拉机，是指手扶拖拉机等最高设计行驶速度不超过每小时20公里的轮式拖拉机和最高设计行驶速度不超过每小时40公里、牵引挂车方可从事道路运输的轮式拖拉机。

**第一百一十二条** 农业（农业机械）主管部门应当定期向公安机关交通管理部门提供拖拉机登记、安全技术检验以及拖拉机驾驶证发放的资料、数据。公安机关交通管理部门对拖拉机驾驶人作出暂扣、吊销驾驶证处罚或者记分处理的，应当定期将处罚决定书和记分情况通报有关的农业（农业机械）主管部门。吊销驾驶证的，还应当将驾驶证送交有关的农业（农业机械）主管部门。

**第一百一十三条** 境外机动车入境行驶，应当向入境地的公安机关交通管理部门申请临时通行号牌、行驶证。临时通行号牌、行驶证应当根据行驶需要，载明有效日期和允许行驶的区域。

入境的境外机动车申请临时通行号牌、行驶证以及境外人员申请机动车驾驶许可的条件、考试办法由国务院公安部门规定。

**第一百一十四条** 机动车驾驶许可考试的收费标准，由国务院价格主管部门规定。

**第一百一十五条** 本条例自2004年5月1日起施行。1960年2月11日国务院批准、交通部发布的《机动车管理办法》，1988年3月9日国务院发布的《中华人民共和国道路交通管理条例》，1991年9月22日国务院发布的《道路交通事故处理办法》，同时废止。

# 主要参考书目

1. 吴兵，李晔．交通管理与控制（第五版）．北京：人民交通出版社，2015．
2. 黄晓明，高英．道路管理与系统分析方法．北京：人民交通出版社，2009．
3. 高万云．机动车与驾驶人管理实务指南．北京：中国人民公安大学出版社，2013．
4. 袁振洲．城市交通管理与控制．北京：北京交通大学出版社，2013．
5. 赵理海．道路交通管理手册——交通事故处理特辑．北京：中国人民公安大学出版社，2011．
6. 陈文荤．道路交通事故处理知识问答．北京：人民交通出版社，1992．
7. 惠生武．公安交通管理学．北京：中国政法大学出版社，2006．
8. 钱寅泉．公路与城市道路设计手册（第二版），人民交通出版社，2016．
9. 李祖华．道路交通管理．北京：中国人民公安大学出版社，2014．
10. 李瑞敏．城市道路交通管理．北京：人民交通出版社，2009．
11. 杨艳妮．城市交通污染分时段管理措施建模及优化．北京：首都经济贸易大学出版社，2016．
12. 姜华平．高速公路交通安全管理．北京：人民交通出版社，2005．
13. 管满泉，吴建昆．道路交通秩序管理．北京：中国人民公安大学出版社，2010．
14. 何树林．汽车驾驶技术训练规范与实习技巧．北京：群众出版社，2011．
15. 宗芳．道路交通管理．北京：机械工业出版社，2012．
16. 杜心全．道路交通事故责任认定指南．北京：中国人民公安大学出版社，2016．
17. 丁立民．道路交通管理．北京：警官教育出版社，1999．
18. 秦殿发．道路交通管理业务全书．北京：中国人民公安大学出版社，2000．
19. 牛学军．交通事故现场勘查．北京：中国人民公安大学出版社，2012．
20. 杨钧．公安交通管理教程．北京：中国人民公安大学出版社，1997．
21. 王振，赵玉东．道路交通案件处理流程及常见、疑难问题分析．北京：法律出版社，2013．
22. 方善庆．城市道路交通管理学．北京：中国人民公安大学出版社，1987．
23. 王德章．现代道路交通管理．大连：大连理工大学出版社，2012．
24. 杨润凯，韩阳．道路交通违法行为查处实务指南．北京：中国人民公安大学出版社，2013．
25. 罗霞，刘澜．交通管理与控制．北京：人民交通出版社，2008．
26. 马三瑞．公安道路交通管理．北京：中国人民公安大学出版社，2000．
27. 惠生武．警察法论纲．北京：中国政法大学出版社，2000．
28. 陈真，陈合权．世界警察概论．成都：四川大学出版社，2008．
29. 王大伟．欧美警察科学原理．北京：中国人民公安大学出版社，2007．

30. 惠生武．警察行政法概论．西安：陕西教育出版社，1991．
31. 冯德文．警察学概论．北京：中国人民公安大学出版社，2005．
32. 熊一新，李健和．治安管理学概论（修订本）．北京：中国人民公安大学出版社，2007．
33. 惠生武．人民警察法导论．西北大学出版社，1995．
34. 李元起，师维．警察法通论．北京：中国人民大学出版社，2013．
35. 惠生武．治安学概论．武汉：武汉大学出版社，2017．
36. 王精忠．治安管理学．北京：群众出版社，2007．
37. 谢川豫．治安管理学概要．北京：中国人民大学出版社，2016．
38. 惠生武．治安管理学总论．北京：中国政法大学出版社，2002．
39. 熊一新．治安案件查处教程．北京：中国人民公安大学出版社，2007．
40. 张素娟等．网络安全与管理．北京：清华大学出版社，2012．
41. 李健和．治安学原理．北京：中国人民公安大学出版社，2013．
42. 施秀艳．治安管理学．北京：法律出版社，2015．

# 公安院校创新应用型精品规划系列教材

☆ 犯罪学教程　　　　　　　　　安全防范技术应用
☆ 治安学　　　　　　　　　　　安防工程设计
☆ 治安社会防范教程　　　　　　监狱学基础理论
☆ 安保勤务与安全检查　　　　　法院执行实务
☆ 危险物品管理　　　　　　　　书记员工作实务
☆ 公安监所管理工作实务　　　　警察防卫与控制技术
☆ 犯罪心理学教程　　　　　　　公安内勤工作手册
☆ 治安学专业实训教程　　　　　公安应用写作教程
☆ 治安学概论　　　　　　　　　信息化警务
☆ 治安学通论　　　　　　　　　乘警勤务
☆ 道路交通管理学　　　　　　　警察法学
　 公安基础理论　　　　　　　　道路交通事故处理
　 治安案件查处　　　　　　　　刑事影像学
　 治安管理处罚法　　　　　　　刑事科学技术概论
　 治安秩序管理　　　　　　　　车辆和驾驶员管理
　 侦查学　　　　　　　　　　　社区警务
　 法医学　　　　　　　　　　　户政与人口管理
　 物证技术学　　　　　　　　　消防管理
　 现场勘查　　　　　　　　　　保卫学
　 文件检验学　　　　　　　　　计算机应用技术
　 道路交通事故司法鉴定　　　　网络信息安全
　 警察职业道德　　　　　　　　逻辑学
　 警察学原理　　　　　　　　　公安机关办案程序
　 警察心理健康

欢迎广大教师和读者就系列教材的内容、结构、设计以及使用情况等，提出您宝贵的意见、建议和要求，我们将继续提供优质的售后服务。

联系人：田红恩
电　话：137 2030 4986
E-mail：113391595@qq.com

武汉大学出版社（全国优秀出版社）